LUTHER!

JOACHIM KÖHLER

LUTHER!

BIOGRAPHIE
EINES BEFREITEN

EVANGELISCHE VERLAGSANSTALT
Leipzig

Bibliographische Information der Deutschen Nationalbibliothek
Die Deutsche Nationalbibliothek verzeichnet diese Publikation in der
Deutschen Nationalbibliographie; detaillierte bibliographische Daten
sind im Internet über http://dnb.de abrufbar.

© 2016 by Evangelische Verlagsanstalt GmbH · Leipzig
Printed in Germany · H 8049

Das Buch wurde auf alterungsbeständigem Papier gedruckt.

Cover: NORDSONNE IDENTITY GmbH, Berlin
Coverbild: Ausschnitt aus dem »Lutherbildnis« von Lucas Cranach d. Ä.,
1528, Foto: © Kunstsammlungen der Veste Coburg
Innengestaltung und Satz: Friederike Arndt · Formenorm, Leipzig
Druck und Binden: BELTZ Bad Langensalza GmbH

ISBN 978-3-374-04420-7
www.eva-leipzig.de

»EIN WAHRHAFT MENSCHLICHER MENSCH«

> *Luther steht bei mir in solcher*
> *Verehrung, dass es mir, alles wohl*
> *überlegt, recht lieb ist, einige kleine*
> *Mängel an ihm entdeckt zu haben,*
> *weil ich in der Tat der Gefahr sonst*
> *nahe war, ihn zu vergöttern.*[1]
>
> Gotthold Ephraim Lessing 1753

Wie seltsam: Da hat man einen deutschen Festtag, bei dem man ein halbes Jahrtausend Weltveränderung feiern kann, aber vielen ist nicht zum Feiern zumute. Noch seltsamer: Da hat man einen Mann, der auf der ganzen Welt als großer Deutscher verehrt wird, aber sein eigenes Land hat zu viel an ihm auszusetzen, um ihn wirklich zu mögen. Mit ihrem nationalen Erbe, so scheint es, gehen die Deutschen verschwenderisch um.

Über den Reformator, der jahrhundertelang zu den populärsten Deutschen zählte, rümpft man heute die Nase. Irgendwie hält man ihn für »typisch deutsch« – zu derb, zu spießig, zu fanatisch in seiner Intoleranz. Zudem befremdlich »antieuropäisch«,[2] wie Thomas Mann bemäkelte. Wenn dagegen der Religionskritiker Ludwig Feuerbach in Luther einen Mann sah, »dessen die heutigen Deutschen nicht mehr wert«[3] seien, so gilt heute das Umgekehrte: Man findet, dass Luther der heutigen Deutschen nicht mehr wert sei.

Er scheint einfach zu viel auf dem Kerbholz zu haben. Nach heutigen Begriffen stand er zwar auf dem »Boden des Grundgesetzes«, aber nur mit einem Bein. Auch als Demokraten kann man ihn kaum bezeichnen. Die »multikulturelle Gesellschaft« war ihm fremd, und für Feindbilder hatte er eine Schwäche. Zudem moniert man seinen Autoritätsglauben, mit dem er den Menschen das Untertanentum schmackhaft gemacht hatte. Kurz: An politischer Korrektheit lässt Luther sehr zu wünschen übrig.

Auch an Aktualität. Sein Denken, so meint man heute, sei mittelalterlich, seine Sprache altmodisch. Wenn noch im neunzehnten Jahrhundert der Philosoph Georg Wilhelm Friedrich Hegel sagte, es sei eine der »größten Revolutionen« der Geschichte gewesen, »den deutschen Christen das Buch ihres Glaubens in ihre Muttersprache übersetzt zu haben«,[4] glaubt man das heute differenzierter sehen zu müssen: Bibelübersetzungen gab es schließlich schon vor Luther, und dass seine Version überhaupt zum modernen Selbstverständnis passt, wird weithin angezweifelt.

Selbst die großen Augenblicke, mit denen er in die Geschichte einging, scheinen bei näherer Betrachtung ihren Glanz zu verlieren. Die mutigen Worte, mit denen er in Worms vor Kaiser und Kirche auftrumpfte, sollen, so meinen Historiker, eher kleinlaut gewesen sein. Statt des markigen *Hier stehe ich, ich kann nicht anders* soll ihm nur ein banges »Gott helfe mir« über die Lippen gekommen sein. Und seine Reformationshymne »Ein feste Burg ist unser Gott« klingt heute mit ihren »Wehr und Waffen« zu martialisch, um wirklich populär zu sein.

Selbst der Tag seines Thesenanschlags, der sich 2017 zum fünfhundertsten Mal jährt, löst Stirnrunzeln aus. Die einen sagen, er habe die Thesen gar nicht selbst an die Kirchentür angeschlagen. Andere meinen, dass es überhaupt keinen

Anschlag gegeben habe, weil er die Thesen diskret auf dem Postweg verbreitete. Und eine dritte Partei versichert, dass die Reformation erst lange nach dem 31. Oktober begonnen habe. Den Namen »Reformationstag« könne man sich schenken. War sonst noch etwas? Allerdings. Das ablehnende Bild, das man heute von ihm zeichnet, stimmt nämlich nicht. Nicht Fakten folgt es, sondern ideologischen Deutungsmustern. Und selbst wenn manches zutreffen sollte, dann nicht so, wie es sich die Lutherkritiker vorstellen. Er war kein Demokrat, gewiss, aber keiner vor ihm hat dem Einzelnen eine so souveräne Stellung zugewiesen wie er. Nicht Papst, Kaiser oder Staat waren maßgebend für den Menschen, sondern allein Gott. Und der saß nicht irgendwo im Jenseits, sondern war schlicht da. Man war auch nur ihm verantwortlich. Wer Luther als Obrigkeitsdiener bezeichnet, hat diese epochale Befreiung nicht begriffen.

Luthers gesellschaftliche Kreuzzüge, so deprimierend sie heute wirken, lassen sich großenteils auf zeitbedingte Missverständnisse zurückführen. Und wer ihn für einen autoritären Konformisten hält, sitzt selbst einem Missverständnis auf. Nicht der Benimmkodex der Gesellschaft zählte für ihn, sondern allein Christus. Wer dessen Angebot annahm, brauchte kein Grundgesetz. Der musste auch keiner humanistischen oder pazifistischen oder sozialistischen Ideologie folgen. Nach Luther genügte es, ein christlicher, das heißt, ein *wahrhaft menschlicher Mensch*[5] zu sein.

Die große, nun schon über hundert Jahre währende Abrechnung mit dem Reformator hat in Wahrheit nicht ihn demontiert, sondern nur das falsche Bild, das man über Generationen hinweg von ihm zeichnete. Entmythologisiert wurde nur der Mythos, ihn selbst verlor man aus dem Auge. Die einen hoben ihn auf den Sockel, von dem die anderen ihn stürzten. Er selbst wollte nie aufs Podest, und von Denkmälern, vor denen man die Knie beugt, hielt er ohnehin nichts. In jenem talartragenden Bronzekoloss, der breitbeinig und mit der Bibel unterm Arm auf die Menschheit herabblickte, hätte er sich nicht wiedererkannt.

Gewiss gab es den bissigen Reformator, der oft genug die Grenzen der Höflichkeit und des guten Geschmacks ignorierte. Doch dafür brachte er die Heiterkeit in die Religion zurück. *Christus ist ein Gott der Freude*, rief er allen frommen Sauertöpfen zu. *Ein Christ soll und muss ein fröhlicher Mensch sein.*[6] Und jene, denen die Freiheit eines Christenmenschen aufging, konnte er sich gar nicht anders vorstellen, als dass sie vor Freude am liebsten in die Luft gesprungen wären. Ja, wenn einer diese Glaubensrevolution ganz begriffe, so sagte er einmal, *wäre es kein Wunder*, wenn es ihn vor Freude schier *zerrisse.*[7] Den Bierernst der Theologen wie die Steifheit des Klerus hielt er für lächerlich. Sein Gott war kein zorniger, sondern ein *lachender Gott*[8]. Wer sich nicht mitfreuen konnte, sollte sich auch nicht Christ nennen. Nur *wer überall und immer lachen kann*, versicherte er, *ist ein wahrer Doktor der Theologie.*[9]

Wer dem Reformator heute seine oft wenig delikate Ausdrucksweise vorwirft, übersieht, wie sehr dieser immer zum Scherzen aufgelegte Mann dem gesellschafts- und kirchenkritischen Till Eulenspiegel glich – sowohl in der verletzenden Direktheit wie in der feinsinnigen Ironie. Übrigens wusste die christliche Tradition seit Paulus, dass der Narr der Wahrheit Gottes näher stand als der gelehrte Alleswisser. Noch die mystische Theologie, die Luther in sich aufnahm, pries den Narren als wahren Weisen. Der scholastischen Selbstherrlichkeit setzte er dessen »wissendes Nichtwissen« entgegen. Als es für ihn in Worms um Leben und Tod ging, sei er, so berichtete ein entsetzter Papstlegat, wie »ein Narr mit fröhlichem Gesicht«[10] vor den Kaiser getreten. Als Christ eben.

Gesellschaftlichem Ansehen maß er keine Bedeutung zu. Er machte sich nichts aus sich selbst. Auf Vermögensbildung legte er keinen Wert. Er brachte den Menschen ihre neue Freiheit, das genügte. Wo Ich war, sollte Christus sein. Und der thronte nicht auf Wolken, sondern lag in der armseligen Krippe und hing am bitteren Kreuz. Und war doch, trotz allem Leid und aller Verzweiflung, trotz Tod und schmählichem Untergang, wieder auferstanden. Einen Christen kann nichts umbringen. Einen Luther auch nicht. Er ist auch nicht von gestern. Vor fünfhundert Jahren hat er Fragen beantwortet, denen wir uns heute wieder stellen müssen, ob es uns angenehm ist oder nicht. Wohin uns diese von sich selbst besessene Gesellschaft bringt, in der nur das Ich und seine Facebook-Likes zählen, wird sich zeigen. *Ich will nichts heißen, auch nichts befehlen,* sagte der Reformator von sich selbst, *will auch nicht Autor genannt werden.* Und für seine Anhänger fügte er die Mahnung an: *Ich bitte, man wolle meines Namens schweigen und sich nicht lutherisch, sondern Christen nennen.*[11] Sein letzter Satz, kurz vor seinem Tod niedergeschrieben, lautete denn auch nicht: »Hoch lebe das Luthertum!«, sondern: *Wir sind Bettler, das ist wahr.*[12]

Auch in dem Buch, das der Leser in Händen hält, wird man keinen Hochruf auf das Luthertum finden. Ein deutliches »Hoch lebe Luther!« wird er aber doch hören. Nicht allzu laut gesprochen, aber auch nicht zu zaghaft. Und nicht nur zwischen den Zeilen. Der Luther dieses Buches ist ein Luther mit Ausrufezeichen.

Bleibt nur noch der Hinweis, dass die Zitate um leichterer Lesbarkeit willen in flüssige Sprache übersetzt und gelegentlich leicht gekürzt wurden. Die Zitatquellen wurden nach ihrer stilistischen Qualität ausgesucht. Luthers eigene Worte sind *kursiv* gedruckt. Mein herzlicher Dank gilt der Verlegerin der Evangelischen Verlagsanstalt, Frau Dr. Annette Weidhas, die zur Niederschrift den letzten Anstoß gab und sie in anregenden Gesprächen begleitete.

Joachim Köhler   Hamburg, Pfingsten 2016

INHALT

ZWEITER TEIL: BEFREIUNG

Kapitel Vier: Vom Alleswissen zum Nichtwissen

Kapitel Fünf: Anschlag auf die Kirche

Kapitel Sechs: Auf Kollisionskurs

Kapitel Sieben: Kräftemessen

Kapitel Acht: Posaunenstöße

DRITTER TEIL: BEWAHRUNG

Kapitel Neun: Die zwei Seiten des Gottesreichs

Kapitel Zehn: Im Harnisch

Kapitel Elf: Existenzgründung

Kapitel Zwölf: »Das ist mein Leib«

ANHANG

ERSTER TEIL

BEDRÄNGNIS

KAPITEL EINS

DER PROGRAMMIERTE SOHN

*Weil die Kinder vor einem jeden
Wort des Vaters oder der Mutter
erzittern, fürchten sie sich auch
später ihr Leben lang selbst vor
einem rauschenden Blatt.*[13]

1. Mit dem Silberlöffel im Mund

Martin Luther erblickte das Licht der Welt neun Jahre, bevor
Columbus die Neue Welt entdeckte. Nicht Frömmelei und
Fürstenfurcht standen an seiner Wiege Pate, sondern Wirtschaft und Welthandel. Die Loslösung vom Mittelalter hatte
ihm der Vater abgenommen, als er Pferd und Pflug im Dörf-
chen Möhra zurückließ und für die Zukunft auf die Metall-
industrie setzte.

Sein erster Sohn lag auch nicht auf Stroh gebettet, son-
dern trug einen silbernen Löffel im Mund. Im Mansfelder
Erzbergwerk geschürft, an dem sein Vater Anteile hielt, im
Feuer von dessen Schmelzöfen geläutert und zur klingenden
Münze geprägt, war Silber die Währung, mit der sich Kaiser
und Päpste, ja sogar das Seelenheil kaufen ließen. Als dies dem
Sohn des Unternehmers aufging, entdeckte er selbst eine neue
Welt.

Mit Columbus trat Europa in die Epoche der Globalisierung ein. Der »Weltmarkt«, basierend auf Bankgewerbe, Industrieproduktion und Logistik, entstand. Wer gestern noch seinen Acker bebaut hatte, nahm heute einen Kredit auf, um Waren zu produzieren und zum Verkauf in ferne Länder zu exportieren. Dass man sich damit an anderen Völkern vergriff, war dem Reformator sehr wohl bewusst. Nie zuvor in der Geschichte, so würde er dereinst sagen, hätten so viel *Irrtum, Sünde und Lügen* geherrscht wie in dieser Epoche, wo die *Kaufmannschaft um die Welt fährt und alle Welt verschlingt.*[14] Für seine Zeitgenossen war das kein Thema. Man besorgte seine Geschäfte, und im Gegenzug kam Reichtum ins Haus.

Auch in das der Luders, wie der eigentliche Familienname lautete. Als ihr erster Sohn am 10. November 1483 in Eisleben geboren wurde, standen sie kurz vor der Übersiedlung in seine zukünftige Heimat Mansfeld. Überspitzt ließe sich sagen, dass Luther nur in Eisleben war, um dort geboren zu werden, wie er 63 Jahre später nach Eisleben zurückkehrte, um dort zu sterben. In der Leichenpredigt auf den berühmten Mann wurde gemutmaßt, er stamme »dem Namen und Herkommen nach von Kaiser Lothar«[15] ab. Doch scheinen dessen Nachfahren keinen Anspruch auf den Reformator erhoben zu haben.

Wann genau Martin Luther geboren wurde, blieb zwischen seiner Mutter und Philipp Melanchthon strittig. Der Lutherfreund und leidenschaftliche Astrologe hatte horoskopisch berechnet, dass der Reformator in der neunten Stunde geboren sein müsse. Da die Mutter das Geburtsjahr nicht mehr genau angeben konnte, sich aber deutlich erinnerte, es sei gegen Mitternacht gewesen, blieb Melanchthon nur die bedauernde Feststellung, »ich nehme an, sie hat sich getäuscht«[16].

Schon bald florierte Vater Hans' Geschäft in der Mansfelder Montanindustrie. Die dortigen Erzvorkommen lieferten das Material für die Modernisierung Europas: Mit sächsischem Kupfer wurden die Dächer der Kirchen und Paläste gedeckt,

Kanonen geformt oder die Gießinstrumente der Buchdrucker hergestellt. Noch wichtiger aber wurde das edle Metall, das sich aus dem Kupfer herausschmelzen ließ: Silber.

Um sich an dem lukrativen Geschäft beteiligen zu können, hatte der *Metaller*[17], wie sein Sohn ihn nannte, erst einmal eine Menge Geld aufbringen müssen. Für das nötige Betriebskapital, das ein einfacher Bergmann niemals zusammensparen konnte, dürfte ein Kredit der begüterten Familie Lindemann gesorgt haben, aus der seine Frau Margarethe, Luthers Mutter, stammte. Auch sonst scheinen die im Bergbau engagierten Lindemanns dem jungen Schwager unter die Arme gegriffen zu haben. Ein Onkel Antonius diente den Grafen von Mansfeld als oberster Bergverwalter.

Wenn Martin Luther im Alter betonte, er sei *ein Bauernsohn, der Urgroßvater, mein Großvater, der Vater sind richtige Bauern gewesen*[18], so mochte das von seinem Selbstverständnis her zutreffen. Geprägt hat es ihn nicht. Denn im Mansfelder Haushalt, der sich zur Oberschicht zählen durfte, standen nicht das Wetter und die Ernte, sondern der Marktpreis von Edelmetall auf der Tagesordnung, und wohl auch die Unmöglichkeit, zwei Herren gleichzeitig zu dienen: Hans Luder musste nicht nur den Mansfelder Grafen die Pacht bezahlen, sondern vermutlich auch das vorgeschossene Gründungskapital an die Lindemanns. Dazu kam ein weiterer Kostenfaktor: Da sich sein Geschäft gut anließ, lieh Luder sich bei einer Kreditgesellschaft hohe Summen, mit denen er weitere Hüttenfeuer pachten konnte. Wie sich später zeigen sollte, war er allzu optimistisch gewesen. Am Ende konnte er die alten Schulden nicht abstottern und musste sie seinem Sohn Jacob hinterlassen.[19]

2. Ein aufstrebendes Familienunternehmen

Die Gewinnung von Silber war ein arbeitsaufwendiges Ge-
schäft. Aus tausend Zentnern Rohkupfer, die im gepachteten
Bergwerk geschürft wurden, ließen sich bei der Verhüttung
gerade einmal fünf Zentner Silber gewinnen. Nach Abzug des
Pachtzinses blieb einem Pächter wie Hans Luder nicht allzu
viel übrig. Den Löwenanteil sicherten sich die eigentlichen
Nutznießer, die adligen Bergwerksbesitzer und Landesfürsten.
Hans Luders Pachtherren waren die Grafen von Mansfeld.
Auf einem schroffen Berg hoch über der Stadt bewohnten sie
eine imposante Burg, die mehreren Belagerungen getrotzt
hatte. Der Grafenfamilie gehörte das Bergwerk, das Hans
Luder anteilig bewirtschaftete und für dessen Schmelzöfen er
ihnen Rechenschaft schuldig war. Das Wohlergehen von Martins Familie hing von der Gunst der Herrschaft ab. Hans Luder
konnte sich noch darauf verlassen, seine Nachkommen nicht
mehr.

Auch dank der Mansfelder Industrie, zeitweise Europas
größter Silberproduzent, verfügten die sächsischen Fürsten
über die bedeutendsten Finanzreserven des Kontinents. Kaiser
Karl V. schwärmte, dass die Aristokratie aus dem Montanwe-
sen größeren Gewinn ziehe als aus jedem anderen Wirtschafts-
zweig. Mit dem auch in Mansfeld geprägten Silbergeld, das den
Goldgulden als Hauptzahlungsmittel verdrängte, sollte der
Habsburger die Welt erobern. Doch nicht nur Handelsflotten
und Söldnerheere ließen sich damit ausrüsten. Hans Luders
sächsischem Landesherrn, Kurfürst Friedrich dem Weisen,
schenkte der Silberreichtum ein ungleich kostbareres Gut: die
Unabhängigkeit von Kaiser und Kirche.

Vom Geldsegen, mit dem Weltpolitik gemacht wurde, blieb
bei Luders einiges hängen. Gegen Ende seines Lebens hat der
Montanunternehmer sich in seinem stattlichen Mansfelder

Bürgerhaus in Öl porträtieren lassen. Vom dunklen Hintergrund hebt sich ein tief gefurchtes Gesicht mit kleinen, wachsamen Augen ab. Den Daumen im patrizischen Pelzkragen, blickt er unter emporgezogenen Brauen an Lucas Cranach, dem befreundeten Maler, vorbei, als fasse er ein fernes Ziel ins Auge. Die zusammengepressten Lippen und die scharf gekrümmte Falte über der Nasenwurzel lassen ahnen, dass er, wie ein Lutherbiograph schrieb, »seine Interessen hartnäckig zu verfolgen wusste«[20].

Das Porträt der Mutter, ebenfalls von Lucas Cranach gemalt, zeigt nicht die Bürgerstochter aus wohlhabender Familie, sondern, nach Blick und Tracht, eher die Magd des Hüttenmeisters. Sie hatte acht oder neun Kinder zur Welt gebracht und einige früh begraben müssen. In der Anfangszeit ihrer Ehe sammelte sie im Wald Reisig, das sie auf dem Rücken nach Hause trug. Die resignierten Worte ihres Lieblingslieds, »Mir und dir ist keiner hold, das ist unser beider Schuld«, hat ihr Ältester nie vergessen. Sah der Sohn *gar schüchtern*[21] zum übergroßen Vater auf, wirkte Mutter Margarete vollends eingeschüchtert. Dass »Dr. Martin«, wie sein Freund Spalatin meinte, »sowohl an Körperbau als Gesichtszügen seiner Mutter«[22] glich, lässt sich auf dem Cranach-Bild jedoch nicht erkennen.

In Mansfeld war Hans Luder schnell zu Ansehen gelangt. Seit 1491 gehörte er zum Magistrat, den Grafen diente er als Berater und Vertrauensmann. Als moderne Archäologen die Abfallgrube unter seinem Anwesen untersuchten, entdeckten sie dort einen kleinen Schatz aus dreihundert Silbermünzen, sogenannten Eisleber Hohlpfennigen.[23] Auch sonst deutete vieles auf gehobenen Lebensstil hin. Man »trank aus filigranen Pokalen und benutzte zierliche Messer«. Die verbrannten Überreste edler Kleidungsstücke erinnerten daran, dass zwei von Martins Brüdern 1505 an der Pest gestorben waren. Wie die beiden hatte auch Martin nach Hans Luders Plan »eine

Funktion im florierenden Familienbetrieb« übernehmen sollen. Doch lebte er damals schon im Kloster.

Martins vier Geschwistern, Bruder Jacob und drei Schwestern, fiel die Aufgabe zu, den Fortbestand des Unternehmens zu sichern. Denn die von den Grafen gepachteten Schmelzöfen, die sogenannten »Herrenfeuer«, blieben in der Familie, zumindest solange, bis die Mansfelder Herren es sich anders überlegten. Martins Schwestern wurden, wohl aus Geschäftsraison, mit Hüttenmeistern verheiratet, der Bruder, im Bergwerk angelernt, übernahm die väterliche Pacht. Auch Martins Jugendfreund Hans Reinecke, vom Vater für ihn ausgesucht, war Sohn eines Kollegen und stand ebenso für dessen Nachfolge bereit, wie Martin dereinst in die Fußstapfen seines Vaters treten sollte.

Vermutlich hatte Hans Luder seinem Stammhalter einen Ehrenplatz in der Geschäfts- und Familienplanung zugedacht. Da die »komplizierten Lehensverhältnisse im Mansfelder Bergbau« zu ständigen Querelen mit anderen Pächtern und geldgierigen Adligen führten, war es sehr nützlich, »einen Juristen in der Hüttenmeisterfamilie zu haben«[24]. Für den Vater würde der Sohn Verträge aufsetzen, Schürfrechte aushandeln und Prozesse führen können. Dazu sollte er, wie viele Hüttenmeister vor ihm, Jura studieren und den Doktor der Rechte erwerben. So war Martins Leben, noch bevor er das Licht der Welt erblickte, von Hans Luder fest verplant. Als seinem Sohn dies bewusst wurde, brach er mit dem Vater und einem Leben, das nicht das seine war.

Bis der berühmte Blitz neben ihm einschlug, war es das seine gewesen. Für den Juniorchef gab es nur einen Lebenssinn, die Mehrung des Familienvermögens, und nur eine Zukunft, die Silbergewinnung aus gepachteten Bergwerken. Wie Martin auf diese Karriere vorzubereiten war, darüber hatte Vater Hans genaue Vorstellungen. Ob er dem begabten Jungen, wie Heinrich Heine glaubte, »die unterirdische Werkstatt zeigte, wo die mächtigen Metalle wachsen und die starken Urquellen rieseln«[25], ist nicht überliefert. Hans Luder trug große Verantwortung. Er organisierte die »gesamte Rohkupferproduktion vom Abbau des Kupferschiefers über das Schmelzen in der gepachteten Hütte bis zur Ablieferung des Rohkupfers in die Waage zu Eisleben«[26]. Seinen Sohn wird er gelegentlich durch das oberirdische Labyrinth der prasselnden Schmelzöfen und ohrenbetäubenden Stampfhämmer geführt haben, vorbei an Holzkohlehäusern, Aschenschuppen und Erzwaschanlagen, die von kunstvoll regulierten Bergbächen gespeist wurden. An der Hand des Vaters ging es mitten durch ein wimmelndes Heer von geschwärzten Kapuzenträgern, denen die Schrecken der Tiefe und des Feuers ins Gesicht geschrieben standen.

Herzstück der pulsierenden Bergwerksmaschine war das neu entwickelte Verfahren der »Kupferseigerung«. Hatte man das silberhaltige Kupfererz aus engen Stollen zu Tage gefördert, wurde es »geklaubt, gepocht, gequetscht, gemahlen, gesiebt und gewaschen«. Nach der äußerlichen Bearbeitung wurde das Material »sieben Mal geröstet und wieder verschmolzen«. Erst nach dieser Läuterung begann die eigentliche »Seigerung«, die Scheidung der Elemente im Feuerofen.

Das Ergebnis, schimmernde Silberstücke, erhielt nach Bestehen einer letzten »Feuerprobe« das Siegel des adligen Besitzers und konnte, gemünzt und poliert, in Umlauf gehen. Später würde Martin Luther diese Erfahrung in einem seiner Kirchenlieder verarbeiten. Wie erst nach langer Läuterung *das Silber, durchs Feuer siebenmal bewährt,* den Zustand der Reinheit erreichte, konnte auch nur demjenigen das Gotteswort aufgehen, der durch das Feuer der Anfechtungen gegangen war: Erst dann, so der Reformator, begriff man die Heilsbotschaft, wurde Gottes *Kraft erkannt und scheint und leucht' stark in die Lande*[27].

3. Vom Horror des Erzogenwerdens

Im Bild, das der Reformator von seinem Vater zeichnete, wurde der Glanz von Düsternis überwogen. Als Kind sei er von den Eltern *hart gehalten* worden, erzählte er, und der Vater habe ihn einmal so heftig mit der Rute geschlagen, dass er sich eine Zeitlang verbittert vor ihm versteckte. Wer das strenge Cranach-Porträt betrachtet, wird sich kaum darüber wundern. Vermutlich hat der Vater gar nicht bemerkt, wie bedrückend er auf seinen Sohn wirkte. Als der Reformator gegen Ende seines Lebens auf Körperstrafen zu sprechen kam, wies er auf die unsichtbaren Wunden in der Seele der Kinder hin. *Die Strafe,* so sagte er, *haftet viel fester als die Wohltat.* Auch wenn die Mutter, nachdem die Kleinen *mit der Rute geschlagen* wurden, *gute Worte gibt und allerlei Versöhnung vorwendet, so steckt ihnen das Leid doch so tief im Herzen, dass sie oft seufzen und hernach lange schlucken müssen.*[28]

Rückblickend schrieb Luther, seine Eltern hätten es zwar *herzlich gut* gemeint, aber kein Fingerspitzengefühl dafür besessen, wie *die Züchtigungen zu bemessen sind.* Es sei ein *bös Ding, wenn Kinder um harter Bestrafung willen den Eltern gram*[29] würden. Wo eine *solche Furcht in der Kindheit bei einem Menschen einreißt,* so bemerkte er noch im Alter, *mag sie schwerlich wieder ausgerottet werden ein Leben lang.*[30] Luther wusste, wovon er sprach.

Für seinen Vater gehörte autoritäres Auftreten zum Handwerk. Unternehmersein hieß, sich durchzusetzen, wenn nötig, handgreiflich. Wer sein Vermögen in eine Zeche gesteckt hatte, so empfahl ein zeitgenössisches Lehrbuch, sollte die Grubenarbeiter gehörig »einschüchtern«. Ertappte man einen bei Nachlässigkeit oder Diebstahl, hielt man sich nicht mit Diskussionen auf. Die Hüttenmeister, so das Lehrbuch, »strafen ihre Leute selbst«. Dann schlägt, bildlich gesprochen, der Blitz ein.

Auch sonst war das Bergwerk ein gefährlicher Ort. Jederzeit konnten Schlagende Wetter die Stollen zum Einsturz bringen, das herabstürzende Gestein die Bergleute unter sich begraben. In deren Köpfen brütete das ewige Dunkel Monster aus. So hörte Hans Luder von einem verunglückten Bergmann, dass der Teufel selbst ihm die tödlichen Wunden beigebracht hätte. Von der Mutter wusste Martin, dass die Familie von einer zauberkundigen Nachbarin schikaniert wurde. Wenn die Hexe mit magischer Kraft auf seine Geschwister *schoss*, schrien die Kleinen sich schier *zu Tode*.[31] Wer derlei nicht glaubte, konnte es im soeben erschienenen Handbuch für Inquisitoren, dem »Hexenhammer«, nachlesen. Martin glaubte es.

Auf den zarten Knaben, der manchmal zur Schule getragen wurde, schien es der Teufel besonders abgesehen zu haben. Wenn der Reformator später den Bösen persönlich für die Gefährdungen seiner Kindheit verantwortlich machte, meinte er dies durchaus wörtlich. *Satan*, so verriet er einmal bei Tisch, *hätte mich oft gern umgebracht.*[32] Als hätte der Teufel geahnt, welche Gefahr ihm in Luther erwachsen sollte, *war er mit unglaublichen Mitteln darauf aus, mich umzubringen und mich zu fesseln, so dass ich mich öfters gefragt habe, ob ich wohl der Einzige unter den Sterblichen sei, auf den er es abgesehen hatte.*[33]

Die Schauermärchen aus der »Teufe« des Bergwerks, die am heimischen Tisch erzählt wurden, reimten sich auf die Allgegenwart des »Teufels«. Nach der Kirchenlehre war jedes Neugeborene von ihm besessen, bis es als »Täufling« im geweihten Wasserbad von ihm befreit wurde, vorläufig. Überall wurde er sprichwörtlich an die Wand gemalt, und in der Mansfelder St. Georgskirche konnte man ihn sogar als buntes Fresko bestaunen. Damals glaubte der Junge, für seine Ängste den universalen Deutungsschlüssel gefunden zu haben.

Nie gab es vor Satan Sicherheit, das wusste Martin, jederzeit konnte er niederfahren wie ein Blitz oder Schlagendes

Wetter. Gerade wenn man sich am Geborgensten fühlte, so sollte der Große Katechismus dereinst warnen, *kann der Teufel noch diese Stunde einen solchen Pfeil ins Herz treiben, dass ich kaum bestehen bleibe.*[34] Nicht alles war nur Phantasie. Martin ist auch durch eine wirkliche Hölle gegangen. Was Strenge und Härte einem Menschen antun können, hat er schon in Mansfeld gelernt. Gleich neben der Kirche stand die »Trivialschule«, in der ihm Grammatik, Logik und Rhetorik eingebläut wurden. Jahrelang quälten sich die Söhne der Stadt, um einmal eine Stelle als Kanzlist oder eine Pfründe als Kleriker zu ergattern. Sie quälten sich und wurden gequält. Alles musste auswendig gelernt werden. Sprechen durften sie nur in der Kirchensprache Latein. Kam ihnen ein Wort in der Bauernsprache Deutsch über die Lippen, gab es die Rute.

Bei den Lehrern, die laut Luther *selbst nichts gekonnt* hatten, galt dieses Marterinstrument als ideale Gedächtnisstütze. Die barbarische Abstrafung hat sich Martin tief eingegraben. In diesem vermeintlichen Tempel der Gelehrsamkeit, so klagte er später, hätten in Wahrheit nur *Zittern, Angst und Jammer* geherrscht. Hatte der Schüler noch einen Funken Lebenslust in sich, wurde er ihm bald ausgetreten. Selbst aus langer zeitlicher Distanz erschienen Luther die Lehrer *so grausam wie Henker*, die Schule als vorweggenommene *Hölle und Fegefeuer, darinnen wir gemartert sind.*[35]

Sechs Jahre lang wurde der Sohn des Hüttenmeisters auch in die Martern des Spitzel- und Bußwesens eingewiesen. Jeder hatte die Pflicht, auf einem »Wolfszettel« die Sünden der anderen festzuhalten. Ende der Woche wurden sie mit Stock und Rute abgebüßt. Die Angst davor und die Schmerzen danach waren für die Kleinen kaum zu ertragen. Ähnlichkeiten mit dem Jüngsten Gericht, an dem ebenfalls zum Schluss abgerechnet wurde, waren kein Zufall.

Angst scheint Martins vorherrschendes Lebensgefühl gewesen zu sein, und nicht nur die vor dem Teufel. Wenn er nach einem schweren Schultag nach Hause ging, kam er womöglich vom Regen in die Traufe. Denn die hohen Ansprüche der Lehrer wurden noch übertroffen von denen des Vaters, der Großes von seinem Stammhalter erwartete. Er wollte Fortschritte sehen und allabendlich hören, was sein Filius auf der Schulbank gelernt hatte.

Kam er ins Stocken, setzte es Schläge. Der Grausamkeit der Schulmeister und dem Jähzorn des Vaters ausgeliefert, fühlte Martin sich wie zwischen zwei Mühlsteinen. Er konnte sich drehen und wenden, wie er wollte, aus dieser Zwangslage gab es keinen Ausweg. Deutlich glaubte er die zerstörerische Kraft dessen zu spüren, der ihn so gerne getötet hätte. *Aber*, so konstatierte Luther später, *er konnte es nicht.*[36]

4. Eine Lektion in Sanftmut

Mit dreizehn Jahren war der Hoffnungsträger der Mansfelder Rute entwachsen. Dass er über eine anmutige Singstimme verfügte und außerdem zum Träumen neigte, scheint den Vater nicht weiter beunruhigt zu haben. Solange das große Ziel vor Augen blieb, war er's zufrieden. Zur weiteren Ausbildung schickte er den Jungen in die Domstadt Magdeburg, wo er zu den *Nullbrüdern*[37] in die Schule ging. Diese »Brüder vom gemeinsamen Leben«, die um den Kopf eine enge Kapuze, die »Nolle«, trugen, unterrichteten mit erzbischöflichem Segen an der Domschule, wo die Zöglinge auf das akademische Studium vorbereitet wurden.

Der Geist dieser im vierzehnten Jahrhundert gegründeten Reformgemeinschaft für Laien widersprach allem, was Martin Luther in Mansfeld erfahren hatte. Nicht das väterliche Besitzstreben galt hier, sondern die Besitzlosigkeit. Statt der lärmenden Betriebsamkeit des Bergwerks herrschte die Stille der Meditation. Das auftrumpfende Selbstbewusstsein des Unternehmers wurde durch die Demut der Brüder ersetzt. Keinen Unterschied gab es mehr zwischen Arm und Reich, zwischen Laien und Priesterschaft. Man war fromm, ohne bigott zu sein. Selbst auf Mönchsgelübde und einträgliche Straßenbettelei wurde verzichtet. Lieber lebte und arbeitete man wie andere Menschen auch. Mit Vorliebe aber wurde unterrichtet, und zwar ohne den Mansfelder Horror. Nicht Duckmäuser sollten herangezogen werden, sondern freie, weltoffene Christen. Daneben pflegte man auch die klassischen Sprachen und die Philosophie des Altertums. Für Martin bekam der einstige Schreckensbegriff »Schule« einen neuen Sinn: Der Terror der Rute war der Macht des Wortes gewichen.

Die Glaubensrichtung, der die Bruderschaft folgte, hieß »Devotio moderna«. Im Mittelpunkt dieser »Modernen Frömmigkeit« standen nicht klerikale Hierarchie und Zeremonien, sondern Christus selbst. Wie in der Mystik sollte sich zwischen ihm und dem Gläubigen eine Beziehung entwickeln, die ohne die Vermittlung kirchlicher Institutionen auskam. Eine solche Gemeinschaft mit Gott, die bis zur Einswerdung ging, hatte die spätmittelalterliche Mystik gelehrt.

»Die Grundzüge der Devotio moderna«, so schrieb ein Kirchenhistoriker, »sind unwiderleglich mystischen Charakters«.[38] Christus war demnach, wie schon der Apostel Paulus gelehrt hatte, dem Menschen näher als dieser sich selbst. Für den wahrhaft Glaubenden war der Klerus überflüssig. Auch deshalb hatte sich die Laienbewegung den Argwohn der Kirche zugezogen. Selbstständigkeit im Glauben und ein zu enges Verhältnis zu Gott waren verdächtig. Beim Konstanzer Konzil, das Hus auf den Scheiterhaufen brachte, wurde der Brüderschaft denn auch von der Inquisition Ketzerei vorgeworfen.

Viele Wegbereiter der Neuzeit wie der Kardinal Nicolaus Cusanus aus Bernkastel-Kues oder der Humanist Erasmus von Rotterdam sind durch diese Schule der Moderne gegangen, vermutlich auch der Maler Hieronymus Bosch, der die Schrecken der Hölle und die Wonnen des Paradieses auf die Leinwand bannte. Sie alle wurden geprägt von einem Glauben, für den nicht Unterwürfigkeit, sondern die von Christus geschenkte Freiheit zählte.

Wenn es zutraf, dass Martin bei dieser Reformgemeinschaft gelernt, ja »mit Sicherheit« in deren Internat gewohnt hat, dann dürfte sich seine spätere Lebenswende bereits hier angebahnt haben. Zum ersten Mal hatte er den Geist einer Erneuerung kennen gelernt, der aus Gottes Wort selbst das Recht ableitete, jede menschliche Institution in Frage zu stellen.

Sprach man ihn später auf die Brüder vom gemeinsamen Leben an, machte er aus der Geistesverwandtschaft kein Hehl, ja versicherte sogar, dass die Bruderhäuser ihm *über die Maßen gefallen*[39] hätten. Das Gefallen war gegenseitig. Das niederländische Reformkloster Agnetenberg, in dem der Mystiker Thomas von Kempen seine berühmte »Nachfolge Christi« schrieb, sollte zum Ausgangspunkt von Luthers Reformation im Westen werden.

5. Der eingemauerte Prophet

Nach kaum einem Jahr endete Martins vergessene Lehrzeit. Warum der Vierzehnjährige sein Bündel packen und Magdeburg verlassen musste, blieb im Dunkel. Möglicherweise hing sein Ausscheiden bei den Nullbrüdern mit diesen selbst zusammen. Dem Vater mag hinterbracht worden sein, dass sein Junge sich in der Bruderschaft zu heimisch gefühlt hatte. Derlei Abwege waren für ihn nicht hinnehmbar. Denn vom Mönchswesen hielt Hans Luder nichts, und Martins Zukunft war ohnehin schon verplant.

Der Schüler wurde in die Heimat der Mutter nach Eisenach beordert, wohl damit ihn die Verwandtschaft im Auge behalten konnte. Auch hier hatte es an Tonsurträgern keinen Mangel. Das Wartburg-Städtchen, vom Reformator später als *Pfaffennest und Stapelplatz der Geistlichkeit*[40] verspottet, besaß zwei Nonnen- und fünf Mönchsklöster, die sich großenteils vom Bettel ernährten. Reformbrüder gab es keine, was zu Hans Luders Ortswahl beigetragen haben könnte.

Auch in Eisenach, wo Martin die Lateinschule besuchte, bekam er von väterlichen Silbermünzen wenig zu sehen. Vielleicht deshalb hat ihn seine Gastfamilie nicht gerade verwöhnt. Zur Abrundung seines Speiseplans ließ sie ihn, nach Sitte der Zeit, mit Leidensgenossen auf Betteltour gehen. Wie später der junge Johann Sebastian Bach hat Martin »das Brot vor den Häusern genommen« und zum Dank fromme Choräle gesungen. Auch weltliches Liedgut lernte er hier kennen: Ein Vikar des Marienstifts, der den musikalischen Schüler förderte, brachte ihn mit sangesfreudigen Franziskanermönchen zusammen. Bei ihnen lernte er nicht nur mehrstimmige Choräle kennen, sondern auch allerlei Geheimnisse, die sonst hinter Klostermauern verschlossen blieben.

Voller Mitleid, so berichtete Luther später, habe ihm sein Hauswirt, der für den Orden arbeitete, von einem legendenumwobenen Franziskaner erzählt. Keiner hatte ihn je zu Gesicht bekommen, denn der Mönch, der Johannes Hilten hieß, saß seit Langem *eingemauert* in strenger Klosterhaft. Da die Georgenschule, die der Vierzehnjährige besuchte, direkt neben dem Kloster lag, könnte er »manches Mal mit Grauen nach den düsteren Mauern hinübergeblickt haben, hinter denen der Ketzer Hilten gefangen lag«.[41]

Dessen Verbrechen hatte darin bestanden, verbotenes Gedankengut zu verbreiten. Begeistert von den Lehren des heiligen Franziskus und des Mystikers Joachim von Fiore, der den Anbruch des Gottesreichs vorausgesagt hatte, war der Theologe zum »Spiritualen« geworden. Vom Geist der religiösen Erneuerung beflügelt, geißelte er die Kirche, die vom Evangelium abgefallen sei, verwarf die Trennung zwischen Laien- und Priesterschaft und prophezeite die baldige Wiederkehr Christi, deren apokalyptische Vorzeichen er bereits zu erkennen glaubte. Als Hilten auch noch scharfe Kritik am Papsttum übte, verurteilte man ihn als Ketzer und mauerte ihn in ein Verließ ein, wo er nach zwölfjähriger Haft 1507 verstarb. Luther selbst war überzeugt, die *barfußen Mörder zu Eisenach*[42] hätten den *lebendig Toten* am Ende *erwürgt*[43].

Zum düsteren Geheimnis gehörte eine Prophezeiung, die hinter vorgehaltener Hand weitergetragen wurde. Als Hilten *hat sterben müssen*, so der Reformator, habe er geweissagt, um das Jahr 1516 werde ein *Eremit* aufstehen, um sein Martyrium zu rächen und das Papsttum zu stürzen. *Ein anderer wird nach mir kommen*, soll er zu seinen Brüdern gesagt haben, *den werdet ihr sehen!*[44] Als Martin Luther, mittlerweile Augustiner-Eremit, ab 1516 die Geldgier der Papstkirche angriff und im Jahr darauf seine revolutionären Thesen anschlug, zweifelten Eingeweihte nicht, dass der zum Schweigen gebrachte Dissident ihn und »die Reformation vorausgesagt« hatte.

6. Im »Hurhaus und Bierhaus«

Mit Sechzehn hatte Martin sich zum Musterschüler entwickelt. Die Bildung, die man Hans Luder vorenthalten hatte, wurde von seinem Ältesten *flugs* nachgeholt. Der Sohn des

Mannes, der zwar rechnen, aber kaum lesen konnte, erwies sich als Sprachwunder. Vor seinen Lehrern glänzte er mit Latein, der Sprache der Bibel, aber auch der antiken Klassiker. An beiden geschult, erhob er sich später zum ersten Theologen seiner Zeit und erfand, kaum dass er sich selbst gefunden hatte, die eigene Sprache neu. Im Klang des Wortes »Deutsch« schwingt seitdem »Luther« mit.

Nach drei Jahren Eisenach immatrikulierte Martin sich 1501 als *Martinus Ludher* an der Universität Erfurt, einer der angesehensten des Landes. Da er über kein eigenes Einkommen verfügte, blieb er von der väterlichen Finanzierung abhängig. Um dem Sohn das Studium bezahlen zu können, soll Graf Günther von Mansfeld dem Vater, als einem »ehrlichen Mann«, die »zwei Herrenfeuer über dem Möllendorfer Teich« zur Pacht überlassen haben.[45] Insgesamt war Hans Luder an einem halben Dutzend Schmelzhütten beteiligt. Entsprechend bestand er darauf, im Leben des Sohnes die Fäden in der Hand zu behalten. Damit war Martins Laufbahn vorgezeichnet. Weit entfernt, sein eigener Herr zu sein und seinen Neigungen folgen zu dürfen, war er designierter Jurist und zukünftiger Mehrer des Familienvermögens.

Bevor er sich, wie vom Vater gefordert, mit dem Bergrecht beschäftigen konnte, musste er sich in die sieben »freien Künste« von Grammatik, Rhetorik, Logik, Arithmetik, Geometrie, Musik und Astronomie einarbeiten. Besonderes Gewicht wurde auf die Philosophie des Aristoteles gelegt, den die kirchliche Schullehre zu ihrem wichtigsten Lehrmeister erhoben hatte. Luther lernte dessen logische Denkmethoden kennen, aber auch die ethischen Grundprinzipien, die es, wie bei dem Griechen nachzulesen, lange vor dem Christentum gegeben hatte.

Bei seinen scholastischen Studien entdeckte Luther, dass Johannes Hilten nicht der Einzige gewesen war, den der Klerus eingemauert hatte. Im Jahrhundert zuvor war der in Erfurt lehrende Theologe Johannes Rucherath aus dem rheinischen Oberwesel mit der Autorität zusammengestoßen. Unter Verweis auf die Heilige Schrift hatte er als Rektor der Erfurter Universität die Verweltlichung der Kirche verurteilt, den Zölibat angezweifelt und den Papst als Stellvertreter Christi abgelehnt. Vom päpstlichen Großinquisitor wurde ihm in Mainz der Prozess gemacht. Seine Schriften kamen auf den Scheiterhaufen, ihn selbst verurteilte man, wie Johannes Hilten, zu lebenslanger Klosterhaft, in der er 1481 starb. Später klagte Luther über die *verzweifelten, hoffärtigen Mörder, genannt Inquisitoren des ketzerischen Unglaubens*[46], die den bedeutenden Theologen auf dem Gewissen hatten. Zu Rucheraths Richtern hatte auch der Dominikanermönch Jakob Sprenger gehört, der es als Mitverfasser des »Hexenhammers« zu trauriger Berühmtheit brachte.

Einer der Hauptanklagepunkte gegen den Theologen betraf seine Einstellung zur kirchlichen Geldbeschaffung. Im »Traktat über den Ablass« hatte Rucherath die gängige Praxis, begangene Sünden durch eine Geldbuße zu tilgen, für Betrug erklärt. Die Reaktion des Klerus, der seine Haupteinnahmequelle verunglimpft sah, war vorauszusehen. Gerade in Ablassfragen ließ man nicht mit sich spaßen. Denn von dieser wundersam sprudelnden, schier unerschöpflichen Geldquelle hing die päpstliche Macht- und Prachtentfaltung ab. Wer sie anzutasten wagte, wurde vom Angesicht der Erde getilgt.

Im großstädtischen Erfurt, dem Kreuzungspunkt der nordeuropäischen Handelswege, wo sämtliche Bettelorden die Straßen nach Almosen abgrasten, lernte Luther die mönchische Lebensweise aus der Nähe kennen. Lange bevor er ins Kloster ging, konnte er die dort gepflogene Strenge am eigenen Leib erfahren. Denn auch in den Studentenwohnheimen, Bursen genannt, herrschte fromme Zucht, als sollten die Bewohner auf ein mönchisches Leben vorbereitet werden.

Der Stundenplan ließ kaum Zeit zum Atemholen. Im gemeinsamen Schlafsaal wurde um vier Uhr morgens aufgestanden, zu Bett ging es um acht. Neben den akademischen Obliegenheiten, die sich mit weltlichen Gegenständen beschäftigten, hatte sich jeder Bursianer reglementierten Frömmigkeitsübungen zu unterwerfen. Achtmal täglich waren die Studenten zu Gebetsandachten in der Kirche angehalten. Der Psalter war Pflichtlektüre. In vierzehn Tagen hatte man ihn durchzuackern und dann von vorn zu beginnen. Man trug Talar, sprach Latein und fühlte sich wie im Gefängnis.

Bei den kargen Mahlzeiten mussten je vier Schüler aus einer Schüssel löffeln. Essbares durfte grundsätzlich nicht gehamstert werden. Was übrigblieb, bekamen die Hausknechte, was diese nicht aßen, wurde den Armen in der Küche vorgesetzt. Während der Speisung gab es für die Scholaren keine Erholung. Um einen möglichen, wenn auch unwahrscheinlichen Genuss auszuschließen, wurde wie im Kloster aus der Heiligen Schrift vorgelesen. Zu allen ausgewählten Bibelstellen gab es passende Deutungen, die »Postille« genannt wurden, weil sie nach jenen, lateinisch »post illa«, kamen. Der Name gefiel Luther so gut, dass er ihn als Reformator für seine eigenen Predigtsammlungen beibehielt.

Natürlich entzogen sich die Studenten, die sich zu Unrecht wie Mönche behandelt fühlten, dem Reglement nach Kräften. Nachts schlichen sie sich aus den Bursen, besuchten lokale Attraktionen, tranken, karteten und kegelten, suchten Händel mit Einheimischen und Trost bei käuflichen Schönen. Später erinnerte Luther humorvoll an die Annehmlichkeiten, mit denen das *Hurhaus und Bierhaus* Erfurt die Bursenbewohner in Versuchung geführt hatte. *Diese zwei Lektionen,* fügte er sarkastisch hinzu, *haben die Studenten in dieser Schule beherrscht.*[47] Ob er selbst über die Stränge schlug, ist nicht überliefert. Augenzwinkernd bekannte der Zwanzigjährige in einem Brief, *durch Fressen und Saufen gehindert, habe ich bisher nichts Gutes gelesen und geschrieben.*[48]

7. Auf dem Denkweg der Moderne

Während Martins Studienzeit vollzog sich in der modernen Handelsstadt ein anachronistisches Spektakel. 1502 hielt der päpstliche Kardinallegat Raimund Peraudi seinen festlichen Einzug. Die Stadt war in Feierlaune, die Glocken aller 36 Kirchen läuteten. Trotz finanzieller Ebbe hieß der Stadtrat den hochmögenden Besuch mit Pomp und Feuerwerk willkommen. Denn in ihm ehrte man die Macht des Papstes, der ihn gesandt hatte, und indirekt auch jene des Allmächtigen, den dieser auf Erden vertrat.

Anlässlich seiner Deutschlandtournee wollte der Franzose Peraudi, der nebenbei noch Bischof im österreichischen Gurk war, den neuesten Jubiläumsablass verkünden und die fälligen Gelder mittels zahlreicher Bußprediger, Beichtväter und Schatzmeister einziehen. Im Dom ließ er ein überdimensioniertes rot bemaltes Kreuz aufrichten, vor dem ein ebenfalls gewaltiger eisenbeschlagener Kasten darauf wartete, gefüllt zu werden. Dann hielt Peraudi seine bewährten Bußpredigten, und »das Geld in der Stadt wurde knapp«[49].

Was Gott dem jungen Studenten damals bedeutete, ist unbekannt. Eine eindeutige Antwort dürfte ihm selbst schwergefallen sein. Denn so viele unterschiedliche Richtungen es in der Kirche gab, so vielgesichtig erschien ihm der Schöpfer. Das Papsttum präsentierte ihn als allmächtigen Herrscher, der, wie sein Stellvertreter Christus und dessen irdischer Repräsentant, unnahbar über der Welt thronte und ihr Treiben mit strengem Auge verfolgte.

Dagegen war der Gott der Laienbrüder verborgen und doch zugleich ganz nahe. Er brauchte keine Pfaffen, weil er selbst gegenwärtig war. Ohne klerikales Zeremonienwesen waren auch Reformatoren wie Hus, Hilten oder Rucherath ausgekommen. Ihr Gott sprach durch das Evangelium seines Sohnes. Als Heiland brachte er den Menschen die frohe Botschaft ihrer Gotteskindschaft, dem angemaßten Generalbevollmächtigten aber, der sich den Thron erschlichen hatte, verkündete er seinen donnernden Abgang.

Selbst in der Scholastik, die als offizielle Kirchenlehre die Universität beherrschte, gab es widersprüchliche Wege. Die einen schworen auf die Lehren des heiliggesprochenen Thomas von Aquin, die für Kirchenrecht und Konzilien maßgebend waren. Andere priesen Wilhelm von Ockham, der zwischen wissenschaftlicher und theologischer Wahrheit unterschied. Seinen Anhängern, den »Nominalisten«, bot dies die Möglichkeit, gefahrlos der Vernunft zu dienen und zugleich vor der Kirche zu dienern. Auch die Erfurter Ordinarien schlossen ihre wissenschaftlichen Abhandlungen, so weltlich sie sein mochten, mit frommem Gebet und Amen ab.

Was das Fundament ihres Glaubens betraf, boten auch die Scholastiker keine eindeutige Antwort. Neben dem Schöpfer Himmels und der Erden verehrten sie auch einen anderen, der Himmel und Erde bis dahin wie kein Zweiter erklären konnte: Aristoteles. Der Universalgelehrte, der mit seiner Logik, Physik, Astronomie und Ethik auch auf Martins Lehrplan stand, war Zentralfigur der christlichen Schullehre und damit der Erfurter Universität. »Ohne Aristoteles«, erklärte ein Bischof, der nebenbei noch Erfurter Professor war, »wird niemand ein Doktor der Theologie«.[50]

Und ohne Ockham gab es in Erfurt keinen Aristoteles. Alle Dozenten dieser Hochschule mussten sich mit erhobener Hand verpflichten, in ihren Vorlesungen die Werke des Griechen im Sinne des Engländers auszulegen. Man nannte dies die »Via moderna«. Hatte Martin in Eisenach die »Moderne Frömmigkeit« kennengelernt, wurde er nun als Student auf den »Weg der Moderne« gebracht.

Seine Examina ging der Student aus dem Mansfelder Erzrevier im Eilschritt an. Zum frühestmöglichen Termin absolvierte er im September 1502 die Prüfung zum Baccalaureus, dem »Lorbeerbekränzten«, womit das Recht, einen Degen zu tragen, verbunden war. Den nächsten akademischen Rang erreichte er Anfang 1505, als er, Zweitbester unter siebzehn Prüflingen, das Magisterexamen abschloss. Zur Belohnung gab es nicht nur den obligatorischen Fackelzug, sondern auch ein braunrotes Barett samt Siegelring, die ihn mit besonderem Stolz erfüllten.

Sein nicht minder stolzer Erzeuger war vom bestandenen Examen so gerührt, dass er den Sohn ab sofort mit dem herrschaftlichen »Ihr« anredete. Geschmeichelt übersah Martin allerdings, worauf die höfliche Geste abzielte: Mit dem Magistertitel hatte er sich endlich für das Jurastudium qualifiziert. Bald würde er die väterlichen Auslagen für Schul- und Studienzeit zurückzahlen, indem er die Stelle antrat, in der er dessen expandierendem Unternehmen nützlich sein konnte.

Dem Ziel seiner Bemühungen nahe, übersah der Vater allerdings, dass der frischgebackene Magister nicht mehr der eingeschüchterte Junge war, den er vor Jahren nach Magdeburg geschickt hatte. Er sprach auch nicht mehr seine Sprache. Geschult an klassischen Rhetorikern wie Cicero, handhabte er das Latein mit einer Virtuosität, die seine Lehrer zum Staunen brachte. Außerdem komponierte Martin vierstimmige Chorsätze und glänzte in dialektischen Disputationen, die er aus dem Stegreif führen konnte. Kommilitonen bewunderten ihn als »gelehrten Philosophen und Musikus«[51].

Martin selbst sah sich am liebsten als Mann der *Wissenschaft*.[52] Aber wie passte Wissenschaft zu Religion? Und wie passte die Religion der prunkenden Erzbischöfe zu jener der Brüder vom gemeinsamen Leben? Wie der weihrauchumnebelte Heiligenkult zum schlichten Gotteswort? Und war nicht ein Philosoph ein halber Ketzer? Und ein halber Ketzer fast schon eine ganze Leiche? Oder was bedeutete es, dass ihm, dem grünen Jüngling, ein alter Erfurter die Prophezeiung ins

Ohr flüsterte, *es muss eine Änderung werden, und die ist groß; es kann also nicht bestehen?*[53]

8. »Es ist eine Lust zu leben!«

Keiner in der Familie Luder ahnte, dass ihr Hoffnungsträger in Erfurt ein anderer Mensch geworden war. Da er sich Bücher nach eigener Wahl besorgen und diese in geselliger Runde diskutieren konnte, fühlte er sich frei, und er genoss diese Freiheit. Er war auch nicht der Einzige, der sich verwandelte. An den Universitäten breitete sich ein neuer Menschentyp aus, von dem die Kirche sich nichts träumen ließ. Die hypnotische Macht ihrer Dogmen wurde vom Reiz des freien Denkens verdrängt.

Man nannte es Humanismus. Seine frohe Botschaft, die sich mit der italienischen Renaissance ausbreitete, eroberte im Sturm die deutschen Universitäten. Dort ersetzte sie die alte unfrohe, mit der die Kirche geherrscht hatte. Nicht länger standen der strafende Gott und seine Heiligen im Mittelpunkt, sondern das Ebenbild Gottes selbst, der Mensch. Nicht in Messopfern und Wallfahrten bestand der neue Gottesdienst, sondern in der Entwicklung von Kreativität und naturwissenschaftlichen Einsichten über Gottes Schöpfung. An die Stelle der alten Frömmigkeit war, zuerst in den Köpfen der Gelehrten, dann auch im Volk, der Wunsch nach individueller Freiheit getreten.

»O Jahrhundert, o Wissenschaften! Es ist eine Lust zu leben!«, so drückte der Humanist Ulrich von Hutten die Gefühle dieses Aufbruchs aus, nicht ohne warnend in Richtung Rom anzufügen: »Du aber, Barbarei, nimm einen Strick und erwarte deine Verbannung!«[54] Sein Jubel kam verfrüht.

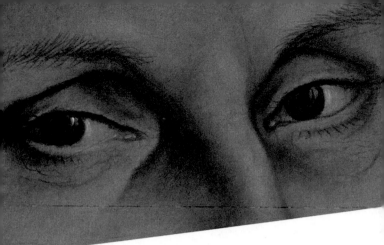

500 Jahre
Reformation

EVANGELISCHE VERLAGSANSTALT
Leipzig

edition chrismon

Liebe Leserinnen, liebe Leser,

feiern Sie mit uns das Reformationsjubiläum!

Zum Beispiel mit der brillant und fesselnd geschriebenen Luther-Biographie von Joachim Köhler, die deutlich macht: Vor 500 Jahren hat Luther Fragen aufgeworfen und beantwortet, die wir uns heute wieder stellen müssen.

Oder mit dem offiziellen Buch zum Jubiläum 500 Jahre Reformation „Die Welt verändern." Was hat uns der Glaube heute zu sagen – darüber sprechen Margot Käßmann und Heinrich Bedford-Strohm mit prominenten Gesprächspartnern.

Entdecken Sie weitere interessante Titel über das Leben und Wirken des großen Reformators. Wir laden Sie ein, Luther in all seinen Facetten zu entdecken.

Mehr Informationen zum gesamten Verlagsprogramm erhalten Sie auf unserer Internetseite:

www.eva-leipzig.de

Dort finden Sie auch Leseproben unserer Bücher.

Wir wünschen Ihnen eine anregende Lektüre!

Mit freundlichen Grüßen aus Leipzig

EVANGELISCHE VERLAGSANSTALT
Leipzig

Joachim Köhler

Luther!

Biographie eines Befreiten

408 Seiten | Hardcover

ISBN 978-3-374-04420-7 **EUR 22,90 [D]**

▶ Die Luther-Biographie, die zeigt, warum wir 2017 feiern

▶ Für alle, die wissen wollen, welche bahnbrechenden Ideen
des Reformators das moderne Europa hervorbrachten

Die Luther-Biographie
zum Reformationsjubiläum!

Mit entschiedener Sympathie und beeindruckendem
psychologischen Gespür lässt Joachim Köhler den großen
Glaubenskämpfer der deutschen Geschichte lebendig
werden. Köhler schreibt uns den großen Luther ins Herz,
ohne den manchmal irrenden zu beschönigen. Vor allem
aber zeigt er: Luther ist nicht von gestern. Er hat vor 500
Jahren Fragen aufgeworfen und beantwortet, die wir uns
heute wieder stellen müssen.

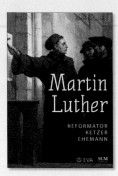

Armin Kohnle

Martin Luther
Reformator, Ketzer, Ehemann
224 Seiten | Hardcover
ISBN 978-3-374-04107-7   EUR 29,95 [D]

Einzigartig: Luthers gesamtes Leben in Bildern! Luther-experte Armin Kohnle zeigt nicht nur die Facetten des Reformators, sondern räumt auch mit zahlreichen Legenden auf, die sich um Luther ranken. Eine wunderschöne Bildbiographie mit mehr als 120 Gemälden, Fotos und Karten.

Luthers Lieder
Doppel-CD mit Buch-Innenteil, ca. 96 Seiten
Lauflänge: ca. 120 Minuten
ISBN 978-3-96038-018-4   ca. EUR 19,90 [D]
erscheint im Oktober 2016

Erstmals erscheinen alle 35 Luther-Choräle komplett auf einer Doppel-CD. Sie umfasst die Lieder in den wichtigsten Vertonungen der vergangenen 5 Jahrhunderte, darunter in Werken von Bach, Praetorius, Buxtehude und Mendelssohn sowie neuen Komponisten.

Christian Bogislav Burandt

Gegen Fürsten, Tod und Teufel
Eine Erzählung um das Augsburger Bekenntnis
232 Seiten | Paperback
ISBN 978-3-374-03726-1   EUR 14,80 [D]

Das Augsburger Bekenntnis von 1530 gehört für mehr als 70 Millionen lutherische Christen bis heute zur Grundlage ihrer Kirchengemeinschaft. Christian Bogislav Burandt erzählt die Geschichte aus dem Blickwinkel zweier Hauptpersonen: Philipp Melanchthon als Theologe und Gregor Brück als rechte Hand des sächsischen Kurfürsten.

Martin Luther

Von der Freiheit eines Christenmenschen
Herausgegeben und kommentiert von Dietrich Korsch
176 Seiten | Paperback
ISBN 978-3-374-04259-3   EUR 9,90 [D]

Martin Luthers Freiheitsschrift stellt einen Glücksfall im reichen Schrifttum des Reformators dar. Kaum noch einmal ist ihm auf so engem Raum eine so dichte und klare Beschreibung der Situation des Menschen vor Gott und mit seinen Mitmenschen gelungen. Darum ist die Schrift auch immer wieder als eine elementare Einführung in Luthers Werk verwendet worden.

500 Jahre Reformation – Das Buch zum Jubiläum

Margot Käßmann
Heinrich Bedford-Strohm
Die Welt verändern
Was uns der Glaube heute zu sagen hat

aufbau   edition ⁜ chrismon

Heinrich Bedford-Strohm | Margot Käßmann (Hrsg.)

Die Welt verändern

Was uns der Glaube heute zu sagen hat

ca. 304 Seiten | Hardcover

ISBN 978-3-96038-007-8   ca. EUR 22,00 [D]

erscheint September 2016

In diesem Jubiläumsband findet der Leser alles Wissenswerte über die Reformation, ihre Ideen und Ziele. Vor allem aber geht es darum, inwieweit der Glaube heute noch Antworten auf die drängenden Fragen der Gegenwart geben kann, die vielerorts durch Elend, Krieg und Flucht geprägt ist.

Was hat uns der Glaube heute zu sagen – darüber sprechen Margot Käßmann und Heinrich Bedford-Strohm mit Dunja Hayali, Jakob Augstein, Gregor Gysi, Mouhanad Khorchide und Walter Homolka.

Elke Strauchenbruch

Luthers Paradiesgarten

168 Seiten | mit zahlr. farb. Abb. | Hardcover
ISBN 978-3-374-03802-2   EUR 14,80 [D]

Luthers Familie und die Familien seiner Nachbarn lebten zum großen Teil von selbst-
produzierten Lebensmitteln. Wie bewirtschafteten und pflegten sie ihre kleinen Para-
diese? Wie hat Luther die Natur wahrgenommen? Elke Strauchenbruch geht diesen
Fragen in ihrer gewohnt kenntnisreichen, und amüsanten Art nach.

Elke Strauchenbruch

Luthers Wittenberg

248 Seiten | mit zahlr. farb. Abb. | Hardcover
ISBN 978-3-374-03137-5   EUR 14,80 [D]

Wie in einer Zeitreise führt uns die Autorin zurück in das Wittenberg von Martin
Luther. Das Buch ist eine Fundgrube für alle, die wissen wollen, wie die Wurzeln einer
Weltrevolution wachsen. Es deckt eine Fülle von Neuem und Überraschendem auf und
macht es einem breiten Publikum leicht verständlich zugänglich.

Elke Strauchenbruch

Luthers Küchengeheimnisse

168 Seiten | mit zahlr. farb. Abb. | Hardcover
ISBN 978-3-374-04123-7   EUR 14,80 [D]

Dass der Reformator gerne aß, das ist weithin bekannt. Schon zu seiner Zeit lebte man
nach der Devise: »Wie man's kocht, so schmeckt's«. Wie bereitete man aber zu Luthers
Zeit die Speisen zu, und vor allem: Wie schmeckten sie? Elke Strauchenbruch breitet
vor ihren Lesern den ganzen Kosmos des Essens im 16. Jahrhundert aus.

Die Bibel nach Martin Luthers Übersetzung

Lutherbibel revidiert 2017

Jubiläumsausgabe 500 Jahre Reformation

ca. 1500 Seiten, ca. 80 farbige Sonderseiten, mit Familienchronik, farbiger Festeinband mit Leinenrücken

Im Schmuckschuber mit hochwertigem Lesezeichen-Etui mit drei Lesebändchen

ISBN 978-3-96038-016-0   ca. EUR 35,00 [D]

ERSTVERKAUFSTAG: 19. OKTOBER 2016

Anlässlich des Reformationsjubiläums gestaltet die *edition chrismon* eine limitierte Sonderausgabe der Lutherbibel 2017. Die revidierte Lutherbibel erhalten Sie in einer attraktiven Ausgabe: im Schmuckschuber, mit Familienchronik und einem hochwertigen Lesezeichen-Etui mit drei Lesebändchen. Die farbigen Sonderseiten vermitteln im Jubiläumsjahr viel Wissenswertes zu Luthers Wirken als Reformator und Bibelübersetzer –mit Hintergrundinformationen zur Revision 2017.

Margot Käßmann | Martin Rösel (Hrsg.)

Die Bibel Martin Luthers

Ein Buch und seine Geschichte

ca. 272 Seiten | Hardcover

mit zahlr. farb. Abbildungen

ISBN 978-3-374-04408-5   ca. EUR 24,80 [D]

erscheint September 2016

Die Bibelübersetzung Martin Luthers war ein Meilenstein in der Geschichte der Reformation. Zugleich hatte Luthers Sprachgewalt einen großen Einfluss auf die hochdeutsche Sprache, die sich damals erst entwickelte. Margot Käßmann und Martin Rösel haben namhafte Theologen versammelt, die auf verständliche Weise mit reich bebilderten Texten das wichtigste Buch der deutschen Theologie- und Sprachgeschichte beleuchten.

Margot Käßmann (Hrsg.)

Schlag nach bei Luther

Texte für den Alltag

176 Seiten | Hardcover

ISBN 978-3-86921-093-3   EUR 14,90 [D]

Margot Käßmann, die Reformationsbotschafterin der evangelischen Kirche, hat Luthertexte ausgewählt, neu übertragen und nach Themen geordnet. Eine echte Fundgrube für Luther-Liebhaber.

Margot Käßmann (Hrsg.)

Beten mit Luther

Texte für den Alltag

136 Seiten | Hardcover

ISBN 978-3-86921-208-1   EUR 14,90 [D]

»Wir sollten so beten, wie der Hund auf das Fleisch sieht«, riet Luther einmal in seinen Tischreden. Seine eigenen Gebete verraten einen von Hoffnung erfüllten, andächtigen Menschen, der sich in großem Vertrauen an Gott wendet.

Luther kurz & knackig

Seine originellsten Sprüche

56 Seiten | mit zahlr. Abb. | Hardcover

ISBN 978-3-374-02405-6   EUR 9,80 [D]

Sie meinen, Sie kennen Martin Luther? Den Theologen, den Reformator, den Bibel-Übersetzer? Aber kennen Sie auch den Familienvater, den Ehemann, den Freund und Vater Martin Luther?

Dieses Geschenkbuch vereint die frechsten, tiefsinnigsten, lebenslustigsten und knackigsten Luther-Sprüche.

Nikolaus Schneider (Hrsg.)

Ich bin evangelisch

Menschen sprechen über ihren Glauben

192 Seiten | 12 x 19 cm | Hardcover

ISBN 978-3-86921-256-2   EUR 16,90 [D]

Gibt es die typische Protestantin und den typischen Protestanten? Gott sei Dank: Nein! 500 Jahre nach Luther ist die Gemeinschaft evangelischer Christinnen und Christen so bunt und vielfältig wie eh und je. Nikolaus Schneider fragt 54 Persönlichkeiten: Heinz-Horst Deichmann, Jürgen Flimm, Gundula Gause und viele andere.

Fabian Vogt

Luther für Neugierige

Das kleine Handbuch des evangelischen Glaubens

ca. 220 Seiten | zahlr. Abb. | Paperback

ISBN 978-3-374-04431-3   ca. EUR 9,95 [D]

erscheint September 2016

KOMPLETT ÜBERARBEITET UND AKTUALISIERT

Wie war das noch mal mit Luther und der Reformation? Was glauben evangelische Christen? Ist Katechismus etwas Ansteckendes? Sind Protestanten eine exotische Spezies? Und: Dürfen evangelische Männer katholische Frauen küssen? Der weithin bekannte Autor Fabian Vogt gibt Antworten: Fundiert, übersichtlich und höchst unterhaltsam.

Fabian Vogt

Luther für Eilige

Seine wichtigsten Werke kurz & knackig

ca. 128 Seiten | Klappenbroschur

ISBN 978-3-96038-010-8   ca. EUR 10,00 (D)

erscheint September 2016

Martin Luther hat die Reformation vor allem mit seinen mitreißenden und klugen Schriften ausgelöst. Aber was steht da eigentlich drin? Fabian Vogt fasst die wichtigsten reformatorischen Texte zusammen – von den „95 Thesen" über die „Freiheit eines Christenmenschen" bis zur Rede auf dem Reichstag zu Worms. Kurz und knackig, informativ und dabei höchst unterhaltsam.

Fabian Vogt

Wenn Engel lachen

**Die unverhoffte Liebesgeschichte
der Katharina von Bora**

136 Seiten | Hardcover

ISBN 978-3-86921-291-3   EUR 12,90 [D]

Weder die eigenwillige Katharina von Bora noch der ehrenwerte Professor Martin Luther hätten gedacht, dass aus ihnen mal ein Paar werden würde. Fabian Vogt erzählt, wie aus einer Abmachung im Atelier von Lukas Cranach eines der berühmtesten Paare unserer Geschichte wird. Eine Liebe, in der sich die ganze Dynamik der Reformation widerspiegelt.

Orte der Reformation

Die Geschichte der Reformation neu entdecken

Die reich bebilderte Journalreihe »Orte der Reformation« lädt ein, sich zum 500-jährigen Jubiläum der Reformation auf die Spurensuche dieses weltgeschichtlichen Ereignisses zu begeben.

Die vollständige Übersicht zur Reihe finden Sie auf unserer Internetseite: **www.eva-leipzig.de**

Stephan Dorgerloh | Stefan Rhein
Johannes Schilling (Hrsg.)

Wittenberg

96 Seiten | mit zahlr., meist farb. Abb.
ISBN 978-3-374-03001-9   EUR 9,90 [D]

In der »Lutherstadt Wittenberg« wohnte und arbeitete der große Reformator die längste Zeit seines Lebens, hier begann 1517 die Reformation der Kirche und machte die sächsische Residenz- und Universitätsstadt in der ganzen Welt bekannt.

Martina Berlich | Günter Schuchardt (Hrsg.)

Eisenach

72 Seiten | mit zahlr., meist farb. Abb.
ISBN 978-3-374-02911-2   EUR 9,90 [D]

Dass Luther auf der Wartburg die Bibel ins Deutsche übersetzt hat, während er dort als Junker Jörg lebte, weiß man noch. Doch Näheres? Das Reformationsheft zu Eisenach hilft weiter und ist wegen seiner exzellenten Bildsprache auch wunderschön anzusehen.

Volker Jung | Ulrich Oelschläger (Hrsg.)

Worms

76 Seiten | mit zahlr., meist farb. Abb.
ISBN 978-3-374-04115-2   EUR 9,90 [D]

Worms erinnert in erster Linie an den Reichstag von 1521. Der gebannte Luther verantwortete sich dort vor Kaiser und Reich und verweigerte den Widerruf seiner Lehren. In diesem Heft wird Worms mit kurzen prägnanten Texten und eindrucksvollen Bildern vorgestellt.

Michael Grabow | Bernd Wißner | Götz Beck (Hrsg.)

Augsburg

80 Seiten | mit zahlr., meist farb. Abb.
ISBN 978-3-374-03730-8 EUR 9,90 [D]

Augsburg war im frühen 16. Jahrhundert eine der größten und reichsten Städte Europas. Überall im Stadtkern trifft man auf die Spuren Luthers und der Reformation. Hier veröffentlichte Luther zahlreiche seiner Schriften. Und hier, in der Kirche St. Anna, in der Luther 1518 während seines Verhörs zugegen war, gibt es ein modern konzipiertes Luther-Museum.

Hartmut Hövelmann | Stefan Ark Nitsche (Hrsg.)

Nürnberg

96 Seiten | mit zahlr., meist farb. Abb.
ISBN 978-3-374-02848-1 EUR 9,90 [D]

Nürnberg ist nicht nur eine alte Handelsmetropole, sondern auch einer der berühmtesten Orte der Reformation. Sie war die erste Reichsstadt von Rang, die sich im 16. Jahrhundert Martin Luthers Reformation anschloss. Heute herrscht in Nürnberg ein beispielhaftes ökumenisches Klima.

Matthieu Arnold | Marc Lienhard (Hrsg.)

Straßburg – Strasbourg

ca. 80 Seiten | mit zahlr., meist farb. Abb.
ISBN 978-3-374-04418-4 ca. EUR 9,90 [D]
erscheint Oktober 2016

Durch die Reformation in Straßburg wurde eine besondere Atmosphäre in der freien Reichsstadt geschaffen, die sowohl durch die Sorge um Frömmigkeit und Bildung als auch durch relative Toleranz gekennzeichnet war. Das Journal führt die Leser in die ferne, aber bis heute so wichtige Welt der Reformation.

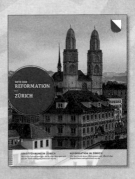

Peter Opitz (Hrsg.)

Zürich

96 Seiten | mit zahlr., meist farb. Abb.
ISBN 978-3-374-04589-1 ca. EUR 14,90 [D]
erscheint Oktober 2016

Zürich, vor 500 Jahren - die Menschen leiden unter den Abgaben an Kirchen und Klöster. Da wendet sich Ulrich Zwingli, ein junger Leutpriester, gegen soziale Missstände – und Kirche und Staat gestalten gemeinsam eine neue Ordnung. Das reich bebilderte Journal nimmt uns mit zu den wichtigsten Stätten der Reformation.

Jetzt bestellen: Telefon: 0341 / 711 41 16 | Fax: 0341 711 41 50 | E-Mail: vertrieb@eva-leipzig.de

Hiermit bestelle ich zur Lieferung gegen Rechnung (zzgl. Versandkosten):

Anzahl	ISBN	Titel

Bitte senden Sie ihre Bestellung an folgende Adresse:

**Evangelische Verlagsanstalt GmbH
Blumenstraße 76
04155 Leipzig**

Name/Vorname:

Straße/Hausnummer:

PLZ/Wohnort:

Datum/Unterschrift:

Dass die neue Weltanschauung eine stillschweigende Kriegs-
erklärung an die Kirche darstellte, wollte keiner offen aussprechen. Es wäre ihm auch schlecht bekommen. Die Folterkeller
und Scheiterhaufen, für Hexen und Andersdenkende reserviert, waren schlagende Argumente. Die Studenten wiederum, denen nach wie vor scholastische Lehren eingetrichtert
wurden, bestärkte es in der Abneigung gegen die geistliche
Zwangsjacke.

Erwacht aus dem Dornröschenschlaf, in den das Christentum sie gesenkt hatte, brachten die verbotenen Bücher
des Altertums einen neuen, lebensfrohen Geist in die Welt.
Wer das wahre Leben suchte, so riefen die Humanisten der
Menschheit zu, konnte es bei Cäsar und Cicero, bei Ovid und
Catull, Petronius und Martial und all den anderen Heiden
finden, die ganz gut ohne Papst und Fegefeuer ausgekommen
waren. Ihre alten Handschriften lagen zur Übersetzung bereit.

»Zu den Quellen!« lautete deshalb der Schlachtruf der
Humanisten. Das Medium dieser Quellen war die Sprache.
Aus dem Griechischen und Lateinischen übersetzt, stellten die
antiken Autoren mit ihrer Unbefangenheit und Lebensnähe
scheinbar selbst die Bibel in den Schatten. Mit jedem wie-
dergefundenen Buch erweiterte sich der kulturelle Horizont,
nahm das Bild vom wahren Menschentum immer deutlicher
Gestalt an.

Nicht mehr die züchtigen Heiligen waren es, an denen
man sich orientierte, sondern die Rhetoriker Roms, die Helden
Homers und Vergils, die Komödien des Plautus oder Satiren
Juvenals. Statt der Genesis las man die Aeneis. Ganz nebenbei
bestaunte man die laszive Nacktheit der Marmorstatuen und
das erotische Raffinement der römischen Kaiserzeit, wie man
es bei Sueton beschrieben fand. All dies, so hoffte man, würde
nun seine Auferstehung erleben. In der Kunst war sie bereits
Wirklichkeit geworden. Mit nie gekannter Wirklichkeitstreue
und räumlicher Perspektive feierten die Renaissancemaler die

Wiederentdeckung der antiken Schönheit. Es war die Geburtsstunde des »Universalen Menschen«.

Als Zeichen ihrer Universalität legten viele Humanisten ihre allzu gewöhnlichen Taufnamen ab und übersetzten sie in die Gelehrtensprache. So wurde aus dem Hüttenmeistersohn Luther vorübergehend ein *Martinus Viropolitanus*, Martin aus Mansfeld. Auch die Galionsfigur der Humanisten, der Holländer Gerhard Gerhards, schmückte sich mit dem lateinischen Pseudonym »Erasmus Roterodamus«. Als Mann aus Rotterdam verkörperte er wie kein anderer das neue Menschheitsideal.

Doch auch Luthers späterer Widersacher Erasmus kam nicht ohne Widersprüche aus. Als Zögling der Brüder vom gemeinsamen Leben vertrat er die »Devotio moderna«, als geweihter Priester die Papstkirche und als Philosoph die heidnisch-humanistische Weltanschauung. Mit derselben profunden Gelehrsamkeit edierte er den römischen Rhetoriker Cicero, Kirchenväter wie Origenes oder das griechische Neue Testament, das Luther 1521 auf der Wartburg seiner Bibelübersetzung zugrunde legte. Der neue Menschentyp war nicht zur Unterwerfung unter Dogmen und Gebote geschaffen, sondern entschied sich aus freien Stücken, das Gute zu tun. Das war die schöne, neue Welt des Erasmus Roterodamus, und Martinus Viropolitanus nahm sie in vollen Zügen in sich auf.

9. Der Befreiungsschlag

Vier Jahre lang konnte Martin Luther diesen Traum mitträumen. Begeistert arbeitete er sich in Philosophie, Musik und auch die nominalistische Theologie ein, die sich nahtlos in das große Panorama des Wissens einfügte. So sehr für ihn bald das humanistische Erbe hinter die Botschaft des Glaubens zurücktreten sollte, blieb er der antiken Weisheit doch lebenslang treu. In vielen seiner Schriften berief er sich auf klassische Autoren, führte Äsopsche Tierfabeln an, bewunderte Juvenal für seine genaue Schilderung von Menschen, die unter ihrem Gewissen leiden, und bezeichnete Cicero gar als *frommen Mann*[55]. Noch zwei Tage vor seinem Tode nannte Luther die römischen Autoren Vergil und Cicero in einem Atemzug mit der Bibel und bezeichnete die Evangelien als *göttliche Aeneis*[56].

Der 1505 erworbene Magistertitel, der zur Aufnahme des Jurastudiums berechtigte, markierte für Luther das Ende dieser Freiheit. An deren Stelle trat die Gewissheit, in absehbarer Zeit mit dem Doktorhut auf dem Kopf in die heimische Firma eintreten zu müssen, um »als Jurist das mühsam erworbene Vermögen der Familie sichern zu helfen«[57]. Dann konnte er seine Lieblingsautoren ins Feuer werfen und seine Laute an den Nagel hängen, um stattdessen schlaue Verträge zu entwerfen oder mit den händelsüchtigen Mansfelder Grafen zu streiten. Hans Luder war es nämlich gewohnt, seine Interessen wenn nötig vor dem Berggericht zu verfolgen. Für Martins humanistische Gelehrsamkeit würde kein Platz sein. Hier war nur Mensch, wer Geld verdiente.

Wer den Studiosus als »hurtigen und fröhlichen Gesellen« erlebt hatte, konnte in der Folge eine Eintrübung seiner Stimmungslage bemerken. Als er *in Erfurt ein junger Magister war*, so bekannte er später, sei er *durch die Anfechtung der Traurigkeit immer traurig*[58] umhergegangen. Da der Pest, die von 1503 bis 1505 wütete, neben seinen Brüdern auch mehrere Kommilitonen zum Opfer fielen, wurde Martin von Depressionen heimgesucht. Zu allem Überfluss starb auch noch ein Freund, nach offizieller Version an einer »Lungenentzündung«, nach anderer an einem Stich in die Lunge, den er sich bei einem Degenduell zugezogen haben soll.[59] Zwar sind keine Dokumente überliefert, doch wird von Luthers Tischgenossen

Johann Mathesius bestätigt, dass ihm damals »ein guter Gesell erstochen wurde«.

Bereits im Vorjahr war Luther mit einer spitzen Waffe in schmerzhaften Kontakt gekommen. Kaum war er, vermutlich in den Osterferien 1504, zu seinen Eltern nach Mansfeld aufgebrochen, als ihm bei der Ortschaft Stotternheim die Spitze des eigenen Degens in den Schenkel drang. Ein Kommilitone, der ihn begleitete, holte eilig aus dem nahen Erfurt einen *Chirurgen* zu Hilfe. Obwohl Martin die Arterie abzudrücken versuchte, quoll das Blut immer weiter aus dem anschwellenden Schenkel. Mit vereinten Kräften trug man ihn zum Studentenwohnheim zurück. Die Wochen der Genesung, die er auf seiner Stube verbringen musste, nutzte er zum gründlichen Erlernen der Laute.

Zur düsteren Zukunftsaussicht kam sein Missfallen am Gesetzesstudium, bei dem stures Einpauken wie in Mansfeld nötig war. Auf der Suche nach Ablenkung oder Trost stieß er in der Universitätsbibliothek auf eine Bibel. Das war Neuland für ihn. Denn trotz seiner zwanzig Jahre, so bekannte er, *hatte ich noch keine gesehen.*[60] Die Beschäftigung mit den heiligen Texten galt nämlich als Privileg der Geistlichkeit. Noch als Mönch wurde ihm von der Lektüre abgeraten. »Ei, Bruder Martinus«, warnte ein Theologieprofessor, »man soll die alten Lehrer lesen, die haben den Saft der Wahrheit aus der Bibel gesogen«.[61]

Zufällig hatte er das Buch gefunden, zufällig schlug er es an einer Stelle auf, in der es um die plötzliche Rettung aus einer Notlage ging. Die unglückliche Hanna, die ihr Leben lang unfruchtbar gewesen war, hatte wider jede Wahrscheinlichkeit durch Gottes Hilfe einen Sohn, den Propheten Samuel, geboren. Ihr Dankpsalm an den Gott, der das Unglaubliche möglich machte, musste in Martins Ohren geklungen haben, als wäre er direkt an ihn adressiert: »Der Herr tötet und macht lebendig, führt hinab in die Hölle und wieder heraus.« *Wunderbar gefiel mir das Buch*, erzählte er später, *und ich meinte, ich würde glücklich sein, wenn ich einmal ein solches Buch haben könnte.*[62]

Kaum hatte Martin sechs deprimierende Wochen Jurisprudenz absolviert, als er, vermutlich durch einen Brief des Vaters, nach Mansfeld zitiert wurde. Da er seiner Gehorsamspflicht nachzukommen hatte, dürfte er sein Bündel höchst widerwillig geschnürt haben. Den Grund, wenn er nicht schon im Brief offengelegt war, konnte Martin ahnen. Das Ende seiner Ausbildung war absehbar, und Hans Luder hatte sich nach einer Braut für ihn umgesehen. Offenbar war er fündig geworden. Zwei Jahre vor seinem Tod erwähnte Luther im selben Zusammenhang eine *fromme Jungfer*[63], die der Hüttenmeister für ihn vorgesehen hatte. *Deine Absicht war es sogar*, schrieb er dem Vater als Mönch, *mich durch eine ehrenvolle und reiche Heirat zu fesseln.*[64]

Der designierte Bräutigam blieb ein paar Tage im Vaterhaus, wo er vermutlich mit der Braut zusammengeführt wurde. Am 2. Juli 1505, dem Tag Mariä Heimsuchung, begab Luther sich zu Fuß auf den neunzig Kilometer langen Rückweg. Schon fast am Ziel, näherte er sich jener Stelle bei Stotternheim, an der ihm im Vorjahr das Malheur mit dem Degen passiert war.

Ausgerechnet hier, nicht weit vom Galgenhügel, brach ein ziemlich heftiges Gewitter los. *Der ganze Himmel kracht, die Erde erzittert*, so beschrieb er später das Wetterphänomen, *und alles ist am Zusammenfallen, dass selbst die Hölle sich öffnet und uns verschlingen will. Dieses Gefühl ist in unserem Herzen, jene entsetzlichen Geräusche und schrecklichen Erscheinungen hören und sehen wir.*[65]

Er hörte und sah, und zu allem Überfluss schlug ein Blitz neben ihm ein, der ihn zu Boden warf. *Vor Schrecken und Angst vor einem plötzlichen Tode*[66], so berichtete der Reformator, drang ihm ein Stoßgebet über die Lippen. *Hilf du, St. Anna*, schrie er in den Donner hinein, nicht ohne das gefährliche Versprechen hinzuzufügen: *Ich will ein Mönch werden.*[67]

Als der Sturm sich verzogen hatte, konnte er beruhigt feststellen, dass er unverletzt geblieben war. Außerdem kam ihm zu Bewusstsein, dass in seinem Leben nichts mehr sein würde wie zuvor. Von väterlicher Gängelung, von Jurastudium und Zwangsheirat konnte nicht mehr die Rede sein. Nach Erfurt zurückgekehrt, verschenkte er seine Habseligkeiten und verkaufte seine juristischen Bücher. Er brauchte sie nicht mehr. Mit einem Schlag, so schien es, waren all seine Probleme gelöst.

KAPITEL ZWEI

IM FEGEFEUER

Ich dachte, wir hätten den Teufel
allein in den Klöstern.[68]

1. Zwischen Teufelsspuk und Himmelsgnade

Der Blitz von Stotternheim war nicht nur in Luthers Leben, sondern auch in die Weltgeschichte eingeschlagen. So zumindest sah es der Philosoph Hegel, bekennender Lutheraner und Vordenker von Karl Marx. In der gewaltsamen Entladung, die vernichtet und zugleich erleuchtet, erblickte er das Urbild jeder Revolution: Nachdem die alte Welt »allmählich zerbröckelt« ist, tritt die Verwandlung schlagartig ein. »Ein Blitz« leuchtet auf, der mit »einem Male das Gebilde der neuen Welt hinstellt.«[69]

Noch war davon für Martin nichts zu sehen. Im Gegenteil, sein Gelübde hatte ihn an die alte Welt zurückverwiesen, in der schon der bloße Gedanke an Reformation zum Tod bei lebendigem Leib führen konnte. Derlei hatte ihm, wenn auch in milderer Form, bei einem Leben in Vaters Schatten gedroht. Solange ihn das Mönchsdasein von dieser trüben Aussicht befreite, sollte ihm alles recht sein.

Das entscheidende Problem, ob Hans Luder oder er selbst über seine Zukunft bestimmen konnte, hatte sich wie von selbst gelöst. Doch blieben Fragen: Wie etwa würde der düpierte Bergwerksherr reagieren? Und warum hatte Martin bei jenem welthistorischen *Donnerschlag* nicht Gottvater oder Maria zu Hilfe gerufen, sondern deren Mutter, die in der Bibel gar nicht vorkam?

Die Antwort auf die erste Frage würde nicht lange auf sich warten lassen. Und was die Nothelferin Anna betraf, so hatte ihm nicht der Glaube die Worte in den Mund gelegt, sondern die Mode der Zeit. Die heilige Anna, von der man kaum mehr wusste, als dass sie heilig war, stand damals im Zenit ihrer Popularität. Zu ihren Ehren wurden Feste gefeiert und Wallfahrten veranstaltet, Mädchen, Kirchen und Ortschaften benannt. Einer neu gegründeten Bergbaustadt verlieh Herzog Georg von Sachsen den Ehrentitel Annaberg. Und Friedrich der Weise, Luthers Kurfürst, führte den Annentag als hohes Fest ein, mit allerhöchstem Segen von Papst Alexander VI. Zum Zeichen seiner Verehrung der Heiligen ließ Friedrich Silbermünzen mit jenem gläubigen Stoßseufzer »Hilf, Sancta Anna!«[70] prägen, der auch über Luthers Lippen gekommen war.

Bergbau schien Annas Spezialgebiet zu sein. Auch in Mansfeld, wo die Luders schürften, schworen die Knappen auf ihre schützende Hand. Annas heilbringenden Daumen präsentierte Kurfürst Friedrich, der eine Schwäche für die nebulose Heilige hatte, in seiner Wittenberger Reliquienschau. Der fromme Sammler hatte ihn 1493 von einer Pilgerfahrt ins Heilige Land mitgebracht.

Hans Luders Antwort auf die zweite Frage kam prompt. Selbst wie vom Blitz getroffen, reagierte er, so Luther im Rückblick, *toll und töricht*. Dem ungehorsamen Sohn schrieb er *einen bösen Brief*[71], in dem er das Tischtuch zwischen ihnen zerschnitt. Schon immer hatte er das Mönchtum für »eitel Gleisnerei und Buberei« gehalten. Dass sein Ältester sich dieser Bande anschließen wollte, war für ihn ein unerträglicher Gedanke. Das ominöse Gewitter erklärte er auf seine Weise: Mit dem in Sachen Höllenspuk erfahrenen Auge des Bergmanns glaubte er zu erkennen, dass dieser Blitz nicht von Gott gekommen war, sondern von dessen dämonischem Widersacher.

Ob Martins Entschluss, auf ewig hinter grauen Mauern zu verschwinden, auf himmlisches oder teuflisches Eingreifen zurückzuführen war, konnte der Studienabbrecher selbst nicht mit Gewissheit sagen. Streng genommen war ihm gar keine Wahl geblieben. Er ging ja nicht aus freien Stücken ins Kloster, sondern weil ihm das Gelöbnis sozusagen herausgerutscht war. Im Augenblick des Todesschreckens, da war er sich sicher, hatte jemand ihm diese Entscheidung abgenommen.

Fragte sich nur, wer es gewesen war. Die Ungewissheit darüber trieb ihn jahrelang um: Diente sein Mönchsversprechen in Wahrheit allein dem, der ihn schlau dazu verleitet hatte, sich dem väterlichen Machtbereich zu entziehen? Waren Heiligenanrufung und Eintritt in die *Möncherei* lediglich eine Fortsetzung der einfallsreichen Versuche Satans gewesen, ihn zu *fangen* oder gleich *umzubringen?*[72] Nicht nur Blitz und Donner, sondern auch die Anrufung der fragwürdigen Heiligen erschienen ihm nachträglich als Teufelswerk. Der Böse selbst also hatte ihn provoziert, reflexartig Anna anzurufen und ihr das Wunder seiner Errettung zuzuschreiben.

In diesem Detail steckte tatsächlich der Teufel. Denn sobald *jemand gesund wird,* sagte der Reformator später, *so denken sie, dieser oder jener Heilige hat mir geholfen.* Damit aber hätte *der Teufel erlangt, was er mit seinen falschen Zeichen* zu bewirken suchte. Dann vertraute der Mensch nicht länger seinem Schöpfer, sondern schwor hinfort auf diese oder jene Kunstfigur mit Heiligenschein. Kurz, er verschwendete seine Zeit mit illusorischen Tauschgeschäften. Statt an den lebendigen Gott zu glauben, nahm er seine *Zuflucht zu toten Heiligen*[73].

Irgendwann ging Luther auf, dass sein Gelübde, sich einem gottgefälligen Leben zu weihen, nicht automatisch auch ein gottgefälliges Werk darstellte. Denn im Kern handelte es sich um ein simples Geschäftsmodell: Gibst du mir, so gebe ich dir. Rettest du mich vor dem Tod, so schenke ich dir mein Leben. Gerade darin aber lag eine gefährliche Anmaßung und außerdem das stillschweigende Eingeständnis, dass Religion eine Art Handel war. Wozu aber sollte man vor dem weltlichen Leben fliehen, wenn es im gottgeweihten auch nicht anders zuging? Hatte Martin, als er die Kutte nahm, nur einen Geschäftszweig gegen einen anderen eingetauscht? Und worin lag der wesentliche Unterschied, wenn sich in beiden offenbar alles um dasselbe drehte, das Tauschprinzip und die Förderung von Silbergeld?

Das eigentliche Problem war mit dieser Einsicht jedoch nicht gelöst. Zwar sprach vieles dafür, dass der Teufel seine Hand im Spiel gehabt hatte, aber ebenso gut konnte das Gegenteil der Fall sein: Der Blitz wäre dann keine List gewesen, ihn vom rechten Weg abzubringen, sondern ein *vom Himmel gesandter Schrecken*[74], um Martin auf den rechten Weg zurückzubringen. Dann hätte das Höllenszenario, das ihn zu verschlingen drohte, in Wahrheit nur dazu gedient, ihn aus seiner lebenslangen satanischen Umgarnung zu befreien. Zwar hatte Gott allen Grund, auf ihn zornig zu sein. Doch er ließ es nicht zu, dass der Blitz ihn wirklich traf. Möglicherweise hatte er anderes mit ihm vor.

Damit erklärte sich für Luther auch, warum ihm gerade die heilige Anna über die Lippen gekommen war, zu der er ansonsten keinerlei Beziehung unterhielt. Seine Anrufung, so ging ihm später staunend auf, hatte in Wahrheit gar nicht der Bergmannsheiligen gegolten, sondern der gleichnamigen Gestalt, die ihm von seiner ersten Bibellektüre her vertraut war. Dass er damals in der Universitätsbibliothek zufällig auf die Stelle im Alten Testament gestoßen war, in der sie ihren Auftritt hatte, erwies sich nun als höhere Fügung.

Ohne dass es ihm bewusst gewesen wäre, so versicherte er später, hatte er nicht Jesu Großmutter Anna, sondern Hanna, die Mutter des Propheten Samuel, angerufen. Zufällig hieß sie auf Hebräisch ebenfalls Anna. Die Prophetenmutter hatte gegenüber der heimischen Anna den Vorzug, tatsächlich in der Bibel vorzukommen und auch keine Heilige zu sein. Gott selbst also hatte im Sturmgebraus Martins Notschrei gehört, und mehr als das: Gott hatte ihn besser verstanden, als er sich selbst. *In Schrecken rief ich: Hilf du, St.Anna, ich will ein Mönch werden! Aber Gott hat mein Gelübde auf Hebräisch verstanden: Anna, das bedeutet ‚aus Gnade‘.*[75] Obwohl Martin von Rechts wegen den Untergang verdient hätte, war er durch Gottes Gnade und Barmherzigkeit aus Todesnot befreit und mit einem neuen Leben beschenkt worden.

Auch der Notschrei der biblischen Hanna war erhört worden, und ihr Glaube hatte Wunder gewirkt. Ihr Dankgebet an den Herrn, der in die Hölle hinab und wieder heraus führt, hatte ihn als Student tief beeindruckt. Damals konnte er noch nicht wissen, dass sich dieses Wunder bald darauf an ihm selbst bewahrheiten würde. Denn ihr Gebet traf ebenso gut auf die Geburt Samuels wie die Wiedergeburt Martins zu. *Gott hat es so gewollt*[76], erklärte er Jahre später. Im Kloster war er sich da nicht so sicher gewesen.

2. Kehraus in der Himmelspforte

Befreiung, so sollte der Reformator später erkennen, war für den Menschen nicht einfach machbar. Durch fromme Lebensführung, selbstlose Werke und mönchische Selbstkasteiung ließ sie sich nicht erwerben. Erst musste man durchs Feuer gehen und die eigene Hilflosigkeit, die Nichtigkeit seines Ich erkennen. Man musste, so erkannte Luther, ganz und gar zu Boden geschlagen sein und an sich selbst verzweifeln. Dann erst bot Gott seine rettende Hand.

Am eigenen Leib, so sagte Luther später, habe er *Gottes Anklopfen* erfahren, *das bitterlich wehe tut, so dass der Mensch ganz vergehen will und meint, er muss verderben.* Erst danach sollte sich ihm der tiefere Sinn dieser Grenzerfahrung erschließen: Nur durch *Anfechtung und Erschrecken des Gewissens* oder durch *großes Leid und Unfall* wurde das stolze Bild zerbrochen, das der Mensch von sich selbst hatte. Doch während er noch an der eigenen Nichtigkeit verzweifelte, wurde überraschend *Gnade und Stärke* in ihn *eingegossen.*[77] War er durch eigene Schwäche in die *Anfechtung der Hölle* hineingeraten, so der Reformator, habe *Gott ihn wieder herausgerufen.*[78]

Luther wusste sehr wohl, dass Gott ihn nicht nur aus unmittelbarer Lebensgefahr gerettet hatte. Auch einer anderen existenziellen Bedrohung war er durch dessen Eingreifen entronnen: der Aussicht, in die autoritäre Welt seiner Kindheit zurückkehren zu müssen. Im Rückblick sah er in der Befreiung davon die eigentliche Gnade, die ihm damals zuteil geworden war. Mochte der Blitz den Anlass geliefert haben, so war er doch nicht der wahre Grund seiner Weltflucht. Dieser, so gestand er später, sei die *harte* Erziehung durch seine Eltern gewesen und *ihr ernstes und gestrenges Leben, das sie mit mir führten.* Der ständige Druck, der dadurch auf ihm lastete, habe ihm gar keine andere Wahl gelassen, als dass er *in ein Kloster lief und Mönch wurde.*[79] Ich *verließ die Welt*, sagte er ein andermal, weil *ich an mir verzweifelte.*[80] Wer gute Eltern hat, muss nie verzweifeln.

Mit dem Davonlaufen ließ er sich allerdings Zeit. Im Gegensatz zu Paulus, der nach der himmlischen Erscheinung sein Leben auf der Stelle geändert hatte, dachte Martin zwei Wochen lang über seine Mönchwerdung nach. In aller Ruhe ordnete er seine Verhältnisse, bevor er aus der Welt verschwand. Den Schock des Blitzschlags hatte er verkraftet, die Folgen noch nicht. Die objektiven Konsequenzen eines Klostereintritts lagen auf der Hand, im Guten wie im Schlechten.

Gut war, dass er nicht länger den Atem seines Vaters im Nacken spürte. Stattdessen würde er zur stillen Lebensform zurückkehren, die ihn bei den Brüdern vom gemeinsamen Leben beeindruckt hatte. Außerdem brachte *Gott dienen* und *in die Einsamkeit fliehen* den großen Vorteil mit sich, dass man zugleich die fragwürdige Welt von *Obrigkeit, Politik und Wirtschaft verlassen*[81] konnte. Schlecht war, dass er eigentlich keinen Grund sah, der Welt mit seinen zweiundzwanzig Jahren den Rücken zu kehren. Er verließ sie auch *nicht gern.*[82]

Um sich den Überraschungseffekt aufzuheben, wurden weder Familie noch Freunde eingeweiht. Am letzten Abend lud er in die Burse »Himmelspforte« zu einem »herrlichen Abendessen«[83] ein. Am geselligen Beisammensein mit Bier, Wurst und Gesang, den er auf seiner Laute begleitete, nahmen neben Humanisten und Universitätsgelehrten auch ein paar Frauen teil, von denen der Berichterstatter betonte, sie seien »züchtig und tugendsam« gewesen. Womit er zu verstehen gab, dass sie nicht etwa aus dem Erfurter »Hurhaus« stammten.

Den Höhepunkt der »über die Maßen fröhlichen« Veranstaltung, bei der nach Studentenart gescherzt und getanzt wurde, bildete Martins schockierende Ankündigung: *Heute seht ihr mich und nimmermehr!* Das hatte er mit viel Sinn für Theatralik herausgebracht, und wirklich war die Erschütterung groß. Nachdem die Gesellschaft vergeblich versucht hatte, ihm seinen bizarren Entschluss auszureden, brachte man ihn am Morgen nach der durchfeierten Nacht *mit Tränen* zur Klosterpforte.

Bald fand er selbst Grund zum Weinen. Gerade weil er überzeugt gewesen war, *wenn ich in ein Kloster gehe, wird Gott es mir lohnen und mich willkommen heißen*[84], empfand er den Empfang bei den Augustinern als ernüchternd. Wenn Luther seinen Bericht über das fröhliche Abschiedsmahl mit den Worten schloss: *Ich war der Welt rein abgestorben*[85], so dürfte ihm schon am ersten Tag klargeworden sein, dass er damit richtig gelegen hatte, nur anders als erhofft.

Man hatte nicht gerade auf ihn gewartet. Auch bei den Mönchen gab es eine Hierarchie, und er selbst stieg auf der untersten Stufe ein. Statt im Kloster wurde er erst einmal probeweise im Gästehaus untergebracht. Von dort holte man ihn zur Generalbeichte, die er dem Prior abzulegen hatte. Die Kirche wollte wissen, mit wem sie es zu tun hatte, und sei er von Gott persönlich gesandt.

3. Die Schule der Demütigung

Neben den Mönchszellen hatte Martins neues Zuhause auch eine stattliche Kirche, ein Bibliotheks- und ein Brauhaus aufzuweisen sowie zwei Lagerhäuser für das zum Tuchfärben benutzte Waidkraut, mit dessen intensivem Blau sich damals noch viel Geld verdienen ließ. Das Erfurter Kloster war außerdem solide genug gebaut, um einige Jahrhunderte gut zu überstehen. Erst im Februar 1945 wurde es von amerikanischen Bomben zerstört, wobei in den Trümmern des Bibliothekshauses, in dem Luther die Bibel studiert hatte, 267 Menschen ums Leben kamen.[86]

War Martin überzeugt gewesen, Mönchsein bedeute an sich schon ein Verdienst, musste er nun lernen, dass man sich das Mönchsein selbst erst verdienen musste. Möglicherweise hatte sich auch herumgesprochen, dass dieser hochgebildete Magister nicht aus profanen Gründen zum Orden gekommen war, sondern gleichsam auf höheren Befehl, »wie ein zweiter Paulus, durch Christus wunderbarlich bekehrt«[87]. Die Bewunderung der Brüder war ihm ebenso sicher wie deren Missgunst.

In Würdigung seiner Berufung bot man ihm Kostproben des Himmelreichs, das ihn unter den Gottesdienern erwartete: Man hielt den graduierten Hüttenmeistersohn wie einen »Hausknecht«, reservierte für ihn die »allerverächtlichste« Arbeit, wie etwa »die unflätigsten Gemächer aussäubern«[88]. War er mit Latrinenputzen fertig, durfte er die Glocken läuten. Zum Studieren seiner geliebten Heiden, Plautus und Vergil, die er als einzige Lektüre mit ins Kloster genommen hatte, blieb ihm kaum Zeit. Auch Bibellesen gehörte nicht zum Pensum. Stattdessen musste er sich dem Almosensammeln widmen, das ihm seit Eisenach nur allzu vertraut war. Begleitet von der Ermahnung, »Mit Betteln und nicht mit Studieren dient man den Klöstern«, warf ihm ein Mönch den Sack auf den Rücken und ließ ihn straßauf, straßab durch die Stadt ziehen. Das sei ihm sehr »zuwider« gewesen.

Die Enttäuschung war groß: Das Leben inmitten einer halben Hundertschaft von schweigsamen Brüdern, die sich klaglos einer übermächtigen Organisation unterwarfen, glich fatal jenem, das er eigentlich hatte zurücklassen wollen. Ducken musste er sich hier wie dort. Hinter den Mauern war vor den Mauern. War er vor der väterlichen Strenge geflohen, sah er sich nun der Strenge der Ordensregeln unterworfen.

Zuerst wurde ihm vom Novizenmeister beigebracht, wann und wie er sitzen, stehen und knien musste, dass man mit zur Erde gehefteten Augen einherzugehen und die Hände in die Ärmel zu schieben hatte. Es wurde ihm sogar gezeigt, wie man im Refektorium ein Glas anzufassen pflegte. Dass nach Stundenplan gebetet und das karge Essen durch fromme Vorlesungen gewürzt wurde, war ihm vom Erfurter Studentenwohnheim vertraut. Sein fensterloses *Stüblin* war nicht heizbar. Zum Schlafen gab es einen Strohsack, zum Waschen einen Krug mit kaltem Wasser.

Grundsätzlich war alles verboten, was nicht erlaubt war. Nicht einmal ein Blatt im Garten durfte ohne Erlaubnis gepflückt werden. Auch kleinste Abweichungen von der Norm wurden nicht geduldet. Auch waren, wie in der Mansfelder Klippschule, Spitzeldienste obligatorisch. Das Betragen jedes Einzelnen stand unter Beobachtung jedes Einzelnen. Fehltritte wurden auf einer Art »Wolfszettel« notiert, dessen Inhalt, am Wochenende der versammelten Gemeinschaft präsentiert, sogleich mit den passenden Strafen quittiert wurde.

Als stünde die Zeit still, folgte jeder Tag demselben Zeitplan. Mitten in der Nacht rief die Glocke zum ersten Stundengebet. Die schwarze Kutte über die weiße Tunika gezogen, eilte man in die kalte Kirche, besprengte sich mit Weihwasser und kniete vor dem Hochaltar, von dem man stumm und gesenkten Blicks an seinen Platz ging. Da Jesu Mutter gottgleichen Status genoss, stand sie im Mittelpunkt der Anbetung. In monotoner Wiederholung des Stundenplans wurde das Marienlob bis in die Nacht hinein fortgesetzt. Sich dabei etwas zu denken, war nicht vorgesehen.

4. Im Hamsterrad der Heiligkeit

Der Druck der Vorgesetzten ließ nie nach. Entscheidend war nicht, ob ein Mönch sein Plansoll erfüllte, denn dies stand außer Frage, sondern mit wie viel Inbrunst und Vollkommenheit dies geschah. Zwischen den Brüdern herrschte ein regelrechter Wettbewerb, wer unter ihnen den frömmsten Eindruck hinterließ. Nicht christliche Liebe herrschte, sondern das altvertraute Leistungsprinzip. Jeder Mönch bewegte sich wie der Hamster im Rad.

Martin wollte der schnellste Hamster sein. Auch beim Beten leistete er Übersoll. *Ich hatte vierzehn Schutzheilige,* erinnerte er sich, *und an jedem Tag rief ich sie je zweimal an.*[89]

Schon bald geriet er unter Leistungsdruck. Er bemühte sich, alles besonders gut zu machen, möglichst viele Fleißpunkte zu sammeln. Bedeutete es schon die *größte Heiligkeit*, ins Kloster zu gehen, so boten sich dort noch unermessliche Steigerungsmöglichkeiten. Man hat, so erzählte er im Rückblick, *viel gefastet, viel gebetet, ein härenes Hemd getragen, in wollenen Kleidern gelegen, ein hartes, strenges Leben geführt.* Als Lohn durfte man sich *vom Scheitel bis zu den Fersen ganz heilig*[90] fühlen. Selbstverständlich war Lachen streng verboten. Es gab auch wenig Anlass dazu.

Bald fiel ihm auf, dass mit den frommen Büßern die schlechten Eigenschaften, die sie angeblich an der Klosterpforte zurückgelassen hatten, mit eingewandert waren. Äußerlich pflegten alle das vorgeschriebene Heiligenpensum, unterwarfen sich blind dem Kadavergehorsam. In Wahrheit, so schrieb er, waren ihre Herzen *voll Hass, voll Furcht, voll Unglauben.*[91] Wie im wirklichen Leben also.

Und jeder musste sein Bündel von Heuchelei und Unzulänglichkeiten allein mit sich herumschleppen. Denn sich anderen anzuvertrauen, war unerwünscht: Wie Lachen löste auch Sprechen Stirnrunzeln aus. Wer etwas auf dem Herzen hatte, musste es zur Beichte tragen. Bei ausgeglichener Gemütslage, regelmäßigen Mahlzeiten und trockenem Logis ließ sich das auch leidlich ertragen. An sogenannten *Fresstagen* gab es zu *Pfefferkuchen und gesalzenem Brot* für jeden Mönch *zwei Kannen selbstgebrautes Bier und ein Kännlein Wein.*[92] Sie *haben Gott lieb*, spottete er später über seine einstigen Brüder, *wie die Läuse den Bettler.*[93]

Gelage waren für ihn die Ausnahme. Die Aspiranten der Heiligkeit, zu denen er sich zählte, wurden dadurch nur von der Selbstverleugnung abgelenkt. Im unerklärten Wettkampf mit den Ordensbrüdern nahm er sich alles mehr zu Herzen als die anderen, stürzte sich tiefer ins Mönchtum hinein, *bis zu Delirium und Wahnsinn*, wie er selbst es ausdrückte. Diese exzentrische Lebensform hätte ihn fast umgebracht. Durch den Fastenmarathon, unmäßige *Kasteiungen* und *andere schwere, unerträgliche Bürden* seien *etliche oft wahnsinnig darüber geworden* und vor Entkräftung gestorben. *Ich bin auch ein solcher gewesen.*[94]

Die Augustiner mochten sich ihr Teil gedacht haben. Den Fanatiker aus Mansfeld hielten sie für eine Mischung aus Erleuchtetem und *Sonderling.*[95] Er wiederum hielt sie, rückblickend, für Traumtänzer: Glaubten sie doch, sie *besäßen das natürliche Licht der Vernunft und freien Willen*[96] und taumelten stattdessen in *Blindheit* durch ihr vergeudetes Leben. Jeder war vom *Wahn* besessen, durch eigene Höchstleistung *führe* er *gen Himmel.* Wich man, gewollt oder ungewollt, vom Weg ab, ging es in die andere Richtung. Dann begann das große Zittern, und vor Angst schwitzend durchbetete man die Nächte. *Ich bin einer von ihnen gewesen,* bekannte er, *der in seinem Schweißbad wohl gebadet hat.*[97]

5. »Tristissimus«

Niedergeschlagenheit wurde für ihn zum Dauerzustand. Hatte er schon als Jurastudent die *Anfechtung von Traurigkeit* erfahren, war er nun zum *Tristissimus*[98] geworden, zum »Traurigsten von allen«. Das Vertrackte an der Situation lag in ihrer prinzipiellen Ungewissheit. Wohl wusste man, was fromm und was sündhaft war. Aber wusste man auch, ob die vermeintlich fromme Tat einer ebenso frommen Intention entsprungen war?

Die eng geknüpften Ordensgesetze ließen keinen Zweifel, aus welchen Verhaltensregeln sich ein gottgefälliges Leben zusammensetzte. Aber darüber, welche Absichten sich *hinter* dem Wohlverhalten verbargen, gaben sie keine Auskunft, konnten sie auch nicht. Konnte man es selbst? War man sich seiner geheimsten Antriebe bewusst? Mönch Martin quälte sich damit ab, jeden seiner täglichen Routinehandgriffe nicht nach dem äußerlichen Anschein, sondern seiner tieferen Motivation zu hinterfragen. Er durchforschte sein Inneres, ging jedem Gedanken bis in den letzten Hintergedanken nach, stellte alles und vor allem sich selbst auf den Prüfstand.

Und kam zu deprimierenden Ergebnissen. Nicht dass er wirklich etwas Böses getan hätte, machte ihn krank, sondern die Ungewissheit, ob die Exerzitien, denen er sich unterwarf, Gott auch wirklich gefielen. Denn was verbarg sich hinter seiner ostentativen Frömmigkeit? Arbeitete er nicht unbewusst der Gegenseite zu? *Je länger wir uns waschen,* klagte er, *je unreiner werden wir.*[99] Und je *mehr ich lief und begehrte, zu Christus zu kommen, je weiter wich er von mir.*[100]

Denn war es nicht so, dass je näher man Gott zu kommen glaubte, der Teufel einem umso dichter auf den Fersen folgte? Was heilig schien, hielt genauerer Betrachtung nicht stand. Als Martin einmal bei der Messe am Gründonnerstag die traditionelle Fußwaschung durchgeführt hatte, quälte er sich hinterher damit, dass sie in ihm nicht Demut, sondern ein Gefühl der Überlegenheit ausgelöst hatte. Hinter dieser aber, das wusste er, verbarg sich die Todsünde des Hochmuts.

Auch konnte er dem Pensum, das er sich selbst abverlangte, nie genügen. Hatte er einmal wegen Arbeitsüberlastung seine regelmäßig abzuleistenden Stundengebete, die Horen, vernachlässigt, brach *in der Nacht ein schreckliches Gewitter* los. In Panik stand er auf, um die versäumten Gebete nachzuholen. *Ich meinte nämlich, das Gewitter sei um meinetwillen ausgebrochen.*[101]

Über die Methode, zur Abwendung von Schuld versäumte Gebete nachzuholen, machte er sich später lustig. *Oft sparte ich acht Tage lang meine Stundengebete zusammen,* so erzählte er. *Auf einen Sonnabend zahlte ich sie nacheinander ab, so dass ich den ganzen Tag lang weder aß noch trank.*[102] Ein andermal berichtete er von jenem *faulen Priester*, der die Prozedur abkürzte, indem er *statt der Horen das Alphabet heruntergebetet habe, verbunden mit der Bitte: »Herr Gott, nimm diese Buchstaben und setze dir daraus die Horen zusammen.«*[103]

Wie alle Mönche, war auch Bruder Martinus überzeugt, dass Gottes Auge alles sah. Leider schien dies nicht weniger für das seines Widersachers zu gelten. Auch dem Teufel blieb nichts verborgen. Hatte er im Menschen eine Schwäche erspäht, schob er noch in die winzigste Öffnung seinen *Schlangenkopf* hinein. *Wo er eine Lücke findet, in die er schlüpfen kann,* so lehrte noch Luthers Großer Katechismus, *folgt der ganze Leib unaufhaltsam hinterdrein.*[104] Da diese Gefahr leider auch bei jedem frommen Werk bestand, führte es Luther zu der unabweislichen, für einen Gottesmann geradezu unerträglichen Konsequenz, dass man in Glaubensangelegenheiten nie wusste, woran man war.

6. Der schreckliche Herr Christus

Vom rettenden Heiland hatte Luther, wie er später einräumte, bis dahin kaum einen Schimmer gehabt. Am liebsten verschloss er die Augen vor der düsteren Glut, die für ihn vom Bild des Gottessohns ausging. »Christus«, so berichtete sein Freund Myconius von der eigenen Mönchszeit, »wurde als der unerbittlichste Richter beschrieben, der einen Bußfertigen für eine jede Todsünde zu siebenjähriger Strafe ins Fegefeuer hinabstürzte«[105]. Dazu genügte ein Ungehorsam, eine Lüge, eine kleine Unkeuschheit. Das addierte sich natürlich.

Schon in seiner Schulzeit hatte Luther mit dem Namen des Gottessohns weniger das Christkind in der Krippe als den

Weltenrichter in den Wolken verbunden, der einen am Jüngsten Tag erwartete. Um den Kleinen gefügig zu machen, hatte man ihm dessen erbarmungslose Gerechtigkeit in Aussicht gestellt. *Ich wurde von Kindheit auf so gewöhnt,* erinnerte er sich, *dass ich erblassen und erschrecken musste, wenn ich den Namen Christus nennen hörte: denn ich war nicht anders unterrichtet, als dass ich ihn für einen gestrengen und zornigen Richter hielt.*[106] Hörte er als Mönch vom *Jüngsten Tag,* an dem die Toten vor Christi Gericht gerufen wurden, *standen ihm die Haare zu Berge.*

Martins Umgebung, im Trott des Systems, bemerkte nichts. Dass er seelisch erkrankte, fiel kaum jemandem auf. Das große Schweigen herrschte, und Martin schwieg mit. Nach außen eifrig angepasst, war er im Innern *einem Leichnam ähnlicher als einem Menschen.*[107] Selbst wenn er *am Andächtigsten war,* so erinnerte er sich, *ging ich als Zweifler zum Altar, und als Zweifler ging ich wieder davon.* Und meist waren seine Zweifel von Verzweiflung nicht zu unterscheiden. *Hatte ich meine Buße gesprochen, so zweifelte ich trotzdem, hatte ich sie nicht gebetet, so verzweifelte ich ebenfalls.*[108]

Stand für Martin jede fromme Handlung unter Generalverdacht, so löste das Abbild des Göttlichen in ihm geradezu eine physische Aversion aus. Wenn er, wie im Kloster kaum vermeidlich, am Gekreuzigten vorbeikam, *so dünkte mich, er wäre mir wie ein Blitz*[109], der ihn wohl, wie damals in Stotternheim, auf der Stelle für seine Sünden niederstrecken wollte. Wenn er den Gottessohn *gemalt sah, so erschrak ich vor ihm wie vor einem Teufel.*[110] Nicht nur ihm selbst schien es so ergangen zu sein. Er berichtete, dass sich fast alle Brüder *vor Christus mehr fürchteten und zitterten als vor dem Teufel selbst.*[111]

Da seine inneren Kämpfe unbemerkt blieben, galt er im Kloster als Vorzeigemönch. »Er lebte heilig«, rühmte ihm ein Bruder nach, »unterwarf sich aufs Exakteste den Regeln und studierte fleißig.«[112] Hochbegabt und redegewandt, zog er die Aufmerksamkeit der Vorgesetzten auf sich. Als der Oberste von ihnen, Generalvikar Johann von Staupitz, auf einer Visitationsreise um 1506 seine Bekanntschaft machte, zeigte er sich so beeindruckt, dass er sich »sogleich seiner geistigen Führung«[113] annahm. Vom Spitzenfunktionär protegiert, schritt der Mann aus Mansfeld im Geschwindschritt die hierarchische Leiter empor. Martin Luther, ein Karrierekleriker.

Der Schlüssel zu seinem Erfolg bestand nicht nur aus seiner auffälligen Redebegabung, sondern auch aus der Fähigkeit zur Unterordnung, wie er sie seit Kindheitstagen hatte einüben können. Er selbst war nichts gewesen, der Vater alles. Wie das strenge Reglement des Klosters dem Mansfelder Hausregime glich, so der Schöpfergott dem Bild, das der Sohn sich von seinem Vater gemacht hatte. Beim Fortkommen im Beruf hatte Furcht vor ihm oder anderen Vorgesetzten noch nie geschadet.

Spurte man, war nichts zu befürchten. Bei Ungehorsam dagegen drohten Strafen, die durch Mark und Bein gingen. Doch weit schlimmer als die zugefügten Schmerzen, die irgendwann nachließen, war die Gewissensqual, die nie enden wollte. Luther nannte sie einmal geradezu den *Stachel des Todes*[114]. Ob ein Vergehen Wirklichkeit oder Einbildung war, es verfolgte einen die Angst, man habe damit den Zorn des Vaters ausgelöst. Irgendwann, das war so sicher wie das Amen in der Kirche, würde er einen zur Rechenschaft ziehen.

Nur wann, das wusste man nicht. Und hier lag das Problem. Sobald das schlechte Gewissen erwacht war, saß man wie auf glühenden Kohlen. Man fragte sich nur noch, wann das Gericht über einen hereinbrechen würde. In dieser Frage aber, die man nicht mehr los wurde, lag bereits die ganze Strafe. Nicht von außen traf einen dieses Verhängnis, sondern durch die eigenen Gedanken, durch das eigene Ich.

Damals stieß Luther, der die eigene Psyche mit wissenschaftlicher Gründlichkeit analysierte, auf die Neigung des

Menschen zur seelischen Selbstquälerei. Das eigentlich Rätselhafte daran schien ihm, dass man sich einerseits, wie er sagte, *vom Teufel angegriffen* fühlte, der einem dies und das ankreidete, und dass man andererseits doch genau wusste, dass man selbst dahinter steckte. Es war das eigene unablässig monologisierende Ich, so Luthers Selbstbeobachtung, das einen im Gewissen angriff. Und diese Instanz, so sagte er in seiner späten Genesisvorlesung, war wie eine *böse Bestie*, die den Menschen *gegen sich selbst in Stellung bringt*.[115]

7. Das Duell der ungleichen Fechter

Das zeitgenössische Bild für die Gewissensqual war das Fegefeuer. An diesem sagenhaft gruseligen Ort, den sich Theologen schon im sechsten Jahrhundert ausgedacht hatten, wurden unter Höllenschmerzen die zeitlichen Strafen abgebüßt, die der Priester verhängte. Ebenso grauenhaft im Detail wie künstlerisch elegant hatte Dante dies in seiner »Göttlichen Komödie« Anfang des 14. Jahrhunderts dargestellt. Bereits im Jahrhundert zuvor hatte der bedeutendste Scholastiker, Thomas von Aquin, den Horror in ein System gefasst. Der päpstliche Ablasskommissar Raimund Peraudi, der zu Lutherzeiten Deutschland für den Ablass mobilisierte, sollte 1476 dafür sorgen, dass durch entsprechende Zahlungen auch die Leiden bereits Verstorbener verkürzt werden konnten.

Luthers Fegefeuer lag nicht irgendwo in der Tiefe der Erde wie das Bergwerk seines Vaters, sondern in ihm selbst. Es röstete ihn auch nicht wie ein Scheiterhaufen von außen, sondern von innen. Dieses verborgene Feuer, so meinte er, brannte *weit furchtbarer als das äußerliche*.[116] Ort dieser Selbstvernichtung auf kleiner Flamme war eben jenes schlechte Gewissen, das einen mit Vorwürfen marterte.

Um diese besondere Qual zu erfahren, war nicht einmal die kleinste Sünde nötig. Die bloße Vorstellung genügte. Er habe *immer tiefer grübeln und grübeln müssen*, erinnerte er sich, *da haben mich meine Anfechtungen hingebracht.*[117] Schon der Verdacht, gegen ein Gesetz verstoßen zu haben, löste den gnadenlosen Mechanismus aus. Auf das Opfer wirkte dies wie ein plötzlicher Angriff mit gezogenem Degen. Schon sein Mentor Johann von Staupitz hatte diese lebensbedrohliche Provokation deshalb als »Anfechtung« bezeichnet. *Wenn die Anfechtung kommt*, erinnerte sich sein Schüler, *so kann ich keine einzige, tägliche, geringste Sünde überwinden.*[118]

In Angst und Schrecken versetzt durch diese unbarmherzige Stimme, flüchtete sich die angefochtene Seele in Erklärungen, Richtigstellungen, Entschuldigungen, Ausflüchte. Doch sie war chancenlos. Ihre Waffen erwiesen sich als stumpf, während die Argumente der Gegenseite ins Herz trafen. Nicht zufällig verglich Luther den inneren Dialog mit einem Duell von Fechtern, bei dem der Verlierer von Anfang an feststand. Der Teufel *nimmt für sich eine Wahrheit, die man nicht leugnen kann*, so schrieb er, *und schärft damit seine Lügen, dass man sich nicht wehren kann.* Wer dennoch mit diesen furchtbaren Gedanken *fechten und sie austreiben will, dem wird es nicht helfen*, im Gegenteil, alles *wird ärger und ärger.*[119]

Der Anfechtung wehrlos ausgeliefert, war Abhilfe nicht zu erwarten. Zwar gab es für das innere Unglück einen bequemen Ablass, den der Priester gratis gewährte. Doch scheint bei Martin die Beichte nicht funktioniert zu haben. Den Wettlauf mit der Anfechtung hat sie regelmäßig verloren. Konnte er doch *nimmermehr wissen, ob ich recht alles gebeichtet und bereut*[120] hatte. Kein Mönch, so erinnerte er sich, sei öfter im Beichtstuhl gesessen, aber keinen habe die himmlische Absolution weniger trösten können. Teilweise musste er täglich sein Herz ausschütten, doch blieb die priesterliche Freisprechung auch nach drei »Generalbeichten« wirkungslos. *Wenn nur eine kleine Anfechtung kam von Tod oder Sünde, bekannte Luther später, so fiel ich dahin. Da war ich der elendeste Mensch auf Erden, Tag und Nacht war lauter Heulen und Verzweifeln.*[121] Später scherzte er darüber, er habe sich einfach *nicht satt beichten*[122] können.

Die Perfidie des schlechten Gewissens bestand darin, dass es sich als Stimme des Gesetzes und des Guten ausgab und doch nichts bewirkte als innere Verwüstung. Obwohl das Gewissen eigentlich Gott im Inneren vertreten sollte, stieß es den Menschen in eine Seelenfinsternis, in der nur noch Satan regierte. Der konnte, mit Hilfe der vermeintlich göttlichen Instanz, das Erkenntnisvermögen des Menschen so weit *verdüstern, dass einer denkt, es wolle ihn unser Herrgott und der Teufel zugleich würgen.*[123] Für den Gläubigen ein unlösbares Dilemma: Über das Entscheidende, das Seelenheil, nicht Bescheid zu wissen, stellte einen unerträglichen Zustand dar. Der Reformator ging so weit, von der *Verwechselbarkeit Gottes mit dem Teufel*[124] zu sprechen.

Später entdeckte er, dass schon der Versuch einer Unterscheidung, also Gott erkennen und definieren zu wollen, in die Irre führte. Verwechslungen waren jederzeit möglich, und alles und jedes konnte der Mensch zu seinem Gott erheben, vor allem sich selbst. Luthers Reformation begann mit dem ehrlichen Eingeständnis dieser Ungewissheit. Ein anderer Ausdruck dafür, den die Mystik geprägt hatte, lautete »wissendes Nichtwissen«. Kraft menschlicher Vernunft gab es von Gott nichts zu wissen. Er war ein »verborgener Gott«. Man erfuhr ihn nur dort, wo er sich selbst zu erkennen gab: in seinem Wort, in seinem Sohn und durch den *heiligen Geist*. Ohne ihn, so versicherte Luther, *hält das Herz des Menschen seinen Gott für den Teufel.*[125]

Und umgekehrt: Als Luther einmal in seiner Klosterzelle

heftig gebetet hatte, erschien *ein heller Glanz an der Wand und darinnen eine herrliche Gestalt Christi mit den fünf Wunden.* Sie blickte ihn so herzergreifend an, berichtete Luther, *als wäre es der Herr Christus selber leibhaftig.* War der Mönch zuerst freudig erschüttert, schlug die Entrückung schnell in Entsetzen um. Zweifel tauchten in ihm auf, ob nicht etwa das Wunderzeichen *des Teufels Gespenst* sei. Zurecht, wie sich zeigte. Denn auf seinen Befehl, »*Heb dich hinweg, du Schandteufel!*«[126], sei es augenblicklich verschwunden.

Natürlich verbarg sich hinter einer solchen Halluzination, wie der Mönch wohl ahnte, der heimliche Wunsch, Gewissheit über die eigene Heiligkeit und nebenbei die Bewunderung der anderen zu gewinnen. Dahinter wiederum lauerte die Ichsucht, deren einziges Ziel es war, sich in allem Geschaffenen selbst zu genießen. Christus war mir erschienen, verkündete man, aber die Hauptbotschaft bestand darin, dass er *mir* erschienen war. Gab man dieser Versuchung nach, setzte man sich selbst an die Stelle Gottes.

Dessen Antwort ließ nicht auf sich warten. Sie trat ein in Form des schlechten Gewissens. Ein Nichts genügte, und die Lawine war losgetreten. Die Strafen des inneren Fegefeuers waren, wie Luther schrieb, *so schwer und so höllisch, dass ihre Gewalt keine Zunge aussprechen, keine Feder sie beschreiben* konnte. Und das Schlimmste daran war, dass hinter dem Teufel, der die Gebeine des Schuldigen langsam zu *Asche* verbrannte, ein *schrecklich zorniger* Gottvater in düsterer Monstrosität aufragte.

8. Martins Höllenfahrt

Die befremdliche Drastik von Luthers Bekenntnissen wurde von modernen Theologen zur religionspolitischen Fiktion erklärt. Seine grauenhaften Schilderungen führten sie darauf zurück, dass er dem Mönchtum zwischenzeitlich den Krieg erklärt und, um das Klosterleben anzuschwärzen, aus einer Maus einen Elefanten gemacht habe.

Aber Luther hatte nicht übertrieben. Die ausführlichste Beschreibung seiner inneren Hölle stammte nämlich aus einer Zeit, in der er noch überzeugter Mönch war. Seltsam genug, fand sich sein autobiographisches Bekenntnis,[127] das in der theologischen Literatur einmalig sein dürfte, inmitten seiner Erklärungen der Thesen, die er an die Wittenberger Schlosskirche angeschlagen hatte. Obwohl fromme Visionäre seit den Frühzeiten des Christentums ziemlich überzeugende Höllenbeschreibungen lieferten, scheint keiner von ihnen eine vergleichbare Extremsituation erlebt zu haben.

Zwischen den üblichen Horrorszenarien à la Dante und Luthers Tatsachenbericht besteht zudem ein wesentlicher Unterschied. Luther hat sich nicht damit aufgehalten, den Ort des Fegefeuers, seine Ausstattung und die raffinierten Methoden der geschwänzten Folterknechte zu beschreiben. Da man, wie er einmal sagte, von all diesen Einrichtungen des Satans *nichts Sicheres wissen* konnte, beschrieb er die Qualen aus der Perspektive des Opfers. Und das war er selbst.

Wann sich dieser Vorfall ereignet hatte, gab Luther nie preis. Auch wenn er zeitlebens unter den Anfechtungen des Gewissens zu leiden hatte, schien er *die innere Qual und Pein des Fegefeuers* nie wieder in vergleichbarer Intensität erlebt zu haben. Die Angst der Verzweiflung war dabei so groß, dass das reale Fegefeuer gar nicht mehr nötig war. Zu besagtem Vorfall, der ihm *die höchste Strafe des Fegefeuers überhaupt* vor das innere Auge führte, war es vermutlich in seiner Klosterzelle gekommen. Die Zeit schien stillzustehen. *Schon der zehnte Teil einer Stunde*, so sagte er später, hätte genügt, um ihn *gänzlich zugrunde zu richten* und, bildlich gesprochen, *all seine Gebeine in Asche zu verwandeln.*

Einziger Zeuge des inneren Dramas, so fuhr Luther in seiner Selbstbeschreibung fort, war *der schrecklich zornige Gott, der in erhabener Reinheit* von seinem Himmelsthron auf ihn herabsah. Der Allmächtige dachte gar nicht daran, seinem Geschöpf zu Hilfe zu kommen, geschweige denn es zu begnadigen. Im Gegenteil, durch den unüberbrückbaren Abgrund, der sich durch die Sünde zwischen Gesetzgeber und Gesetzesbrecher aufgetan hatte, wurde die Strafe noch verschlimmert. *Angesichts der göttlichen Vollkommenheit*, so Luther, dämmerte ihm das Bewusstsein seiner eigenen *abstoßenden Unreinheit.*

An Gnade war da nicht zu denken, und zugleich marterte ihn die Sehnsucht nach Rettung wie ein unstillbarer Durst. Genau dies könnte er als Kind mit seinen Eltern erlebt haben, die sich wegen seines Ungehorsams von ihm abgewandt hatten. *Wenn ich das versöhnliche Gesicht meiner Eltern sehe*, so sagte er einmal, *dann sehe ich gleichzeitig Gottes Antlitz, wie es mir liebevoll zulächelt.*[128] Das galt natürlich auch umgekehrt. Im Zorn des Vaters zürnte der Schöpfer mit.

Von Gott und der Welt verlassen, gab es in Luthers Höllenvision *keinen Ausweg, keinen Trost, weder innen noch außen, sondern alles klagte ihn an.* Was der armen Seele noch blieb, war *allein die nackte Sehnsucht nach Hilfe und ihr grauenhaftes Stöhnen.* Doch woher *sie Hilfe erlangen soll, das weiß sie nicht.* Sie wusste nur noch, dass es nichts mehr war mit ihr, dass das Ich keinen festen Grund mehr unter den Füßen fand, sondern unaufhaltsam in einen Abgrund stürzte.

Das heißt, nicht wirklich unaufhaltsam. Denn Angst und Abgrund waren für Luther nicht Gottes letztes Wort. Auf seinem schauerlichen Höhepunkt schlug das Szenario des Unheils, das ihn in seiner Zelle heimgesucht hatte, in sein Gegenteil um. Plötzlich bemerkte das Opfer, dass es gar nicht allein war. Im scheinbar ewig während Augenblick seines Selbstverlusts, so ging Luther schlagartig auf, war *Christus* selbst gegenwärtig. Er saß nicht irgendwo im Himmel zur Rechten Gottes, sondern war hier bei ihm. Denn die Leiden des Menschen waren Gottes Leiden.

Gemeinsam mit ihm durchlitt der Gottessohn die Gottesferne. Gemeinsam mit ihm hing er am Kreuz, die Glieder *weit ausgespannt, so dass man gleichsam alle ihre Gebeine zählen* konnte. Gemeinsam mit ihm ertrug er *die bitterste Bitterkeit, so dass keine Stelle nicht mit Schrecken, Zittern und Traurigkeit erfüllt gewesen wäre, und das* scheinbar *bis in alle Ewigkeit.*[129] Aber *er* war da, und mit ihm Gott selbst. Gottverlassenheit war in Gottesgegenwart umgeschlagen. Mitten in der Seelennacht war ihm ein Licht aufgegangen. Als ihn diese überraschende Verwandlung aus seiner unsäglichen Selbstquälerei erlöste, ahnte er noch nichts von seiner zukünftigen Theologie. So wenig er damals sagen konnte, was Glauben war, so wenig wusste er, wer er selbst war.

Dafür ging ihm einmal unzweifelhaft auf, wer er *nicht* war. Während einer Messe, so wurde berichtet, sei er plötzlich mit dem Aufschrei niedergestürzt: *Non sum, non sum,* zu deutsch »Ich bin's nicht, ich bin's nicht«[130]. Dieser Fehltritt, mit dem er die Heiligkeit der Feier empfindlich störte, wurde später von seinen Gegnern auf dämonische Besessenheit zurückgeführt. Sein Anfall sei nämlich just in dem Augenblick erfolgt, als die Bibelstelle von der Heilung des besessenen Knaben vorgelesen wurde. Aus Furcht vor Bloßstellung, so hieß es, habe Luther nur davon ablenken wollen, dass er selbst ein Fall für den Exorzisten war.

Doch Ablenken war Luthers Sache nicht, und über Besessenheit hat er nie geklagt. Sehr wohl aber litt er unter dem falschen Anschein, ein frommer Klosterbruder zu sein. Denn an allem, woran die Mönche glaubten, hegte er Zweifel. Nur nicht daran, dass er ein heilloser Sünder war, der in seinem Inneren langsam vom Fegefeuer des Gewissens verzehrt wurde. Gerade in diesem Moment, wo in der Messe der Leib Christi gegenwärtig war, konnte Luther gar nicht anders, als sich vor Gott und Welt zu offenbaren: »Ich bin nicht der, für den ihr mich haltet!« oder deutlicher noch: »Ich bin nicht der, für den ich mich ausgebe.«

9. Die missglückte Primiz

Dennoch blieb er im Erfurter Kloster und folgte dem ihm vorgezeichneten Weg. Nachdem er die Probezeit überstanden und die Ordensgelübde feierlich abgelegt hatte, wurde ihm eine Zelle mit Ausblick zugewiesen. Vor seinem Fenster lag, vom Kreuzgang umfasst, der Friedhof. Vielleicht erinnerte er ihn an das Fazit seiner Studentenzeit, wonach er *der Welt rein abgestorben* war. Das hielt ihn nicht davon ab, nach höheren Würden zu streben. Schon ein Jahr nach seiner Profess ließ er sich vom Mainzer Bischof, der den seltsamen Namen Bonemilch von Laasphe trug, zum Priester weihen. Vor Angst *wäre er fast gestorben*, so gestand er später, *weil kein Glaube da war*.[131]

So unsicher er über den Glauben war, so unsicher war er auch über diese Unsicherheit selbst. Dass zumindest über eines Sicherheit bestand, daran wurde er bei seiner Primiz, der ersten Messe als Priester, schmerzhaft erinnert: Er war der ungehorsame Sohn Hans Luders. Hoch zu Ross und mit zwanzig Mann Begleitung war der Hüttenmeister aus Mansfeld angerückt, ließ auch gleich ein spektakuläres Trinkgeld für den Küchenmeister springen. Im Kloster fragte man

schon, wer hier einen so mächtigen Herrn zu seinen Freunden
zählte. Auf den abgezehrten Streber Martinus hätte wohl
keiner getippt.

Bei der feierlichen Messe, die der Debütant in der Erfurter Klosterkirche zelebrieren musste, wäre es fast zum Eklat
gekommen. Im glänzenden Ornat vor dem Altar stehend,
hatte er beim Hochgebet Gott als den *allermildesten Vater*[132]
anzusprechen. Etwas in ihm widersetzte sich. Vielleicht irritierte ihn auch die Anwesenheit seines leiblichen Vaters, der
gespannt zu ihm aufblickte. Wohlvertraute Angst stieg in ihm
auf, heftiges Zittern befiel ihn. In Panik wäre er vom Altar
weggelaufen, hätte sein Novizenmeister ihn nicht geistesge-
genwärtig am Ärmel gepackt und den Skandal gerade noch
abgewendet.

Dafür kam er beim anschließenden Festmahl. Ganz erfüllt
von seiner neuen Würde, saß der junge Priester seinem Vater
gegenüber. Obwohl die Tradition verlangte, dass der Jungpriester *mit der Mutter tanzen* musste, *wie Christus mit seiner
Mutter tanzte,*[133] hatte Hans seine Grete gar nicht erst mitgebracht. Da zwischen Familie und Filius nach wie vor Verstimmung herrschte, wollte der Metaller auf derlei Gebräuche
keine Rücksicht nehmen.

Ebenso wenig auf Martins Empfindlichkeiten. Als großer
Mann mit eigener Entourage sah er keinen Grund, ein Blatt
vor den Mund zu nehmen. »Ich muss hier sein«, stieß er miss-
gelaunt hervor, »muss essen und trinken, wollte aber lieber, ich
wäre weit weg«[134]. Bald kam die Rede auf Martins wilden Klostereintritt, was zum unvermeidlichen Schlagabtausch führte.
Ermutigt von den anwesenden Mönchen, warf der Sohn dem
Vater vor, er habe damals dem Rad der Vorsehung in die Spei-
chen greifen wollen. Mit seiner Entscheidung, Mönch zu werden, war Martin schließlich nur Gottes Wink gefolgt.

Hans Luder zeigte sich um eine Antwort nicht verlegen.
»Hast du etwa noch nicht gehört«, herrschte er den Sohn an,

»dass man seinen Eltern gehorchen soll?« Nach anderer Über-
lieferung belehrte er auch die anwesenden Ordensleute. »Ei,
liebe Herren«, so fragte er, »wisst Ihr auch, dass geschrieben
steht: Du sollst Vater und Mutter ehren«?[135] Als Martin betreten schwieg, legte Hans Luder nach.

Vielleicht um vor seinen Mansfelder Begleitern aufzu-
trumpfen, stellte er den Klostereintritt grundsätzlich in Frage.
Durch Schrecken gezwungen, wie der Sohn damals behauptet hatte, mochte er wohl gewesen sein. Aber wer hatte diesen
Schrecken gesandt? Von Gott war er wohl kaum gekommen.
Vermutlich, so meinte sein Vater, sei es keine wundersame
Berufung gewesen, sondern ein *Teufelsgespenst*[136], das ihn
getäuscht hatte. Die finstere Erklärung, aus Sicht des Hüttenmeisters plausibel, traf Martin tief. *Dieses Wort*, so schrieb ihm
der Sohn später, *drang in mich ein, als wenn Gott durch deinen
Mund gesprochen hätte, und setzte sich in meinem Innersten
fest.*[137]

Vielleicht rührte Martins innere Orientierungslosigkeit
auch daher, dass der Unterschied zwischen seinem leiblichen
und seinem himmlischen Vater ebenso schwer auszumachen
war wie der zwischen diesen beiden und dem Teufel. Woher
wusste der Jungpriester überhaupt, dass nicht die gesamte
Kirchenlehre samt Glauben und Mönchswesen bloße Hirn-
gespinste waren, fantastische Fabrikationen der Einbildungs-
kraft, die in gewöhnlichen Menschenseelen schreckliche Ver-
heerungen hinterließen?

Gewiss war nur, dass durch die missglückte Primizfeier seinem Leben ein weiteres Fragezeichen hinzugefügt worden war.
Später sagte Luther in gewollter Paradoxie, der Teufel sei *der
Vater seiner Theologie*[138] geworden. Er hätte ebenso gut sagen
können, sein Vater sei der Vater seiner Theologie geworden.[139]

KAPITEL DREI

DER »WAHRE VATER«

*Wer noch nicht vernichtet ist und
durch Kreuz und Leiden zu einem
Nichts gemacht ist, der schreibt
Werke und Weisheit sich selbst
zu.*[140]

1. Tugendrose für Ketzerjäger

Luthers Psyche glich einem bis zum Äußersten gespannten
Bogen. Man musste nur einen Pfeil darauf legen. Erzeugt
worden war die Spannung durch Martins »Doppelleben«, das
ihn bei Tag als überfrommen Gottesmann sah, bei Nacht als
zerquälten Zweifler, der zwischen Gottvater und dem Teufel
nicht unterscheiden konnte. Das Dilemma setzte sich auch im
Alltag fort. Denn durch die Papstkirche, deren treuer Diener
er war, wurde eine Verwechslung Gottes mit dem Teufel nicht
gerade erschwert.

Dem Klerus hing der Rauch der Scheiterhaufen in den
Kleidern. Die Jagd nach Ketzern brachte in den Jägern das
Teuflische zum Vorschein, das sie ihren Opfern in den Mund
legten. Deren angebliche Vertrautheit mit der Hölle hatten
diese erst gewonnen, als man ihnen mit glühenden Zangen
auf den Leib rückte. Um das vermeintlich Gute durchzusetzen,

hatte die Inquisition das Böse in Dienst genommen. Der Teufel trug Soutane.

Die Geistlichkeit, die in der Messe mit dem Heiland persönlich Umgang zu pflegen glaubte, hatte Unschuldige auf dem Gewissen. Wie Martin wohl wusste, waren von ihr tausende, darunter der Mönch Hilten und der Theologe Rucherath, zum Tod im Kerker verdammt worden; weitere tausende, darunter der Prager Reformator Johannes Hus, wurden auf dem Holzstoß eingeäschert. *O Herrgott,* klagte Luther später, *welch unschuldiges Blut ist durch uns vergossen worden.*[141]

Womöglich hingen die Panikzustände, die ihn in der Erfurter Augustinerkirche überfielen, auch damit zusammen. Noch heute befindet sich vor dem Hochaltar die Grabplatte des 1428 verstorbenen Scholastikers Johannes Zachariae, der sich als Vorzeigetheologe der Augustiner ausgezeichnet hatte. Hauptsächlich ihm verdankte der Papst, dass er den böhmischen Reformator Johannes Hus in Konstanz auf den Scheiterhaufen bringen konnte.

Während der Professor aus Erfurt so gut wie vergessen war, blieb die Erinnerung an den Böhmen allgegenwärtig. Obwohl er offiziell totgeschwiegen wurde, wusste man doch, dass er dem Hass des Papstes zum Opfer gefallen war. Die römische Kurie hatte dem Prager übel genommen, dass er gegen ihren Sündenablass predigte. Schlimmer noch, nach Hus' Meinung war die Macht des Papstes reine Anmaßung, da kein anderer als »Christus das wahre Haupt der Kirche sei«[142].

Obwohl der Ermordete als Erzketzer dem Bann verfallen war, ging von ihm, gerade weil er Rom herausgefordert hatte, eine dunkle Faszination aus. Das *Mummeln* der Mönche über ihn, wie Luther es nannte, hörte nie auf. Als er ganz zufällig beim Stöbern in der Klosterbibliothek auf Predigten des Böhmen stieß, die von der befohlenen Vernichtung verschont geblieben waren, las er mit wachsender Begeisterung. *Da fand ich wahrlich so viel,* schrieb er, *dass es mir entsetzlich erschien.*

*Warum doch ein solcher Mann verbrannt wurde, der so christ-
lich und gewaltig die Schrift anführen konnte.* Da er sich aber
erinnerte, wie dessen Name *so gräulich verdammt war, schlug
ich das Buch zu und ging mit verwundetem Herzen davon.*[143]
Bestätigung erhielt Martin aus berufenem Mund. Sein
Mentor Staupitz, der auch sein Beichtvater war, verriet ihm
die Hintergründe des Prozesses von Konstanz, die man wohl
als »düsteres Klostergeheimnis« bezeichnen konnte. Zachariae, Sachverständiger in Sachen Ketzertum, habe beim Prozess gegen Hus mit gezinkten Karten gespielt. Indem er in
dessen Bibelexemplar einen papstfeindlichen Nebensatz ein-
schmuggelte, konnte der Justizmord an Hus guten Gewissens
begangen werden. Staupitz war überzeugt, »dass Zachariae
zum Teufel gefahren, dem Hus aber Unrecht geschehen sei«.
An den perfiden Professor wurde Martin tagtäglich erinnert:
Beim Messelesen blickte er auf Zachariaes Ehrengrab im
Steinboden hinab.

Wie Staupitz seinen Schüler in die Untat ihres Ordensbru-
ders einweihte, war er selbst über Zachariae durch seinen Förderer, den Augustineroberen Andreas Proles, aufgeklärt worden. Nachdem der berühmte Prediger in Staupitz das Talent
zur Menschenführung entdeckt hatte, war dieser von ihm 1503
zu seinem Nachfolger und damit zum Patron über dutzende
Klöster bestimmt worden. Ohne Protektion keine Karriere.
Bevor Luther von Staupitz in der Hierarchie nach oben beför-
dert wurde, war diesem dasselbe durch Proles widerfahren.

Im Erfurter Kloster war es offenes Geheimnis, dass der
einstige Distriktsvikar Proles zwischenzeitlich wegen Ordens-
streitigkeiten dem Kirchenbann verfallen und nur gnadenhal-
ber wieder dispensiert worden war. Proles schien nämlich eine
gefährlich papstkritische Richtung eingeschlagen zu haben,
aus der er der Legende nach selbst in Rom keinen Hehl machte.
Als bei einer dortigen Kirchenversammlung, so erzählte man,
neue Ablässe beschlossen werden sollten, habe er die Kardi-

näle daran erinnert, dass derlei Sündenbefreiungen überflüssig seien. »Die Gemeinde Christi«, so soll Proles ihnen ins Gedächtnis gerufen haben, »ist durch das Blut des Erlösers frei gemacht«[144]. Nicht der Kirche, so erklärte er bei anderer Gelegenheit, sondern der »unverdienten Gnade Gottes« habe die Christenheit alles zu verdanken.

Unmissverständlich kündigte sich hier eine Abkehr von der Leistungsreligion an. Was Luther später von allen Seiten zugeflüstert bekam, soll Proles offen ausgedrückt haben: »Das Reich des Papstes ist seinem Verfall sehr nahe«. Der alte Distriktvikar soll sogar »im Geist vorausgesehen« haben, dass eine Reformation unmittelbar bevorstehe. Gott selbst würde dazu seiner Kirche »einen Helden erwecken«, der mutig genug sei, »den Großen dieser Welt zu widersprechen«. Lassen sich diese Aussagen, die von einem Zeitgenossen aufgezeichnet wurden, heute auch nicht mehr nachprüfen, so steht doch außer Zweifel, dass Proles' Ruhm als eigenständiger Theologe sich damals schnell verbreitete. Luther meinte sogar, er sei von vielen *für heilig*[145] gehalten worden.

Wie Proles seinem Nachfolger Staupitz berichtete, war er in Gotha auf ein Gemälde des Hus-Verleumders Zachariae gestoßen. An dessen Barett, so Proles, sei die »Tugendrose« befestigt gewesen. Dieses vergoldete Schmuckstück war eine der höchsten Auszeichnungen, die der Papst zu verleihen hatte. Im Petersdom geweiht und mit Rosenessenz parfümiert, wurde sie nur den eifrigsten Papsttreuen und Ketzerjägern verliehen. »Behüte mich Gott«, sagte Proles zu Staupitz, »dass ich diese Rose nie trage«. Die fatale Auszeichnung, der sich auch der König von England, Heinrich VIII., rühmen konnte, sollte in Luthers späterem Leben eine Rolle spielen: als Preis für seinen Kopf.

2. »O meine Sünde, Sünde, Sünde!«

Als Luther ins Erfurter Kloster eintrat, wurde Johann Hus von vielen Klosterbrüdern als Zeuge der Glaubensreform verehrt und zugleich als Beispiel, wie die Kirche mit Dissidenten verfährt, betrauert. Bekam man die Andersdenkenden nicht mit Argumenten in den Griff, so brachte man sie mit plumpen Fälschungen zu Tode. Noch auf dem Scheiterhaufen soll der böhmische Reformator beteuert haben, »dass ich das, was falsche Zeugen gegen mich behaupteten, weder gelehrt noch gepredigt habe«. Und dennoch, ergänzte Luther, *ist der fromme heilige Mann verdammt und verbrannt*[146] worden.

Derlei geschah im Namen des zornigen Gottes, des unerbittlichen Vaters, den Martin fürchtete. Und dessen Lob er zugleich im Gotteshaus zu singen, dessen Botschaft er von Katheder und Kanzel zu verbreiten hatte. Diese Zerrissenheit, an der Luther zu scheitern drohte, blieb seinen Mitmönchen verborgen. Nur einer wusste darum, Johannes von Staupitz. Von ihm allein fühlte Luther sich verstanden. In ihren vertraulichen Gesprächen fand der ratlose Mönch die Hilfe, die Christus ihm damals nicht bieten konnte.

Einem so einfühlsamen Menschen war Martin noch nie begegnet. Geduldig hörte Staupitz ihm zu, besänftigte ihn und machte sich sogar neckend über ihn lustig. Glaube Martin denn, so meinte er, Gott wäre mit seiner Selbstquälerei gedient? Staupitz wurde für ihn zum *wahren Vater*[147], den er nie gehabt hatte. Zugleich brachte er ihm einen Gott nahe, der nicht strafte, sondern verzieh. Wenn *mir Doktor Staupitz oder vielmehr Gott durch Doktor Staupitz nicht aus den Anfechtungen herausgeholfen hätte*, gestand der Reformator später, *so wäre ich darinnen ersoffen und längst in der Hölle.*[148]

Tatsächlich war die nächtliche Gewissensnot für ihn zu einer existenziellen Bedrohung geworden. Im Gegenzug wurde der Austausch mit dem Mentor unverzichtbar. Dabei ging es oft nur um Lappalien. Wie Luther lachend einräumte, sei er damals nicht allein wegen der *rechten Knoten*, sondern wegen jedem Kleinkram zu Staupitz gelaufen. Vor seinem inneren Gerichtshof erschien ihm selbst ein Versprecher beim Messelesen als Indiz für unausweichliche Verdammnis.

Da Staupitz als reisender Klosteraufseher nur gelegentlich in Erfurt Station machte, wurde ihr Kontakt durch Briefe aufrechterhalten, in denen der Jüngere seinen angestauten Selbstvorwürfen Luft machten konnte. Als er dem abwesenden Mentor wieder einmal mit *O meine Sünde, Sünde, Sünde!* in den Ohren lag, platzte dem Ordenschef der Priesterkragen. Worüber Martin eigentlich klage, fragte er. Welche Sünden hatte er denn aufzuweisen? »Die Eltern ermorden, öffentlich lästern, Gott verachten, die Ehe brechen, das sind rechte Sünden«, hielt ihm der Beichtvater vor. Und setzte noch eins drauf, damit der bierernste Martin endlich begriff, woher der Wind wehte. Mit »solchem Humpelwerk und Puppensünden«, spottete er, brauche er ihm nicht mehr zu kommen. Und Martin wolle, bitteschön, nicht »aus jedem Wind, der ihm entfährt, eine Sünde machen«[149].

Aber der Humor, der zum Ernst der Lage so unpassend schien, erwies sich gerade dadurch als probates Mittel, dass er unpassend war. Entscheidend war nicht, dem Leidenden seine Leiden auszureden und ihn an die himmlische Vergebung zu verweisen, sondern den Circulus vitiosus seiner Selbstbeschäftigung zu durchbrechen. Sprach man eine ernste Situation als solche an, wurde sie noch ernster. Die Verbissenheit, mit der einen das schlechte Gewissen verfolgte, wurde durch Gegenargumente noch intensiviert. Wirklich helfen konnte nur der Humor. Nur Lachen brach den Bann.

Eben dies sollte später Luthers eigenes Rezept dafür werden, wie mit Bedrängnissen durch das Böse, das man selbst ist, umgegangen werden muss. Am besten ignorierte man die

Kapitel Drei: Der »wahre Vater«

Provokationen und Anschuldigungen des Teufels. Stattdessen sollte man eine Gegenoffensive starten, indem man dessen Todernst verspottete und nötigenfalls mit einem Wind vertrieb, den man in Richtung Teufel fahren ließ. Denn das Geheimnis des Bösen bestand darin, die Menschen in Angst zu versetzen, aus der sie niemand retten konnte. Doch wer lachte, hatte keine Angst. Wer nicht an sich zweifelte, verzweifelte auch nicht.

Luther verzweifelte. Saß ihm das schlechte Gewissen im Nacken und flüsterte ihm in gehässigem Ton seine angeblichen Schwächen und Verfehlungen ins Ohr, warf es ihn oft zu Boden, so dass er besinnungslos dalag, die Arme wie der Gekreuzigte ausgebreitet. Spätestens in einer solchen Agonie der Angst verging jedem das Lachen. Der depressive Mensch, von einer übermächtigen Wirklichkeit eingeschüchtert, zog sich in sich selbst zurück, wo ihn die eigene Gereiztheit, Überempfindlichkeit und moralischen Selbstanklagen erwarteten. Das glich einem Selbstmord auf Raten. Da diese Erfahrung keine bloße Idee war, sondern schreckliche, vom Ich unbeeinflussbare Wirklichkeit, lag es nahe, sie mit einer als schrecklich wirklichen und doch ungreifbaren Person zu identifizieren. Eben dem Teufel.

Dieser Teil des Ich, der die Rolle des Richters und zugleich Henkers spielte, verwandelte auch noch das banalste Missgeschick, das einem widerfuhr, ebenso wie die geringfügigste Beleidigung, die einem zugefügt wurde, in eine nie enden wollende Strafe. Denn der Mensch kam nicht darüber hinweg, dass er überhaupt solche Fehler beging oder ihrer bezichtigt wurde. Er kam nicht darüber hinweg, dass er nicht der war, für den man ihn hielt oder für den er sich ausgab. *Nicht kann der Mensch von Natur aus wollen, dass Gott Gott sei*, sagte Luther. *Vielmehr will er, dass er selbst Gott sei.*[150] Auch das hatte er mit seinem Alter Ego, dem Teufel, gemeinsam.

Natürlich wusste Staupitz sehr wohl, dass der zornige Gott, vor dem Martin zitterte, nicht der Gott des Christentums war.

Vielleicht bedienten sich Priester und Ablassprediger dieses Bildes, um ihren Gläubigen die Bußgelder aus der Tasche zu ziehen. Doch die gnadenlose Strenge, die Luther in Gott zu erkennen glaubte, entsprach weder biblischer Lehre noch kirchlicher Doktrin. Vielmehr war sie das Leidenssymptom des Menschen schlechthin. Sein Ich kreiste sinnlos um sich, verliebte sich sterblich in sein eigenes Spiegelbild, um dann an der eigenen Gewissensqual zugrunde zu gehen. Es war der Teufelskreis der Selbstreflexion.

Selbst wenn die Papstkirche nicht unmittelbare Schuld an dieser inneren Hölle trug, so setzte sich doch in Luther die Erfahrung fest, dass sie ihm auch nicht aus ihr heraushelfen konnte. Im Gegenteil, die zahllosen Gebote und Verbote, die allgegenwärtigen Bilder von Heiligen und Teufeln und vor allem die Zwangsaskese der Klöster förderten die Ichbesessenheit. Noch hinter den frömmsten Masken verbargen sich teuflische Absichten. Und selbst das Heiligste, das den Rosenduft des Himmelreichs verbreiten sollte, roch nach Scheiterhaufen.

3. Die Gelassenheit des Seelenführers

In der Salzburger Benediktinerabtei hängt heute noch ein Gemälde des Mannes, der Luther zu Luther machte. Wohlgenährt, mit blitzenden Augen und Genießerlippen, wirkt Bruder Johannes wie ein Spitzweg-Mönch, der sein Weingläschen gegen die Sonne hält. Doch der Eindruck täuscht. Sein sanguinisches Äußeres lässt vergessen, dass er ein erfolgreicher Kirchenfunktionär war, auf dessen Kommando ein halbes Hundert Klöster hörte. Staupitz war der Reformator vor dem Reformator. Später bekannte Luther, er sei es gewesen, *durch*

*den zuerst das Licht des Evangeliums in meinem Herzen aus
der Dunkelheit aufzuleuchten anfing.*[151]

Zwanzig Jahre vor Luther geboren, war der Augustiner
schon früh zum Prior zweier Klöster ernannt worden. Als
Luther sich 1502 in Erfurt das braunrote Barett des Baccalaureus aufsetzte, war Staupitz gerade einem Ruf des sächsischen
Kurfürsten Friedrich in seine Residenz Wittenberg gefolgt.
Seit sie gemeinsam die Klosterschule in Grimma besucht hatten, waren die beiden befreundet. Nach Friedrichs ehrgeizigem
Plan sollte der Augustiner im dörflichen Wittenberg als eine
Art Pionier der Zivilisation wirken, indem er ihn bei der Gründung der Universität und des ihr angeschlossenen Augustinerklosters unterstützte.

Neben der Bibelprofessur, die Staupitz selbst übernahm,
übte er bald darauf das anspruchsvolle Amt eines Generalvikars seines Ordens aus, was ungefähr bedeutete, dass er an
allen Orten gleichzeitig sein musste. Daneben fand er noch
genügend Muße, den Kurfürsten zu beraten, in Wittenberg
Theologie zu lehren, in Salzburg Predigten zu halten und, wo
immer er ein Schreibpult fand, meditative Bücher zu verfassen, die Einfluss auf die kirchenskeptische Frömmigkeit seiner Zeit nahmen. Zu seinem Ansehen trug bei, dass ihn »seit
frühen Jahren eine ausgeprägt antihierarchische Gesinnung
beherrschte«[152], die seinen Biographen an jene Rucherath von
Wesels erinnerte.

Seine Predigten und theologischen Thesen wurden in
Freundeszirkeln diskutiert, die sich verehrungsvoll nach ihm
benannten. Hier trafen sich Humanisten mit Reformern,
die sich in der Papstkirche gleichermaßen unwohl fühlten.
Zur »Sodalitas Staupitziana« in Nürnberg etwa gehörten
Berühmtheiten wie der Renaissancemaler Albrecht Dürer
oder der Humanist Willibald Pirckheimer. Trotz seines rastlosen Lebensstils war bei Staupitz von Stress nichts zu bemerken. Das mochte daran gelegen haben, dass sein Glaube jene

»Gelassenheit in Gott« war, die er bei den Mystikern gelernt hatte.

Staupitz' innere Ruhe, die sich gegen den Terminkalender behauptete, beeindruckte den aufgewühlten Mönch Martin tief. Der Seelenführer war sein Fels in der Brandung. Schon bei der ersten Beichte des jungen Priesters erfuhr der Vikar von dessen verheimlichten Gewissensnöten. In den subjektiven Leiden seines Schützlings verbarg sich für Staupitz ein objektives Dilemma der ganzen Papstkirche. Ob sie es wahrhaben wollte oder nicht, standen sich in ihr Gesetz und Gnade ebenso unversöhnlich gegenüber wie der erleuchtete Gottesmann dem irdischen Fegefeuer der Ketzerbrände.

Dieser Konflikt, der bei Luther offen zu Tage trat, sich sozusagen in ihm ausraste, hatte auch, wiewohl weniger auffällig, das ganze Leben seines Mentors bestimmt. Es war der innere Widerspruch der Kirche selbst und damit der Riss im Gottesbild, den auch Staupitz in sich trug: Gott war nicht gleich Gott, und der allmächtige Herrscher über den Erdkreis, in dessen Namen er als Generalvikar der Augustinereremiten auftrat, ähnelte nur entfernt dem liebenden, sich in seinem Sohn selbst verschenkenden Vater, jenem *ewigen Quellbrunn*, wie Luther ihn nannte, *der sich mit eitel Güte ergießt und von dem alles, was gut ist und heißt, überfließt*.[153] In Rom schien dieser Quell ausgetrocknet.

Der vatikanischen Geldmaschine, die Staupitz von Amts wegen repräsentierte, stand die Gemeinde der verbrannten Gottesmänner gegenüber. Deren heimliche Kirche, die immer mehr Anhänger gewann, verzichtete auf irdische Selbstdarstellung, schon weil es dort, wo Gott im Menschen aufging, nichts zu sehen gab. Gegenüber der ostentativen Glorie des alten Glaubens blieb der neue unsichtbar. Staupitz' Predigten lassen keinen Zweifel, welcher von beiden sein Herz gehörte.

Dass die Papstkirche über immense Pracht und Macht verfügte, mit denen sie dem Weltgeschehen ihren Stempel aufprägte, lag offen zu Tage. Nur fragte sich, ob in ihr auch noch Gottes Geist gegenwärtig war. Staupitz war sich da nicht so sicher. Auf das Dilemma anspielend, erzählte er seinem Schützling eine Anekdote vom Konstanzer Konzil, auf dem Hus verbrannt worden war.

Als sich die Kardinäle zur Papstwahl versammelt hatten, so Staupitz, soll Kaiser Sigismunds Hofnarr aufgeregt an die Türe geklopft haben, er habe ihnen Wichtiges mitzuteilen. Und worin, fragte man zurück, bestünde seine Botschaft? Der heilige Geist, antwortete der Spötter, habe ihn besucht und »lasse ihnen ausrichten, er sei augenblicklich mit so vielen Geschäften beladen, dass er bei ihnen nicht erscheinen könne, und darum sollen sie nun ohne ihn wählen«[154].

4. Einweihung in eine »neue Kunst«

Auch in Rom schien man ganz gut ohne den heiligen Geist auszukommen. Nur führte die erfolgreiche Weltpolitik der Kirche zur inneren Emigration vieler Gläubigen. Die »Devotio moderna«, bei deren Lehrern Martin *in die Schule gegangen* war, entstand als Reaktion auf diese Verweltlichung. Auch der welterfahrene Ordensorganisator Staupitz gehörte zu den heimlichen Anhängern dieser modernen Frömmigkeitsform. Nur dann würde die Kirche eine Zukunft haben, so glaubte er, wenn sich die befreiende Lehre der Evangelien mit den Dogmen des Vatikan versöhnen ließe. Denn an diesem Widerspruch ging die Kirche Christi langsam zugrunde.

Gerade hier schien Staupitz bei seinem Schützling mit der Geistestherapie angesetzt zu haben. Was Martin brauchte, war Befreiung aus den Fesseln einer falschen Gottesvorstellung, die ihn in seiner Neigung zur Selbstzerstörung bestärkte. Eben dort, wo der Jüngere die Quelle aller Qualen vermutete, fand Staupitz die Lösung: im Glauben an Gott. Es galt nur, die Perspektive zurechtzurücken.

Der Mentor erzählte Martin nicht vom Weltenherrscher, sondern vom Welterlöser. Und er überzeugte ihn davon, dass das Neue Testament keine Fortsetzung des Alten mit anderen Mitteln war. Der Gottessohn hatte nicht, wie die traditionelle Lehre es wollte, auf die schier unerfüllbaren alten Gesetze neue, noch unerfüllbarere Gebote gehäuft, wodurch, wie Staupitz schrieb, »auch der Buchstabe im Neuen Testament ein Mörder der Seelen«[155] geworden war.

Sondern gerade deshalb war Christus am Kreuz gestorben, weil der Mensch die Gebote aus eigener Kraft nicht erfüllen *konnte*. Weil der Mensch litt, litt Gott mit. Weil er starb, starb Gott mit. Aber weil seine Liebe niemals starb, erstand auch der Mensch zu neuem Leben auf. Ohne eigenes Zutun. Mit dieser Erkenntnis bahnte sich die geistige Umwälzung an, die erst Luther, dann die ganze Nation erfassen sollte. Entscheidenden Einfluss darauf nahm Staupitz.

Weil Gott den durch eigene Schuld todgeweihten Menschen liebte, so lehrte ihn der Ältere, musste er selbst für ihn in den Tod gehen. Deshalb saß Christus auch nicht auf dem päpstlichen Thron, sondern hing am Kreuz. Und deshalb, so Staupitz weiter, war Gottes Gnade nicht im Glorienschein der Allmacht, sondern *in Christi Wunden*[156] gegenwärtig, das heißt, im jämmerlichen Dahinsterben seines Sohnes. Nur durch das Kreuz begriff der Mensch, so Luther später, *dass dir Gott so hold ist, dass er auch seinen Sohn für dich gibt.*[157]

Durch Staupitz wurde der Mönch zum Theologen. Nicht im Sinn der Scholastik, die sich der Logik widmete, nach der Gott die Welt geschaffen und geordnet hatte. Sondern im Sinn der Frohen Botschaft, deren Wort sich nicht an die Welt, sondern an jeden einzelnen Menschen richtete, um den es Gott ja bei deren Erschaffung gegangen war. Im Wort war mehr als das Ganze enthalten, denn Liebe war mehr als das Ganze. Weil Liebe immer schon mehr war als sie selbst. Weil sie über sich hinausging zu dem, was sie liebte. Denn, so sagte Luther als Staupitz-Schüler, *die Liebe und das Geliebte sind eins.*[158]

Dies überstieg das menschliche Vorstellungsvermögen, für den Glauben aber war es Wirklichkeit. Später sagte Luther über seinen Meister: *Er lehrte mich eine neue Kunst.*[159] Theologie war die Kunst, das Wort Gottes richtig zu hören. Aber Kunst, das ist eine schwere Sache, man muss sie lernen, und, was noch schwerer fällt, man muss sie als Geschenk entgegennehmen können. Wie sich das, was für die Menschen gemeint war, ihnen auch schenken ließ, hat Luther lebenslang beschäftigt. Denn nehmen konnte der Mensch nur, was er glaubte. Zum Glauben aber gehörte Begreifen. Sonst wäre Glauben nur Für-wahr-Halten. Für Luther aber war es: die Wahrheit selbst halten.

Schon Paulus hatte sich mit dem Problem der Vermittelbarkeit des Unmittelbaren, der Offenbarung dessen, was eigentlich schon da war, herumgeschlagen. Die Erfahrung lehrte, dass die Hörer erst einmal nichts oder, schlimmer noch, das Falsche verstanden. Damit Gottes Wort auch wirklich dorthin kam, wo es hingehörte, bediente er sich zweierlei Methoden. Da sich Theologie als »schwer verdaulich«[160] erwies, lehrte er zuerst das, was leicht eingängig war und den Hörern gefiel. Der Apostel verglich es mit Milch, Luther sogar mit der Muttermilch, die man den Kleinen geben muss. *Man soll auf der Kanzel die Zitzen herausziehen*, riet er in seiner plastischen Art, *und das Volk mit Milch tränken.* Predigte er doch nicht für die Herren Doktoren, sondern für *meine Hänslein und Elslein*[161].

Erst wenn in den Hörern des Wortes der Glaube aufzugehen begann, so sagte Paulus und so lehrte auch Luther, konnte man zur »festen Speise« übergehen, jener »Speise der Erwachsenen«[162], mit der Augustinus Jesus verglich. Ein anderes Bild für den Ernst der Gottesbotschaft, die man nicht mal eben so mitnehmen konnte, war der Wein, der leicht zu Kopfe stieg. Über den Römerbrief sagte Luther, er sei *ein sehr schwerer Wein und eine sehr anspruchsvolle Kost, die feste Speise für die Vollkommenen, das heißt, Theologie im höchsten Sinne.*[163] Aber auch sie war nicht einfach »machbar«, sondern setzte die Gnade des Begreifens voraus. Glauben lernte man nicht, er musste einem »aufgehen«.

Staupitz sprach zu Martin von der »Gnade«, und sie war das Wort, das ihn aufhorchen ließ. Vor Jahren hatte er in Hannas Geschichte von dieser göttlichen Wunderkraft gelesen, die er im Gewitter von Stotternheim unbewusst herbeigefleht hatte. Gnade versprach auch die Frohe Botschaft, die er in der Bibel fand. Und nun erlebte er sie leibhaftig. Denn Staupitz sprach nicht nur davon, er schenkte sie ihm auch. Obwohl er in der Ordenshierarchie hoch über dem kleinen Mönch stand, hatte der Vikar ihn seiner Freundschaft gewürdigt und an seiner theologischen Einsicht teilhaben lassen. Ohne Christi Leiden, so lehrte er, war Gottes bedingungslose Barmherzigkeit gar nicht zu verstehen. Dankbar nannte Luther seinen Mentor später *den Verkünder der Gnade und des Kreuzes.*[164]

Dessen Hilfe beschränkte sich nicht darauf, den Teufelskreis von Martins Selbstquälerei zu durchbrechen. Sie fand auch ganz konkret statt: Als Erstes befreite er den Hochbegabten von niederen Diensten, die ihn von Studium und Meditation abhielten. Um künftige Übergriffe seiner Vorgesetzten zu unterbinden, ordnete er an, dass sein Schützling, soweit es seine Pflichten erlaubten, sich hauptsächlich einer Tätigkeit zu widmen habe. »Insonderheit aber befahl Doktor Staupitz dem Luther«, berichtete sein Biograph Ratzeberger, »er sollte in seinem theologischen Studium vornehmlich dahin sehen, dass er in der Bibel ein guter Text- und Stellenkenner werde«[165].

Was der Mönch in seinen nächtlichen Kämpfen erlebte, konnte er hier schwarz auf weiß nachlesen. Auch dass er durchaus nicht der Erste war, dem diese Anfechtungen widerfuhren.

Schon Paulus hatte beschrieben, was es hieß, »mit Christus gekreuzigt« zu werden. Und der Psalter, so lehrte ihn Staupitz, handelte von *nichts als Anfechtung, Traurigkeit, Kümmernis.*[166] Später würde Luther so weit gehen zu sagen, *dass die Schrift kein Mensch versteht,* der nicht *angefochten worden ist.*[167]

Seine eigenen Leiden in der Bibel wiederzufinden, erschien dem Geplagten tatsächlich wie eine Erlösung. Für das rechte *Verständnis eines Psalms,* so erinnerte er sich, wäre er *auf Knien nach Santiago gekrochen.*[168] So oft sich ihm einer entschlüsselte, meinte er, *neu geboren*[169] zu sein. Im Kloster brachte ihm das keine Pluspunkte. Im Gegenteil, sein hingebungsvolles Bibelstudium erregte unter den Brüdern Anstoß. Studieren war nur für Streber, und außerdem: Warum selber lesen, wo die Autoritäten einem diese Mühe abgenommen hatten?

Die heilige Schrift wurde für Luther zur zweiten Heimat. Er las in ihr und er lebte in ihr. Genauso entsprach es der Absicht seines Mentors. Er begann, wie er selbst erzählte, *die Bibel zu lesen und wieder zu lesen und abermals zu lesen, mit höchster Bewunderung von Doktor Staupitz.*[170] Denn der hatte Großes mit ihm vor. Die Begeisterung, mit der Martin sich auf das Buch der Bücher warf, sollte sich, ging es nach Staupitz, schon bald für den Orden auszahlen. Dann nämlich, wenn er als sein Nachfolger die Bibelprofessur und, wer wusste es, welch hohe Ämter sonst noch übernehmen würde.

Auch für den jungen Mönch zahlte sich das Eintauchen in diese ebenso fremdartige wie innig vertraute Welt aus: Hier endlich fand er Beruhigung für sein selbstquälerisches Wesen und zugleich die Bestätigung, dass er trotz allem auf dem rechten Weg war. Zu danken hatte er es dem Älteren. Sein geistiger Vater, so Luther im Rückblick, hatte den Niedergeschlagenen aufgerichtet und *wieder zum Leben erweckt*[171]. Noch ein Jahr vor seinem Tod würde Luther seinem Lehrer nachrühmen, *dass er zuerst mein Vater in dieser Lehre gewesen* sei, ja mehr noch, er habe ihn auch, wie eine Mutter, *in Christus geboren.*[172]

85

Ähnlich große Stücke hielt Staupitz auf seinen geistigen Sohn. Zielstrebig förderte er Martins Karriere, wie einst Proles die seine. Kein anderer als der Mann aus Mansfeld war würdig, sein Nachfolger und geistiger Erbe zu werden. Denn offensichtlich hatte bei ihm ein Höherer die Hand im Spiel. Sein Schützling, so versicherte der Kirchenmann später, sei »von Gott erleuchtet gewesen«[173].

Die theologischen Gespräche der beiden, die sich für den Jüngeren als höchst fruchtbar erwiesen, sollten sich mit Unterbrechungen über zehn Jahre hinziehen. Luther beschrieb sie als *überaus angenehm und heilsam*. Mit Jesu Hilfe hätte Staupitz ihn in seinem Leiden an sich selbst *wunderbar getröstet*.[174] In dem Älteren sollte Luther zeitlebens den eigentlichen Auslöser seines reformatorischen Durchbruchs sehen. Er war es, so sagte er, der seine *ganze Lehre angefangen*[175] hatte. Und noch lange nach ihrem Bruch bestätigte der Reformator: *Ich hab all mein Ding von Doktor Staupitz.*[176]

5. Der Herr der Knochen und Knöpfe

Die große Veränderung kam für ihn *plötzlich*. Auf Staupitz' Anordnung hin musste er wieder einmal umziehen, zu Fuß, wie es sich für einen Jünger Jesu gehörte. Aus dem stolzen Stadtstaat Erfurt mit seinen zwanzigtausend Einwohnern siedelte er 1508 in ein »Dorf« mit zweitausend Seelen über, das hauptsächlich aus Lehmhäusern bestand. Deren Strohdächer wurden von mehreren Kirchtürmen und einem neuen Schloss überragt, das wie aus einer anderen Welt gekommen schien. Das seltsame Ensemble hieß Wittenberg.

In diesem Kaff am Elbstrom, wo man Bier braute und Schweine auf den Straßen hielt, lebte, 1463 geboren, der

mächtigste Kurfürst im ganzen Reich. Ihn selber störte die
ländliche Idylle nicht: Wo er war, war Kursachsen. Soweit ihm
seine Amtsgeschäfte Zeit ließen, frönte Friedrich der Weise
vier Hobbies: Dieser bauernschlaue, berechnende, politisch
mit allen Wassern gewaschene Potentat saß gerne, wie später auch Luther, an der Drechselbank, wo er aus Holz allerlei Nützliches wie Knöpfe oder Verspieltes wie Schachfiguren
herstellte.

Ein weiteres Steckenpferd, das der schweigsame Taktiker
mit Luthers Mitarbeiter Melanchthon gemeinsam hatte, war
die Kunst der Himmelsbefragung. Da beide hofften, mittels
astrologischer Berechnung die Zukunft vorauszusagen, lösten
sie den Unmut Luthers aus. Die Astrologie hielt er für reine
Götzenanbetung.[177] Das dritte Steckenpferd des wortkargen
Potentaten war die Jagd. Vor allem Wildschweine hatten es
ihm angetan, und wenn Wittenberg ihn ärgerte, zog er sich
auf sein Jagdschloss Lochau zurück, um mit Armbrust und
Sauspieß große Mengen an Schwarzwild zu erlegen.

Auch die Berufung des Meistermalers Lucas Cranach nach
Wittenberg hing mit der kurfürstlichen Leidenschaft zusammen: Er sollte die von Friedrich abgehaltenen Jagden bis ins
letzte blutige Detail wiedergeben und die dabei geschossenen
Wildschweine, Hirsche, Hasen und Rebhühner für nachkom-
mende Generationen naturgetreu festhalten.[178] Man kann sie
heute noch bewundern.

Des Kurfürsten wichtigstes Hobby aber war das Sammeln
von alten Knochen. Nach landläufiger Überzeugung haftete
ihnen die Aura desjenigen Heiligen an, von dessen Skelett sie
stammten. Zwar brachte die Ausstellung dieser für wundertä-
tig angesehenen Reliquien viel Geld ein, doch mussten beim
Kauf der kostbaren Ware hohe Summen vorgeschossen werden. Je heiliger der Knochen, umso höher der Preis. Als Friedrich einmal seinen Hofnarren Claus nach dem wahren Wert
eines Sammlerstücks fragte, antwortete dieser, er sei gerade *so*

teuer und wert, als *ein reicher Narr*[179] dafür zu zahlen bereit
ist.

Luther, dem die geistreiche Kritik des Hofnarren gefiel,
tadelte seinerseits die Obsession des Kurfürsten mit den Worten, in den kurfürstlichen Augen *glänze vieles, was vor Gott
Schmutz sei*.[180] Auch habe der Reliquienwahn des Knochen-
mannes nichts mit Glauben zu tun. *Wenn Eure Kurfürstliche
Gnaden glaubte*, so schrieb er ihm später, *so würde sie Gottes
Herrlichkeit sehen. Weil sie aber noch nicht glaubt, hat sie auch
noch nichts gesehen*.[181] Und daran konnten auch die zigtausend
Heiligenteile nichts ändern, die Friedrich der Öffentlichkeit in
prunkvollen Goldmonstranzen und zierlichen Silbergefäßen
präsentierte.

Abgesehen vom Kneipen- und Pensionsgewerbe, das von
den Pilgern profitierte, übte das Allerheiligenstift auf die
ansässige Bevölkerung kaum Wirkung aus. Man war nicht
frömmer als anderswo, das heißt: nicht mehr, als nötig. Als sich
der Einserjurist Christoph Scheurl von Friedrich nach Wittenberg locken ließ, um das Rektorat der Universität zu übernehmen, zeigte er sich über das Niveau des Volksglaubens ent-
setzt. Im Ort, der immerhin einen kirchentreuen Kurfürsten,
zwei Klöster mit Bettelmönchen, mehrere Kirchen und sehr
viele winzige Heiligtümer aufzuweisen hatte, lebte ein »rohes,
unmäßiges, dem Trunk ergebenes Volk«. Dem konnte auch der
Neuwittenberger Luther nicht widersprechen. Die dorfähnli-
che Stadt erinnerte ihn an den *Schälke säenden* Eulenspiegel
des Volksbuchs. Selbst *wenn man fromme, ehrliche Leute hier
angesät hätte*, scherzte Luther auf Eulenspiegelart, *wären doch
grobe Sachsen aufgegangen*.[182]

Auch der Kurfürst war nicht gerade ein Feingeist. Ein
Bekannter rühmte ihm sogar nach, er hätte durchaus das Zeug
zu einem guten Dorfschulzen gehabt. Seine Residenz hatte
Friedrich hier etabliert, weil bereits seine Ahnen, die legen-
dären Askanier, in der Ansiedlung gelebt hatten. Kaiser Fried-

rich Barbarossa persönlich hatte 1180 einen von ihnen zum Sachsenherzog ernannt. Nach dem Aussterben des Adelsgeschlechts erbte Friedrichs Familie, die Wettiner, das Land. Über deren »Wittinburg«, die 1429 dem Ansturm der Hussiten getrotzt hatte, errichtete Friedrich sein neues, städtischen Standards genügendes Schloss. Und das war erst der Anfang.

Die »Manpower«, die ihm in Wittenberg fehlte, suchte Friedrich sich im ganzen Reich zusammen. Neue Menschen, der Wissenschaft wie der Religion ergeben, brauchte der Ort. Friedrichs Emissäre gingen auf Wanderschaft. Staupitz holten sie aus Tübingen, Scheurl aus Bologna, seinen Geheimsekretär Spalatin aus Spalt bei Nürnberg, Lucas Cranach aus dem fränkischen Kronach. Auch Verwaltungsbeamte waren nötig, Juristen zur Absicherung, Künstler zur Ausschmückung, Mönche zur Heiligung. In Wittenberg herrschte Gründerstimmung.

Gezwungenermaßen war auch Martin Luther dabei. Staupitz hatte gesprochen, und Martinus sein Bündel gepackt. Hals über Kopf hatte er Erfurt verlassen müssen, um sich an die, wie er abschätzig sagte, *Grenze der Zivilisation*[183] zu begeben. Wobei er offen ließ, auf welcher Seite der Grenze sich Wittenberg befand. Da Staupitz nebenberuflich auch Berater seines kurfürstlichen Freundes war, hatte der ihm die Herrschaft über Universität und Augustinerkloster übergeben. Auch hier brauchte man frisches Blut, aufstrebende Talente. Und deshalb musste sein Schützling aus dem reichen Erfurter Konvent in ein klösterliches Provisorium umsiedeln, an dem noch fleißig gemörtelt und gezimmert wurde.

6. Bauboom in Wittenberg

Die Gründung der frommen Institute, von Friedrich beschlossen und von Staupitz umgesetzt, entsprang der Vorliebe des Kurfürsten für Kirchen-, Kloster- und Universitätsstiftungen. Man hätte diese Neigung auch als sein fünftes Hobby bezeichnen können, wäre da nicht der politische Hintergrund gewesen. Ihm blieb keine Wahl. Er lag im Konkurrenzkampf mit seinem Vetter, Herzog Georg, der sich ebenfalls um kluge Köpfe und internationales Prestige bemühte.

Was Städte und Institutionen betraf, erfreute der sich sogar eines deutlichen Vorsprungs. So sah der Kurfürst sich förmlich gezwungen, dessen Überzahl an Kirchen, Klöstern, Universitäten und zugehörigen Städten schnellstmöglich wettzumachen. Auch die Lebensqualität: Während Friedrich jeden Morgen von Wittenbergs krähenden Hähnen geweckt wurde, konnte der Cousin auf das Großstadttreiben Leipzigs herabblicken. Für den Kurfürsten war das bitter, Abhilfe dringend nötig.

Seit Sachsen knapp zwanzig Jahre zuvor geteilt worden war, beäugten sich die beiden Herrscher mit Argwohn. Bei der »Leipziger Teilung« 1485 war das Land Dresden sowie die Universitätsstadt Leipzig dem Vater Georgs, Albrecht, zugesprochen worden, während im Gegenzug Friedrichs Vater Ernst neben Kursachsen das liebliche Thüringen erhalten hatte. Da das auf kurfürstlichem Gebiet liegende Erfurt bedauerlicherweise dem Mainzer Erzbischof gehörte, verfügte der »ernestinische« Machtbereich über keine Universitätsstadt. In Zeiten der Wissenschaft und des Humanismus war das ein Unding.

Auch auf Luthers neues Leben warf die Fehde ihren Schatten: Weil sich die Erben des Brüderpaars, der »Ernestiner« Friedrich und der »Albertiner« Georg, mit der Faust in der Tasche gegenüberstanden, fand der Mönch in Ersterem einen ebenso verlässlichen Schutzherrn wie in Letzterem den Feind fürs Leben. Die Reformation, die eine Welt veränderte, hing also mit der »Leipziger Teilung« zusammen, profitierte von ihr und litt unter ihr. Die deutsche Geschichte nicht minder: Durch die Erbteilung wurde Sachsen dauerhaft geschwächt, was wiederum den Aufstieg Brandenburg-Preußens ermöglichte. Dessen Hohenzollerndynastie sollte dereinst das Deutsche Reich zu Grabe tragen.

Als Luther eintraf, glich Friedrichs dörfliche Residenz einer Großbaustelle, durch die tagaus, tagein die Ochsenfuhrwerke rumpelten. Überall fand Erweiterung, Ausbesserung, Aufstockung statt, wurde auf Gerüsten gehämmert und gesägt, und zwischendurch schlugen von den Kirchtürmen die Stunden. Wo gestern noch Weideland war, wurden jetzt Bürgerhäuser und Verwaltungsgebäude hochgezogen. Unvermeidlich setzte »eine allgemeine Teuerung für Grundstücke, Mietzinse, Lebensmittel«[184] ein. In Wittenberg, wo die Wohnungen knapp wurden, kam es zu einer regelrechten Immobilienblase.

Martins neuer Konvent, wegen der schwarzen Kutten der Insassen »Schwarzes Kloster« genannt, stand teilweise noch im Rohbau. Im Klosterkirchlein, wo Luther zu predigen hatte, musste er eine Kanzel besteigen, die aus ungehobelten Brettern zusammengezimmert war. Das Gebäude aus Lehm und Holz wirkte ungefähr, wie die Maler den Stall zu Bethlehem malen, in dem Christus geboren wurde.

Der Vergleich, von Luthers Freund Myconius herangezogen, war nicht zufällig gewählt. Denn an Malern fehlte es in Wittenberg nicht. Zur Verschönerung von Schloss und Kirche ließ Friedrich die berühmtesten Künstler anreisen, von Dürers Lehrer Michael Wolgemut und Hans Burgkmair bis zu Meister Dürer selbst. Lucas Cranach war, vom Mäzen umworben, gleich da geblieben. Seit 1504 als Hofmaler engagiert, betrieb er nebenbei eine Apotheke, handelte mit Wein und wurde vom Kurfürsten gern an die reich gedeckte Tafel geladen.

Das absolute Highlight jeder Wittenberg-Tour war die neu errichtete Schlosskirche mit dem Allerheiligenstift. Dürer persönlich hatte, für hundert Gulden Honorar, »einen Marienaltar mit Darstellungen der sieben Schmerzen Mariens und ihren sieben Freuden«[185] beigesteuert. Jahre später erhielt er vom Kurfürsten den noch lukrativeren Auftrag, das »Martyrium der zehntausend Christen« anschaulich darzustellen. Selbstverständlich befanden sich deren Knochen, wenn auch nicht vollzählig, in seiner Sammlung. Auch wenn der Nürnberger auf seinem Gemälde nur sechzig Opfer des Massakers unterbrachte, erhielt er dafür stattliche 280 Gulden. Einmal saß der Auftraggeber seinem Maler sogar Modell. Um 1500 stattete Dürer ihn mit einer italienischen Lockenpracht aus, in der er sich auch selbst gern zeigte.

7. Von heiligen Zähnen und goldenen Nasen

Das Herz der Schlosskirche bildete Friedrichs erlesene Kollektion heiliger Reliquien, die sich zu einer ungeheuren Erlösungskraft akkumulierten – vorausgesetzt der Besucher griff tief genug in die Tasche. Ohne großen Aufwand verwandelte sich hier die eucharistische Formel »Das ist mein Leib« in ein »Dies ist mein Knöchelchen« und bestätigte seine Echtheit durch die erstaunlichsten Heilungswunder. Nach Wittenberg kam man nicht nur zum Studieren, sondern auch zum Kurieren.

Überall in der Christenheit fanden solche Wunder statt. Wo es Kirchen gab, wurde neben dem Gottesdienst der Knochendienst abgehalten. Offenbar kam er dem Bedürfnis der Menschen entgegen, die sich Heilige zum Anfassen wünschten. Ein Teilchen tat es auch. Der Glaube an die zusammengekratzten

Skelettfragmente, die mit einem erhabenen Etikett versehen wurden, hatte sich europaweit durchgesetzt. Der Sündenerlass gegen Bares wurde zur Haupteinnahmequelle der Kirche. Hauptsächlich für sie wirkten die Reliquien Wunder. Als Luther 1511/12 im Mönchsgewand die »heilige Stadt« besuchte, erwies auch er den knochengefüllten Vitrinen seine Reverenz. Ob er wirklich daran geglaubt hatte, bezweifelte er später.

Neben den Wunderknochen, die Heilung von Gebrechen und moralischen Altlasten in Aussicht stellten, wurden bald auch schriftliche Dokumente angeboten, die das Heil der Sündenvergebung dauerhaft garantierten. Schwarz auf weiß konnte man seine Begnadigung nach Hause tragen. Man nannte das einen Ablasszettel. Die Höhe des Preises hing von der Größe der Sünde ab. Griff man tief genug in die Tasche, so hieß es, würde einem sogar die Vergewaltigung der Gottesmutter vergeben.

Begonnen hatte der Kult um den Ablass, als der Papst im zwölften Jahrhundert für alle Rompilger und Kreuzfahrer volle Absolution sämtlicher bis dahin begangener Sünden versprach. Doch sollte auch für jene gesorgt werden, die weder an einer friedlichen Wallfahrt nach Rom noch einer bewaffneten nach Jerusalem teilnehmen konnten: Sie erhielten den ersehnten Dispens, indem sie der Kirche einen Betrag in Höhe der gesparten Reisekosten entrichteten. Der Papst bereicherte sich also nicht, sondern ermöglichte nur einen Ersatz für die unterbliebene Sühnetat. Barzahlung vorausgesetzt, konnte man fortan pilgern ohne zu pilgern.

Als die Kreuzzüge, trotz reichlich erschlagener Heiden, im Debakel endeten, triumphierte der Geist der Kirche ein weiteres Mal. Hatte man auch das Heilige Land verloren, so ließ sich doch die heilige Erde bequem mit nach Hause nehmen. Vor allem das, was in ihr ruhte. Das Export-Import-Geschäft mit Reliquien begann zu blühen. Tonnenweise wurde alles, was sich zwischen Malta und Damaskus an Mumifiziertem und

Dehydriertem zusammenscharren ließ, von den Kreuzrittern heimgeschleppt und versilbert.

Dank ihrer Mitbringsel hielten sich die Kreuzfahrer an jenen schadlos, die zu Hause geblieben waren. Da die Gläubigen für ihr Seelenheil gerne zahlten, wurde das christliche Abendland von einer Welle ablassfähiger Schädeldecken und heiliger Schneidezähne überschwemmt, an denen sich zuerst die pfiffigen Händler, dann der Vatikan, anschließend die einzelnen Kirchen, Klöster und Fürsten ihre goldenen Nasen verdienten.

Friedrich der Weise verdiente mit. Schon als Prinz hatte ihn tief beeindruckt, dass die alte Schlosskirche von seinen Vorfahren über einem Splitter aus Christi Dornenkrone errichtet worden war. Nicht minder erfreute ihn, dass alle Welt davor in die Knie sank und Kerzen kaufte. Von Vater Ernst mit der Sammelwut angesteckt, erhöhte er mit seiner Partikelkollektion die Attraktivität seines Hauptstädtchens. Lucas Cranach, der den jungen Kurfürsten auf seiner Pilgerreise nach Jerusalem begleitet hatte, wurde mit der Illustration des Katalogs für Besucher beauftragt. Den Grundstock der Sammlung hatte Friedrich damals aus Palästina mitgebracht.

Selbst sein Berater Staupitz musste für ihn noch 1516, ein Jahr vor Luthers Thesenanschlag, knöchernen und haarigen Nachschub auftreiben. Er profitierte freilich selbst davon: Mit dem heiligen Müll wurden auch Augustinerkloster und Universität finanziert, an denen sein Schützling Martin Luther tätig war. Der machte sich später über die fromme Bauernfängerei lustig, indem er zur bizarren Sammlung *ein schönes Stück vom linken Horn des Moses* und *einen halben Flügel von Sankt Gabriel dem Erzengel* hinzuerfand. Nicht zu vergessen *ein großes schweres Stück vom Geschrei der Kinder Israel, mit dem sie die Mauern von Jericho niederwarfen.*[186]

Auf dem phantasieanregenden Kult, mit dem sich Abfall in Gold verwandeln ließ, ruhte das segnende Auge des Papstes.

Dessen Ablassspezialist Peraudi hatte 1503 auf Friedrichs Bitte die renovierte Schlosskirche mit ihrem Reliquienstift persönlich eingeweiht und ihr den hochwirksamen »Portiuncula«-Ablass verliehen, der vom heiligen Franz von Assisi selbst bewirkt wurde. Als besondere Auszeichnung gewährte Peraudi zudem für jedes Vaterunser, das für das Seelenheil des Landesvaters gebetet wurde, hundert Tage Ablass.

Zusätzliche hundert Tage gab es für die Anbetung jedes heiligen Nasenbeins und Kreuzesnagels, was sich, bei gewissenhaftem Gebrauch der Exponate, zu einem Gesamtguthaben von 1,9 Millionen Gnadentagen addierte. Die entzückten Besucher der Schlosskirche ließen sich die Verschonung vom Fegefeuer etwas kosten. Sie zahlten, was der Beutel hergab, stifteten neuntausend Messen im Jahr, brannten kostenpflichtig zigtausende Kerzen ab und kehrten gerne wieder.[187]

Da gegen Glaubenszweifel und nächtliche Anfechtungen keine alten Knochen halfen, hat Friedrichs Sammlung den Mönch Martinus kalt gelassen. Obwohl Luther seine überraschende Berufung später auf Gottes *wunderbarliche* Fügung zurückführte, fühlte er sich doch an seiner neuen Wirkungsstätte *wohl deponiert*, zu Deutsch: »kräftig eingetunkt«. Umgeben von drei Dutzend Mönchen, die ebenfalls hierher versetzt worden waren, fand er sich in einem halbfertigen Kloster wieder, das ihm seinen Erfurter Konvent wie einen Palast erscheinen ließ.

8. Die Wunder der Stadt Rom

In seiner kleinen, unbeheizten Zelle musste Luther eilig Vorlesungen über einen Gegenstand präparieren, der ihn nicht sonderlich begeisterte. Gerade von ihm, den dank Staupitz alles zur Bibel hinzog, erwartete man eine Einführung in die »Nikomachische Ethik« des Aristoteles, dem heidnischen Idol der Scholastiker. Dennoch schien er zu aller Zufriedenheit gearbeitet zu haben. Schon 1509 rückte er in den Rang eines biblischen Baccalaureus auf, was für ihn den peinlichen Nebeneffekt zeitigte, dass er wieder die Examensgebühren schuldig bleiben musste, *weil er nichts gehabt hat*. Offenbar blieb Vaters Geldhahn zugedreht.

Kaum hatte er die neue Stufe seiner Karriereleiter erklommen, wurde er nach Erfurt zurückgerufen, auch diesmal ohne gefragt zu werden. Er musste der Hand folgen, die ihn führte. Genau genommen handelte es sich um mehrere Hände. War der abrupte Weggang nach Wittenberg eindeutig Staupitz zu verdanken, so dürfte die Rückkehr nach Erfurt auf Ansprüche des dortigen Konvents zurückgegangen sein, dem Luthers pädagogisches Talent nicht verborgen geblieben war. Man schien sich förmlich um ihn gerissen zu haben, teils wegen seiner Qualitäten, teils weil es um die Frage ging, wer im Orden das Sagen hatte. Erfurt trotzte Wittenberg, weil es Staupitz trotzte.

Beim Streit, der bald alle Klöster der Augustinereremiten erfasste, ging es um die klassische Organisationsfrage, wie viel Macht der Zentralgewalt zukam und welche Privilegien den Untergeordneten verblieben. Staupitz wollte alle unter einen Hut bekommen, und zwar seinen eigenen. Selbstbewusste Klöster wie Erfurt widersetzten sich. Da nur der Ordensgeneral eine Entscheidung fällen konnte, schickte Staupitz seinen Schützling zum Jahreswechsel 1511/12[188] aus Wittenberg weg in die Ewige Stadt, um für seinen Vereinigungsplan Rückendeckung zu erbitten.[189] Ob der Mönch irgendetwas in Sachen Klosterstreit bewirkte, ist nicht überliefert.

Aber es ging ja nicht nur um eine Ordensquerele, sondern auch um seinen eigenen Seelenfrieden. Als er im Oktober 1511 zum sechswöchigen Fußmarsch aufbrach, dürften ihn große Erwartungen erfüllt haben. Er würde endlich das Heil an jener Stelle erwerben, die der Himmel dafür vorgesehen hatte. Unzählige Reliquien und andere Beweisstücke des Glaubens erwarteten ihn. Mit frommem Entzücken malte er sich den Augenblick aus, in dem er vor dem heiligen Vater Julius II. in die Knie sank und seinen Segen empfing.

Ausgerechnet Julius. Der berüchtigte Renaissancepapst trug in Rom den Beinamen »der Schreckliche«. Doch bekam Luther seinen obersten Dienstherrn gar nicht zu Gesicht. Von Gläubigen wimmelte es, aber vom Glauben, den er bei Staupitz gelernt hatte, war weit und breit nichts zu sehen. Nicht der heilige Geist führte ihn durch die Stadt, sondern der gedruckte Touristenführer »Die Wunder der Stadt Rom«.

Zum Heilserwerb musste er nur dem vorgezeichneten Rundkurs folgen und nach Pilgerart Abzeichen und Ablässe sammeln. Allein der Lateranbasilika waren durch Papst Gregor XII. so viele Tage an Sündenablass zugeschrieben worden, »als es drei Tage und Nächte Tropfen regnete«. In den sechs anderen Hauptkirchen, die auf seinem Programm standen, konnte er die Kette des Paulus bestaunen sowie die Schere, mit der man Johannes vor seiner Enthauptung das Haar abgeschnitten hatte. Der zwölf Schuh lange, unerhört dicke Strick, mit dem sich Judas erhängt hatte, blieb ihm besonders im Gedächtnis haften.

Aber was bedeuteten diese Erinnerungsstücke im Vergleich zur geballten Reliquienmasse, die ihn in den Katakomben erwartete? Allein in jener, zu der Martin an der Via Appia hinabstieg, hatten angeblich vierzig Päpste und 76.000 Märtyrer ihr Grab gefunden. Nicht auszudenken, wie viele Partikel sich aus dem heiligen Gedränge gewinnen ließen. Gut möglich, dass der Wittenberger die wachsende Desillusionierung durch besonderen Eifer wettzumachen suchte. In Rom lief er sich die Füße wund.

Immerhin verdiente er sich dabei viel Zeit, die ihm im Fegefeuer erspart bleiben würde. Seine italienischen Kollegen dagegen zogen es vor, viel Geld zu verdienen, indem sie, wie sie es salopp ausdrückten, den Leib Christi *machten*. Und da schon damals Zeit Geld war, opferten sie während einer einzigen Messe den Heiland siebenmal und zwar *hopp, hopp*. Einmal flüsterte ihm ein Priester ins Ohr: *Schicke unserer Frau ihren Sohn bald wieder heim*.[190] Im ironischen Tonfall, mit dem Luther später davon erzählte, klingt die Ernüchterung nach, die sich im Gottsucher breit machte. Hier jedenfalls war der himmlische Vater, der ihm aus seinen Anfechtungen half, nicht zu finden. Von Gott, so sagte er später, habe er dort *nicht ein Wörtlein*[191] gehört.

Allerdings blieb er seiner Absicht treu, alles an Heil mitzunehmen, was möglich war. Nicht nur für sich selbst, sondern auch für jene Verwandten, die es, da bereits verstorben, noch dringender nötig hatten als er. *So ein toller Heiliger* sei er gewesen, erzählte er später, dass er sich fast gewünscht hätte, seine Eltern säßen bereits im Fegefeuer, damit er sie erlösen könne. *Wie gerne hätte ich da meine Mutter selig gemacht*, meinte er, aber sie lebte ja noch.Und außerdem herrschte in der Kirche ein solches Gedränge, dass er stattdessen ins Freie ging und einen Brathering aß, in dem, nach Melanchthon, seine ganze Tagesration bestanden haben dürfte: Luther habe sich nämlich »oft, auf lange Zeit, täglich mit wenig Brot und einem Hering«[192] begnügt.

Immerhin wusste er zweifelsfrei, dass sein agrarischer Großvater Heine Luder aus Möhra tot war und mutmaßlich im Fegefeuer saß. Um ihn aus den Flammen zu befreien, unterzog sich der Enkel einer originellen, auch heute noch geübten Prozedur: Auf Knien musste er die Treppe emporsteigen, die einst, da zum Palast des Pontius Pilatus gehörig, von Jesus selbst beschritten worden war. Auf jeder ihrer 28 Stufen betete er ein Vaterunser, das dem toten Großvater zugute kam. Oben angelangt, scheinen ihn Zweifel beschlichen zu haben. *Wer weiß, ob's wahr ist?*[193] will der Pilger aus Wittenberg geseufzt haben. Er wird nicht der Einzige gewesen sein.

Auch zur Peterskirche zog es ihn, von der nur noch die
Reste der konstantinischen Basilika zu sehen waren. Da dem
Papst ein Monumentalgebäude nach Renaissanceart im Sinn
lag, ließ er das ehrwürdige Gebäude portionsweise abreißen.
Noch bot der Platz einen desolaten Eindruck, und wie zuhause
graste das Vieh. Doch war der Neubau, der sich über einem
Tresor mit dem echten Schweißtuch der Veronika erheben
sollte, bereits in Angriff genommen, das Finanzierungsmodell
durchgerechnet und die schweren Geldtruhen gezimmert.

Der ein paar Jahre später ausgerufene Jubiläumsablass
würde dafür sorgen, dass sie von den spendenfreudigen Deutschen, die man ansonsten *für Barbaren und Bestien*[194] hielt,
gefüllt wurden. Luthers traurige Feststellung, wonach man
hier sein Volk als kulturelle Höhlenbewohner bemitleidete,
sollte dereinst von Voltaire bestätigt werden. »Die Italiener«,
schrieb der Philosoph des 18. Jahrhunderts, »behandelten die
Deutschen wie Barbaren. Diese rächten sich und suchten zu
beweisen, dass in Religion, Sittlichkeit und weltlicher Regierung die Italiener die wahren Barbaren« seien.[95]

9. Bei der Hungerheiligen

Aber so war Luther wenigstens nach Rom gekommen. Nicht
um tausend Gulden, versicherte er später, wollte er diese
Erfahrung missen. Und worin hatte sie bestanden? Generationen von Forschern haben sich darüber den Kopf zerbrochen. Die einen sahen Luthers Besuch in der Heiligen Stadt
als entscheidende Zäsur, bei der dem Gläubigen die Augen
über den wahren Zustand der Kirche aufgegangen seien: Rom,
eine Mördergrube aus Simonie, Sodomie und Giftmischerei.
Die anderen hielten dagegen, Luther habe in Rom das übliche

Andachtsprogramm abgespult, fleißig Kirchen besucht, Reliquien verehrt und Messen gelesen. Als er die Stadt verließ, sei er derselbe fromme Frater gewesen, der sie vier Wochen zuvor betreten hatte.

Beide Meinungen haben Recht, sie ergänzen einander sogar. Die radikale Zäsur, die von der einen Seite behauptet wurde, hatte es tatsächlich gegeben. Nur wurde sie gerade nicht durch neue, erhebende Erfahrungen ausgelöst, sondern durch den Mangel daran. Auch in Rom war man Gott nicht näher als anderswo. Wer vorher geglaubt hatte, fand keinen Grund, hinterher zu misstrauen. Und wer vorher gezweifelt hatte, war hinterher auch nicht klüger. Eben darin bestand die Zäsur. Wittenberg war überall.

Wirklich gab es in der Ewigen Stadt *nichts*, was ihm nicht schon aus der Heimat vertraut gewesen wäre. Prinzipiell ging es nur ums Geschäft. Die Händler erlebte er als Betrüger, die Priester als Zyniker, die Bürger als unflätig. So frönten sie hier dem Laster, ihre Bedürfnisse *wie die Hunde* an Straßenecken zu verrichten. Im Unterschied zu deutschen Verhältnissen, so berichtete Luther, ließen findige Hausbesitzer an jeder betroffenen Ecke »ein Bild des heiligen Antonius mit der glühenden Lanze« anbringen, woraufhin der Frevel schlagartig endete. Denn vor solchen Heiligen, so Luther, *haben sie mehr Respekt als vor Christus.*[196]

Wie sich mit frommem Betrug viel Geld verdienen ließ, konnte Luther auch auf der Heimreise erleben. Ein Wundermädchen hatte in Augsburg Aufsehen erregt und sogar die Neugier Kaiser Maximilians geweckt. Anna Laminit brachte das Kunststück fertig, sich ausschließlich von geweihten Hostien zu ernähren, in denen bekanntlich dank Transsubstantiation der Leib Christi anwesend war. Das wiederum bedeutete, dass die Hungerkünstlerin vom Heiland selbst am Leben gehalten wurde.

Begierig, nach all den toten endlich auch eine lebendige

Heilige zu sehen, ließ Luther sich zur hostienessenden Anna führen. Ihre Gottseligkeit schien allerdings auf den Speiseplan beschränkt, da sie auf seine Frage, ob sie nicht lieber schon im Himmel wäre, dem irdischen Dasein den Vorzug gab. »Wie es dort zugeht, weiß ich nicht«, antwortete sie, »wie es hier zugeht, weiß ich.« Offenbar nicht ganz. Schon im Jahr darauf wurde sie von der bayerischen Herzoginwitwe Kunigunde, die durch eine Mauerritze spähte, beim Naschen von Honigkuchen ertappt, des Landes verwiesen und bald darauf in der Schweiz als Hexe in einem Sack ertränkt.[197]

Außer dass er um einige Illusionen ärmer war, scheint sich für Luther durch den Rombesuch wenig geändert zu haben. Heilung von seinen Anfechtungen hat er hier nicht gefunden. Als sei er nie in der Stadt des Petrus gewesen, waren ihm die Anfälle von Glaubenszweifeln treu geblieben. Oft genug verwandelte sich ihm das Mönchsleben, das dem Himmel so nahe schien, in eine Hölle aus Gewissensqualen, von denen nur Staupitz wusste. Angesichts von Luthers stupender Bibelkenntnis, vorgetragen mit klarer Stimme und einem unerschütterlich scheinenden Selbstvertrauen, hätte es auch keiner seiner Studenten oder Kirchenbesucher für möglich gehalten.

Nur gelegentlich drängte das verborgene Leiden an die Oberfläche. Als er 1515 im neuen, von ihm mitbegründeten Kloster seiner Geburtsstadt Eisleben an der Fronleichnamsprozession teilnahm, trug Johann von Staupitz die mit Gold und Edelsteinen geschmückte Monstranz, hinter deren Glasscheibe traditionell die geweihte Hostie zu sehen war. Ihr Anblick, für Priester und Gläubige Routine, ließ den frischgebackenen Distriktsvikar Luther vor Schreck erstarren. Beim Gedanken, dass in der Hostie tatsächlich der Leib Christi anwesend war, so gestand er später, *erschrak ich so hart, dass mir der Schweiß ausbrach.* Er fürchtete, er würde *vergehen vor Angst.*[198]

Nach wie vor ließ ihn die Nähe des Weltenrichters, der ihn bis auf den Grund durchschaute, die Fassung verlieren.

Als der Meistertheologe später zu Staupitz eilte, um ihm den neuerlichen Anfall zu beichten, antwortete der Ältere ohne Umschweife: »Euer Gedanke ist nicht Christus.«[199] Er sagte nicht, Luther denke nicht *an* Christus oder befasse sich in Gedanken nicht *mit* Christus, sondern: »Euer Gedanke *ist* nicht Christus.« Möglicherweise war es dieser scheinbar unvollständige Satz, der Luther, nach gehörigem Grübeln, ein Licht aufsteckte.

Staupitz' rätselhafter Hinweis forderte ihn dazu auf, dass dort, wo er bisher nur an Christus *dachte*, Christus selbst *sein* sollte. Wo ihn seine Grübelei bis zur Unerträglichkeit marterte, würde dieser die Martern für ihn ertragen. Hatte er für sich selbst »Ich« gesagt, sollte nun Christus für ihn »Ich« sagen. Mit Alltagslogik ließ sich dem nicht beikommen. Wie der Reformator bald genug erfahren sollte, rüttelte diese Einsicht nicht nur an seinem Selbstverständnis, sondern am Fundament der ganzen Kirche. Denn die durch das Einssein mit Christus geschenkte Seligkeit stellte eben jenes Geschäftsmodell infrage, das auf dem Verkauf dieser Seligkeit basierte.

Lebte Christus im Menschen, wie der Apostel Paulus sagte, brauchte der sich gar nicht mehr um seine Sünden zu sorgen, geschweige denn Bußgeld dafür zu zahlen. Die zwanghafte Beschäftigung mit den eigenen Gesetzesverstößen war überflüssig geworden. Denn wenn Christus durch den Menschen handelte, bedurfte es keiner Gesetze mehr. Man konnte gar nicht mehr anders, als das Gute tun. Dann hatte auch die Allmacht der Scholastiker, die durch den Papst über den Klerus herrschte, wie dieser über das Volk, ausgedient. »Wenn Gott nicht selbst anwesend ist«, verriet Staupitz seinem Lieblingsschüler, »dann nützt die ganze Theologie nichts.«[200]

ZWEITER TEIL

BEFREIUNG

KAPITEL VIER

VOM ALLESWISSEN ZUM NICHTWISSEN

*Ein großes Schiff, das hieß die
heilige christliche Kirche, darin
saß allein der Papst mit den Kar-
dinälen und Bischöfen voran,
den Pfaffen und Mönchen zur
Seite, und fuhren also dem Himmel
zu. Die Laien aber schwammen
im Wasser und etliche ersoffen,
etliche zogen sich zum Schiff an
Stricken und Seilen, welche ihnen
die heiligen Väter aus Gnade
herauswarfen.*[1]

1. Unterm Birnbaum

Seit Augustinus als Junge Früchte stahl, hat der Birnbaum in
der Kirchengeschichte Tradition. In seinem Schatten fanden
sich im Herbst 1512 auch Generalvikar Johann von Staupitz
und sein Protegé Martin Luther ein. Unterm Birnbaum im
Augustinergarten eröffnete der Ältere dem Jüngeren, dass er
Großes mit ihm vorhatte. Um Staupitz' Bibellehrstuhl übernehmen zu können, sollte Luther baldmöglichst Professor
werden. Zudem erwarteten ihn ehrenvolle Ordensämter, die
sein Mentor ihm gern abtreten würde. Da Martin Gehorsam
geschworen hatte, war Widerspruch zwecklos.

Er versuchte es trotzdem. Wie man ihm ansah, war er nicht bei guter Gesundheit. Der lange Rückmarsch nach dem Romaufenthalt hatte ihn erschöpft, dazu kamen die Folgen jahrelanger Askese und psychischer Selbsttortur. Alles hatte an ihm gezehrt. Getrieben vom Ehrgeiz, allen Sätteln gerecht zu werden, stand er seit Langem unter Dauerstress. Und hungerte um der Heiligkeit willen. Wer sich wie er auf die Karriereleiter begeben hatte, musste jede Stufe emporknien wie auf der Pilatustreppe.

Um sich der anstrengenden Aufgabe zu entziehen, schob der Mönch die verschiedensten Gründe vor. Ob er von seinen Krankheiten, seiner körperlichen Schwäche oder, nicht ohne Dramatik, über sein *in drei bis vier Monaten zu erwartendes Ableben* sprach, der Mentor nahm es mit Humor. Ob tot oder lebendig, entgegnete er, Hauptsache er übernehme die Professur. Der Jüngere gab die Frage zu bedenken, welchen Sinn eine Promotion habe, wenn er darüber stürbe. *Das ist gleichgültig,* antwortete Staupitz. *Unser Herrgott hat jetzt viel zu schaffen im Himmel. Wenn Ihr sterbt, so kommt Ihr in seinen Rat, denn er muss auch einige Doktoren um sich haben.* Luther gab sich geschlagen. *Mit diesem Scherz,* sagte er später, *hat er mich aus der Fassung gebracht.*[2]

Dass Luther immer wieder auf die Birnbaum-Episode zurückkam, lag weniger an Staupitz' Schlagfertigkeit, als an dessen dabei geäußerter Gewissheit, Gott selbst habe Großes mit ihm vor. Bei einem Romaufenthalt im Vorjahr, so eröffnete ihm der Ältere, hätte man ihm von einem Vorzeichen berichtet, das den Lauf der Welt verändern würde. »Ein Eremit werde aufstehen«, so hatte ein römischer Franziskaner prophezeit, »und das Papsttum vernichten«.[3]

Seinem Lieblingsschüler wird er dies nicht ohne Hintergedanken erzählt haben. Wie er selbst war Martin nun einmal Augustiner-Eremit. Natürlich musste dem Jüngeren auffallen, dass die Weissagung des italienischen Mönchs exakt derjenigen des eingekerkerten Hilten entsprach. Gewiss entsprang die Parallele keinem Zufall. *Gott selbst,* so erklärte Luther später, *hat die Sache vorangetrieben.* Denn vier Jahre darauf war die römische Prophezeiung ebenso wie die des Eisenacher Mönchs in Erfüllung gegangen. Da war der Augustiner-Eremit aufgestanden, und *da habe ich den Krieg gegen den Papst und all die Seinen begonnen.*[4] Eben dies hatte Staupitz, wie Luther irgendwann aufgehen sollte, im Sinn gehabt.

Unterm Birnbaum entschied sich Luthers Zukunft. Statt mönchisch zurückgezogen die Bibel zu studieren und die Horen abzubeten, sollte er sich auf das Examen vorbereiten, das ihn zum Nachfolger seines Mentors machte. Martin zögerte, Staupitz ließ nicht locker. Er hielt ihn für den Erwählten, der die Missstände in der Papstkirche beim Namen nennen sollte. Der Schüler gehorchte, wie gewohnt. Trotz seiner schlechten Verfassung stürzte er sich in die Arbeit. Das Ziel war bald erreicht. Während es im Orden für Doktoraspiranten üblich war, nicht vor dem fünfzigsten Lebensjahr promoviert zu werden, klappte es bei Luther mit 28. Dazu hatte ihn, wie er betonte, der zielstrebige *Staupitz gezwungen.*[5]

Zuvor hatte er noch eine peinliche Finanztransaktion hinter sich zu bringen. Da sein Vater in Geldsachen mauerte, musste Luther bei der Herrschaft betteln gehen. Staupitz nahm ihm die demütigende Prozedur ab. Als der Ordensobere wegen der Promotionskosten von fünfzig Gulden beim Kurfürsten vorstellig wurde, nickte der sein Gesuch ab. Damit der Empfänger eine Vorstellung von der ihm erwiesenen Gnade bekam, hatte Martin zu Fuß ins 170 Kilometer entfernte Leipzig zu marschieren, um das Geld bei der kurfürstlichen Finanzverwaltung persönlich entgegenzunehmen. Auf die Auszahlung ließ man ihn so lange warten, dass er am liebsten wieder umgekehrt wäre. Außerdem wurde die Schenkung nur unter der harten Auflage gewährt, dass Luther den bisher von Staupitz eingenommenen Bibellehrstuhl »sein Leben lang versorgen werde«.

Damit gehörte der Professor dem Kurfürsten. Als Nebeneffekt würde Friedrich hinfort über sein Wittenberger Eigengewächs die Hand halten.

Nachdem man Luther im Oktober 1512 den Doktorhut aufgesetzt hatte, wurde seine Belastbarkeit weiter getestet. Eigentlich nahm ihn der Lehrstuhl seines Mentors voll in Anspruch. Doch schon im Vorgriff hatte man ihm die Leitung des Wittenberger Ordensstudiums und das Subpriorat des ganzen Konvents übertragen. Regelmäßiges Predigen verstand sich da von selbst. Da die Verbreitung des Gottesworts sein Metier war, empfand er es nicht als Zwang. Luther predigte im Klosterkirchlein, im Allerheiligenstift, in der Stadtpfarrkirche, im Hörsaal und bei Tisch, im Stehen und im Gehen bis zum Lebensende. Man hörte gerne zu.

Trotz gefährlicher Ämterhäufung entledigte er sich seiner Pflichten mit solcher Effizienz, dass er 1515 eine weitere Stufe auf der Karriereleiter nehmen durfte: Man ernannte ihn zum Distriktsvikar über zehn Konvente. Dies schloss, zusätzlich zu seinen übrigen Obliegenheiten, die Durchführung anstrengender Visitationsreisen ein. Auch die Kontrolle eines ordenseigenen Karpfenteichs in Leitzkau fiel in sein Ressort. An Fasttagen gab es nämlich Fisch.

2. Gottes Generalbevollmächtigter

Mit zweiunddreißig Jahren war Prof. Dr. Martin Luther zum Startheologen der Wittenberger Studenten aufgestiegen. Auch schien es nur eine Frage der Zeit, wann er die Nachfolge seines Mentors auch in höchsten Ämtern der Kongregation antreten würde. Durch die Karrieresprünge seines Protegés würde Staupitz sich seinen Traum erfüllen können, als Gastprediger durch deutsche Städte zu touren und frei denkende Anhänger für seine neue Theologie zu gewinnen. Seine Ämter würde nun ein Berufener versorgen.

Tatsächlich schien die römische Prophezeiung genau auf den »Eremiten« aus Wittenberg zuzutreffen. Mit auffälliger Bibelkenntnis und rhetorischem Talent schien er Staupitz der Einzige, der eine Reform der Kirche »an Haupt und Gliedern« anregen konnte. Das hieß, vor allem am Haupt. Es war der mit bewaffnetem Alleinvertretungsanspruch auftretende Papst, der nicht nur Staupitz, sondern einem Großteil der Theologenwelt zu schaffen machte. Wenn auch hinter vorgehaltener Hand, war man sich darin einig, dass es so nicht bleiben durfte. Denn wo der Papst war, sollte eigentlich Christus sein.

Eine solche Erneuerung der Kirche war immer wieder versucht worden und ebenso oft misslungen. Im Jahrhundert zuvor waren die Reformkonzile von Konstanz und Basel an der Macht der Kurie gescheitert. Ein einzelner Christ musste da heillos überfordert sein. Aber andrerseits war auch der Papst nur ein einzelner Christ, wenn er überhaupt ein Christ war. Ein Mann würde also gegen einen anderen antreten. Es musste nur der rechte Pfeil auf der Sehne liegen.

Das Ziel, das der Augustinerobere seinem Schützling wies, schien utopisch. Selbst Kaiser und Könige schreckten davor zurück, das Papsttum herauszufordern. Das lag zum einen daran, dass sie vom Oberhirten im Petersdom feierlich gekrönt zu werden wünschten, zum anderen, dass der Kirchenstaat dank kluger Bündnisse nahezu unbesiegbar geworden war. Weit übertroffen wurde seine politische Macht noch durch die geistige, die er über »Stadt und Weltkreis« ausübte. Mit einem einzigen Federstrich konnte der Papst exkommunizieren, bannen, verfluchen und auf den Scheiterhaufen bringen, wen immer ihm beliebte. Oder Pfründen, Bischofstitel und goldene Tugendrosen verleihen. In der Christenheit herrschte gewaltige Nachfrage.

Für die beiden unterm Wittenberger Birnbaum bildete das »Haupt der Kirche«, das zugleich Rom als »Haupt der Welt« beherrschte, nicht einmal das Hauptproblem. Sie waren überzeugt, dass die Kurie und der Hofstaat, sozusagen die Mafia um den Heiligen Stuhl, den Papst zu ihren eigenen Zwecken missbrauchten. Auf keinen Fall wollten sie der Persönlichkeit des heiligen Vaters zu nahe treten. Es ging ihnen allein um das Papsttum als angeblich von Christus selbst eingesetzter Institution, und das bedurfte einer vollständigen Erneuerung.

Ihr Bild vom herrschenden Papst Leo X. war naiv. Denn neben der Kirche führte der auch noch die florentinische Bankendynastie der Medici. Das wiederum erklärte, warum er sich als Genie der Geldbeschaffung erwies, das als Förderer Michelangelos sowie all derer auftreten konnte, die seinen Namen trugen. Außerdem hatte er den Machiavellismus mit der Muttermilch eingesogen. Von einem deutschen Bettelmönch war nichts zu befürchten.

Zudem stand Leo X. eine noch größere Macht als Papsttum und Kirchenstaat zur Verfügung. Sie war unbezwinglich und unwiderlegbar, weil die gescheitesten Männer des Abendlandes an ihrer Errichtung mitgewirkt hatten. Wie der Stuhl Petri auf der Kirche ruhte, so die Kirche auf der Scholastik. Deren in tausenden Pergamentbänden festgehaltene Lehre, während eines halben Jahrtausends von tausenden tonsurierten Gelehrten verfasst, fügte die Papstkirche in die Architektur der Welt und des Himmels ein, und dies an höchster Stelle.

Über der »Sancta Catholica« gab es nur noch die Himmelsbewohner. Doch auf Erden, wo die Musik spielte, herrschte deren Generalbevollmächtigter, der Papst. Und der konnte sich darauf verlassen, dass die Schullehre für sein Denken und Handeln, wie sprunghaft es auch immer sein mochte, stichhaltige Begründungen lieferte. Dem Machtpolitiker auf dem Thron Petri boten seine Gelehrten eine vorauseilende Rechtfertigung für alles. Sie waren sein gutes Gewissen.

3. Die Kathedralen der Weisheit

Der Scholastik ging es nicht um die Christwerdung des Menschen, sondern um dessen Einordnung in die Hierarchie der Kirche, die selbst ihren Platz auf der Stufenleiter der Schöpfung einnahm. Alles war vom Schöpfer selbst durchorganisiert worden wie eine Behörde, die fein gegliedert war in Unter- und Oberabteilungen. Über die von manchen Theologen gepredigte »unio mystica«, die den Gottessohn unmittelbar vereint mit dem Gläubigen sah, konnte die Kirche nur den Kopf schütteln. Jeder hatte den Dienstweg zu befolgen, und der endete beim nächsten Vorgesetzten. Für gewöhnliche Sterbliche war die Majestät auf dem Heiligen Stuhl ebenso unnahbar wie die des Allmächtigen.

Worauf es der Schulweisheit ankam, waren gesicherte Erkenntnisse über den Schöpfer und sein Universum. Scholastik verstand sich als exakte Wissenschaft, die sich nicht der Beobachtung der Wirklichkeit widmete, sondern a priori über diese urteilte, und zwar nach den ewigen Ideen, die Gott dem Menschen eingegeben hatte. Man musste nur die Augen schließen und nachdenken, dann begriff man alles. Da der Scholastiker die Wahrheit bereits im Kopf trug, war er vom Urteil der trügerischen Sinne unabhängig. Sein Wissen lag vor aller Erfahrung. Zweifel waren zwecklos.

Unzählige Theologen hatten an diesem Lehrgebäude von schwindelerregender Höhe mitgearbeitet. Auch Luther profitierte davon. Mochte seine Zelle im Augustinerkloster noch so eng, die Alltagsroutine noch so geisttötend gewesen sein, eröffneten ihm die Pergamentbände der christlichen Schulweisheit doch einen Wissensschatz nie gekannten Ausmaßes. Die Scholastik wusste alles. Sie war die Wissenschaft vor der Wissenschaft. Nicht dass er alles in sich aufgenommen hätte, was ihm auf den Lesepulten von Albertus Magnus, Thomas von Aquin oder Duns Scotus in die Hände fiel. Aber er glaubte daran, bis ihm Besseres begegnen sollte.

In der Klosterbibliothek lernte er die Dimension kennen, die der Papstkirche die Gewissheit vermittelte, alles über alle zu wissen und deshalb über alles und alle richten zu können. Ob es um die Folter der Inquisition ging, um lukrative Privatmessen oder erpresserische Ablassverkäufe: Alles ließ sich durch scholastische Weisheit belegen, begründen, beweisen. Wem das erhabene Wissen zu hoch war, dem blieb der Glaube. Wem der Glaube zu hoch war, der konnte sich freikaufen. Nur wer an der Schulweisheit zweifelte, spielte mit dem Feuer.

Der alles überragende Wissensschatz der Scholastik hatte sich nicht nur in den Folianten der Bibliotheken aufgetürmt. Man konnte die Theologie auch in der Wirklichkeit bestaunen. Da sich ihre Lehren für den gewöhnlichen Verstand als zu hoch erwiesen, wurde die Weisheit in gemauerten Gehäusen dargestellt. Dank kunstvoller Stützen und Streben wuchsen sie über alle bekannten menschlichen Bauwerke hinaus. Über jeder Kathedra, dem Ehrenstuhl des Bischofs, erhob sich das scholastische Gedankenuniversum, anschaulich nachgebildet in Materie und Licht und deren Vermittlung, den bunt leuchtenden Glasfenstern. Die hohe Zeit der gotischen Kathedralen fiel mit der Blüte der Scholastik zusammen.

In den großen Städten, die der Wittenberger Mönch auf seinen Dienstreisen kennenlernte, erhoben sich diese Gebirge aus Stein, die schon aus der Ferne sprachlose Bewunderung auslösten. Trat man dann mit frommem Schauder in die pfeilergetragenen Kirchenschiffe ein, in denen ein Kirchturm Platz gefunden hätte, sank man überwältigt in die Knie. Schon in Magdeburg als Schüler der Nullbrüder hatte Martin bestaunen können, wie der doppeltürmige Dom, das architektonische Zentrum der Stadt, alle anderen Gebäude an Größe und Schönheit himmelhoch überragte. Dasselbe konnte er in Erfurt, Köln und, auf der Rückreise aus Italien, in Ulm erleben.

Die aufsteigenden Steinkonstruktionen, in denen ganze
Völkerschaften heiliger Skulpturen Obdach fanden, bildeten
das aufgeschlagene Buch der Scholastik. Selbst der Analphabet
konnte darin nachlesen, was es mit Gott und seiner Schöpfung,
vor allem aber der Macht der Kirche auf sich hatte. An jeder
freien Wand waren Altäre errichtet, auf denen der wahre Leib
des Herrn honorarpflichtig geopfert wurde. Die sprachlose
Verehrung, die den Wunderbauten und ihrem Inventar entge-
gengebracht wurde, schlug sich in einem lebhaften Geschäftsleben nieder, durch das derlei kostspielige Bauten finanziert
wurden: Es war der käufliche Sündenerlass, der diese Wunder
möglich machte.

Zur künstlerischen und geschäftlichen Seite kam noch
der Vorzug, dass dies alles für die Ewigkeit geschaffen war.
Menschen kamen und gingen, Stein hatte Bestand. In den
lichterfüllten Großbauten sollte sich das wahre, unveränder-
liche Sein ausdrücken, das ewig so bleiben würde, wie es von
Anfang gewesen war. Darin lag auch der Grundgedanke der
Scholastik: Gott war Sein, von Ewigkeit zu Ewigkeit. Was er
einmal eingerichtet hatte, würde bestehen für alle Zeiten. Wer
darüber Bescheid wusste, saß sozusagen hoch oben an der
Seite des Schöpfers, von wo er auf den ahnungslosen Rest hin-
absah. Fehlbar und vergänglich wie dessen Geschöpfe waren,
blieb ihnen auf Erden nur der Sehnsuchtsblick in die jenseitige
Herrlichkeit.

4. Der Weltarchitekt und seine Erklärer

Hinter der Scholastik stand System, und dass dies auch für
die Schöpfung galt, bewiesen ihre Gelehrten unwiderleglich.
Durch den Allmächtigen war die Welt erschaffen worden,

doch nur als schwacher Abglanz seiner eigenen Vollkommenheit. Um ihn herum breitete sich die Schöpfung wie ein Lichtkreis, der nach außen immer trüber wurde, um endlich ganz im Dunkel zu verschwinden. Aus der Nacht dieser Gottesferne wiederum drängte alles Geschaffene über sich hinaus, um zum ewigen Licht zurückzugelangen und Gott zu erkennen. Denn darin lag das Heil.

Von Anfang an drängte es die Schöpfung zum Anblick ihres Schöpfers. Im Bereich des Irdischen hieß das, zum Licht. Deshalb organisierte sich die tote Materie zu lichtempfindlichen mineralischen Strukturen, aus denen sich das sonnensuchende Pflanzenreich erhob, um wiederum selbst von der beweglichen, mit erkennenden Augen begabten Tierwelt überboten zu werden. Im Menschen endlich traf die dunkle Materie mit dem Geisteslicht der göttlichen Erkenntnis zusammen. Die Frage war nur, ob er sich um dieses bemühte oder, was leichter fiel, ins Dunkel zurücksank, aus dem er gekommen war.

Unter den Kirchenlehrern bildeten sich Schulen, von denen es, wie Luther spottete, so viele gab *als Haare auf jedem Scholastikerschädel.*[6] Und alle bauten gleichzeitig an ihren Gedankenkathedralen. Natürlich bestand der Ehrgeiz jeder Fraktion darin, das Gebäude der anderen mit Argumenten niederzureißen. Nicht himmlische Eintracht herrschte, sondern irdischer Hader. In seiner Bibelvorlesung stieß Staupitz einmal den ahnungsvollen Seufzer aus: »Wer befreit mich von dieser zänkischen Philosophie?« Und wo, bitteschön, kamen ihre wunderbar logischen Schöpfungskreise in der Bibel vor? Bei Jesus und den Aposteln jedenfalls nicht.

Genau hier kam der griechische Philosoph Aristoteles zu Hilfe. Der Schüler Platons und Lehrer Alexanders des Großen hatte eine Wissenschaft vom Sein entwickelt, in dem nicht Zufall, sondern Vernunft herrschte. Christliche Theologen nahmen das gerne auf, da sie damit Ordnung in die widersprüchlichen Aussagen der Heiligen Schrift bringen konnten.

Alles war nur, wie es sein *musste*. Und das galt auch für den Schöpfer. Mit messerscharfer Logik hatte der griechische Philosoph nämlich bewiesen, dass Gott selbst sich an eben jene Vernunft halten musste, mit der er die Welt geschaffen hatte. Denn im Blitzewerfer vom Sinai steckte in Wahrheit ein logisch denkender Architekt, der aus Vernunft den eigenen Bauprinzipien verpflichtet blieb.

Dem Scholastiker, der seinen schöpferischen Geist geerbt hatte, präsentierte sich der Bauplan des Ganzen. Die Dinge zeigten sich ihm nicht in ihrer vergänglichen Erscheinung, sondern als Ideen, wie sie der Architekt entwickelt hatte. Die Scholastik nannte diese Ideen Universalien. Dass der Mensch sein Handeln nach den vorgegebenen Universalien des Guten und Wahren ausrichten würde, schien sich von selbst zu verstehen. Wie Aristoteles in der »Nikomachischen Ethik« lehrte, lag es an jedem einzelnen Menschen, sich *Gerechtigkeit durch Taten*[7] zu erwerben.

Nur funktionierte der Mensch nicht so. Mochte er instinktiv zu Gottes Licht emporstreben, verlockte ihn das Dunkel noch mehr. Wie schon Augustinus bemerkt hatte, bot es seine Reize, Sünder zu sein und die süßen Früchte des Irdischen zu stehlen. Denn das hieß, man selbst zu sein. Man tat nicht das Gute, sondern das, was einem beliebte, auch wenn die Strafen furchtbar waren. Unwissend geboren, blieben die meisten Menschen für immer außerhalb des Lichtkreises der Gotteserkenntnis. Und das war gewollt so. Damit das Weisheitssystem seine Exklusivität wahrte, behielt die Scholastik die Geistesblitze, die Gottes Denken erhellten, für sich.

Zudem konnten sich nur die wenigsten Menschen das geistige Handwerkszeug für ihr Heil erwerben. Da die Kirchensprache Latein dem gemeinen Mann vorenthalten blieb, konnte er weder die Bibel noch die scholastischen Welterklärer lesen. Zwangsläufig musste er sich den Frömmigkeitsritualen unterwerfen, die ihm ebenso unverständlich blieben wie die

Worte, die der Priester dabei murmelte. Wie die Engelschöre über dem Klerus, schwebte dieser über dem gemeinen Volk, das zwar fleißig glaubte, aber nichts begriff. Und das, wie Luther entdeckte, auch nichts begreifen sollte.

5. Vom »stillschweigenden Leugnen Gottes«

Was der Durchschnittschrist sehr wohl begriff, war der bedrohliche Charakter seiner Religion. Jeder war Sünder, stand in der Schuld Gottes und das hieß, in der Schuld der Kirche. Und wenn er nicht betete, büßte und bezahlte, wurde er bestraft. Damit sich dies den Gläubigen einprägte, erschien über den Portalen der Kathedralen ein lebensgroßer Christus mit zweischneidigem Schwert. »Lasst alle Hoffnung fahren«, rief der Weltenrichter den Sündern zu und stürzte sie mit der Geste eines römischen Imperators ins ewige Feuer. In besonderen Fällen nahm ihm die Kirche diese Arbeit ab.

Ihre fantasievoll ausgestatteten Großbauten trugen zur Suggestion ihrer Allmacht bei. Wie ameisenhaft klein kam sich der Mensch in den kerzenschimmernden Hallen vor, wo hinter Weihrauchnebeln die Majestät des strengen Gottes thronte. Bei allem, was der Klerus tat, schien der Herr selbst die Hand im Spiel zu haben. Sein strenges Urteil wurde durch die Kirche in Strafen übersetzt, die sich von der Scholastik anhand des Dogmenkatalogs zweifelsfrei festlegen ließen. Die Kerzen- und Devotionalienhändler, die Messeleser und Ablassverkäufer wiederum berechneten exakt die Summen, mit welchen man sich vom quälenden Unbehagen an der eigenen Sündhaftigkeit freikaufen konnte. Auch deshalb mochte Luther die Großkirchen nicht.

Außerdem war ihm im Petersdom und dem Ulmer Münster aufgefallen, dass sie sich zum Predigen nicht eigneten.[8] Für die menschliche Stimme waren sie einfach zu groß. Ihr überdimensionierter Raum verschluckte jedes Wort. Aber wozu noch Gottes Wort predigen, wenn die Kathedralen selbst schon steingewordene Worte waren?

Die Frage war nur, wessen Worte man hier eigentlich verewigt hatte. Luthers Antwort fiel eindeutig aus. Jene der Bibel, wie sie ihm aus Hannas Geschichte oder Davids Psalmen oder dem Römerbrief des Paulus entgegentönten, nicht. In den Kirchenschiffen, wo alles streng reglementiert war, herrschte wohl Ordnung, aber nicht das Reich Gottes, von dem Jesus gesagt hatte, »es ist mitten unter euch«.

Deshalb, so Luther drastisch, konnte man ebenso gut wie in einer Kathedrale in einem *Saustall* beten. Vermutlich noch besser. Denn der Teufel würde *sich vor einem solchen Saustall viel mehr fürchten, als vor allen hohen, großen, schönen Kirchen, Türmen, Glocken.*[9] Die atemberaubende Kirchenpracht, die von der Mühsal der Ahnungslosen lebte, hatte mit dem Christus, den Luther kennengelernt hatte, nichts zu tun. Mit dessen Widersacher sehr wohl. Deshalb sei es auch *kein Wunder,* so der Reformator, *wenn der Blitz Gottes so oft in solche hochragenden Kirchen einschlüge.*

Auch der unnahbare Gott, der in der scholastischen Stufenleiter die höchste Stelle einnahm, war nicht Luthers Gott. Schon Aristoteles hatte, aus Gründen der Logik, ein höchstes, vollkommenes Sein angenommen, den »unbewegten Beweger«. Zwar konnte der die Welt und die Menschen bewegen, aber ihr Unglück konnte ihn nicht bewegen. Dasselbe galt für den Gott des Mittelalters: *Die Scholastiker und Mönche,* so sagte Luther, *haben eine unterkühlte Meinung von Gott, der über allem sitzt und von Engeln umgeben ist, die Harfen zupfen und Pauken schlagen.*[10] Mit seinem göttlichen Licht erleuchtete er das All, doch bis in die Seelennacht der Menschenkinder drang es nicht vor.

Nach scholastischer Lehre erwies Gott seine unermessliche Gnade und wandte mit Hilfe der Kirche die Gesetze an, die er selbst aufgestellt hatte. Doch beides zugleich ging nicht. Denn »wer richtet, rettet nicht, und wer rettet, richtet nicht«.[11] Und *wer über uns ist*, so Luther, *ist nicht bei uns*.[12] Entweder, so meinte er, erschien das Heil im Stall und am Kreuz, oder es war nicht das Heil der Menschen. Dann war der Gott der Scholastik auch nicht der Gott Christi, sondern ein kalter Organisator, und die Verkünder dieser Gotteslehre folgten nicht dem Glauben, sondern der Vernunft. *Mit Vernunft* aber, so Luther, *findet man in göttlichen Dingen nur eitel Finsternis*.[13]

Und genauso war es um das *oberste Wesen des Aristoteles* bestellt. Es war ein kalter Gott, so erklärte Luther, der hauptsächlich *einer* Beschäftigung nachging: *Er schaut sich selbst an.* Und das aus gutem Grund. Denn *würde er über sich hinausschauen*, so der Reformator, *würde er das Elend der Welt sehen*. Weil er aber die Augen davor verschloss, konnte er nicht der Gott Christi sein. *An dieser Stelle*, so sagte Luther über Aristoteles, *leugnet er stillschweigend Gott*.[14] Für ihn war der Philosoph ein Atheist, und die Scholastiker, die sich seiner Metaphysik bedienten, schienen ihm nicht viel besser.

6. »Ockhams Rasiermesser«

Als Luther Theologe wurde, befand sich die allwissende Schuldoktrin bereits im Niedergang. Immer mehr Scholastikern fiel auf, dass ihre Lehre nicht in den Evangelien stand, und dass das, was in den Evangelien stand, keinen Platz in ihrer Lehre hatte. Die Scholastik war keine sonderlich frohe Botschaft. So kamen die Kathedralen der Gedanken, ebenso wie die aus Stein, außer Mode.

Die Schwächung war von innen gekommen. Seit dem dreizehnten Jahrhundert hatte ein Ableger der Scholastik, der »Nominalismus«, mit deren geistigem Abriss begonnen. An der Erfurter Universität, wo Luther studierte, hatte sich diese aufgeklärte Richtung bereits durchgesetzt. Ihr Clou bestand darin, dass sie die unschlagbare Scholastik mit ihren eigenen Waffen schlug. Sie hebelte deren Logik mit logischen Mitteln aus.

Der Nominalismus demonstrierte nämlich, dass ein System, das das Dasein seiner Elemente auf ein oberstes Sein zurückführte, dessen eigene Existenz nicht beweisen konnte. Und dass ein Gott, der erster Beweger war, damit in die Gesetzmäßigkeit aller darauf folgenden Bewegungen eingebunden blieb. Die Zwangsläufigkeit der Abläufe, die dem Gesetz von Ursache und Wirkung folgten, schlug auf ihn zurück. Wie über dem griechischen Olymp die allmächtige Nemesis, so thronte über dem christlichen Gott die Logik seiner Schöpfung. Er war Gefangener seines eigenen Systems. Und die Scholastik besaß den Schlüssel dazu.

Für Wilhelm von Ockham, den berühmtesten Nominalisten, war diese Vorstellung unannehmbar. Denn der Gott der Bibel war absolut frei. Damit war er auch nicht an die Logik seiner Schöpfung gebunden. Er war an überhaupt keine Logik gebunden. In jedem Augenblick konnte Gott schalten und walten, wie er wollte. So wenig wie Gott selbst, das lehrte der 1288 geborene Engländer, ließen sich die Ideen erkennen, nach denen er die Welt geschaffen hatte. Was man gemeinhin als »Universalien« bezeichnete, waren bloße Namen, »nomina«, für zufällige Erfahrungen des Menschen. Gott ließ sich nicht in die Karten schauen.

Absolutes Wissen, das die Scholastik versprach, war damit passé. Deshalb beschränkten die Nominalisten sich auf die Beschreibung dessen, was sie beobachteten, und zwar unter der Maßgabe, dass alles auch, wenn Gott es wollte, ganz anders sein konnte. Die moderne Empirie war geboren. Aus den gesammelten Daten versuchte man die ihnen zugrundeliegenden Gesetze abzuleiten. Je einfacher, desto besser. Man nannte das »Ockhams Rasiermesser«. Alle eingebildeten Ideen wurden durch experimentell gewonnene Gesetzmäßigkeiten abgelöst. So begann das Zeitalter der Kopernikus, Galilei und Kepler. Es war auch das Zeitalter Martin Luthers.

Wer Ockhams »modernen Weg« ging, wusste nicht, wie Sokrates, dass er nichts wusste. Aber er unterschied zwischen dem, was er wusste, und dem, was er nicht wissen konnte. Über Gott konnte er nichts wissen, der Allmächtige war niemandes »Gegenstand«. Kein Experiment konnte seine Existenz nachweisen. Nicht, weil ihm die Wirklichkeit gefehlt hätte, sondern weil dem Menschen das Instrumentarium fehlte, Gottes Wirklichkeit zu erfassen.

Für Ockham führte das nicht zur Preisgabe Gottes, sondern, im Gegenteil, zu seiner Wiederentdeckung. Gott war der Allmächtige, der sich in seinem Wort den Menschen offenbarte. Aber er musste es nicht. Deshalb gab es bei Gott auch nichts zu wissen. Aber ihm alles glauben, das konnte man. »Ich behaupte«, sagte Ockham, »dass man nicht beweisen kann, dass Gott allmächtig ist – nur der Glaube begreift es.« Zwar verließ man damit das steinerne Weltgebäude der Allwissenheit, aber dafür gewann man den lebendigen Glauben, der nichts wusste und doch alles besaß.

Aus der bloßen Existenz der Kirche ließ sich hinfort ihre Rechtfertigung nicht mehr ableiten. Dem Papst war durch Ockham sozusagen der Teppich unter den Füßen weggezogen worden. Nicht zufällig hat Luther sich als *Ockhams Parteigänger*[15] bezeichnet. Wie dieser war er überzeugt, dass jedes Geschöpf, also auch jeder Scholastiker, *auf unendliche Weise vom Göttlichen getrennt*[16] war. Zu wissen gab es hier nichts. Zu glauben alles. Denn im Glauben war jeder Mensch mit Gott auf unendliche Weise vereint. Und jeder Einzelne konnte mit Paulus sagen: »Nicht mehr ich lebe, sondern Christus lebt in mir.«[17]

7. Wo Freud und Descartes irrten

Der Mönch Martin war durch die Schule der Scholastik gegangen und hatte das riesige Gebäude unter den Schlägen des Nominalismus einstürzen sehen. Er war aber auch durch eine andere, weitgehend unbekannte Lehre gegangen, über die sich kaum etwas in der scholastischen Weisheit fand: Die Schule der Anfechtungen. Sie brachte nicht Erkenntnisgewinn, sondern Selbstverlust. Wer in sie hineinging, kam als ein anderer heraus. Wie der Nominalismus ihn über das prinzipielle Nichtwissen von Gott aufgeklärt hatte, so wurde ihm durch seine Gewissensqual die Nichtigkeit des eigenen Ich demonstriert.

Wo es um dieses doppelte Nichts ging, in dem das vermeintliche Wissen über Gott ebenso unterging wie die Selbstgewissheit, war die Mystik nicht weit. Sie begann, wo die Kirche mit ihrem Latein am Ende war. Auch bildete sie nicht, wie allgemein angenommen, eine spirituelle Unterabteilung der Kirche, sondern bot eine Alternative zu ihr. Mit dem Anbetungs- und Ablasskult hatte sie ebenso wenig gemein wie mit Esoterik und rauschhafter Ekstase. Auch die verbreitete Vorstellung, es handelte sich bei ihr um einen »zu tiefst innerlichen Vorgang«[18], ging fehl. Mystik bedeutete nicht, sich aus der Außenwelt des Wirklichen in die »Innerlichkeit« zurückzuziehen, sondern das Gegenteil. Der Mystiker erfuhr das, was man als »Außenwelt« bezeichnete, als Innenraum von Gottes Schöpfung. *Gott hat uns deshalb erschaffen*, lehrte Luther in seiner Psalmenvorlesung, *damit wir in ihm sind und sein Sein unser Sein sei.*[19] Für den von Gott Erfüllten gab es kein Außermir. Er blieb, wie es im Psalm heißt, »im Haus des Herrn immerdar«.

Die christliche Mystik begann mit Paulus, der zu Luthers biblischem Lehrmeister wurde. Mit seiner Vorliebe für ihn lag der Mönch, den man im Kloster einen »neuen Paulus« nannte, auch historisch richtig. Wie er damals noch gar nicht wissen konnte, bildeten nicht die Erzählungen der Evangelisten die älteste Christusüberlieferung, sondern die Paulusbriefe. Obwohl diese im Neuen Testament erst hinter den »Augenzeugenberichten« eingeordnet wurden, waren sie einige Jahrzehnte vor ihnen entstanden. Der Auferstandene war früher als der Wundertäter. Das Abendmahl kam vor der Bergpredigt.

Die Mystik des Paulus begann mit dem Damaskuserlebnis. Der eifrige Christenverfolger Saulus, der in dieser Stadt seine Menschenjagd fortsetzen wollte, war auf dem Weg dorthin durch einen grellen Lichtschein erschreckt worden. Christus erschien ihm. Doch statt den Feind seiner Gemeinde auf der Stelle zu vernichten, fragte er ihn nur, warum er ihn eigentlich verfolge. Das warf den Gesetzestreuen, der keine Antwort wusste, zu Boden. Er erblindete, und die Welt, über die sein Ich zu gebieten glaubte, versank mit diesem in tiefe Nacht. Er sah nichts mehr und er war nichts mehr. Saulus war tot. Aus dieser Vernichtung weckte Christus ihn zu einem neuen Leben. Paulus war geboren. Und in Paulus Christus.

Dem frommen, aber gedankenlosen Gehorsam des Glaubens, der sich der Anleitung der Priester unterwarf, stand die Mystik, für die es nur Christus gab, fremd gegenüber. Mit einem mysteriösen Bewusstseinszustand hatte dies nichts zu tun. Es ging weder um besondere Gedanken noch tiefe Gefühle. Wenn ein modernes Buch über die Mystik vom »Spüren Gottes« sprach, ging dies an deren Realität vorbei. In der wahren Mystik spürte man nicht Christus, sondern *war* Christus. Allein durch ihn, so der Reformator, waren *Gottes Gnade, Barmherzigkeit, Gerechtigkeit, Wahrheit, Weisheit, Stärke, Trost und Seligkeit* gegenwärtig. Und *dieser Christus*, so versicherte Luther seinen Hörern, *ist dann selbst auch da*.[20]

Der Mystiker verkroch sich nicht in die labyrinthische Welt des Inneren, sondern wandte alle Sinne nach außen, um nicht eigene Fiktionen, sondern Gottes lebendige Schöpfung wahrzunehmen. Doch sah er sie nicht, wie die anderen, durch die trüben Augen des Ich, sondern, so Luther, *durch Gottes Augen.* Entsprechend tat er das Gute nicht mehr, weil es im Himmel Pluspunkte brachte, sondern weil er das Leiden der Menschen einfach »nicht mit ansehen« konnte. Dazu waren dem erblindeten Paulus in Damaskus die Augen geöffnet worden.

Den Alltagsmenschen verglich Luther mit einem toten Holzblock, der, *allein durch Gottes Gnade,* wieder zum lebendigen Baum wurde und Früchte trug. Um *diese Gnade* aber, so predigte der Reformator 1522, war es *ein großes, starkes, mächtiges und tätiges Ding.* Sie war auch keine bloße Einbildung, lag *nicht, wie die Traumprediger fabulieren, in der Seele oder schläft oder lässt sich tragen, wie ein bemaltes Brett seine Farbe trägt. Nein, nicht also,* sondern *sie trägt, sie führt, sie treibt, sie zieht, sie wandelt und wirkt alles im Menschen und lässt sich wohl fühlen und erfahren.* Gewiss, fügte Luther hinzu, *sie ist verborgen. Aber ihre Werke sind unverborgen.* Und Gottes Gnade in Christus, so fuhr er fort, *hilft nicht nur dabei, diese Werke zu tun,* sondern *sie tut sie allein, ja nicht allein die Werke, sondern sie verwandelt und erneuert die ganze Person.*[21]

Es war nicht länger der Mensch, der Gott in sich fühlte, sondern eher war es Gott, der sich im Menschen fühlte. Und dies drückte sich im Menschen nicht als Gefühl aus, sondern in seiner Art, zu sein und zu leben. Im mystischen Zustand geschahen auch keine Zeichen und Wunder, sondern er öffnete die Wahrnehmung dafür, dass alles, was war und geschah, bereits Zeichen und Wunder waren. Und dabei, so Luther, ging *es nicht spekulativ, sondern real zu.*[22]

Wenn im 20. Jahrhundert der Tiefenpsychologe Sigmund Freud empfahl, »Wo Es war, soll Ich werden«, forderte Luther mit Paulus, »Wo Ich war, soll Christus werden«. Und das fiel leichter, als denjenigen zu spielen, für den man sich fälschlicherweise hielt. Denn nicht, wie Freud glaubte, das Unterbewusste schuf dem Menschen die Probleme, die ihn langsam umbrachten, sondern er selbst, sein waches Ich-Bewusstsein. Es setzte sich nämlich aus lauter Nichtigkeiten und Illusionen zusammen, die ihm teils durch die eigene Eitelkeit, teils durch interessierte Kräfte von außen suggeriert wurden. Das Ich dieser Welt redete sich zu Tode und wurde zu Tode geredet. Es fiel auf die Welt und auf sich selbst herein, um am Ende im eigenen Abgrund zu verschwinden.

Nur der Abschied vom Ich öffnete den Menschen für die Ankunft Christi. »Wer mein Jünger sein will«, so zitierte ihn Matthäus, »verleugne sich selbst. Wer sein Leben retten will, wird es verlieren. Wer aber sein Leben um meinetwillen verliert, der wird es gewinnen.«[23] Nicht das Martyrium war damit gemeint, sondern der Tod des falschen Ich, mit dem das wahre Leben erst begann. Paulus sah das genauso. »Christus ist mein Leben«, so sagte der Apostel, »und Sterben ist mein Gewinn«[24]. Auch bei ihm war damit nicht die Sehnsucht nach dem Tod gemeint, sondern der Aufgang des neuen Lebens, das, wie nach seinem Sturz vor Damaskus, überall beginnen und alles verwandeln konnte.

Natürlich fiel der Abschied vom eigenen Ich und den mit ihm verbundenen Annehmlichkeiten schwer. Am besten, so empfahlen die Mystiker, sollte man sein ichbezogenes Leben dadurch mattsetzen, dass man den endlosen Dialog mit sich selbst abbrach. Beendete man das Denken, endete auch das Ich. Der Satz »Ich denke, also bin ich«, mit dem René Descartes im 17. Jahrhundert das moderne Selbstbewusstsein auf den Punkt brachte, wäre vermutlich auf Luthers entschiedenen Widerspruch gestoßen. »*Ich* denke, also bin ich *nicht*«, so hätte er sinngemäß entgegnet, will sagen: Solange für den Menschen sein eigenes Ich im Vordergrund stand, mochte er sich wohl im Gespinst seines Denkens zuhause fühlen, aber das wahre Sein blieb ihm verschlossen. Es wurde überdeckt vom Gedankenlärm in seinem Kopf.

Zu Descartes' Selbsttäuschung gehörte die stillschweigende Voraussetzung, das Ich besäße Kontrolle über seine Gedanken. Auch hier hätte Luther widersprochen. Der Mensch dachte nicht, er wurde gedacht. Seine Gedanken waren nicht *seine* Gedanken. Das merkte der Mensch spätestens dann, wenn sie ihn nicht mehr losließen und, wie Luther plastisch ausdrückte, ihn *beißen und fressen*[25]. Diese fatale Macht, die den Menschen durch sein eigenes Ich tyrannisierte, drückte sich in seinen *Gedanken* aus. Sie waren, so Luther, *des Teufels Instrument, dadurch er Zutritt zu uns hat.*[26] Kaum war ein Gedanke aufgetaucht, setzte er sich schon im *Nachdenken* fest. Dessen kreisende Vorstellungen aber waren *nicht sein eigen, sondern des Satans Werk. Sie überwinden zu wollen,* bedeutete, sie *stärken bis zur eigenen Vernichtung.* Denn *ein Überwinden durch Nachdenken ist unmöglich.*[27]

Aber auch in umgekehrter Richtung erwiesen sich die Gedanken als unnütz. Außer der Illusion des freien Ich und seiner Selbstbehauptung hatten sie nichts zu bieten. Zum Glauben waren sie völlig ungeeignet. *Nicht durch unser Denken, unsere Weisheit, unseren Willen entsteht in uns der Glaube Christi,* lehrte Luther, *sondern durch ein unbegreifliches und verborgenes Wirken des Geistes.*[28] Erst wenn das vorlaute Ich schwieg, konnte Gott selbst sprechen. Dann verblasste der Alltag und die Welt erschien wieder im Morgenlicht der Schöpfung.

»Erkennt ihr euch selbst nicht«, rief Paulus den Menschen zu, »dass Jesus Christus in euch ist?«[29] Nach Luther erkannten sie sich selbst nicht. Dazu waren sie viel zu sehr mit sich selbst beschäftigt.

8. »Nimm und lies!«

Dreihundert Jahre nach Paulus hatte Aurelius Augustinus, der römisch erzogene Nordafrikaner, den Römerbrief für sich entdeckt: Um wahrhaft menschlich zu werden, so begriff der gelernte Rhetoriker, musste man das Leben aufgeben, das man dafür hielt. Jeder Mensch, so Augustinus, »blähte sich auf« mit Äußerlichkeiten, die seiner Eigenliebe schmeichelten, und doch nichtig waren wie er selbst. Sobald der Mensch begriff, dass sich zwischen dem, was er mit Ich bezeichnete, und dem, was er in Wahrheit war, ein Abgrund öffnete, wurde er »sich selbst zu einem großen Rätsel«[30]. Und er begab sich auf die Suche nach seinem wahren Selbst.

In seinen »Bekenntnissen« hat der spätere Bischof nicht nur seine quälende Selbstentfremdung beschrieben, sondern auch den Augenblick, in dem seine Suche, dank Paulus, zum Ziel kam. Nachdem er als Lehrer der antiken Redekunst nach Mailand übergesiedelt war, lag er im Sommer 386 unter einem Feigenbaum und weinte in »bitterster Zerknirschung« über sein bisheriges Leben. Aus der Ferne hörte er eine Kinderstimme rufen, »Nimm und lies!«, und zwar so oft, bis er das nächstliegende Buch in die Hand nahm. Es war der Römerbrief. Das genügte. Augustinus nahm, las und ließ sich taufen.

Später sprach er von einer »blitzartigen Erleuchtung«, die ihn in einem »erschütternden Blick« Gott jäh erfassen ließ. Entscheidend war das Plötzliche des Geschehens, das ihn aus seinem Lebenstrott gerissen hatte. Und worüber war ihm »das Licht der Gewissheit« im Herzen aufgegangen? Dass der Mensch sich selbst und die Wahrheit nur finden konnte, wenn Gott ihm dafür die Augen öffnete. »Die deine Werke in deinem Geiste sehen«, lehrte er, »deren Auge bist du selbst.«[31]

Sobald nicht mehr des Menschen altes Ich in die Welt hinausblickte, tat Gott es für ihn. Denn dann war die Welt nicht länger ein Spiegel eitler Selbstbetrachtung, sondern konnte sich als die Schöpfung offenbaren, die sie von Anfang an gewesen war. Mit dem Verstand begreifen ließ sich das nicht. »Wenn du etwas begreifst«, sagte Augustinus, »ist es nicht Gott«[32].

Vermutlich war es Staupitz gewesen, der seinem Schüler das »Nimm und lies!« zugeflüstert hatte. Für den Jüngeren wurde Augustinus zur umwälzenden Erfahrung. Von den Mönchen hatte er das nicht gelernt. Obwohl der heilige Mann in der Kirchenlehre höchste Autorität genoss, stand er im Erfurter Augustinerkloster nicht auf dem Lehrplan. Wie Paulus' Römerbrief, der im Kloster als *nutzlos für unsere Zeit*[33] abgetan wurde, stand Augustinus ganz im Schatten der scholastischen Denkmeister. Obwohl er *der größte Theologe seit den Aposteln gewesen* war, so klagte Luther später, haben *wir Mönche nicht ihn gelesen*, sondern den Aristoteliker *Duns Scotus*.[34]

Unvermeidlich gingen dem Augustiner bei Augustins »Bekenntnissen« die Augen auf. *Anfangs*, so bekannte er später, *verschlang ich Augustinus*.[35] Es waren nicht die üblichen Lehrsätze, die er hier fand, sondern die Stimme einer Persönlichkeit, die wie ein Freund zu ihm sprach. Auch dessen Verzweiflung am eigenen Ich klang Luther vertraut. Jedes der Worte drückte die Sehnsucht nach dem verborgenen Selbst aus, das nicht mehr das vertraute Ich war und einen doch erfüllte und über sich hinaus trug.

Auch einer der berühmtesten deutschen Mystiker, Johannes Tauler, scheint den Bekenner Augustinus »verschlungen« zu haben. Was er da fand, glich seiner eigenen Erfahrung, und was er predigte, entstammte häufig dem Werk seines Vorbilds. Sich selbst sah er in der Nachfolge des Kirchenvaters, aus dessen Mund er Gottes Stimme zu hören glaubte. Auf Tauler, einen Schüler des berühmteren Meister Eckhart, wurde Luther vermutlich durch Staupitz aufmerksam. Als der Jüngere die Predigten des Dominikaners aus Straßburg studierte, erkannte er sich wie in einem Spiegel wieder. Die beklemmenden Nachterfahrungen, die er mit keinem Lebenden zu teilen glaubte, fand er bei ihm schwarz auf weiß bestätigt. Und ebenso das Wunder der Auferstehung, das auf diesen Tod bei lebendigem Leib folgte.

Taulers Name für Luthers Hölle war »Gottverlassenheit«. In ihr war der Mystiker dem Nichts begegnet, das alles in sich hineinriss. Nicht im grellen Licht des Menschheitsalltags, so Tauler, sondern aus der »Nacht der Seele«, wie er die Anfechtungen nannte, ging der neue Schöpfungsmorgen hervor. »Die namenlose Gottheit«, so predigte er, »hat nirgends eine eigentliche Stätte zu wirken als im Grunde der allertiefsten Vernichtung«[36]. Nur dort, wo für den Menschen alle Hoffnung verloren war, konnte Gott Neues schaffen. Vorausgesetzt, so lehrte Tauler, »dass du dein eigenes Nichts erkennst«[37].

Exerzitien und fromme Werke waren überflüssig, vielleicht sogar hinderlich. Lag es doch *in Gottes Natur*, wie Luther mit dem Prediger sagte, *dass er aus Nichts etwas macht. Darum wer noch nicht nichts ist, aus dem kann Gott auch nichts machen.*[38] Dies paradoxe Geheimnis Gottes, das allem Christsein zugrunde lag, fasste der Reformator gegen Ende seines Lebens in die Worte zusammen: Gott *gehört, was nicht ist; für ihn entsteht, was untergeht; für ihn steht, was fällt; und nichts ist ihm alles.*[39]

9. Statt römischer Scholastik eine Deutsche Theologie

Im Jahr vor seinem Thesenanschlag hat Luther aufschlussreiche Randbemerkungen[40] in Johann Taulers Predigtsammlung hinterlassen. Deren mystische Botschaft, so der Bibelprofessor später, hatte *ihn selbst in den Geist geführt*. Keinem kirchlichen Lehrbuch, meinte er, ließ sich so klar entnehmen, dass für den Menschen Gottes Wirken *im Dunkeln* lag und sich durch keine Weltweisheit, geschweige denn scholastische Spekulation begreifen ließ.

Auch in Luthers Beschreibung seiner schwersten Anfechtung, in der er die Gegenwart des Gekreuzigten erlebt hatte, ließ sich Taulers »Seelennacht« wiedererkennen. Dem Bekenntnis, das in die Erklärungen seiner Thesen einfügt war, stellte Luther bewusst eine Hommage an den Mystiker voran. *Denn was lehrt Johannes Tauler in seinen deutschen Predigten anderes*, schrieb er, *als die Qualen jener Höllenstrafen? Zwar weiß ich, dass dieser Lehrer in den Theologenschulen unbekannt, vielleicht sogar verachtet ist. Aber ich habe darin, obwohl sie auf Deutsch geschrieben sind, mehr an gründlicher und rechtschaffener Theologie entdeckt, als bei sämtlichen Scholastikern sämtlicher Universitäten.*[41] Mehr noch, nie habe er einen Theologentext gelesen, der *mit dem Evangelium mehr übereinge-stimmt*[42] habe als Taulers Predigten.

Dessen Gott war kein Gott der Martern, sondern der grenzen- und bedingungslosen Liebe. Deshalb konnte er das, was der Mensch sich selbst in seinen Anfechtungen antat, förmlich »nicht mit ansehen«. *Da jammert Gott in Ewigkeit mein Elend übermaßen,*[43] dichtete Luther später in seinem Lied von den *fröhlichen* Christen, und das hätte auch vom Straßburger Mystiker stammen können. Taulers Gott wollte jeden Menschen aus der furchtbaren Seelennacht auferstehen lassen, in jedem Menschen neu geboren werden. Und *niemals*, so zitierte Luther den Mystiker, sei *Gott seinen Söhnen angenehmer, lieblicher, süßer und vertrauter als nach der Prüfung durch die Anfechtung.*[44]

Über den *Mann Gottes*[45] aus Straßburg war Luther sich mit seinem Mentor Staupitz einig. Ohne Taulers und Meister Eckharts papstfremde Theologie würde es keine neue Kirche geben. Um Missverständnissen vorzubeugen, betonte Luther zur selben Zeit, dass es, salopp gesagt, Mystik nicht zum Nulltarif gab. Eine Annäherung an Gott oder gar Verschmelzung mit Christus war, solange der Mensch an sich selbst festhielt, illusorisch. Ohne Anfechtung keine Auferstehung. *Wer mittels mystischer Theologie,* so warnte Luther in Theologenlatein, *aus seiner inneren Finsternis aufsteigen will, ohne sich das Leiden Christi vor Augen zu halten, um auf diesem Weg Gottes ungeschaffenes Wort zu hören und darüber zu meditieren, wird dies nicht eher können, als bis die Augen seines Herzens gerechtfertigt und gereinigt sind durch Gottes geschaffenes Wort, Christus.*[46]

Durch den gedanklichen Austausch mit Luther wurde sein Mentor zu einer Reihe von meditativen Büchern angeregt, deren Entstehen der Schüler begeistert verfolgte. Eines von Staupitz' Hauptwerken, »Das Büchlein von der Liebe Gottes«, trug auf dem Titel sogar den Namen des Freundes, der es »approbiert«, also kirchenamtlich zugelassen hatte. Als eine Neuauflage anstand, schwärmte Luther, er *hungere und dürste recht danach.*[47] Er schenkte es auch seiner Mutter. Der Autor widmete es jener Kunigunde von Bayern, die der Hungerheiligen Laminit auf die Schliche kam.

Auch der junge Bibelprofessor ließ die Erkenntnisse, die ihm die Gespräche mit Staupitz vermittelten, in seine Lektionen einfließen. Die mystische Botschaft, die seinen Vorlesungen über die Psalmen und den Römerbrief zugrunde lag, war im Kern dieselbe, die der Ältere in seinen Büchern verbreitete: Dem Gottessohn konnte man sich getrost überlassen, denn er war nicht irgendwo, sondern genau da, wo der Mensch war. Andernfalls wäre Beten nur ein absurdes Selbstgespräch gewesen. Wenn im elften Psalm stand, »Der Herr ist in seinem heiligen Tempel«, so hieß dies in Luthers erster Vorlesung 1513, *er ist in mir körperlich höchst gegenwärtig.*[48] Wer seine Version der Guten Nachricht damals hörte, wird seinen Ohren nicht getraut haben. Von den Kanzeln wurde anders gepredigt.

Im Jahr vor seinem Thesenanschlag ließ Luther ein Buch aus dem vierzehnten Jahrhundert mit eigenem Vorwort drucken, das er für ein Manuskript *des erleuchteten Doktors Tauler*[49] hielt. Es war seine erste Veröffentlichung überhaupt. Dem mystischen Fragment, das von einem anonymen Ordensmann aus Frankfurt stammte, gab er, wie damals nicht ungewöhnlich, einen Titel von enormer Länge, der sich in den Worten zusammenfassen ließ: »Wie Adam in uns sterben und Christus auferstehen soll«. Nachdem Luther Jahre später das vollständige Manuskript des Buches erhalten hatte, gab er es unter dem provozierenden Titel »Eine Deutsche Theologie« neu heraus. Jeder begriff, dass das nur bedeuten konnte, »keine lateinische, keine scholastische, keine papstgenehme Theologie«. Etwas, wovon Rom sich nichts träumen ließ.

Noch provozierender dürften Schultheologen sein Geständnis über diese alternative Theologie aufgenommen haben, ihm sei *nach der Bibel und Augustinus kein Buch vorgekommen, daraus ich mehr gelernt habe und gelernt haben will, was Gott, Christus, Mensch und alle Dinge seien.*[50] Und um noch dem Letzten über seine wahre Absicht die Augen zu öffnen, fügte der Herausgeber Luther hinzu: *Ich danke Gott, dass ich in deutscher Sprache meinen Gott so höre und finde, wie ich und auch die Scholastiker ihn bisher nicht gefunden haben.*

Der Gott des Frankfurters war kein Spitzenwesen aristotelischer Perfektion, kein Maßstab aller Maßstäbe, sondern schlicht »das Gute«, ja er ging »über alles Gute« hinaus. Auch brauchte dieses Gute »nicht erst in die Seele zu kommen«, so fuhr der Mystiker fort, »denn es ist jetzt schon darin.« Allerdings vom Menschen »unerkannt«[51]. Dieses sich in Sorge um sich selbst aufreibende Gottesgeschöpf war im Himmel und wusste es nicht. Nichtsahnend lebte jedermann der höchsten Seligkeit ganz nahe, und war zugleich durch eine undurchdringliche Mauer von ihr getrennt. Errichtet hatte sie das falsche Ich, mit dem der Mensch zugleich seine Selbsterhöhung und Selbstzerstörung betrieb.

Doch sein Fall war nicht hoffnungslos. »Je mehr das Mein, Ich, Mir, Mich, das ist Ichheit und Selbstheit im Menschen abnehmen«, so lehrte die Deutsche Theologie, »umso mehr nimmt Gottes ‚Ich‘, das ist Gott selber, in dem Menschen zu.« Sobald Gottes Geschöpf von seiner falschen Identität abließ, trat Gott selbst für ihn ein. Im Gegensatz zu den Scholastikern, die alles wissen wollten, brauchte der neue Mensch nichts zu wissen. Ihm ging es nur noch um das »Eine«: Christus in sich erstehen, Gott in sich wirken zu lassen. Der Schöpfer, so die kühne Formulierung des Frankfurter Ordenspredigers, musste »in mir vermenscht« werden, damit er »allein alle Dinge in mir tue und wirke«.[52]

Dieser menschliche Gott der Mystik war kein oberstes Sein, keine noch so vollkommene Vollkommenheit. Seine wahre Macht bestand darin, dass er eine Schwäche für das Gute hatte. »Und gäbe es und wüsste Gott etwas Besseres denn Gott«, so versicherte die Deutsche Theologie, »dann hätte er dieses lieb und nicht sich selbst«.[53]

KAPITEL FÜNF

ANSCHLAG AUF DIE KIRCHE

*Wenn der Papst wüsste, wie die
Ablassprediger das Geld erpressen,
würde er die Peterskirche lieber zu
Asche verbrennen.*[54]

1. Käufliche Liebe

Luthers Thesenanschlag vom 31. Oktober 1517 war in erster
Linie kein Angriff auf den Ablasshändler Johann Tetzel aus
Pirna, der das Geld locker machte; ebensowenig auf den Mainzer Erzbischof Albrecht, der es einstrich; nicht einmal auf den
römischen Papst Leo X., der auf Beuteteilung bestand. Es war
zuerst und vor allem ein Anschlag auf die Kirche als gewinn-
bringendes Unternehmen, das einerseits auf der menschlichen
Sehnsucht nach Erlösung und ewigem Leben, andererseits auf
der Angst vor Gott und den Höllenstrafen basierte.

»Der Finanzablass«, so der katholische Ökumeniker Wolfgang Thönissen, »war das wichtigste kulturelle und religiöse Finanzierungsmittel der mittelalterlichen Kirche«.[55] Die
Aktien dieses Unternehmens waren die Ablasszettel. Wertlo-
ses Papier, phantasievoll bedruckt, wurde zum Wertpapier, für
das Höchstpreise bezahlt wurden. Die käufliche Sündenauf-
lösung, in der sich die geschäftliche und die metaphysische

Seite der Kirche synergetisch zusammenfanden, funktionierte zu allseitiger Zufriedenheit: Das Kirchenvolk hatte sein gutes Gewissen und die Kirche ihre Liquidität. Credo reimte sich auf Kredit.

Da der Papst den Ablass aus dem angeblichen »Schatz der Verdienste Christi« erteilen konnte, ließ sich seine Leistung auch ohne den Umweg über die Reliquien honorieren. Er bot den Sündenerlass auf direktem Wege an und ließ ihn von Banken abrechnen, in Deutschland den Fuggern, in Italien den Medici. Noch bevor die irdischen Herrscher auf den Geschmack kamen, bedienten sich die Päpste der Hilfe jener Bankiers, gegen deren Wucher sie von Amts wegen wetterten. Die Ablassaktien waren die eleganteste Art, in der sich mit der einzigen Ware, über die Gottes Stellvertreter exklusiv verfügte, ehrliche Geschäfte abwickeln ließen: dem Seelenheil.

Dass Deutschland dabei ausgeplündert wurde, interessierte in Rom niemanden. Widerstand gegen den Papst schien hier zwecklos. Doch war die heilige Geldeintreibung seit Langem berüchtigt. »Wenn einem Rom vor die Tür käme«, so warnte schon im 13. Jahrhundert der Bußprediger Berthold von Regensburg, »so sollte man die Beutel zuhalten«.[56] Und der deutschnationale Ritter Ulrich von Hutten empörte sich über die ungleiche Behandlung in der Christenheit: »Warum wird nit die wälsche Art mit Ablass so beschweret hart?«[57]

»Ehrliche Geschäfte« machen, das hieß, man hantierte mit verlässlichen Zahlen. Wie sich jede Schuld in eine bestimmte Zeitstrafe umrechnen ließ, so der Aufenthalt im Fegefeuer in eine zu entrichtende Summe. Da die himmlischen Anteilsscheine sozusagen an der Sündenbörse gehandelt wurden, konnte man sich mit ihnen bevorraten oder sie wie Wertpapiere weiterverkaufen. Sie waren die einzige Währung, die auch im Jenseits Gültigkeit hatte.

Die Scholastik gab den Segen dazu. Kraft ihrer Logik ließ sich das Prinzip, wonach der Papst in Geschäftsdingen Himmel und Hölle bewegen konnte, auf die geweihten Agenten seines Imperiums übertragen. Hatte Thomas von Aquin den Päpsten eine Ablassvollmacht bestätigt, die sich selbstverständlich auch auf die Toten erstreckte, so reichte Duns Scotus den Priestern die Absolutionsvollmacht nach. Mit diesem bald populären Instrument ließ sich in der Beichte jegliche Schuld vergeben, ohne dass nervtötende Bußübungen nötig waren.

Das lateinische Wort für Ablass ließ sich ebenso gut mit »Nachsicht« wie mit »Liebe« übersetzen. Demnach war Ablass käufliche Liebe. Noch der geringste Kleriker konnte gegen Honorar »den Leib Christi machen« oder, wie Luther es von spöttischen Priestern hörte, der »Jungfrau ein Kind heben«. Und da die meisten Geistlichen nicht Seelsorger, sondern Messpriester waren, deren Aufgabe darin bestand, zum Gedächtnis der Stifter ihrer Pfründe Messen zu lesen, wurde die liebevolle Umwandlung von Geist in Geld zum Mittelpunkt des Gottesdienstes.

Dank der theologischen Rückendeckung funktionierte das System, das Unternehmen florierte. Die römische Kurie überzog ganz Europa mit ihren sakralen Strafsteuern, die von einem frommen Behördenapparat mittels moralischer Erpressung eingezogen wurden. In der Hauptstadt des Erlösungshandels sammelten sich anteilig die Silberströme aus den Ablasskampagnen, den Privat- und Totenmessen, den Beichtgeldern, dem Verkauf von Bischofshüten oder Klosterpfründen, selbst von den Sterbebetten, auf denen die Höllenangst den Sterbenden fromme Schenkungen in die Feder diktierte.

So erwies sich die Papstkirche des sechzehnten Jahrhunderts als ein profitables Unternehmen, das eine klare Strategie verfolgte und zu deren Durchsetzung über einen effektiven Apparat verfügte. Dabei bediente sie sich ungefähr derselben Abläufe, nach denen die Firma Hans Luders funktionierte: Zwischen Produzent und Abnehmer vermittelte ein Großhändler, der beide Seiten zur gegenseitigen Zufriedenheit zusammenführte.

Doch ging es auch ohne Kommissionär. Wie Luther berichtete, hatte man im Wittenberger Augustinerkloster stellvertretende Bußgebete im Angebot. Das ersparte nicht nur den Zwischenhändler, sondern auch die Zeit, die der Sünder für das Büßen aufbringen musste. Man nahm es ihm einfach ab. Jeder Mönch hatte neben seinen sonstigen Obliegenheiten ein Pensum an Lob- und Bittgebeten zu bewältigen, das zahlungskräftigen Kunden Entlastung gewährte.

Auch Martinus hatte als Leihmönch für andere »Buße tun« müssen. Ungern erinnerte er sich an die Zeit, als er gegen Honorar für fromme Heiden täglich betete, zelebrierte und opferte. Wie der Ablass durch den Verdienstüberschuss der Himmlischen, den sogenannten »Schatz der Kirche«, ermöglicht wurde, so hatte Luther von seinen *überschüssigen Vigilien, Messen und Werken* an die *Laien verkauft, die dafür Geld, Früchte, Wein oder Ähnliches gaben.*[58] Zum Wohl seines Klosters, das *gute Werke verkaufte*, hatte er sich in eine lebendige Gebetsmühle zu verwandeln.

Wie jeder gute Händler bemühte sich die Kirche, den Wert ihrer heiligen Ware genau zu taxieren. Auch hier kam das scholastische Lehrsystem zu Hilfe, das faire Preise errechnete. Die nötigen Transaktionen geschahen auf solider Basis: Das für die landesweiten Sammelkampagnen benötigte Geld schossen Bankhäuser wie die Fugger vor, um hinterher die Einkünfte, unter Abzug handelsüblicher Gebühren, auszuzahlen oder zinsbringend anzulegen.

Damit dem Unternehmen von außen keine Gefahr drohte, fungierten die Dominikaner als eine Art Geheimpolizei, die Spitzeldienste leistete und nebenbei die »Lizenz zum Töten« besaß. Schon im 13. Jahrhundert hatte Papst Gregor IX. dem Orden die Inquisition übertragen, die sich unter anderem um die Ausrottung von Hexen und Häretikern verdient machte.

Auch die Autoren des »Hexenhammers« waren Dominikaner. Ihnen zu entkommen war kaum möglich, da dieser Orden
jeden Ketzer sogar auf Entfernung »riechen« konnte.

Der Erfolg des Verkaufssystems hing nicht nur an der Gut-
gläubigkeit der Kunden, sondern ebenso an den schier gren-
zenlosen Vertriebsmöglichkeiten. Kirche gab es überall, in
Rom wie in Wittenberg. Noch in jeder Kapelle war die Macht
des Papstes voll gegenwärtig, im Tabernakel sogar die des Erlösers. Im Vollbewusstsein dieser Identität von Teil und Ganzem
verkündete Verkaufsleiter Johann Tetzel noch im letzten Kaff:
»Hier ist Rom«.

Der Nachteil der Allgegenwart bestand darin, dass man
sich an jeder Stelle als verwundbar erwies. Wenn Rom überall
war, dann war es eben auch in Wittenberg. Wie der Petersdom
die Überreste von Petrus und Paulus bewahrte, so bildete Wittenbergs Allerheiligenkirche den Schrein für tausende Reliquien. Hier wie dort war kostbares Gehäuse nicht zufällig mit
armseligem Inhalt gefüllt. Es musste nur einer kommen, der
es publik machte.

2. Die Erfindung des Franchise-Unternehmens

Roms System funktionierte, solange es sich nicht selbst in die
Quere kam. Eben dies geschah ab 1516 im Vorgarten Friedrichs des Weisen. *Als plötzlich die Posaunen des neuen Ablasses zu tönen, ja zu schmettern begannen,*[59] so bildhaft drückte
es Luther gegenüber Staupitz aus, verstummten die des alten.
Nicht die Mauern von Jericho, sondern das kurfürstliche
Beinhaus begann zu bröckeln. Hinfort ließen die Bußwilligen
Friedrichs Knochen in Frieden ruhen und trugen ihr Geld zum
lärmenden Ablassvirtuosen. In Johann Tetzel war der Aller-

heiligenkirche schmerzhafte Konkurrenz erwachsen. Da sich der Kurfürst das päpstliche Inkassounternehmen im eigenen Land verbeten hatte, lockte Tetzel dessen Untertanen über die Grenze. Das Silber, das dem Landesherrn zustand, floss in fremde Taschen.

Bei der Geldeintreibung bewies Tetzel großen Einfallsreichtum. Als Vorgeschmack auf künftige Himmelsfreuden bot er seinen Kunden schon in der Gegenwart ein unterhaltsames Jahrmarktspektakel. Neben »Vogelschießen, Kletterstangen und Kegelschieben« mit einem Ochsen als Hauptpreis veranstaltete er »ein Würfelspiel um Pfefferkuchen«. Auch von der Hölle gab es einen Vorgeschmack. Als Ablassprediger agierte Tetzel ja nur nebenberuflich. Seine eigentliche Autorität hatte er sich auf dem Gebiet der Einäscherung Andersdenkender erworben. Hauptberuflich war er nämlich »Inquisitor der ketzerischen Schlechtigkeit«[60]. Deshalb ließ er auf den Marktplätzen nicht nur seine Juxbuden aufbauen, sondern zündete auch zu Demonstrationszwecken große Scheiterhaufen an. Seinem Hauptfeind Luther prophezeite er, er *soll mir in drei Wochen ins Feuer geworfen werden*[61].

Tetzels eigentliche Geldbeschaffung fand in den Kirchen statt. Nach einer donnernden Bußpredigt begab er sich von der Kanzel hinab zum Ablasskasten, seiner »himmlischen Fundgrube«. In tiefer Andacht durften die Gläubigen mit brennenden Kerzen in der Hand herantreten. Dann bekamen sie, gegen eine ihren Sünden entsprechende Einzahlung, die von ihm unterschriebenen »Gnadenzettel« ausgehändigt. Die Summen, die in Tetzels Kasse verschwanden, waren beträchtlich. Was der Dominikanermönch für sich abzweigte, kam auch den beiden Kindern zugute, deren stolzer Vater er war.

Zum ökonomischen Verlust gesellte sich bei Friedrich dem Weisen ein alter Ärger. Mehr Bischöfe und Klöster regierten in sein Land hinein als in jedes andere deutsche Territorium. Unter päpstlicher Führung nahmen sie Einfluss auf Kursach-

sen und zogen gleichzeitig Mansfelder Silbermünzen heraus.
Dazu kam bei Friedrich noch eine Verstimmung, die tiefer saß:
Die Geldeintreibung, die angeblich für das römische Vorzei-
geobjekt Petersdom veranstaltet wurde, diente hauptsächlich
jenem deutschen Kurfürsten, der mit ihm um die Macht im
Reich rang.

Kein anderer Prinz konnte Friedrich dem Weisen so
gefährlich werden wie Albrecht von Brandenburg-Hohenzol-
lern. Während sich die Sachsen ohne Not zweigeteilt hatten,
sorgte das einige Brandenburg zielstrebig für territoriale Ausdehnung. Gerade Albrechts Bruder, Kurfürst Joachim I., hatte
es verstanden, auf der klerikalen Schiene Ländereien in Fami-
lienbesitz zu bringen. Und so eifrig der dynastisch denkende
Albrecht Kunstwerke von Dürer, Cranach und Grünewald
zusammentrug, sammelte er Bischofshüte und die zugehörigen Pfründen.

Bei den anderen Landesfürsten löste dies große Verstimmung aus. Tatsächlich wurden sie bei der Vergabe bequemer
Geldquellen vom Papst stiefmütterlich behandelt. Im Gegensatz zu Frankreichs, Spaniens und selbst Englands Aristokra-
ten, die sich den Löwenanteil sicherten, »sank der deutsche
Anteil an den von Rom verliehenen Pfründen, Gnaden und
Ämtern« in den vergangenen Jahrzehnten »um nahezu zwei
Drittel von einundzwanzig auf acht Prozent«.[62] Den Deutschen
fehlte offenbar das Händchen für vatikanische Lobbyarbeit.

Der Brandenburger besaß es. Neben dem Erzbistum Magdeburg hatte er auch die Administration des Bistums Halber-
stadt an sich gezogen, das zuvor, wie auch Magdeburg, unter
Kontrolle von Friedrichs Familie gewesen war. Weit bedrohli-
cher musste Luthers Kurfürst den nächsten Schritt der Gegenseite empfinden: Dank guter Beziehungen zu Rom konnte
Albrecht sich die Perle Mainz unter den Nagel reißen. Die
Domstadt war nicht nur größtes Erzbistum der Christenheit,
sondern auch Herrin über die in unmittelbarer Nachbarschaft

zu kursächsischem Territorium gelegene Universitätsstadt Erfurt. Dass Friedrich der Weise auf diese moderne und wohlhabende Handelsstadt, die direkt vor seiner Nase lag, keinen Zugriff hatte, fühlte er als ewigen Dorn im Fleisch. Und jetzt saß dort auch noch sein Hauptkonkurrent. Während die beiden sächsischen Vettern sich misstrauisch beäugten und belauerten, hatte Albrecht Fakten geschaffen: Nahezu die Hälfte des deutschen Gebietes war unter den Einfluss der Hohenzollern geraten.

Deren dreiste Ausdehnung auf Kosten der Konkurrenz erwies sich aber als politischer Kardinalfehler der Kurie. Als sie, um weltlichen Einfluss bemüht, weltliche Herrscher zu Kirchenfürsten umtaufte, übersah sie, dass auch irdische Macht nach System funktionierte. Besonders in Deutschland mit seinen verwirrenden Hoheitsverhältnissen hing alles von der richtigen Balance ab.

Gerade sie war durch Albrechts schlaue Ämterhäufung, die nebenbei auch gegen römisches Kirchenrecht verstieß, empfindlich gestört worden. Statt das Gleichgewicht wiederherzustellen, forderte Rom von ihm nur eine gewaltige Strafzahlung, die dem Preis für Mainz aufgeschlagen wurde. Vermutlich nahm man die Brüskierung der anderen Landesherren in Kauf, weil Albrecht mit dem Erzbistum auch die Kurfürstenwürde zugefallen war. Das hieß, er »kürte« den Kaiser mit. Konnte der Papst schon nicht selbst Kaiser sein, wollte er wenigstens bestimmen, wer es unter ihm sein durfte.

So weit war für Rom alles in bester Ordnung. Nur fehlte Albrecht das nötige Geld. Denn das »Pallium«, jener schmale, mit Kreuzen bestickte Tuchstreifen, den sich nur Erzbischöfe umlegen durften, hatte seinen Preis. Schließlich war er, wie es hieß, direkt über den Knochen Peters und Pauls geweiht worden. Kurz, das Tüchlein kostete über zwanzigtausend Goldgulden, *denn so teuer*, spottete Luther, *kann der allerheiligste Vater zu Rom Flachsfaden (der sonst kaum sechs Pfennige wert ist) verkaufen.*[63] Dazu kamen die zehntausend Gulden Sondergenehmigung für Ämterhäufung. Da war guter Rat teuer, denn außer seinem Namen hatte der Brandenburger nicht viel zu bieten.

Der gute Rat, wie Albrecht die Forderungen Roms erfüllen konnte, kam aus Rom. Einfach genug, sollte er unter päpstlichen Hoheitszeichen eine Ablasskampagne in seinem und seiner Familie ausgedehntem Herrschaftsbereich starten. Eine angemessene Tantiemenzahlung an Rom verstand sich von selbst. Im März 1515 wurde dieser Jubiläums- und Plenarablass vom Papst verkündet, er sollte für acht Jahre in Albrechts Kirchenprovinzen gelten. Damit er auch Furore machte, wurden für diesen Zeitraum alle anderen Ablässe außer Kraft gesetzt. Da Leo X. somit als Lizenzgeber eine Geschäftsidee samt Warenzeichen an einen Subunternehmer gegen Profitbeteiligung weiterreichte, ist der Medici-Papst nicht nur als Auftraggeber Michelangelos, sondern auch als Erfinder des Franchise-Systems in die Geschichte eingegangen.

Nicht dagegen als Erfinder des fairen Wettbewerbs: Während Rom sich sonst mit einem Drittel des Fegefeuergeldes begnügt hatte, wurde es Albrecht mit fünfzig Prozent in Rechnung gestellt. Zugleich sollten die Einzahler im Glauben belassen werden, es gehe, so der Erzbischof, um »Besserung der traurigen Lage der seligen Apostel Peter und Paul«. Deren »modernde Gebeine« seien »ständiger Entweihung durch Regen und Schnee ausgesetzt«. So stand es, aufgesetzt von einem versierten Werbetexter, in Albrechts Begleitbroschüre. Wer seine Sünden verkaufte, so versicherte man, tat zugleich den armen Aposteln Gutes.

Damit die Rettung der Knochen sogleich in Angriff genommen werden konnte, hatte Rom auf sofortiger Hinterlegung seines Anteils bestanden. Kein Problem für eine Großbank wie die Fugger. Durch ihre Filiale in Rom wurde die Summe gegen Verpfändung der künftigen Einnahmen vorgeschossen.

Albrecht nahm also eine Hypothek auf die Bußfertigkeit seiner Untertanen auf. Im Gegenzug erhielt das Haus Fugger die Schlüsselgewalt über die Opferstöcke. Nicht nur für die Gläubigen war die Kirche eine Bank.

3. Vom deutschen Michel

Obwohl den Deutschen das Kaisertum zugefallen war, so zürnte Luther 1519, *haben wir die römischen Päpste in ihrer Macht befestigt, so viel wir konnten. Zur Strafe dafür haben wir sie dulden müssen als Meister im Verwünschen und Schinden und jetzt als Ausplünderer mittels Palliengeldern und der Bistumssteuer.*[64] Sein Freund Georg Spalatin, dem er das schrieb, dürfte als engster Berater und Hofkaplan Friedrichs des Weisen von dessen Groll über Albrechts Geniestreich gewusst haben. Der Kurfürst war schlicht ausgetrickst worden. Er durfte sich als Hauptleidtragender eines Pfründendeals betrachten, durch den er nicht nur an Macht, sondern auch an sächsischen Silberlingen einbüßte. Und das Schlimmste war, dass mit dem Ablassgeld die Einkreisung seines eigenen Territoriums finanziert wurde.

Er war nicht der einzige deutsche Herrscher, dem die römischen Geschäftsgepflogenheiten Bauchgrimmen bereiteten. Denn längst hatte Rom entdeckt, dass sich der politische Flickenteppich Deutschland viel leichter ausbeuten ließ als etwa Großmächte wie Frankreich oder England. Während deren Könige Übergriffe abwehrten, indem sie ihre nationalen Kirchen kontrollierten und selbst die Taschen ihrer Untertanen leerten, stand nur das Heilige Römische Reich deutscher Nation den frommen Emissären offen. Das Bild vom »deutschen Michel«, der zu allem Ja und Amen sagt, ist damals entstanden.

Da zu Beginn des 16. Jahrhunderts ohnehin ein Drittel des Landes von Bistümern und Abteien dominiert wurde, fiel es nicht schwer, mittels Konkordaten und Gewinnbeteiligungen auch die Mehrzahl der Landesherren zu gewinnen. Man spielte sie einfach gegeneinander aus. Selbst der kirchentreue Herzog Georg von Sachsen bemerkte sarkastisch, Rom beruhige die Kurfürsten über seine Geldeintreibungen, indem es ihnen »gelegentlich einen Knochen ins Maul«[65] werfe. Und Kursachsen hatte nicht einmal das abbekommen.

So züchtete Rom auf allen gesellschaftlichen Ebenen den Hass, der sich gegen seine niederen Repräsentanten entladen sollte. Als mit Johann Tetzel einer von ihnen an Ostern 1517 vor Friedrichs Landesgrenzen auftauchte, um mit seinen Höllenszenarien Bares einzutreiben, muss dieser das als unerträgliche Provokation empfunden haben. Schon 1501 hatte er sich den Begehrlichkeiten des päpstlichen Kardinallegaten Raimund Peraudi widersetzt, indem er das von ihm zusammengepredigte Ablassgeld für die Universitätsgründung in Wittenberg abzweigte.

Natürlich sah Friedrich hinter dem Volksredner Tetzel den »Generalkommissär« Albrecht, hinter diesem die Banken und den päpstlichen Schatzmeister, der auch Leos Spielleidenschaft und die Ansprüche von dessen verschwenderischer Schwester Maddalena zu befriedigen hatte. Ihrem Bruder schmeichelte sie sogar das Zugeständnis ab, gegen kirchliche Gepflogenheiten gewissen Damen unbehinderten Zugang zu den päpstlichen Räumlichkeiten zu gewähren. Große Überredungskünste waren wohl nicht vonnöten gewesen.

Wenn Friedrich beschloss, gegen dieses Unwesen einzuschreiten, dann nicht nur als Sachsenfürst, sondern auch als Vertreter des Reiches, für das er Verantwortung trug. Kaiser Maximilian I. hatte ihn für die Zeit seiner Abwesenheit zum Stellvertreter ernannt. Seit 1507 »Statthalter-General«[66] musste der Kursachse etwas gegen die schleichende Ausblutung des Deutschen Reichs durch päpstliche Tributkampagnen unternehmen. In diesem Fall fielen seine dynastischen Interessen mit denen des Deutschen Reichs zusammen.

Da er damit die gefürchtete Exkommunikation riskierte, hielt Friedrich sich weise bedeckt. Eingeschlossen zwischen fremden Herrschaften, die seine Macht herausforderten, hatte er Geduld und diplomatisches Geschick entwickelt. Außerdem hörte er nur auf kluge Ratgeber wie seinen Kaplan, seinen Hofnarren Claus und seinen Schulfreund, den Augustineroberen Johann von Staupitz. Was ihm vor der Geschichte den ehrenden Beinamen »der Weise« einbrachte, ließ ihn der Kirche umso suspekter erscheinen. Der päpstliche Nuntius Hieronymus Aleander nannte ihn ein »fettes Murmeltier mit schiefem Blick«[67].

Offenbar hatte der Gesandte in Friedrichs Miene gelesen, dass dieser mit Rom noch eine Rechnung offen hatte. Da Friedrich weder Kaiser noch Papst auf Augenhöhe gegenübertreten konnte, musste er ausweichen, die Konfrontation auf Nebenschauplätzen suchen und am besten von Stellvertretern ausfechten lassen. Drohte Gefahr, zog sich das Murmeltier in seinen Wittenberger Bau zurück.

Friedrichs Klugheit wurde von Historikern oft mit »Verschlagenheit und politischen Intrigen« gleichgesetzt. Unzweifelhaft war der Kurfürst über die unheilige Allianz zwischen Leo und Albrecht, deren Folgen weit über die Ablasskampagne hinausgingen, zutiefst beunruhigt. Doch seine Empörung ließ sich nicht in Taten umsetzen. So sicher er in seinem Bau saß, waren ihm die Hände gebunden.

4. Eine fromme Intrige

Immerhin verfügte Friedrich der Weise über eine Universität, die sich, vorläufig rein theoretisch, gegen Roms Anmaßung zu erheben begann. Hier sprach man Deutsch, redete Fraktur. Ein genialischer Typ mit Predigertalent, dessen akademische Würden Friedrich finanziert hatte, war 1516 mehrmals mit Auftritten gegen den Ablass hervorgetreten. »Auftritte«, das traf den Sachverhalt.

Bruder Martinus brachte Leben in die Bude. Damit hatte der Mann aus Mansfeld kurfürstlichen Respekt gewonnen, aber auch für Verstimmung gesorgt. Schließlich profitierte man in Wittenberg von der käuflichen Sündenvergebung. Als Luther seine Tiraden auf dem Schloss wiederholte, so erinnerte er sich später, hatte er sich bei Friedrich *schlechte Gnade verdient, denn er hatte sein Stift auch sehr lieb.*[68]

Dennoch dürfte Staupitz den Kurfürsten schnell davon überzeugt haben, welche politischen Früchte das Aufbegehren für ihn tragen konnte. Der Schaden für seine persönliche Reliquiensammlung war in Kauf zu nehmen, denn der Nutzen war unendlich größer: Die Absage an den Ablass bedeutete eine Absage an den Papst und seinen Franchise-Nehmer. Der Pfeil zielte ins Herz der römischen Geldbeschaffung. War der Glaube daran erschüttert, würde es ein Leichtes sein, dem Spuk den Boden zu entziehen.

Friedrichs Freund Staupitz dürfte ihm zudem erklärt haben, dass es diesen Boden gar nicht gab. Trotz der Zustimmung führender Scholastiker wie Thomas von Aquin war noch keine rechtsverbindliche Formel für den kostenpflichtigen Straferlass gefunden worden. Auch deshalb hatten Reformkräfte wie Jan Hus oder Rucherath von Wesel dagegen optiert, mit den für sie desaströsen Folgen. Rom war diese Gewohnheit des Geldverdienens so lieb geworden, dass man sie als gottgegebenes Recht verstand. Ein Recht hatte, wer es einfordern konnte. Dagegen aufbegehren hieß, den Weg ins irdische Fegefeuer antreten.

Die knifflige Aufgabe bestand also darin, Rom durch Widerlegung der Ablasspraxis eine Niederlage zu bereiten, ohne zugleich dessen allergische Abwehrreaktion auszulösen. Was lag in Wittenberg näher, als den Angriff in die unverfängliche Frageform akademischer Thesen zu kleiden, über die sich hinter den Mauern der Universität gefahrlos disputieren ließ? Und keiner eignete sich dafür besser als Staupitz' Schützling Martin.

Das Raffinement des Plans lag darin, dass als eigentliches Opfer, wenn es überhaupt Opfer gab, der Universitätsgründer selbst erscheinen musste. Denn durch einen Aushang an der Schlosskirche würde zuerst diese selbst, das kurfürstliche Erlösungsunternehmen mit seinen achtzig Angestellten, desavouiert werden. Indem Friedrichs Professor seinen Generalangriff auf den Ablass ausgerechnet an die Tür der Wittenberger Ablasszentrale heftete, würde auf den Kurfürsten kein Verdacht fallen. Ein Mönch, so die Erklärung, rebellierte gegen seinen obersten Dienstherren, nichts weiter. Dass es vermutlich jener »Eremit« war, der laut Prophezeiung »das Papsttum vernichten« würde, wusste außer Staupitz niemand.

So dürfte ein Beratungsgespräch zwischen dem gereizten Kurfürsten und seinem gelassenen Ratgeber Staupitz verlaufen sein. Wohl um Luthers Eigenständigkeit nicht in Zweifel zu ziehen, war diese Möglichkeit in der Geschichtsschreibung außer Acht gelassen worden. »In Wirklichkeit«, so stellte der Kirchenhistoriker Volker Reinhardt 2016 fest, »war der kluge Politiker Friedrich in der Regel sehr wohl über Luthers Vorgehen unterrichtet.« Im Fall Thesenanschlag sei »diese Strategie zwischen beiden Seiten sogar genauestens abgesprochen und bestens koordiniert«[69] worden.

Gefahrlos würde man mehrere Fliegen mit einer Klappe schlagen: Man beschädige Tetzel, der in fremden Gewässern

fischte. Bischof Albrecht entzog man die fromme Rechtfertigung seines Raubzugs, womit Friedrich seinem Ziel näherkam,
»dem Mainzer den Ablasshandel zu kürzen«[70]. Hauptsächlich
aber schwächte man den allmächtig scheinenden Papst, den
Staupitz als Verderber der Kirche ebenso ablehnte, wie Friedrich ihm als römischem Politiker misstraute, der in Deutschland wilderte. »Es ist sicher«, schrieb der Spalatin-Biograph
Georg Berbig, »dass der kursächsische Hof mit der Ritterschaft
im Gefolge schon längst dem Protest gegen Rom huldigte«.[71]
Auf Anregung von Friedrichs Chefberater sollten sogar die
beiden Führer der Anti-Rom-Liga, die Ritter Ulrich von Hutten und Franz von Sickingen, mit dem Mönch konspirativen
Kontakt aufnehmen. Für ihren Kampf gewinnen konnten sie
ihn nicht. Luther focht mit anderen Waffen.

Es bedurfte des Scharfsinns eines päpstlichen Nuntius,
Friedrichs wahre Einstellung zu durchschauen. Der gewöhnlich gut informierte Kardinal Hieronymus Aleander, der durch
seinen Zusammenstoß mit Luther in die Geschichte eingehen
sollte, berichtete nach Rom, der Kurfürst sei »gewissenlos
genug, einen ganzen Packen handgreiflicher Lügen zum Ruin
der Kirche zu erfinden. Ist ihm doch jedes Mittel recht, sein
teuflisches Unternehmen zu Ende zu führen.«[72]

5. »Aufgereizt gegen den Papst«

Die verdeckte Attacke auf Rom war bald beschlossene Sache.
Entscheidend für Friedrich blieb, dass kein kompromittieren-
der Verdacht auf ihn fiel. Weder durfte er im Zusammenhang
des Anschlags genannt werden, noch durfte das eigentliche
Ziel deutlich werden. Dies erklärte auch, warum am Ende
die Thesen ausgesprochen diplomatisch abgefasst waren, als

habe Luther sozusagen mit angezogener Handbremse geschrieben.

Eine gewisse Zurückhaltung gegenüber dem Papst, die Luther auch in seinen nächstfolgenden Schriften übte, lässt sich mit der politischen Gratwanderung seines obersten Arbeitgebers erklären. Um »Rom zu beruhigen«, erhielt Spalatin das Recht, Luthers Briefe zu zensieren und ihm bei manchen sogar die Feder zu führen. Seine wichtigste Aufgabe bestand nun einmal darin, »die Person des Kurfürsten ganz aus dem Spiel zu lassen«[73].

War Friedrich vor Entdeckung geschützt, konnte auch der Angreifer Luther um seine Sicherheit unbesorgt sein. Die Rechtshoheit des Herzogs über seinen Untertanen wurde ihm weder von Kaiser noch Papst streitig gemacht. Solange er die kurfürstliche Hand über ihm hielt, war Staupitz' Schützling sicher. Luthers Restrisiko, doch noch nach Rom verfrachtet und, wie später sein Bewunderer Giordano Bruno, auf dem Campo de' Fiori verbrannt zu werden, standen auf der Habenseite eine Wittenberger Universitätskarriere samt Kost und Logis gegenüber.

Nach eigener Angabe kam Luther zur Kirchenschelte wie die Jungfrau zum Kind. Gab es die Absprache zwischen seinem Mentor und dem Kurfürsten, war er vermutlich nur so weit eingeweiht worden, wie es für seine Rolle nötig war. Im Rückblick versicherte Luther, er sei *durch Zufall, ohne meinen Willen und ohne Absicht* in *diesen Streit geraten, Gott ist mein Zeuge!*[74] Diese Ahnungslosigkeit diente seinem eigenen Schutz, ließ sich aber auch mit der untergeordneten Stellung erklären, die er in Friedrichs Staat einnahm. »Durch die Vermeidung jedes unmittelbaren Kontakts mit Luther«, so Volker Reinhardt, »konnte sich der Herzog in dessen Auseinandersetzungen mit Rom als unparteiisch, manchmal auch als unwissend darstellen und so Kritik von sich ablenken«. Tatsächlich war der Kurfürst für seinen prominenten Professor nie zu sprechen. Wie Friedrich dem Mann treu blieb, der nichtsahnend seinen raffinierten Schachzug ermöglichte, so blieb er auch dem Abstand treu, den er von Anfang an zu ihm eingenommen hatte. Für die enge Verbindung zu Luther sorgte sein Intimus Spalatin.

In seiner anschaulichen Sprache verglich der Reformator sich mit einem von Gott geführten *Gaul*, dem man, bevor er in die Schlacht geführt wurde, die Augen mit Scheuklappen verdeckte, *dass er die nicht sehe*, die auf ihn *zurennen*.[75] Die Frage, wer im Sattel saß, hat er sich wohl nie gestellt. Dagegen ließ er keinen Zweifel daran, wer ihn aus seiner zentralbeheizten Studierstube im Turm des Augustinerklosters auf die Bühne der Weltpolitik hinausgestoßen hatte. *Ich war der Welt rein abgestorben*, versicherte er später, *bis dass es Gott Zeit dünkte und mich Junker Tetzel trieb und Doktor Staupitz mich gegen den Papst aufgereizt hat.*[76]

Eigentlich eine Ungeheuerlichkeit: Der Spitzenfunktionär eines bedeutenden Mönchsordens konspirierte gegen seinen höchsten Vorgesetzten, den von Gott persönlich eingesetzten Kirchenführer, Vater aller Gläubigen und Vikar Christi auf Erden. Allerdings war es mit der Heiligkeit des Medicipapstes nicht so weit her. Wie Luther später erfuhr, blieb Leo X. auch auf dem Heiligen Stuhl ganz Florentiner Bankdirektor. Sein Spitzenamt diente ihm nur dazu, sein Vermögen, seine Familienmacht und seine einzigartige Kunstsammlung auszubauen. Das war allgemein bekannt. Nur wollte sich keiner aus der Deckung wagen. Staupitz wollte es, mit Luthers Hilfe. Zum Angriff auf den Usurpator des Papstthrones hatte der Ältere ihn aber nicht nur *aufgereizt*, sondern ihm, wie der Reformator später eingestand, sogar die konkrete *Gelegenheit gegeben*.[77]

Luthers Pfeil, von seinem Mentor aufgelegt, war auf den zynischen Pragmatismus des Papstes gerichtet, der seine Schafe nicht weidete, sondern schor. Natürlich diente Luthers demonstrative Aktion in erster Linie Friedrichs Machtkalkül, der sich sozusagen waschen wollte, ohne nass zu werden. Zugleich aber hatten die beiden Augustiner noch ein anderes

Ziel im Auge, mit dem sich der kirchentreue Friedrich niemals einverstanden erklärt hätte. Die Wittenberger Theologen wollten eine andere Kirche, ja eine Kirche, die im Grunde keine Kirche im traditionellen Sinn mehr war. Statt des Papstes sollte in ihr Christus herrschen.

Der Krieg, der mit Luthers Aktion ausgelöst werden sollte, würde nicht nur zwischen deutschen und römischen Interessen oder den Einflussbereichen von Friedrich dem Weisen und Albrecht von Hohenzollern stattfinden, sondern zwischen den beiden Arten von Christentum: der einen, die alles, und der anderen, die nichts wusste. Der einen, die das Verhältnis des Menschen zu Gott institutionalisiert hatte, und der anderen, für die Gott mit Kategorien wie »Verhältnis« und »Institution« nicht zu erfassen war. Der einen, auf die Himmel und Hölle in der Zukunft warteten, der anderen, in der Christus gegenwärtig war im Hier und Jetzt.

Die letzten Absprachen vor dem Angriff wurden, nach Meinung vieler Forscher, im Kloster Himmelpforten bei Wernigerode getroffen. Am 6. August 1517 war Luther zu seinem Mentor geeilt, der auf einer Visitationsreise in jenem Kloster Station einlegte, wo sein eigener Förderer Andreas Proles als Prior gewirkt hatte. Zwischen Generalvikar und Bibelprofessor kam es, wie Staupitz-Biograph Ludwig Keller festhielt, zum Meinungsaustausch über »die Reliquien des Kurfürsten« und den »Ablasshandel«. Der Ältere, der »den Kampf von langer Hand vorbereitet hatte«, soll dabei seinen Freund »zum Schreiben in dieser Sache angeregt«[78] haben.

»Es könnte dies«, so der Lutherforscher Julius Köstlin, »etwa bei einer Zusammenkunft geschehen sein, welche zwischen beiden, wir wissen nicht aus welchem Anlass, im Kloster Himmelpforten stattfand.«[79] Auch Martin Brecht wollte »nicht ausschließen«, dass Luther bei diesem Treffen »einen Anstoß in der Ablasssache erhielt, von dem er später einmal etwas andeutet.«[80] Nicht zufällig nahm Staupitz dem Jüngeren damals die Scheu, sich mit renommierten Theologen anzulegen. *Ich fürchtete mich, die Meinungen der Doktoren zu verdammen*, erinnerte er sich. *Staupitz aber bestärkte mich.*[81]

Im selben Monat kam es zu einem zweiten Treffen, in dem es, laut Spalatin-Biograph Berbig, vermutlich ebenfalls um die bevorstehende Aktion ging. Ende August kamen in Luthers Kloster mehrere seiner Freunde zusammen, die wie er selbst auf der Gehaltsliste des Kurfürsten standen oder gestanden hatten. Bei dem Treffen waren neben Friedrichs engstem Vertrauten auch dessen Beichtvater Jacob Vogt anwesend, außerdem der Kanonikus am Allerheiligenstift, Otto Beckmann, sowie Christoph Scheurl, vormals Rektor der Wittenberger Universität und jetziges Mitglied der Nürnberger »Sodalitas Staupitziana«.

Abgesehen von Friedrichs Beichtvater, von dessen Reaktion nichts überliefert ist, würden sie alle bald darauf mit Luthers umwälzenden Thesen befasst sein. Wenige Tage nach dem Treffen brachte Stiftskanonikus Beckmann 99 Thesen Luthers »gegen die scholastische Theologie«, die mit der Ablassthematik eng zusammenhingen, nach Erfurt. Der Jurist Scheurl wiederum ließ Luthers berühmte 95 Ablassthesen ins Deutsche übersetzen, abschreiben und in mehreren Städten verbreiten. Als er sie auch nach Ingolstadt an den Theologen Johannes Eck schickte, löste er freilich unerwartete Folgen aus.

Wie sehr Friedrichs Intimus Spalatin selbst in Luthers Thesenanschlag verwickelt war, geht aus einem Brief hervor, den dieser ihm kurz danach zusandte. Darin spricht er ausdrücklich von *unseren Thesen*. Damit nicht Verdacht aufkäme, sie seien *auf Befehl oder mit Billigung des Kurfürsten herausgegeben worden*,[82] schlug Luther vor, der Geheimsekretär solle sie auf keinen Fall seinem Dienstherrn zeigen. Wie er wohl gewusst haben dürfte, hätte Spalatin damit seine Amtspflichten verletzt. Es war also wohl als Schutzbehauptung gemeint, falls Dritte ein Auge auf den Brief werfen sollten. Nachdem Luther im Folgejahr die Erklärungen seiner Thesen an Spala-

tin gesandt hatte, sorgte dieser umgehend dafür, »dass einige
Exemplare an einige gebildete Männer« weitergereicht wurden. Schwer vorstellbar, dass Friedrichs Vertrauter derlei Pro-
paganda betreiben konnte, ohne von seinem gnädigen Herrn
dazu autorisiert worden zu sein.

6. Der verladene Ablassprofiteur

Tetzels Griff in Friedrichs Tasche war nicht das herausragende Thema an Allerheiligen 1517. Es war Allerheiligen
selbst. Längst war Tetzel, der unverfrorene Unterkommissär,
mit seiner Ausbeute Richtung Magdeburg weitergezogen. In
Wittenberg aber stand das große Allerheiligenfest auf dem
Programm samt feierlicher Ausstellung des Knochenmirakels,
von dem sich die Besucher Seelenheil, dessen Besitzer Einnahmen im großen Stil versprachen. Ob Landesherr oder Kneipier,
ob Universität oder Hurenhaus, direkt oder indirekt lebte ganz
Wittenberg von der Sündensteuer.

Wie üblich waren die Menschen scharenweise in die Stadt
geströmt, um die Reliquiensammlung zu bestaunen und sich
dabei ihrer eigenen Sündensammlung zu entledigen. Ausgerechnet am Vorabend dieses höchsten Festtags, der das Groß-
dorf Wittenberg in ein Klein-Rom an der Elbe verwandelte,
kam dem amtierenden Distriktsvikar der Augustiner ein son-
derbarer Einfall: Offenbar schien er dem Kurfürsten und mit
ihm allen anderen »in die Suppe zu spucken« zu wollen. Denn
was er zu sagen hatte, war durchaus geeignet, die Festfreude
zu verderben.

Hörbar für alle, die sich in der Nähe befanden, schlug Martin Luther am 31. Oktober 1517 an die Türe des Reliquien-
heiligtums, das auch als Universitätskirche diente, ein Plakat

mit 95 gewichtigen Thesen an, die derlei Sammlungen und ihre Festtage ad absurdum führten. Keiner schritt ein, niemand muckte auf. Auch das Schloss hüllte sich in Schweigen. »Warum«, so fragte Volker Reinhardt, »deckte ein in Würde ergrauter Reliquiensammler wie der sächsische Kurfürst einen Mönch, der diesen einzigartigen Schatz für finsteren Aberglauben erklärte?«[83] Und vor allem: Warum gerade dann?

Gerade dann, das war die *Gelegenheit*. Denn an keinem Ort und zu keiner Zeit ließ sich überzeugender vorgeben, dass der Starprofessor der Universität Friedrichs des Weisen eigentlich diesen und nicht etwa Albrecht oder gar Rom im Visier hatte. Wirklich musste es nach außen erscheinen, als würde dem Kurfürsten sein eigener Protegé in den Rücken fallen. Obwohl jedermann genau wusste, wie *sehr lieb* dem Hausherrn die Knochenkollektion war, hatte Luther sich dazu in offene Opposition begeben. Auch schien ihm entfallen, dass sein Lehrstuhl mit den Ablasserlösen aus dem Allerheiligenstift finanziert wurde. Er sägte also am eigenen Ast.

Als er seine Thesen ausgerechnet an einer Kirche anschlug, die zu dem Zweck erbaut war, den er darin bekämpfte, dürfte er noch etwas anderes im Auge gehabt haben: Das Allerheiligenstift war nicht der bischöflichen Jurisdiktion des Landes, sondern unmittelbar dem Papst unterstellt. Wer die Schlosskirche angriff, griff indirekt auch Rom an.

Der Thesenanschlag war nicht die einzige Staatsaktion, die Luther an diesem Tag lancierte. Zuvor hatte er seine Thesenpapiere in die Welt hinausgesandt, darunter an den Ablassprofiteur Erzbischof Albrecht, aber auch an diverse andere Bischöfe sowie an den für ihn zuständigen Diözesanbischof Schulz, der sich lateinisch Scultetus nannte.

Indem Luther seinen rebellischen Text erst am Tag des Thesenanschlags verschickte, stellte er sicher, dass kein Kirchenführer ihm durch ein Verbot zuvorkommen konnte. Die

Adressaten würden seine Herausforderung erst in Händen halten, wenn der Geist aus der Flasche war. Natürlich wäre es ein Gebot der Höflichkeit gewesen, mit dem Gang an die Öffentlichkeit zu warten, bis die hohe Geistlichkeit Gelegenheit zur Antwort erhalten hatte. Aber hier stand anderes als Höflichkeit auf dem Spiel.

Luthers Kalkül ging auf. Keiner der Empfänger schien sich wie elektrisiert auf den Brief eines unbekannten Mönchs gestürzt zu haben. Albrechts Kanzlei etwa öffnete den Brief erst viele Wochen später, um ihn dann dem abwesenden Erzbischof nachzusenden. Dass man ihn verladen hatte, dürfte dieser gleich bemerkt haben. Leicht vorzustellen auch, was Albrecht sich dachte, als er im Begleitbrief von einem Mönchlein höflich, aber bestimmt zum Ablassen vom Ablass aufgefordert wurde. Unverblümt empfahl Luther dem mächtigen Erzbischof, sich gefälligst nach anderen Finanzierungsmodellen für seine Fuggerschulden umzusehen. Auf die Einlassungen des »vermessenen Mönchs zu Wittenberg« hat er nie geantwortet. Als hätte er geahnt, wer der eigentliche Adressat der Botschaft war, reichte er das brisante Thesenpapier nach Rom weiter.

7. »Mit dem Feuer in die Furcht gejagt«

Zeitpunkt und Ort von Luthers Anschlag mögen für die Kirche überraschend gekommen sein. Neu waren die Vorwürfe nicht, weder gegen diese Form von Wertschöpfung noch gegen deren Handlungsreisenden Tetzel. Dass Luther in den Thesen mystisches Gedankengut verbreitete, hätte kaum einer vermutet. Für ihn dagegen war es selbstverständlich, sich zumindest vor seinem Mentor nachträglich zu seiner wahren Inspirationsquelle zu bekennen. *Was mich betrifft,* so schrieb er im März 1518 an Staupitz, *so folge ich der Theologie, die sich bei Tauler und in dem Büchlein findet, das ihr neulich in Druck gegeben habt.*[84] Gemeint war jenes »Büchlein von der Liebe Gottes«, das Luther seiner Mutter geschenkt hatte.

In der Theologenwelt herrschte nach dem Thesenanschlag betretenes Schweigen. Man wusste, dass der Mönch im Prinzip recht hatte. Aber da es sich um einen politischen Vorgang handelte, der Ärger nach sich ziehen würde, zog man den Kopf ein. *Alle Welt klagte über den Ablass,* schrieb Luther rückblickend, *besonders über Tetzels Artikel. Und weil alle Bischöfe und Doktoren stillschwiegen,* wollte auch *niemand der Katze die Schelle anbinden.* Ins Visier der Inquisition wollte niemand geraten. Denn *die Ketzermeister vom Predigerorden,* so schrieb Luther über seine dominikanischen Verfolger, *hatten alle Welt mit dem Feuer in die Furcht gejagt.*[85]

Das Feuer fürchtete Luther nicht, aus dem war er schon gekommen. Wie der Scheiterhaufen bot auch die Anfechtung ein realistisches Bild dessen, was die Kirche mit dem Begriff Fegefeuer meinte. Nur über die Weise, wie man aus dieser befristeten Hölle befreit wurde, herrschte Dissens. Die Kirche, der an einer soliden Einnahmequelle gelegen war, behauptete, durch den Ablass. Dies war eine für beide Seiten bequeme Methode, das jeweilige Ziel zu erreichen: Die Kirche bekam ihre Finanzierung und der arme Sünder seine Absolution.

Für Staupitz und Luther bot der Ablass nur den Anlass. Was in den Wittenberger Thesen verkündet wurde, leitete den Abschied von dieser Kirche ein. Statt eines Systems, das heillos in seine materielle Selbsterhaltung verstrickt war, suchte Luther in ihr, wie die Theologie seit Paulus, das *Reich der Wahrheit.*[86] Wer zu ihm gehören wollte, musste nicht dem Priester, sondern zuallererst der Wahrheit ins Auge sehen.

Eigentlich brauchte der Mensch dabei gar nichts zu *tun.* Er musste sich nur von seiner gewohnten Sehweise abkehren und, wie Luther in den Erklärungen seiner Ablassthesen schrieb, bereit sein, eine *andere Gestalt des Geistes* anzunehmen. Es galt, das sich selbst verfallene Ich fallen zu lassen, um für Gott Platz zu machen. Nur so würde man, wie Luther es in seinen Erklärungen der Thesen ausdrückte, *himmlisch gesinnt*[87] werden.

Ein paar Monate nach dem Anschlag berichtete er Staupitz mit ironischer Anspielung auf die Spürnasen der Dominikaner, *sein Name sei vielen zum Gestank* geworden. Das war lebensgefährlich. Brachte man ihn nach Rom, hatte er dort das Schlimmste zu erwarten. *Geradezu unsinnig vor hitzigem Eifer,* so schrieb er seinem Mentor, würden sie *aus einem Fünkchen ein loderndes Feuer*[88] machen. Das trockene Holz lag schon bereit.

8. Hat er nicht oder hat er doch?

Der Thesenanschlag wurde zum Fanal, das bis in unsere Gegenwart herüber leuchtet. Und bis heute wird darüber gestritten, wie die Aktion genau verlaufen ist. Am 31. Oktober 1517 gegen 12 Uhr, so beschrieb es der Kirchenhistoriker Walther von Loewenich, »ging Luther in Begleitung seines Famulus Johannes Schneider aus Eisleben, genannt Agricola, den kurzen Weg vom Schwarzen Kloster zur Schlosskirche und heftete einen Zettel mit 95 lateinisch verfassten Thesen gegen den Ablass an die nördliche Eingangstür an«[89]. Dass er dazu, was oft bestritten wird, einen Hammer und kleine Nägel benutzte, war deshalb unvermeidlich, weil die Reißzwecke erst 400 Jahre später erfunden wurde.

Da sich unter den Pilgern genügend Kleriker zum Übersetzen und Weitertragen fanden, sprach sich das auffällige Plakat schnell herum. Ebenso schnell dürfte man bemerkt haben, dass sich die darin enthaltene Provokation kaum zur Schuldisputation *mit wenigen Gelehrten in und um Wittenberg*[90] eignete. Als hätten die Akademikerzirkel es geahnt, ließen sie Luthers gefährliche Einladung unbeantwortet. Obwohl er, wie er Bischof Schulz-Scultetus schrieb, *alle auf diesen Kampfplatz rief*, sei *kein einziger*[91] gekommen. Rätsel über Rätsel. Die Disputation über das im wahrsten Sinn des Wortes brennendste Thema der Zeit hat denn auch nie stattgefunden.

Glaubt man manchen Lutherforschern, hat auch der Thesenanschlag nie stattgefunden. Der katholische Theologe Erwin Iserloh trat 1961 mit der These auf, es habe lediglich den Briefversand gegeben, nicht aber das einschlägige Ereignis am Reformationstag. Schon dieser Name, so meinte auch der ebenfalls katholische Lutherbiograph Hartmann Grisar, sei eine Irreführung. Erst im Jahr darauf hätte der Mönch seine reformatorische Wende erlebt.

Noch kontroverser wurde der Thesenanschlag selbst beurteilt. Es habe, sagten die einen, lediglich das Rundschreiben an den hohen Klerus gegeben und keinen Hammerschlag. Andere meinten, die Thesen seien tatsächlich an die Schlosskirche angeschlagen worden, jedoch nicht von Luther selbst. Und nur ein Häuflein Aufrechter blieb überzeugt, er habe persönlich die Thesen angeschlagen.

Vermutlich traf genau das zu. Wäre die Aufforderung zur Disputation nur ein Vorwand gewesen, einige hohe Würdenträger davon zu überzeugen, dass sie mit dem Ablass auf dem Holzweg waren, dann hätte der Briefversand ausgereicht. Um dagegen die Papstkirche wegen ihrer Geldeintreibungspraktik zu attackieren, hätte es keinen besseren Ort gegeben als ein Reliquienzentrum, das Rom unterstellt war – zumal wenn ein bekannter Akademiker persönlich Hand anlegte.

Luther war auch nicht der Erste. Schon immer war an Kirchentüren bedeutungsvoll gehämmert worden. Bevor Tetzel die Bergmannstadt Annaberg abzockte, so erinnerte sich Friedrich Myconius, hatte er die Ankündigung des Jubelablasses »an den Kirchentüren angeschlagen«[92]. Dasselbe geschah, als der Papst die Bannandrohungsbulle gegen Luthers Thesen ausgefertigt hatte. Mit Nägeln wurde sie an der Pforte des Petersdoms befestigt.

Auch in Wittenberg ging es handfest zur Sache. Ein halbes Jahr vor Luther, im März 1517, hatte sein Fakultätskollege Andreas Karlstadt eigene Thesen an dieser auffälligen Stelle »gepostet«. Als Dekan ihm rangmäßig überlegen, lud Karlstadt eigenhändig zur Disputation über Augustinus' Gnadenlehre ein. Nicht zufällig hatte er für seine Aktion den Misericordias-Tag gewählt, an dem die Reliquien ebenfalls ausgestellt wurden. Die Disputation fand denn auch statt, und hinterher, so Luther stolz, herrschten *unsere Theologie und Augustin an unserer Universität*[93].

Bestätigt wurde Luthers Aktion von seinem Freund Philipp Melanchthon. Über das Thesenpapier schrieb er, es sei am »Tag vor Allerheiligen an die Schlosskirche zur Abendmesse angeschlagen worden«[94]. Da er aber nicht selbst dabei gewesen war, so wandten moderne Forscher ein, habe er es auch nicht mit Sicherheit sagen können. Kurz, alles Lärm um Nichts, der Thesenanschlag hat nie stattgefunden. Vielleicht aber doch. Denn als Melanchthon nur drei Jahre später zu Luthers Verbrennung der Bannbulle einlud, hatte er selbst dazu »durch einen Anschlag eingeladen«[95]. Schwer vorstellbar, dass ihm damals jene Tat, die den reformatorischen Durchbruch brachte, verheimlicht worden wäre. Hätte er aber nichts gehört, weil es sie nie gegeben hatte, müsste man den frommen Mann wohl oder übel als Lügner bezeichnen.

Letzte Zweifel schienen ausgeräumt, als sich 2007 auf dem Schlussblatt eines von Luther benutzten Neuen Testaments eine Notiz seines Assistenten Georg Rörer fand. In deutscher Übersetzung lautet sie: »Im Jahr 1517, am Vortag des Allerheiligenfestes, hat Doktor Martin Luther in Wittenberg an den Türen der Kirchen seine Ablassthesen bekannt gegeben.«[96]

Dass auch andere Kirchen in die Aktion einbezogen waren, löste eine weitere Debatte aus. Luther, so hieß es, wäre wohl kaum mit einem Packen Plakate unterm Arm und einer Dose Nägel in der Hand durch die Stadt marschiert, in der damals »großer Besucherauflauf« herrschte. Das hätte er auch nicht gemusst. Während er sich demonstrativ an der Schlosskirche betätigte, hätte sein Assistent Agricola, wenn es denn so gewesen wäre, die anderen Kirchen versorgen können.

Die Arbeitsteilung war aber gar nicht nötig. Denn Rörer selbst hat seine erste Angabe zurückgenommen. In einer späteren Notiz schrieb er nicht mehr von »den Türen der Kirchen«, sondern benutzte den Singular. »Im Jahr 1517 nach Christi Geburt«, so Luthers Eckermann, »hat M. L., Doktor der Theologie, am Vortag des Festes Allerheiligen Thesen über den käuflichen Ablass herausgegeben, befestigt an den Türen der Kirche, die mit dem Wittenberger Schloss verbunden ist«.[97]

9. Das Wackeln der Tiara

Der einzige Grund, warum damals über die technische Prozedur nicht weiter geredet wurde, lag in ihrer Selbstverständlichkeit. Der Thesenanschlag, als solcher ein banaler Vorgang, schien Luther selbst nicht der Rede wert. Den hohen Symbolwert, den der Theologe Iserloh im Visier hatte, erhielten die Thesen erst später. Nachvollziehbar war auch Luthers Entscheidung, dem Erzbischof seine Plakataktion nicht sogleich unter die Nase zu reiben, sondern im Begleitbrief nur vage von *meinen Disputationen*[98] zu sprechen. Wenn er sich später ebenfalls nur unpräzise erinnerte, mochte dies auch daran gelegen haben, dass er damals zwar selbst gehandelt hatte, aber nicht alleiniger Herr seiner Handlungen gewesen war.

Dieser Verdacht kam schnell auf. Wie der Herzog von Braunschweig durchschauten auch andere Zeitgenossen den Anschlag als kirchenpolitisch motiviert. Auf den Blitz war bezeichnenderweise nicht sofort Donner erfolgt. Weder kam es zu einer Disputation, noch zeigten die angeschriebenen Würdenträger eine sichtbare Reaktion. Teils herrschte Schockstarre, teils schüttelte man den Kopf über den Wagemut des Mannes. Die ganze Ablasskritik, so hieß es bald überall, sei »vom Kurfürsten aus Neid gegen Albrecht von Brandenburg veranlasst worden«[99].

Und wie reagierte das Murmeltier? Der Kurfürst, zufällig gerade verreist, gab nur den knappen Kommentar ab: »Ihr werdet sehen, der Papst wird das nicht leiden können.«[100] Erstaunliche Weitsicht, und außerdem verräterisch: Offiziell handelte es sich ja nur um eine Einladung zur fachwissenschaftlichen Diskussionsrunde. Seit wann interessierte sich der Stellvertreter Christi für Wittenberger Interna?

Weitsicht hatte Friedrich schon beim Thesenanschlag selbst bewiesen. Die Nacht vor Allerheiligen verbrachte er nämlich nicht in der Residenzstadt, sondern auf seinem Jagdschloss Schweinitz. Dort suchte ihn zum passenden Zeitpunkt ein Traumgesicht heim, das er als göttliches Wunderzeichen deutete. Seinen Begleiter Spalatin, dem er davon erzählte, dürfte es kaum überrascht haben. Auch moderne Leser werden in der mystischen Verpackung das augenzwinkernde Eingeständnis des Herzogs finden, vom Anschlag an seiner Schlosskirche im Voraus gewusst und das heißt, ihn auch gewollt zu haben. In seinem Traumgesicht ließ Gott selbst es sich nicht nehmen, das Unternehmen gutzuheißen.

Dem Kurfürsten träumte nämlich, so stand es im späteren Traumbulletin, »wie der allmächtige Gott einen Mönch zu mir schickt und mir gebietet, ich sollte dem Mönch gestatten, dass er mir etwa an meine Schlosskirche zu Wittenberg schreiben dürfe. Darauf fängt der Mönch an zu schreiben und macht so grobe Schrift, dass ich sie hier zu Schweinitz erkennen konnte. Er führte auch so eine große Feder, dass sie bis zu Rom mit dem Hinterteil reichte«. Dort durchbohrte ihr Ende das Ohr eines Löwen, »und berührte dann der päpstlichen Heiligkeit dreifaltige Krone, und stieß so hart daran, dass sie begann zu wackeln und wollte Ihrer Heiligkeit vom Haupte fallen«.[101] Gerade als der fromme Friedrich den Arm ausstreckte, um ihren Sturz zu verhindern, sei er aufgewacht.

Ob er diese Allegorie wirklich Spalatin erzählt hatte oder sie ihm von diesem oder jemand anderem in den Mund gelegt worden war, ist dabei nicht entscheidend. Wer immer sein »gottgesandtes Traumgesicht« kolportierte, wollte damit nur eines andeuten: dass der Kurfürst, der angeblich nichts wusste, in Wahrheit alles wusste. Und wenn jemand wusste, dass Friedrich wusste, dann Spalatin. Die sagenhafte Geschichte hielt auch genau fest, was der Kurfürst mit dem Thesenanschlag, auf Gottes Weisung hin, beabsichtigt hatte: Er wollte Leo X., dem römischen Löwen, einen schmerzhaften Denkzettel verpassen. Was er aber auf keinen Fall wollte, war der Untergang des Papsttums. Immerhin, so suggerierte die Traumgeschichte, war es ihm gelungen, das durch persönliches »Eingreifen« zu verhindern.

Nach den Wittenberger Hammerschlägen sprach keiner mehr von Tetzel, und alle nur noch von Luther. Wie der Bußprediger behauptet hatte, *Rom ist dort, wo ich bin*, so gab der zu plötzlicher Berühmtheit gelangte Mönch Martin, seinem Gefühl Ausdruck, *der ganze Erdkreis lastet auf mir*.[102] Mit einiger Verzögerung war der Sturm losgebrochen, hatte die Kirche ihre Geschütze in Stellung gebracht. Für die Dominikaner gehörte das zur Routine. Was Luther verkündete, war übliche Häresie. Seit es den Ablass gab, wurde dagegen polemisiert, vor allem von jenen, die, wie der Orden giftig streute, nicht am Geschäft partizipieren durften.

Diesmal war es anders. Luther hatte die Problematik glänzend auf den Punkt gebracht, und das hatte Folgen. Wie Erasmus von Rotterdam 1519 festhielt, hatte er »den Gewinn des Ablasses vermindert«[103]. Das war heftig, und nicht nur der Klerus litt darunter: Weil das Wallfahren und Pilgern im Lande stockte, sanken auch die Einnahmen der Gastronomie. In Wittenberg beschwerten sich sogar die Branntweinbrenner beim Kurfürsten über den zusammenbrechenden Absatz.

10. »Die Engel als Botenläufer«

Da Luther wie ein *blinder Gaul* ins Gefecht gezogen war, dürfte ihn der wütende Aufschrei überrascht haben. Vor allem aber verblüffte ihn die schnelle Ausbreitung seiner »für den Hausgebrauch« deklarierten Thesen. Wenige Wochen nach ihrem Anschlag schienen sie in lateinischer und deutscher Sprache noch den letzten Winkel des Reiches erreicht zu haben.

Nicht nur viele Geistliche und die Humanistengemeinde, auch Künstler wie Albrecht Dürer oder Hans Baldung Grien zeigten sich begeistert. Selbst der altgläubige Herzog Georg war angetan. Der einzige Sinn des Ablasses, so der spätere Lutherfeind, liege darin, »viel Geld zusammenzubringen«[104]. Aus dem fernen Basel schickte Erasmus von Rotterdam das gefährliche Papier an den englischen Königsvertrauten Thomas Morus, der es an Heinrich VIII. weitergab. Der war *not amused*. Damals noch ein Papstgläubiger, sann der König über Gegenmaßnahmen nach. Über Nacht war der Deutsche zur europäischen Berühmtheit geworden. Im Vorgefühl künftigen Martyriums schien es diesem, *als wären die Engel selbst Botenläufer und trügen's vor aller Menschen Augen*[105].

Die Engel kamen aus Wittenberg. Denn was Luther selbst

nicht für möglich gehalten hatte, verdankte er zahlreichen Multiplikatoren in Ordens- wie in Alltagstracht, die für reichs-weite Aufmerksamkeit sorgten. Während der entmachtete Tetzel dem Tag entgegenfieberte, an dem Luther »im Ketzer-hut zum Himmel fahren würde«, versicherte dieser in einem Brief an den Papst, alles sei gar nicht so gemeint gewesen. Ihm selbst sei es *ein Rätsel,* dass *gerade diese meine Ablassthesen im Unterschied von meinen früheren und denen aller anderen Theologen fast in aller Welt bekannt geworden sind.*[106]

Vermutlich ging das auf die Kappe von Spalatin und Stau-pitz. Sie ließen ihre Beziehungen spielen und die Drucker-pressen laufen. Als höchstem Ordenspolitiker standen Stau-pitz vielfältige Kommunikationswege zur Verfügung: Seine fünfzig Augustinerklöster bildeten ein Netzwerk für theolo-gischen Austausch, und als berühmter Prediger konnte er all jene Zirkel mobilisieren, die wie die Nürnberger »Sodalitas Staupitziana« sein Gedankengut verbreiteten. Luthers Thesen wurden auch hier enthusiastisch aufgenommen. Nicht zufäl-lig nannte sich diese Gemeinschaft später in »Sodalitas Mar-tiniana« um.

Da Spalatin dank der Universität mit den Gelehrtenkrei-sen bestens vertraut war, fiel es ihm leicht, die Frohe Botschaft aus Wittenberg unter den Scholaren zu verbreiten. Die Ironie wollte es, dass gerade auch die Papstkirche und der Mönchsor-den, den sie von der Kette ließ, zur Popularisierung der The-sen beitrugen. Die zündelnden Dominikaner, von Luther als *alberne deutsche Elstern*[107] verspottet, drängten nicht nur den Mönch in die Ketzerecke, sondern suchten eifrig den Konkur-renzorden der Augustiner-Eremiten zu beschädigen. Schließ-lich hatten sie einen Schandfleck wie Luther hervorgebracht. Beider Popularität konnte das nur nützen.

Der Kampf um die Thesen schaukelte sich auf. In der Ver-breitung seiner Gedanken wetteiferten Luthergegner mit Lutherbefürwortern. Sein Schutzherr Friedrich dagegen hielt sich bedeckt. Auch nach dem Eklat an der Schlosskirche blieb er kirchentreu und sammelte weiter ablassfähige Knöchlein. Dennoch war er auf den Mann, der dem Ablass jeglichen Sinn abgesprochen hatte, gar nicht böse. Er schätzte ihn, weil er ihm einen politischen Dienst erwiesen hatte, und er schützte ihn, weil er zu seinem Versprechen als Landesherr stand. »Aus unerfindlichen Gründen«, so wunderte sich noch heute ein englischer Kirchenhistoriker, habe der Kurfürst »Luther hart-näckig gegen dessen Feinde verteidigt«.[108] Und nicht nur das. In Anerkennung seiner Verdienste schenkte er dem Mönch bald darauf feines Tuch für ein Ordenskleid.

Dennoch hat der Kurfürst den Mann, dem er seinen Platz in der Geschichte verdankte, niemals in seine Nähe gelassen, geschweige denn als Gast geladen. Im Gegensatz zum Maler Lukas Cranach, mit dem er gern tafelte, musste der nicht min-der berühmte Luther draußen bleiben. *Ich habe mein Leben lang mit dem Kurfürsten kein Wort geredet noch ihn reden hören*, bestätigte der Reformator in dessen Todesjahr 1525, *dazu auch sein Angesicht nie gesehen als einmal in Worms.*[109] Von weitem.

Luther als Person blieb für Friedrich den Weisen tabu. Daran konnte auch nichts ändern, dass sein Doktor zum deut-schen Hoffnungsträger aufstieg, von dem man nichts weniger als eine politische Revolution erwartete. Für die Papstkirche dagegen wurde Luther, wie Friedrich wohlwollend zur Kennt-nis nahm, zum Gespenst, das von diesem Augenblick an in Europa umging.

KAPITEL SECHS

AUF KOLLISIONSKURS

> *Der Glaube ist die Erneuerung*
> *der ganzen Natur, so dass Augen,*
> *Ohren und Herzen sehen, hören*
> *und fühlen, was alle anderen*
> *Menschen nicht spüren.*[110]

1. Theta heißt Tod

Auf Luthers Hammerschläge folgte mit einiger Verzögerung
der Donner der Kirche. Das Heilsinstitut, das das Glaubens-
monopol besaß, grollte ernstlich. Hauptsächlich, weil es ihm
ans Portemonnaie ging. Und nebenbei auch, weil viele Kleriker genau wussten, dass das kühne *Mönchlein* aus der Dias-
pora ebenso Recht hatte wie die anderen verketzerten und verbrannten Theologen.

Seine neuen Erkenntnisse konnte Luther der Fachwelt
schon bald nach dem Thesenanschlag präsentieren. Als im
April 1518 die Amtszeit von Staupitz als Generalvikar abgelaufen war, hatte der Stab der Augustiner zur Neuwahl in die
Heidelberger Dependance eingeladen. Luthers Mentor nutzte
die Gelegenheit, den Autoritäten seinen Schützling zu präsentieren. Die Zuhörer der Disputation, bei der Luther von seinen
Thesen als *Paradoxien* sprach, waren von ihm tief beeindruckt.

Der spätere Reformator Straßburgs, Martin Bucer, notierte damals, dass Luther »durch seine wunderbare Anmut im Antworten, seine unvergleichliche Geduld im Zuhören und seinen paulinischen Scharfsinn jedermann in Verwunderung setzte«[111].

Nicht der ist gerecht, der viele Werke tut, so verkündete Luther bei dieser Disputation, *sondern wer ohne Werke viel an Christus glaubt.* Die anwesenden Scholastiker provozierte er mit der Warnung, *wer gefahrlos aristotelisch philosophieren wolle, den müsse Christus zuvor gehörig zum Narren machen.*[112] Eine humoristische Note erhielt Luthers Besuch, als Pfalzgraf Wolfgang ihm stolz seine Reliquiensammlung in der Schlosskapelle präsentierte. Auch darin zeigte sich Luthers Erfolg, dass er, wie er scherzend bemerkte, nach Wittenberg *zu Wagen* zurückgekehrt sei, *der ich zu Fuß ausgezogen war.*[113]

Als Rom im Frühjahr 1518 gegen den Abweichler und seine als dreist empfundenen Thesen zu recherchieren begann, war der misstrauische Kurfürst alarmiert. Schon Luthers Kurzaufenthalt in Heidelberg hatte bei ihm die Besorgnis ausgelöst, er könnte entführt und im Eilverfahren hingerichtet werden. Diese Befürchtung hatte der Rebell selbst geäußert, als er kurz vor seinem Ausflug nach Heidelberg schrieb, dass er *ganz gewiss verbrannt werden sollte*[114]. Dem ebenfalls dort weilenden Staupitz ließ Friedrich der Weise ausrichten, er erwarte Luthers umgehende Rückkehr und dass er »nicht behindert, noch aufgehalten werde«.

Seit dem Thesenanschlag warf Friedrich, wenn auch nicht für jedermann sichtbar, jenen verstohlenen Blick auf den Mönch, den der päpstliche Nuntius Aleander an ihm bemerkt haben wollte. Der Mann, der Luther zeitlebens mied, protegierte ihn unauffällig. Dieses diplomatische Spiel, das ihn, den Beschützer Luthers, als seinen Nichtbeschützer erscheinen lassen sollte, wurde von der Gegenseite als besondere »Hinterhältigkeit und Zweideutigkeit« gewertet.

Dabei blieb dem Kursachsen keine Wahl. Er war zu schwach, um sich offen gegen seine übermächtigen Gegner zu stellen. Und doch stark genug, um gegen sie einen Schwachen in Stellung zu bringen. Deshalb war er entschlossen, ihn auch gegen eine Übermacht zu verteidigen. Wirklich hielt er dem Rebellen die Treue, sprichwörtlich bis zum Tod. *Unser Fürst,* so schrieb ein dankbarer Luther an Staupitz, *handelt ebenso weise und treu, wie er standhaft ist.*[115]

Als der Kirchenapparat den Wittenberger Mönch ins Visier nahm, schien es ein Routinefall zu werden: Widerruf oder Tod. Am besten natürlich Widerruf, denn Aufsehen war zu vermeiden. Seit Erzbischof Albrecht die Thesen Luthers an deren eigentlichen Adressaten weitergereicht hatte, überlegte man in Rom, wie dem Unbotmäßigen das erwünschte Wörtchen »revoco«, zu entlocken war. Traditionell versuchte man dieses »Ich widerrufe« mit Zuckerbrot und Peitsche zu erreichen. Erst kam das Vorzeigen der Folterwerkzeuge samt aufgeschichtetem Scheiterhaufen, dann bot man christliche Sanftmut und Vergebung an, nötigenfalls ergänzt durch Schmeichelei und Versprechungen. Im Sommer 1518 eröffnete man offiziell den Prozess gegen ihn, verbunden mit einer Vorladung in die Tiberstadt.

Auch in Deutschland trug man im Geist schon die Reisigbündel zusammen. Mehrere Verteidiger des Glaubens waren mit Pressegetöse aufmarschiert. Neben Tetzel, der seine Autorität als approbierter Ablassverteidiger ins Spiel brachte, trat der Disputationskämpe Johann Eck aus Ingolstadt mit einer gepfefferten Widerlegungsschrift auf. Beide frohlockten, in Luther einen wiedergeborenen Hus entdeckt zu haben, den man wie diesen vor großem Publikum verbrennen durfte. Ein Erfurter Scholastiker namens Jodokus Trutfetter, einst Luthers Lehrer, setzte beim Lesen von dessen Papier vor jede seiner Thesen ein *schwarzes Theta*[116]. Das hieß »Thanatos«, Tod.

2. »Du hast nur noch das Martyrium zu erwarten«

Nachdem ihr Jagdinstinkt geweckt war, begannen die Dominikaner, diese Spezialisten in spurloser Ketzerbeseitigung, Fäden zu ziehen und Fallen zu stellen. Von der Kanzel herab forderten deren sächsische Ordensbrüder für Luther den Feuertod. Andere, die er selbst als *gräuliche Späher*[117] bezeichnete, lauerten unter seiner eigenen Kanzel. In ganz Sachsen sammelte man Belastungsmaterial und bespitzelte ihn, *und die Brieflein,* so ein launiger Luther, flogen *wie die Fledermäuse.*[118] Wo sich das Gewünschte nicht auftreiben ließ, half man nach. Selbst ein gefälschtes Epigramm auf die Geldgier der Kurie, unter das man seinen Namen setzte, fand den Weg nach Rom.

Alles deutete darauf hin, dass die Dominikaner beim Papst ein ganzes Dossier abgeliefert hatten, in dem Dichtung und Wahrheit bunt gemischt waren. In Rom *stank* Luthers Name zum Himmel. Als der Verleumdete sich darüber bei Leo X. beschwerte, hatte man sich bereits gegen ihn entschieden. Demonstrativ wurde der großspurige Tetzel im Mai 1518 in Rom von der Generalversammlung der Dominikaner mit dem theologischen Doktorhut ausgezeichnet.

Bald darauf beauftragte Rom den Dominikaner Silvester Mazzolini, genannt Prierias, mit der offiziellen Widerlegung Luthers. Darin verteidigte er die Methoden der Ablassprediger, indem er sie mit Köchen verglich, die ihre Speisen »durch den Zusatz von Gewürzen pikant machten«[119]. Für Luther selbst zeigte er nicht so viel Verständnis. »Wenn das Beißen die Eigenart der Hunde ist«, so schrieb er, »fürchte ich, dass du einen Hund zum Vater gehabt hast, denn du scheinst dazu geboren zu sein, dass du beißt.« Damit kein Missverständnis über die Machtverhältnisse aufkam, fügte er höhnisch an: »Obendrein fürchte ich, dass dir ein Unglück widerfährt.«[120] Prierias spaßte nicht. Als »einer der eifrigsten Befürworter der

Hexenverfolgung«[121] wusste der Inquisitor, wie man Ketzer in Asche verwandelt.

Luthers Mentor Staupitz bekam es mit der Angst zu tun. Für seinen Schützling und für sich selbst. Wurde Luther verbrannt, fiel die Schande auch auf ihn. »Die Welt ist aufgebracht gegen die Wahrheit«, schrieb er ihm tief besorgt aus Salzburg. »In solchem Hass wurde einst Christus gekreuzigt. Du hast, soweit ich sehe, nur noch das Kreuz, das heißt, das Martyrium, zu erwarten.« Sein Vorschlag: »Verlasse daher Wittenberg rechtzeitig und komm zu mir, damit wir zusammen leben und sterben.«[122] Das klang nach ewiger Liebe, bedeutet aber praktisch, dass Luther bis ans Lebensende hinter Klostermauern verschwinden sollte. Zweifellos wäre dies die eleganteste Art gewesen, das Ärgernis loszuwerden.

Mittlerweile war der Wittenberger Mönch vom Inquisitor Prierias zum »Ketzerfürsten« ausgerufen worden. Das erhöhte das Interesse am Prozess und die Vorfreude auf das Autodafé. Der päpstliche Legat Thomas de Vio, genannt Cajetan, ließ Luther die Vorladung in den Vatikan zustellen. Luther wusste, was es geschlagen hatte: Rom sehen und sterben.

Er nahm es gelassen. Schon im Februar 1518 hatte er Spalatin geschrieben, er habe sich *aus Liebe zur Wahrheit in das gefährliche Labyrinth der Disputation begeben und unzählige Minotauren*[123], ja die drei Höllenrichter persönlich, gegen sich aufgebracht. Nicht Galgenhumor sprach daraus, sondern beißende Ironie. Für *Martinus Eleutherius* waren seine Verfolger keine Christen, sondern Schauspieler, die ihre Frömmigkeit nur mimten und dafür groß abkassierten. Er musste sie nicht fürchten, denn er fühlte sich frei. Dem zähnefletschenden Irrgarten, in den sie die Menschen mit Drohungen lockten, war er entkommen. Mochte die Kirche sämtliche Höllenfürsten der Antike aufbieten, gegen seinen Glauben kamen sie nicht an. Auch nicht gegen seinen irdischen Schutzengel: Vermutlich wusste Luther, dass er sich dank Friedrich dem Weisen in einer, wenn nicht bequemen, so doch beruhigenden Lage befand.

Rom wusste es nicht minder. Im Gegensatz zu wehrlosen Opfern wie Savonarola oder Hus, an denen man nach Belieben Exempel statuieren konnte, stand der Mönch unter weltlicher Protektion. Für das kurfürstliche Sachsen war der Arm des Papstes nicht lang genug. Natürlich bot man alles an frommen Spionen auf, um dem Verhassten Stricke zu legen. Doch er stand unter dem Schutz des Murmeltiers, das eigene Absichten verfolgte. Dank des unbefangenen Predigers konnte er die Kirche dafür büßen lassen, dass sie sich auf Deutschlands politischem Parkett einen Fehltritt nach dem andren erlaubte.

Um das Reich zu kontrollieren, das sich das Heilige Römische nannte, musste man nämlich die Kurfürsten gewinnen, nicht gegeneinander ausspielen. Gewinnen aber konnte man sie nur, indem man sie am Gewinn beteiligte. Das, unter anderem, war im Fall Friedrich unterblieben. Man hatte den Schaden noch verschlimmert, als Tetzel dem Kurfürsten persönlich »ganz unverhüllt mit dem Scheiterhaufen drohte«[124]. Auch war der Papst schlecht beraten, als er Friedrich mit der Anspielung unter Druck setzte, durch Luthers Schutz werde gegen ihn ein »böser Verdacht« genährt. Offenbar hatte er vergessen, dass Roms Stellung in Deutschland vom Kaiser abhängig war, dieser aber von den Kurfürsten, die ihn wählten. An Friedrich dem Weisen, das musste die Kurie begreifen, biss man sich die Minotauruszähne aus.

3. Der Hirt und die Kröte

Auf die Peitsche folgte das Zuckerbrot. Die berühmte Tugendrose wurde aus dem Futteral geholt, der goldene Dietrich,
mit dem sich bislang alle Schlösser öffnen ließen. »Geliebter
Sohn«, säuselte Leo in einem Brief an Friedrich, »die hoch-
heilige Goldene Rose wurde von uns am vierzehnten Tag der
heiligen Fastenzeit geweiht. Sie wurde mit heiligem Öl gesalbt
und mit duftendem Weihrauch bestreut. Sie ist das Symbol
des kostbarsten Blutes unseres Heilands, durch das wir erlöst
sind. Daher, lieber Sohn, lass den göttlichen Wohlgeruch in
das innerste Herz Deiner Hoheit eintreten.«[125] Neben ihrem
Wohlgeruch würde die Rose weitere Annehmlichkeiten spenden: Als Lockmittel bot der päpstliche Sondernuntius Karl von
Miltitz dem Kurfürsten an, zwei Personen »von den recht-
lichen Nachteilen ihrer Geburt« zu befreien, womit die beiden unehelichen Sprösslinge Friedrichs des Weisen gemeint
waren. Damit stand ihnen der begehrte Zugang »zu höheren
kirchlichen Ämtern und Pfründen« weit offen.

Im Gewahrsam von Junker Miltitz, den Luther als *lächerlichen Schwachkopf*[126] bezeichnete, wartete die duftende Rose
nur darauf, in die Hände des »geliebten Sohnes Friedrich«
überzugehen. Offenbar wollte der Papst dem Kurfürsten durch
die Blume sagen, dass er sich eine lebende Gegengabe erhoffte.
In Rom zirkulierte damals die Geschichte, »es sei Miltitz vor
der Abreise aus Rom ein päpstliches Breve übergeben worden.
Darin sei ihm aufgetragen worden, die Rose dem Kurfürsten so
zu überreichen, dass dieser dafür Luther schickte«. Die Posse
sei durch einen Kardinal verhindert worten, der das Breve mit
den Worten zerrissen habe: »Seid ihr so verrückt, dass ihr versucht, vom Kurfürsten einen Mönch zu kaufen?«[127]

Die Rose war also passend gewählt, vielleicht zu passend.
Sollte Friedrich der Weise es nicht schon gewusst haben, dürfte

er von Staupitz aufgeklärt worden sein. Seit sie der Erfurter Johann Zachariae nach dem Justizmord an Jan Hus am Barett getragen hatte, galt sie als Kopfprämie für Ketzerjäger. Auf diesen Ehrentitel konnte Kurfürst Friedrich verzichten. Dass er die Rose dann doch erhielt, bewies einmal mehr sein taktisches Geschick. Denn weder hatte er die erhoffte Gegenleistung erbracht, noch teilte er den Glauben an die goldene Wundergabe. Er nahm sie nicht einmal persönlich in Empfang. Als seine Räte sie ihm brachten, so berichtete Luther amüsiert, *würdigte er sie keiner Ehre, sondern machte sich über sie lustig.*[128]

Nicht das Kreuz Christi, sondern die päpstliche Tugendrose bildete das perfekte Symbol des römischen Systems. Wer sich fügte, wurde belohnt. Gehorsam brachte Rosen. Leistung, zumal wenn sie Schaden vom System abwendete, wurde vergoldet. Definierten die Steingehäuse der Kathedralen den Raum des Heiligen, so das Gold dessen Wert. Deshalb prunkte das Innere der Kirchen mit dem Glanz des Edelmetalls. Luther konnte beidem nichts abgewinnen. Für das Kreuz, so predigte er in jener Zeit, *können alle Goldschmiede kein Gefäß machen, darin sie es beschließen könnten. Denn dieses Heiltum ist lebendig wie die Seele des Menschen.*[129]

Durch die neue Theologie, so hoffte Luther, würden die Christen aus ihrer lähmenden Gefangenschaft befreit, und der Gottessohn konnte aus dem Grab, in das Rom ihn wie in einen Banktresor eingeschlossen hatte, endlich wieder auferstehen. Für Luther stand jeder Christ vor der Alternative, sich zu Christus oder zum Papst zu bekennen. Musste man vor diesem wie vor einem römischen Kaiser knien, kam der Gottessohn noch zum geringsten Sklaven, um ihn mit allen Gütern zu beschenken. Wer Christus hatte, hatte alles. Wer das begriff, war erleuchtet.

Nach Luther musste Erleuchtung nicht unbedingt ein spektakuläres Geschehen sein. Ebenso gut konnte sie unauffällig vor sich gehen, etwa dann, wenn einem vermeintlich armen Menschen plötzlich die Augen darüber aufgingen, wie reich er in Wahrheit von Gott beschenkt worden war. Luther erzählte einmal, wie während des Konstanzer Konzils, auf dem Hus verbrannt wurde, zwei Kardinäle über die Felder ritten. Plötzlich sahen sie *einen Hirten stehen und weinen. Und der eine Kardinal, ein gütiger Mann, wollte nicht vorüberreiten, sondern den Mann trösten. Und ritt zu ihm, fragte ihn, was wäre. Da der Hirt sehr weinte und lange nichts sagen konnte, bekümmerte sich der Kardinal. Zuletzt hob der Hirt an und zeigte auf eine Kröte und sprach: Darum weine ich, dass mich Gott als so eine feine Kreatur geschaffen hat, nicht so ungestalt wie den Wurm, und ich das nie erkannt noch ihm Dank und Lob gesagt habe.*

Dies war die wahre Buße, wie Luther sie verstand. Wenn man so will, die Erleuchtung: Der Mann, der nichts war, begriff, dass er *alles* hatte, weil es ihm von Gott geschenkt war. Weil Gott sich ihm in seiner Schöpfung selbst geschenkt hatte.

Auf dem Feld bei Konstanz war es aber noch zu einer zweiten Erleuchtung gekommen: Der Kardinal, der alles zu haben glaubte, Gold, Macht und den Segen des Höchsten, begriff im selben Augenblick, dass er *nichts* hatte. Das traf ihn wie ein Blitz. *Der Kardinal,* so erzählte Luther, *schlug in sich und entsetzte sich vor dem Wort, so dass er von seinem Maultier fiel. Und man musste ihn hineintragen.*[130]

4. »Wir haben keinen größeren Feind als uns selbst«

Ein kleiner Hirt hatte die Welt als Gottesgeschenk begriffen, und ein großer Kardinal war dabei vom Maultier gefallen.

Für Luther bedeutete dies, dass der Mensch in Zukunft keines hohen Rosses mehr bedurfte.

Das hohe Ross des Menschen war sein Ich, seine Eigenliebe und Selbstgefälligkeit. Seine zwanghafte Neigung, alles, von Gott über die Schöpfung bis auf das kleinste Blättchen am Baum des Lebens, auf sich zu beziehen und möglichst in seinen Besitz zu bringen.

Diese vertraute Selbstherrlichkeit wurde vom Humanismus, der Religion der Moderne, noch verstärkt. Zwar war der Mensch für ihn weder Herrscher noch Untertan. Doch dafür beherrschte er die Welt, indem er sie sich untertan machte. Der Maßstab alles Seienden lag in ihm selbst. Hatten sich Schöpferkraft und Weltgericht bis dahin in Gott verkörpert, fanden sie sich nun im menschlichen Willen und seiner moralischen Urteilsfähigkeit. Der Vater im Himmel hatte ausgedient.

Als wolle der Mensch beweisen, dass er die Welt ebenso gut regieren konnte wie Gott, übertraf er beständig »alles Dagewesene«, sich selbst eingeschlossen. Mit dem Beginn des Welthandels war das weltweite Rattenrennen eröffnet. Schon im Unternehmen seines Vaters hatte Luther erleben können, wie viel höher die Leistung eines Menschen galt als er selbst. Nur noch der Blick in die Zukunft galt. Was gestern war, war heute bereits veraltet, und außer Mode zu sein, war schlimmer als tot. Dagegen setzte das, was der Mensch in diesem Augenblick auf den Markt warf, den Trend.

Luthers Einstieg in das sausende Öffentlichkeitskarussel war ganz und gar unmodern und gegen den Trend. Das Statement, das der Mönch am Vorabend von Allerheiligen 1517 an der Schlosskirche angenagelt hatte, widersprach allem, was in dieser Zeit von Wittenberg bis Rom auf der theologischen Tagesordnung stand. Schlechthin alle Leser seiner Thesen, ob es nun Thomisten, Nominalisten, Humanisten oder ganz normale Bürger waren, mussten sich durch die Plakataktion vor den Kopf gestoßen fühlen.

Luther hatte diese Kollision gewollt. Seine Thesen stellten nicht nur einen Angriff auf den Papst und seine Kirche dar, sondern zugleich auf das souveräne Ich des modernen Menschen. Der vermeintliche Selbstgestalter seines Schicksals, der im Humanismus seine Bestätigung fand, war nach Luther nur eine Illusion, die auf sich selbst hereinfiel. Um zu seinem wahren Wesen zurückzufinden, musste dieses überdimensionierte Ich von sich selbst Abstand nehmen. Sein Hamsterrad musste stillstehen. Eine neue Zeit sollte beginnen, ohne Wachstumsziele und Terminkalender. Dazu war ein radikaler Neuanfang nötig, mit einem radikal neuen Menschen.

Bereits in seiner ersten These hatte Luther all dies gesagt. Die folgenden 94 Thesen lieferten nur Erklärungen, die wiederum im Jahr darauf durch weitere Erklärungen erklärt wurden. Das war auch nötig, denn so wie die erste These in die Welt gesprungen war, stellte sie alles, was der Menschheitsfortschritt bis dahin erreicht hatte, in Frage.

Der Thesenautor behauptete nichts weniger, als dass alle, die sich für Christen hielten, gar keine waren, und alle, die ihr Leben auf das Ich und dessen Errungenschaften konzentrierten, gar nicht Christen sein *konnten*. Für ihn befand sich die Menschheit, ob fromm oder humanistisch, auf dem Holzweg. Er konnte sich dabei auf Jesu eigenes Wort berufen, wonach der Mensch, da das Gottesreich unmittelbar bevorstand, Buße tun solle. Was aber bedeutete das?

Nach Luther meinte er damit nicht, dass der Mensch sich hin und wieder mittels Ablass oder anderer kirchlicher Methoden für das Gottesreich fit machte. Er verstand die Worte so, dass der Mensch nicht Buße *tun* musste. Er musste Buße *sein*. In Luthers Worten wollte Jesus nichts anderes, als *dass das ganze Leben des Glaubenden Buße sei*[131]. Diese Deutung widersprach dem gewohnten Verständnis. Natürlich wusste er das, und er hat diesen Effekt gewollt. Dass das ganze Leben Buße sein sollte, bedeutete nicht, dass sich nun die Welt in ein

Kloster verwandeln und die Menschheit in Sack und Asche gehen musste. Diese traditionelle Art von Buße war nur ein durchsichtiger Tauschhandel, durch den der Mensch sich die selbstverspielte Gottesnähe zurückkaufen wollte. Nichts wurde dadurch bewirkt als die Prosperität des päpstlichen Inkassounternehmens.

Keine gute Tat und kein gutes Geld konnten das Ich des Menschen von seinen Sünden befreien, denn es war selbst die Sünde. »Die Wurzel des Bösen«, so schrieb der Theologe Karl Holl, »ist für Luther nicht die Sinnlichkeit, sondern die Selbstsucht. Das natürliche Begehren richtet sich immer auf das Ich.«[132] Da dieses Ich sich und damit alles Seiende immer nur auf sich selbst bezog, blieb es außerhalb Gottes. Es wollte, wie es in der Genesis heißt, *selbst Gott sein.*

Diese Selbstüberhebung, so Luther, musste scheitern. Das Ich wollte »sein«, am liebsten für immer. Doch da alles Sein von Gott und in Gott war, saß das Ich einer Selbsttäuschung auf: Es war das Nichts, das sich einbildete, »etwas« zu sein. Natürlich konnte diese Fiktion, die sich Ich nannte, nicht dauerhaft vor dem Sein bestehen. Spätestens in seinem letzten Stündchen ging dem Ich die Wahrheit über sich selbst auf. Es war nur ein selbstverliebtes Nichts gewesen. Und deshalb konnte es sich auch nicht aus eigener Kraft, durch eigenen Willen vor Gott rechtfertigen.

In seiner Deutung des Vaterunsers betonte Luther, *dass wir keinen größeren Feind haben als uns selbst. Denn unser Wille ist das Größte in uns.* Und was dieser Wille eigentlich wollte, war die absolute Souveränität des Ich. »Ich will«, das hieß eigentlich: »Ich will mich selbst«. Solange es über sich selbst wie über das Ganze regierte, war der Kampf gegen die eigene »Begehrlichkeit« sinnlos und die »Sünden« folgten als unvermeidbare Konsequenz. *Gottes Wille,* so Luther zu seinen Hörern, könne erst geschehen, *wenn euer Wille nicht geschieht.*[133]

Da aber seit dem Sündenfall das reflektierende Ich den Menschen beherrschte, blieb ihm keine Wahl. Es erschuf sich selbst, bevor es sich selbst bemerkte. Und wenn es zu sich sprach, antwortete es auf einen Gedanken, von dem es bereits angesprochen war. Der Mensch war der Hase, das Ich der Igel. Den Wettlauf mit seinem Ich musste er verlieren. Ja, der Mensch war schon auf sein Ich bezogen, bevor er noch »Ich« sagen konnte. Und deshalb war jeder Mensch, egal, was er getan hatte, vor Gott ein Sünder. Denn wo Ich war, konnte Gott nicht sein.

5. Der in sich verkrümmte Mensch

Angeregt durch Augustinus bezeichnete Luther diesen zwanghaften Selbstbezug als *Verkrümmtsein in sich selbst*[134]. Statt sich zu öffnen, wendete sich der in sich verkrümmte, gleichsam zu einem Kreis gebogene Mensch sich selbst zu. Je mehr er mit sich beschäftigt war, umso intensiver wurde die Beziehung. Heute würde man von Rückkopplung sprechen. Diese verstärkt einen Impuls, indem sie ihn auf sich selbst einwirken lässt. Ohne dass etwas von außen dazu käme, schaukelt der Impuls sich auf und erreicht schnell den Punkt ohne Umkehr: Bei der akustischen Rückkopplung gibt er sich erst als Pfeifen, dann als schrilles Kreischen kund, bis es den Lautsprecher zerreißt.

Ein Mensch, der »in sich verkrümmt« ist, findet sich in allem wieder, aber er kommt nie aus dem Gefängnis seiner selbst hinaus. Er füttert sein Ich ständig mit Bestätigungen und Belohnungen, die es von sich selbst und der Umwelt bezieht. In allem, so Luther, will es *nur sich selbst gefallen, sich selbst genießen und in seinen Werken sich selbst als sein eigenes Idol anbeten.*[135] Dadurch schaukelt sich das Selbstbewusstsein auf und wächst ins schier Grenzenlose.

Aber für alles gibt es eine Grenze. Irgendwann erreicht es den Punkt, an dem der Selbstbezug für den Menschen unerträglich wird. Für ihn selbst und für andere. Pfeifen, Kreischen, Untergang. Der Teufel ist nichts anderes, besser gesagt, niemand anderer, als diese Rückkopplung des Ich. Man nennt sie auch den Teufelskreis. Dieser führt direkt in die selbstbewirkte Selbstzerstörung. Und die ist die wahre Hölle.

Wie Luther in seinen Anfechtungen erfahren hatte, wurde der Mensch durch diese Verkrümmung des Ich unfähig, die Schöpfung und sich selbst im wahren Licht zu sehen. Und von Gott konnte er weit und breit nichts entdecken. Der Mensch, so schrieb Luther, *ist so tief in sich selbst verkrümmt, dass er die schönsten Geschenke Gottes an sich reißt und genießt, und dabei ignoriert, dass er, böse, verkrümmt und pervers, alles und selbst Gott nur um seiner selbst willen sucht.*[136] Irgendwie ist der Mensch immer mit sich selbst beschäftigt, rastlos plant und tut er, hechelt dem Bild seiner selbst hinterher. Aber mit dem Tun ist nichts getan. Auch Buße tun, wie die Kirche es forderte, führte zwangsläufig zur Selbstbestätigung des Sünders und ebenso der Kirche, die dessen Erniedrigung als eigene Erhöhung, dessen Sühnezahlung als eigenen Gewinn verbuchte.

Begriff man dagegen, dass *die wahre, innere Buße* auf dem Abschied von der Verkrümmung bestand, endete das Ich mit seinem Aktionismus und dem ewigen Lärm seines Selbstgesprächs. Dann endete auch das *Kreuz der Buße*: Der *erste Adam mit seinem Bild geht unter, und der neue Mensch als Ebenbild Gottes wird vollendet.* In seinen Erklärungen zu den Thesen beschrieb Luther diese Verwandlung der Gottverlassenheit in Gottesgegenwärtigkeit als *Eintritt ins Himmelreich.* Und der fand nicht irgendwann in der Zukunft statt, sondern konnte in jedem Augenblick geschehen. Dann nämlich, wenn einem die Augen darüber aufgingen, dass Gott und Mensch *sich nicht sondern und voneinander trennen* lassen, sondern *eine Person*[137] sind. Das war Luthers Erfahrung gewesen, und er wollte, dass sie der ganzen Christenheit zuteil wurde.

Hier begannen die Schwierigkeiten. Luther war nicht der Erste, der erfahren musste, dass dieses Wunder sich nur schwer vermitteln ließ. In einem Brief an Papst Leo X. räumte er ein, seine Thesen seien *dunkel und rätselhaft formuliert*[138]. Das traf teilweise zu, andrerseits waren sie nicht dunkler und rätselhafter als die seines Vorbilds Paulus. Luther und der Apostel waren einander in vielem ähnlich, und nicht nur, weil der Theologe dem »Erfinder« aller Theologie nacheiferte. Beide schrieben nicht, wie die Scholastiker, sozusagen im Mittagssonnenschein des Geistes, sondern in der Dämmerung einer Welt der Verzweiflung und des Sterbens. Und gerade wenn der Mensch *in dieser Todesnacht meint, er sei nun verloren*, so Luthers Erfahrung mit Paulus, *wird er aufgehen wie der Morgenstern.*[139]

Wie Paulus' Apostelbriefe seine ganz persönliche Begegnung mit Christus, seine Entrückungen und Bestrafungen durch den »Engel Satans« berichteten, so hat auch Luther in seinen Wittenberger Thesen Autobiographie geschrieben, einschließlich seiner schrecklichen Begegnung mit dem Fegefeuer.

Doch nicht nur der Horror, sondern auch beglückende Ausnahmeerfahrungen verdichteten sich für ihn zur überpersönlichen Theologie. Wie Paulus fühlte auch er sich einmal *emporgerissen in den dritten Himmel*[140], wie das Paradies auch genannt wurde. Gewiss war dies nicht wörtlich gemeint. Mit derlei gleichnishaften Formulierungen versuchten der Apostel und sein Nachfolger, das Unverständliche verständlich zu machen. Beide wollten ihre außergewöhnlichen Erfahrungen, die sie mit niemandem teilten, den Menschen doch irgendwie mitteilen.

Gleichzeitig hinderte sie die Scheu, das als heilig empfundene Geschehen zu profanieren. Immer wieder gab Paulus zu verstehen, er habe »unaussprechliche Worte« gehört, »die ein

Mensch nicht sagen darf«. Was das Ich erlebte, konnte es treff-
lich weiter erzählen. Dagegen versagte die Sprache des Ich, wo
es um dessen eigene Auflösung ging.

6. »Hat man Christus, hat man alles«

Zeitlebens hat Luther versucht, das Unsagbare zu sagen.
Immer wieder sollte er seine entscheidende Ablassthese vari-
ieren, und dies auch noch, als der Ablass längst von der Tagesordnung verschwunden war. Selbst in einem der meistverbrei-
teten Bücher des Protestantismus, dem Kleinen Katechismus,
versuchte er anschaulich wiederzugeben, was eigentlich nicht
wiederzugeben war. Der wahre Sinn der Taufe sei es, so sagte
er dort, *dass der alte Adam in uns durch tägliche Reue und
Buße soll ersäuft werden* und *wiederum täglich herauskommen und auferstehen* als *ein neuer Mensch.*[141] Das war Luthers
erste These von 1517, in Bibelsprache übersetzt.

Seit dem Wittenberger Anschlag hatte das geistige Licht
in Deutschland eine neue Färbung und der dafür Verantwort-
liche einen neuen Namen angenommen. Aus Martin Luder,
wie er sich seit der Kindheit geschrieben hatte, war *Martinus
Eleutherius* geworden. Den griechischen Namen verdeutschte
er nach gut einem Jahr zu »Luther«. Er selbst sah sich, wie das
griechische *Eleutherius* ausdrückte, als den von Gott *Befreiten*. Um humanistischen Missverständnissen vorzubeugen,
fügte er hinzu, *allerdings Sklave und Gefangener Gottes*[142].
Diese Formulierung hatte er direkt aus dem Römerbrief übernommen. Da ihr »wahrhaft befreit seid von der Sünde und
zu Sklaven Gottes geworden«, so versprach der Heidenapostel,
»gewinnt ihr die Frucht der Heiligkeit und am Ende das ewige
Leben«.

Gott schaute dem Erdentreiben nicht aus der Höhe zu wie Aristoteles' unbewegter Beweger, sondern er war da. Begriff man das, wurde auch Paulus' rätselhafte Empfehlung verständlich, man sollte Christus »anziehen«. Das konnte nur gelingen, wenn er gegenwärtig war, hier und jetzt. *Es ist unmöglich, ein Christ zu sein,* so drückte Luther es in seinen Erklärungen der Thesen aus, *wenn man Christus nicht hat. Hat man aber Christus, so hat man auch zugleich alles, was Christi ist.*[143] Und das hieß, alles. Und doch, so würde er hinzufügen, hat man ihn nur dann, wenn man ihn nicht *hat.* Wenn er einem nicht in der Form des »Habens« zu eigen war, sondern als dieses Eigene selbst, das sich einst Ich nannte.

Seine revolutionäre Sicht der Buße fand Luther im griechischen Neuen Testament bestätigt, das Erasmus von Rotterdam im Jahr vor dem Thesenanschlag herausgegeben hatte. Das lateinische Wort für Buße, das in der Übersetzung des Kirchenvaters Hieronymus als aktive Tätigkeit dargestellt wurde, lautete im griechischen Original ganz anders. Dort sagte Jesus den Menschen nicht, »Tut Buße«, sondern »erfahrt einen Geisteswandel«, griechisch »metanoia«. Zwar behielt Luther, wohl um eine Verwirrung der Gläubigen zu vermeiden, die traditionelle Formel in seiner Übersetzung bei, doch gab es in seiner Lehre kein »Tun« der Buße mehr, sondern nur noch den »Wandel« des Bewusstseins. Und dieser Ruf nach einem neuen Menschen, so schrieb Luther, entsprach *ganz genau der Theologie des Paulus*[144].

Nicht die einzelne Sünde stand bei diesem Bewusstseinswandel im Mittelpunkt, sondern das ganze Leben des Menschen, das Platz schaffen musste für die Gegenwart Christi. Deshalb bedurfte es keiner privilegierten Kaste mehr wie dem Klerus, und zur Versöhnung des Herrn mussten keine besonderen Bußübungen und -zahlungen mehr abgeleistet werden. Diese Verwandlung ohne Verrenkung des Geistes und Körpers konnte man, so versicherte Luther, *in allen Lebensarten aus-*

führen. Es war eine neue Identität, *die der König in seinem Purpur, der Priester in seinem Schmuck, der Fürst in seiner Würde nicht weniger befolgen kann, als der Mönch bei seinen Ordensvorschriften oder der Bettler in seiner Armut.* Geschah dies, waren deren Unterschiede bedeutungslos.

Im selben Jahr 1515, in dem der Papst seinem Günstling Albrecht von Brandenburg das Recht zur Ablasskampagne gewährt hatte, damit er seine Schulden bei ihm zurückzahlen konnte, war Luther der Durchbruch zur wahren Buße gelungen. Dass sie nicht einen Wandel im Tun oder Bewusstsein bedeutete, sondern eine Verwandlung des ganzen Selbst, trug er zuerst seinen Studenten vor. Paulus' Römerbrief, über den er dozierte, ragte aus der gesamten Bibel wie ein monolithischer Block heraus. Der Bibelprofessor nannte ihn *das rechte Hauptstück des Neuen Testaments und das allerlauterste Evangelium. Sein helles Licht,* so Luther, *genügt fast, um die ganze heilige Schrift zu erleuchten.*[145]

Erleuchtung war das Wort. Wie in Platons Höhlengleichnis musste der Mensch, um wirklich Mensch zu werden, aus der geistigen Nacht, in der er von Geburt an angekettet war, zum Licht des Göttlichen emporsteigen. Aber aus eigener Kraft, so Paulus, konnte ihm das nicht gelingen. Er musste, so sein Interpret, von Gott herausgehoben, ja *herausgerissen*[146] werden. *Der Christusglaube,* so schrieb Luther, *ist ein Herausgerissen- oder Entrücktwerden von allem, das innen und außen fühlbar ist, auf das hin, was weder innen noch außen fühlbar ist, eben auf Gott, den Unsichtbaren, Hohen, Unbegreiflichen. Der Glaube,* so Luther, *lässt das Herz ganz und gar hingerissen werden und verweilen in dem Unsichtbaren.*[147]

Auch der Glaubensreformator Augustinus hat das ekstatische Hingerissensein, von dem Paulus sprach, aus eigenem Erleben beschrieben. Dabei ging es weder um eine wie durch Drogen veränderte Wirklichkeit, noch eine visionäre Annäherung an Gott. Für Luther, so sagte der Theologe Karl Holl, sei die Glaubenserleuchtung »das höchste Selbstgefühl gewesen, das sich vorstellen lässt«, und zugleich »ein vollkommen selbstloses Selbstgefühl«.[148]

Alles war mit einem Schlag neu geworden: Die Wirklichkeit, die man zu kennen glaubte, wurde zu Gottes Gegenwart. Das eigene Ich, an das man sich geklammert hatte, war verschwunden. Dennoch war man derselbe geblieben, und auch die Welt war keine andere. Denn Gott war, nach dem Ausdruck der Mystiker, der »Nicht-Andere«. Und eben diese Welterfahrung, in der sich nichts änderte, aber alles verwandelte, war nach Luther der Glaube.[149]

7. Toilettenturm mit Gartenblick

Als Luther ein Jahr vor seinem Tod über das Erlebnis sprach, das vermutlich 1515 seine reformatorische Wende ausgelöst hatte, trat er stillschweigend ein in die Reihe der großen Theologen, die den Glauben als *Ekstase*, wörtlich: Aus-sich-Heraustreten, erlebt hatten. Auf den Apostel Paulus, der »ins Paradies entrückt« wurde, oder Johann Tauler, der »Gottes Gegenwart in allem wahrgenommen«[150] hat, folgte Luthers eigene Erfahrung, über die er fast sein Leben lang geschwiegen hatte: das »Turmerlebnis«.

Damals, so sagte er, habe er begriffen, was Glaube sei. Und ihn begreifen, hieß, ihn ergreifen. Die Ekstase, die den Mönch erfasste, war die Erfahrung des Glaubens selbst. Um zu glauben, musste man die Gefängnismauern des Ich durchbrechen und aus sich herausgehen oder, wie Luther sagte, *aus mir in eine fremde Person treten*. Eben dies aber *hebt die Einheit auf, die die Menschen an sich haben*.[151] Man war nicht nur ein anderer, sondern man sah sich in jenen Fremden und Unbekannten verwandelt, der man von Anfang an durch Gottes Willen gewesen war.

Luthers Turmerlebnis schlug in sein Leben ein wie zehn Jahre zuvor der Blitz von Stotternheim. So sehr sich die Forschung über die Bedeutung einig war, die es für Luther hatte, so sehr gingen die Ansichten über den Zeitpunkt auseinander. Neben dem Jahr 1515, das er selbst gegenüber Staupitz angedeutet hatte, gingen einige von einem früheren Datum aus, etwa 1512, als die beiden unterm Birnbaum saßen, während andere annahmen, es habe ungefähr zeitgleich mit dem Thesenanschlag von 1517 oder noch später stattgefunden.

Von der zeitlichen Zuordnung hängt ab, ob das epochale Ereignis einem von heftigen Anfechtungen geplagten Mönch widerfahren ist oder einem durch Ämterhäufung überlasteten Ordensfunktionär, der nachts von schrecklichen Déjà-vus heimgesucht wurde, oder aber einem berühmten Prediger, der sich auf einen hochpolitischen Drahtseilakt begeben hatte. Auf jeder dieser drei Stufen seiner Karriereleiter konnte es passiert sein. Der Reformator selbst hat sich, zur Verzweiflung seiner Biographen, nicht exakt festgelegt.

Nur die Frage nach der Örtlichkeit hat er eindeutig beantwortet. Es handelte sich um den multifunktionalen Gartenturm an der Südwestecke des Wittenberger Klosters. Hier genoss der Professor das Privileg einer Studierstube mit Aussicht auf den Garten. In der kalten Jahreszeit wurde sein Zimmer durch eine im Erdgeschoss angelegte Heißluftanlage erwärmt, die als Zentralheizung diente. Weniger angenehm mochte die Nähe einer ebenfalls dort untergebrachten Toilettenanlage gewesen sein, die Luther als das *geheime Gemach der Mönche* bezeichnete. Kam er auf seine reformatorische Entdeckung zu sprechen, hielt er es für berichtenswert, dass ihm *diese Kunst der heilige Geist auf dieser Kloake auf dem Turm gegeben*[152] habe. Seine Stenographen, die es festhielten, scheinen sich nicht weiter daran gestoßen zu haben.

Erst im 20. Jahrhundert hat die Aussage zu einer anhaltenden Debatte geführt. Die Frage lautete, ob der Reformator wirklich, wie sein katholischer Biograph Hartmann Grisar formulierte, »seine Hauptoffenbarung auf der Kloake«[153], dem Klo also, erhalten hatte oder nicht. Die Konsequenzen der Grisarschen Deutung, die Theologie mit Verdauung verknüpfte, schienen Luthergegnern ebenso einzuleuchten, wie sie seinen Verteidigern peinlich waren. Manche, darunter Biograph Brecht, nahmen es dagegen humorvoll: Vermutlich hatte der Reformator an seiner drastischen Formulierung sogar »ein gewisses Gefallen«[154] gefunden.

Dies gewiss, sonst hätte er sich anders ausgedrückt. Ebenso gewiss wäre er über das Missverständnis seiner Interpreten verwundert gewesen. Denn der Hinweis auf die anrüchige Einrichtung war offensichtlich im übertragenen Sinn gemeint. Nicht aus autobiographischer Detailfreude legte Luther Wert auf die Ortsangabe, sondern weil sie zu seiner theologischen *Kunst* selbst gehörte.

Schon als Mönch, so erinnerte er sich, habe er alles *geistlich gedeutet, auch die Cloaca.*[155] Das besagte, dass sich für ihn der Ort der Unreinheit untrennbar mit seinem Gegenteil verknüpfte, weil Gott grundsätzlich nur *unter dem Gegenteil verborgen*[156] war. Luthers Gott offenbarte sich nicht in Palästen, sondern in einem Viehstall, einer Schädelstätte vor der Stadt oder einem *Schindanger* wie Wittenberg, wo sein Prophet Blut und Wasser schwitzte. So dachte Luther, das war der innere Tempel seiner Theologie. Gott manifestierte sich nicht unter anderem auch im Negativen, er tat es *nur* dort. Wer ihn nicht dort fand, würde ihn gar nicht finden.

Als man einmal im »Schwarzen Kloster« Choräle sang, bemerkte der Musikliebhaber Luther, welch *edle Gaben* doch der Herr in dieses *Scheißhaus*[157] gegeben habe. Das bezog sich natürlich nicht auf die Wohnqualität seines Domizils, sondern meinte das paradoxe Wirken Gottes in der Welt, seine *gött-*

liche Dialektik[158]. Für traditionelle Gläubige war dies, wie er wohl wusste, ein starkes Stück.

Luthers Lehre erschien immer als Zumutung. In einem fiktiven Gespräch mit Erasmus von Rotterdam wehrte er sich gegen dessen Vorwurf, er überfordere die Gläubigen mit der Behauptung, dass *Gott seiner Natur nach* ebenso gut *in einer Kloake wie im Himmel* sein könne. *Welcher Unterschied besteht zwischen einem Menschenleib und einem anderen unreinen Ort?* fragte er den Humanisten. *Hat nicht Christus einen natürlichen Menschenleib gehabt wie der unsere ist? Was ist gräulicher als dies? Ein frommes Herz braucht nicht einmal zurückzuschrecken, wenn es hört, Gott sei im Tode oder in der Hölle. Denn beide sind schrecklicher und unreiner* als eine *Kloake.*[159]

8. »Da riss ich hindurch«

Was aber war im Gartenturm wirklich geschehen? In groben Umrissen hat er es im Jahr vor seinem Tod selbst erzählt. Vermutlich war es Nacht, und alte Ängste waren zurückgekehrt. Wieder tauchte vor seinem inneren Auge Gottes gnadenlose Gerechtigkeit auf, und auch deren unvermeidliche Konsequenz, das Fegefeuer. Derlei Vorstellungen, so gestand er einmal, *schlugen wie Blitze in mein Gewissen ein. Hörte ich sie, erfüllten sie mich mit Schrecken.* Der Herr der Schrecken aber war Gott selbst. *Weil er gerecht ist,* so fühlte Luther, *bestraft er mich.* Und nicht allein durch das alte Gesetz, sondern *auch durch das Evangelium häufte er Jammer auf Jammer.*

Der Professor bereitete damals seine erste Vorlesung über den Römerbrief vor. Er *las und las abermals* und quälte sich mit dem Sinn der paradoxen Sätze. Irgendwann fiel der Groschen. Was verborgen gewesen war, offenbarte sich. Gott, dieses quälende Fragezeichen, nahm Gestalt an, wurde zum Ausrufezeichen. Und da *riss ich hindurch*[160], sagte er später, da *fühlte ich mich wie ganz und gar neugeboren, und durch offene Tore trat ich in das Paradies selbst ein.*[161] So ängstlich er sich über den Paulusbrief gebeugt hatte, bekannte er Jahrzehnte später, so befreit sei er gewesen, den Gedanken des Apostels durch *Erleuchtung des heiligen Geistes* endlich begriffen zu haben. *Da wurde mir die ganze heilige Schrift und der Himmel selbst auch geöffnet.*[162]

Das Wort, das ihm als Schlüssel gedient hatte, stand im Römerbrief und lautete schlicht: *»Der Gerechte lebt aus dem Glauben«.* Kein Scholastiker, so sagte er später, *habe diese Stelle je deuten können*[163]. Nun begriff er: Das Leben des Menschen war nicht zuerst da und fand irgendwann zum Glauben, sondern umgekehrt, nur der Mensch, der den Glauben hatte, fand ins wahre Leben hinein. Denn Leben hieß für Luther nicht, sich so recht und schlecht durchzuschlagen, sondern mit Schöpfer und Schöpfung im Einklang zu stehen. Und dies besagte der andere Satz des Paulus, der Luther im Turmzimmer aufging, nämlich *»dass der Mensch allein durch den Glauben gerechtfertigt sei«.*

Keine eigenen Werke und keine Aktivitäten des Ich konnten dies bewirken. Sie waren auch nicht nötig. Denn Gott wirkte und agierte für den Menschen und durch den Menschen. Konnte dieser auch beim besten Willen nicht vor Gott bestehen, weil ihm die Gerechtigkeit fehlte, so schenkte Gott sie ihm. Er schenkte *sich* ihm, mitsamt seiner Gerechtigkeit. Sobald der Mensch »sich selbst als ein Nichts vor Gott erkennt«, so der Theologe Christian Danz, »nimmt die Gerechtigkeit Gottes im Menschen Gestalt an«[164].

Gottes Weisheit schwebte nicht über der Erde, sondern war das Geschenk, durch das er *den Menschen weise macht. Das gleiche,* so Luther in seiner Erinnerung an das »Turmerlebnis«, *gilt für die »Stärke Gottes«, das »Heil Gottes«, die »Ehre Got-*

tes.« All dies wurde dem Menschen nicht von außen »einge-
pflanzt«, sondern der Glaubende besaß es durch Gottes Gegenwart in ihm. Es war sein Erbteil. Der Name des Gottes aber, der
Mensch geworden war, um in jedem Menschen gegenwärtig
sein zu können, war Christus. Das Wunder dieser Gegenwart
aber vollbrachte der Glaube. Ohne die durch ihn geschenkte
Rechtfertigung, so Luther, gab es kein Leben. *Ohne diesen
Artikel ist die Welt nichts als Tod und Finsternis.*[165]

Das »Turmerlebnis« von 1515 war nicht das erste Mal, dass
der leidende Luther diesen Durchbruch erlebte und sich *völlig
neugeboren*[166] fühlte. Und doch war es ihm, als sei es das erste
Mal. Gerade darin bestand seine besondere Glaubenserfah-
rung: Man brach nicht irgendwann zum Glauben durch und
»hatte« ihn dann. Man fühlte sich nicht irgendwann neu geboren, um danach ein erleuchtetes Leben zu führen. Und man
trat nicht ins Paradies ein, um sich dort von Gott ein schönes
Leben bereiten zu lassen.

Glaube war kein Zustand, sondern eine Verwandlung, die
immer neu aus der Verzweiflung am Glauben anheben musste.
Dann erfuhr man ihn, als wäre es das erste Mal. Dann wurden einem, wie Paulus, die Augen wieder und wieder geöffnet. Nur wenn dem Menschen sein Ich wegbrach, kam es zu
jenem Ereignis, das Luther als *Hineingerissensein des Geistes
in die klare Erkenntnis des Glaubens* bezeichnete. Und das, so
fügte er hinzu, *ist die wahre Ekstase.*[167] Mit Christus musste
der Glaubende immer wieder aus der Todesnacht auferstehen, damit die Welt im Licht des Ostermorgens leuchtete.
Ohne dieses Leuchten, das von außen *und* von innen kam, gab
es auch keinen Glauben. Dann herrschte nur der ängstliche
Kerzenschein im Kirchendämmer. *Christus ist gestorben und
begraben*, sagte Luther, *ich auch. Er ist danach auferstanden
und aufgefahren gen Himmel – ich auch.*[168]

Luthers Turmerlebnis war nicht in erster Linie der Durchbruch zu einem neuen Glauben, sondern die Erfahrung des

Glaubens als Durchbruch. Es war für Luther ein einzigartiges Erlebnis, aber eigentlich war es die Erfahrung des Glaubens als einzigartiges Erlebnis: Christus in sich gegenwärtig zu wissen. Und diese Gegenwart war die ganze Rechtfertigung. Mehr bedurfte es nicht.

Der Glaube rechtfertigt also, lehrte Luther 1535 in seiner Vorlesung über Paulus' Galaterbrief, *weil er diesen Schatz, den gegenwärtigen Christus nämlich, ergreift und besitzt. Auf welche Weise er aber gegenwärtig ist, entzieht sich dem Denken.*[169] Dies war auch das A und O seines Lehrers Staupitz gewesen, der einmal im Überschwang dieser Gewissheit ausrief: »Christus ist mein, Christus ist mir, Christus ist ich.«[170] Sein Schüler ergänzte dies mit den nicht weniger gewagten Worten, dass Christus *nicht in ihm selbst Christus ist, sondern in uns*[171]. In Fleisch und Blut.

Deshalb lehnte Luther auch die traditionelle Vorstellung ab, man müsse Christus irgendwie »nachfolgen«. Denn nachfolgen konnte man nur jemandem, der sich von einem wegbewegte. Das aber tat er gerade nicht. Im Gegensatz zum Menschen, der sich unablässig von sich wegbewegte und dabei glaubte, bei sich zu sein, blieb Christus immer da, wo man ihn am wenigsten vermutete. Deshalb brachte die mönchische Praxis der »imitatio«, die er im Augustinerkloster in Wittenberg geübt hatte, keinen Glauben hervor, sondern nur Beschäftigung mit sich selbst. Man ahmte nach, aber eigentlich nur das Bild, das man von jemand anderem hatte.

Die vermeintliche Nachfolge schuf eine Distanz zu Christus, die es in Wahrheit gar nicht gab. Zwar, so räumte Luther ein, bot der Gottessohn auch ein *Exempel*, das man befolgen sollte. *Aber das ist das Geringste am Evangelium, deswegen es nicht einmal Evangelium heißen sollte.* Denn die Frohe Botschaft lautete für Luther, dass Christus im Hier und Jetzt war. Solange man den Abstand zu ihm in Gedanken aufrechterhielt, *gab es keinen Glauben.* Die Nachahmung Christi *macht keinen*

Christen, sie macht nur Heuchler. Entscheidend ist allein, *dass Christus dein eigen sei.*[172]

Wenn Luther mit Paulus sagte, der Mensch sei nicht durch Werke, sondern allein durch den Glauben gerechtfertigt, dann bedeutete dies den endgültigen Abschied vom Leistungs- und Anbetungsaktivismus der Papstkirche. Mochte die rastlose Zwangsbetätigung den Gläubigen auch das Gefühl vermitteln, es »Gott recht gemacht« zu haben, so meinte Luthers Rechtfertigung etwas ganz anderes.

Durch Tun und Machen konnte man es in der Welt weit bringen, aber nicht vor Gott. Erst wenn der Mensch sein tatendurstiges Ich aufgegeben hatte, konnte das Wunder geschehen. Sobald der Mensch *neu geschaffen ist, tut er nichts und unternimmt er nichts*, denn *beides wirkt allein der Geist in uns, der uns neu schafft und uns neu Geschaffene erhält.*

9. »Er selbst tut's durch uns«

Der Vorstellung, man müsse »Gutes tun«, um vor dem Schöpfer zu bestehen, setzte der Reformator sein »Gutes durch Christus geschehen lassen« entgegen. Den Appell, dem Gebot der Nächstenliebe entsprechend nach einem karitativen Betätigungsfeld zu suchen, ersetzte er durch den Rat, sich selbst zuerst in Christus zu finden, Christus in sich zu finden. Und *ihn* suchen zu lassen. *Das Gesetz sagt: Tue das, und es geschieht doch niemals*, lehrte Luther 1518. *Die Gnade sagt: Glaube an Christus, und schon ist alles getan.*[173]

Dieser Glaube, in dem nicht das menschliche Ich in seiner demonstrativen Machtvollkommenheit handelte, sondern Christus in seiner vermeintlichen Schwäche, war nicht Luthers Entdeckung, und er hätte darauf auch keinen Anspruch erhoben. Was Luther »Glaube« nannte, entstammte der mystischen Tradition. Er hieß dort nur anders. Von Meister Eckhart über Johannes Tauler bis zu Johann von Staupitz sprach man statt dessen von der »Gelassenheit in Gott« oder »Gottgelassenheit«. Man »hatte« den Glauben nicht, sondern ließ ihn los, und mit ihm alles, woran sich das Ich in seiner Selbstbesessenheit klammerte. Man ließ ihn, das besagte, man hielt ihn nicht mehr fest. Statt dessen ließ man ihn gewähren. Man ließ sich von ihm festhalten. Was wiederum bedeutete, dass man statt des eigenen Ich Christus wirken ließ.

Dazu musste man lernen, sich selbst zurückzunehmen. Man musste, in der Sprache der Mystiker, die Ruhe des Nicht-Tuns finden. Nicht-Tun hieß nicht Nichts-Tun, sondern war die Kunst, das Richtige von selbst geschehen zu lassen. *Dagegen handeln wir niemals schlechter*, sagte Luther, *als wenn wir zu verstehen meinen, was und wie viel wir tun.*[174] Nur die »edlen, seligen, gelassenen Menschen«, so Tauler, beherrschten dieses Nicht-Tun. »Das Wirken äußerer Werke hier hinzuzufügen, geziemt ihnen nicht, es ist auch in keiner Weise notwendig.«[175]

Die Gelassenheit, wie Luther sie beschrieb, hat mit dem modernen Begriff der »relaxten« Gelassenheit nichts zu tun. Ebenso wenig mit dem traditionellen Begriff des Glaubens, der das unbeirrte Festhalten an geistigen Inhalten bedeutet. Meister Eckharts Lehre, »Man kann Gott nur finden, indem man ihn lässt«, widersprach radikal einer Glaubenspraxis, bei der das Ich sich an Kirche, Priester und Dogmen orientierte. Der Gotteslärm der Prozessionen, Wallfahrten und kollektiven Gebetsrituale war das Gegenteil der Stille, in die einen der wahre Glaube führte.

Gottgelassenheit hatte keinen Inhalt, hielt auch nichts fest. Man konnte sie nicht einmal geistig nennen, weil sie den ganzen Menschen in seiner Wirklichkeit betraf. Dass Gott in ihm handelte, hieß nicht, dass der Mensch nun zu Gott geworden wäre. Immer wieder betonte der Reformator, *wir sollen Menschen und nicht Gott sein*[176]. Letzteres war aber auch nicht nötig. Denn es war Gott selbst, der Mensch sein wollte. Und der Mensch musste nichts dazu tun. *Er selbst tut's durch uns*, sagte Luther 1527, *und wir sind nur seine Maske, unter welcher er sich verbirgt und alles in allen wirkt, wie wir Christen das wohl wissen.*[177]

Im selben Jahr 1515, in dem Luther im Klosterturm das Wesen des Glaubens aufging, erschien auch das neueste Büchlein seines Mentors Staupitz, »Von der Nachfolge des willigen Sterbens Christi«. Darin konnte man lesen, dass man »tausend Jahre suchen« könnte und »doch nichts Nützlicheres« fände »als die Gelassenheit«. Wie die Mystiker sprach der Augustinerobere dabei von einem doppelten Lassen: Zum einen kam es darauf an, alles, was nicht Gott sei, zu lassen, zum anderen, auch noch ihn selbst zu lassen. Denn was gegenwärtig war, musste man nicht festhalten.

»Lass dich, edle Seele«, so lehrte Staupitz, »lass alle Dinge, und dich selbst, um dessen willen, der alle Dinge um deinetwillen gelassen hat. Lass Tugend, lass Gnade, lass selbst den sterbenden Christus«. Sobald es aber dem Gläubigen gelang, Gott »selbst zu lassen«, so versprach Staupitz, »so wirst du nimmer verlassen von Gott«.[178]

KAPITEL SIEBEN

KRÄFTEMESSEN

> *Ja freilich hat diese Kirche ein*
> *einziges Haupt, nämlich den*
> *Herrn Christus selbst, der bei*
> *den Seinigen ist bis ans Ende*
> *der Welt.*[179]

1. Der »Fürst der Scholastiker« gibt sich die Ehre

Die Verkörperung des neuen Geistes machte sich Ende September 1518 zu Fuß und in geliehener Kutte auf den Weg nach Augsburg. Nachdem der Mönch seinen Weg über die Felder genommen hatte, konnte er in der Stadt die Attraktion des Tages sehen: einen römischen Kardinal auf einem Schimmel mit blutroten Samtzäumen. Der wartete nur auf ihn. Im päpstlichen Legaten Thomas de Vio, genannt Cajetan, stellte sich dem Wittenberger eine Verkörperung des alten Geistes entgegen.

Kein Funktionär erwartete den Augustinermönch dort, sondern ein Berufener, der nicht nur eine hohe Stufe der vatikanischen Jakobsleiter erklommen hatte, sondern unter dem persönlichen Schutz eines Heiligen stand. Der im Himmel weilende Thomas von Aquin, so verbreitete Cajetan, habe seiner Mutter im Traum eine große Zukunft für ihren ungeborenen Sohn prophezeit. Auf dem Reichstag in Augsburg schien diese für Kardinal Thomas Cajetan, der seinen Taufnamen Jakob gegen den seines Schutzheiligen eingetauscht hatte, bereits angebrochen.

Als Papstgesandter verklärte er den prosaischen Reichstag mit dem Abglanz der heiligen Stadt. Als »Fürst der Scholastiker« war er die Stimme des heiligen Geistes selbst. Auf seinem Edelschimmel war er in die Stadt eingeritten, hatte seine Residenz, die er nicht zufällig im Fuggerhaus nahm, mit dunklem Atlas ausschlagen lassen. Überhaupt, so bemerkte Luther ironisch, *spielte der Kardinallegat seine Rolle ausgezeichnet*.[180] Beim feierlichen Hochamt vor den Granden des Reiches musste Albrecht von Mainz, der Primas der deutschen Kurfürsten, unterwürfig vor ihm niederknien, um den Kardinalshut zu empfangen. Für Cajetan stand der Papst, den er vertrat, hoch über Fürsten und Potentaten, und in der Kirche sah er nichts als »die geborene Magd des Papsttums«.

In diesem kostbar gekleideten, vermutlich nach Parfüm duftenden Priester, der mit römischer Eleganz seines Amtes waltete, wusste sich der Papst würdig vertreten. Kaiser Maximilian, dem »letzten Ritter«, durfte er als Zeichen päpstlicher Huld einen geweihten Hut samt passendem Degen überreichen. Doch Cajetan vertrat nicht nur seine Heiligkeit, sondern auch deren Geheimdienst. Der Kardinal war nebenbei Generalmagister des ketzerjagenden Dominikanerordens. Wer am universellen Anspruch der Kirche zweifelte, wurde von ihm blendend widerlegt, um anschließend von seinen Agenten in Asche verwandelt zu werden.

So flamboyant und unüberwindlich sich Cajetan in Augsburg präsentierte, stieß er doch mit seinen politischen Ansprüchen auf Widerstand. Wieder einmal ging es um Geld. Während sich Kaiser Maximilian, der von den papstfreundlichen Fuggerbankern abhängig war, schnell von der Notwendigkeit eines Türkenkreuzzugs überzeugen ließ, mauerten die Reichsstände, die ihn finanzieren sollten. Besonders Friedrich der Weise opponierte gegen diesen neuerlichen Versuch, das Reich mit einer Sondersteuer zu überziehen. Am Ende würde sie, so die offizielle »Beschwerdeliste« der Deutschen, in den weiten Taschen der Priesterröcke landen.

Neben der frommen Ausplünderung durch die Medici ging es in Augsburg auch um die Nachfolge des kranken Kaisers. Zum Missfallen des Papstes hatte der seinen Neffen Carlos in Vorschlag gebracht, einen französisch sprechenden Spanier, der in Brüssel lebte. Um dessen Ernennung zu verhindern, sah Cajetan sich auch hier an den aufsässigen Kurfürsten von Sachsen verwiesen. Rom wollte das Gleichgewicht erhalten, und dafür ging es jede Allianz ein. Bei Friedrich, um dessen heimlichen Groll gegen die Habsburger man wusste, schien man an der rechten Adresse. Entsprechend respektierte man seine Sonderwünsche.

2. »Revoca!«

Der wandernde Augustiner mit den zwanzig Gulden Taschengeld, die vom Kurfürsten stammten, hatte sich der Fuggerstadt in der festen Überzeugung genähert, *nun musst du sterben*[181]. Und jeder Mönch, den er traf, hatte es ihm mit trauriger Miene bestätigt. Es gehörte nicht viel Phantasie dazu, sich den Holzstoß vor dem Dom vorzustellen, auf dem er, mit Tetzels »Bademütze« auf dem Kopf, langsam ersticken und verbrennen würde. Das Bild brannte sich ihm ein, auf dem ganzen Weg *stand mir der Scheiterhaufen vor Augen*.

Neben der Angst quälte ihn die Scham vor denen, die es besser gewusst hatten. *Welch eine Schande werde ich meinen Eltern sein*, dachte er während des langen Marsches ins Ungewisse. Als er die Türme der Stadt erblickte, versagten ihm die Beine. Von Magenkrämpfen gepackt, hielt er ein Fuhrwerk an. Während der rumpelnden Fahrt quälten ihn prompt die alten Anfechtungen wieder, bei denen er sich *ganz vom Feuer verzehrt* fühlte, *denn der Teufel suchte mich mit vielen und ganz entsetzlichen Gedanken heim.*[182]

Die Selbstquälerei wäre gar nicht nötig gewesen. Denn Friedrich der Weise hielt die Hand über ihn. Das Schicksal seines Thesenschmieds hatte der Kurfürst zur Chefsache gemacht. Ort und Zeitpunkt für das Verhör sowie Garantien für seine Sicherheit waren im Vorfeld ausgehandelt worden. Juristisch war ihm ohnehin nicht beizukommen. In der »Goldenen Bulle« von 1356 war sämtlichen Kurfürsten für ihre Territorien das Privileg der uneingeschränkten höchstrichterlichen Autorität bestätigt worden.

Gefangennahme und Scheiterhaufen drohten dem Mönch also nicht, dafür aber die öffentliche Widerlegung aus berufenem Munde. Wenn er seine Behauptungen nicht widerrief, so wollte Cajetan selbst sie zerpflücken. Den Deutschen hielt er für ein Leichtgewicht, dessen Einfluss weit übertrieben wurde. Der Sache sollte ein Ende bereitet werden, das war sein Auftrag. Konnte er den Ungehorsamen nicht leibhaftig umbringen, so würde er ihn wenigstens mit Argumenten töten.

An theologischem Scharfsinn galt der römische Legat als unübertrefflich. Nicht umsonst war Thomas von Aquin sein Schutzpatron. Natürlich war ihm nicht entgangen, dass Luther an Prinzipielles gerührt hatte. Mit dem Ablass war das ganze Lehrgebäude angegriffen. Wenn Cajetan sich also als »gebildetster Theologe im damaligen Rom« herabließ, die Sätze des unterernährten Mönchleins in den Boden zu stampfen, so nur, um im Kleinen zu demonstrieren, wozu Rom auch im politischen Bereich in der Lage war.

Schon im Vorfeld des Reichstags hatte Cajetan seine Schläue bewiesen, indem er Luthers Lage mit einem simplen

Trick »enorm verschärfte«[183]. Um das Vorgehen des Papstes gegen Luther nicht als kirchlichen Willkürakt erscheinen zu lassen, schob er die Verantwortung der weltlichen Gewalt in die Schuhe. Beim nachgiebigen Maximilian erwirkte er ein Sendschreiben an den Papst, in dem er den Kaiser dringend darum bat, die von Luther verbreiteten Lehren zu verbieten. Vermutlich hatte Cajetan den Brief selbst diktiert. Und der Papst zeigte sich erbötig. Mittels dieser Intrige standen nun beide Weltmächte, die geistliche wie die irdische, gegen Luther. Vor ihrem gemeinsamen Tribunal hatte er Rede und Antwort zu stehen.

Cajetan hätte den Ketzer am liebsten gar nicht zu Wort kommen lassen. Zielsicher hatte er den neuralgischen Punkt in Luthers Wittenberger Thesenpapier freigelegt. Es ging um das Monopol an der Heiligkeit. Mit ihm stand oder fiel die Kirche. Wenn Luther behauptete, dass *nicht das Sakrament, sondern der Glaube an das Sakrament*[184] gerecht mache, dann hatte er, aus Cajetans Sicht, offenbar die Funktion der Kirche nicht begriffen. Denn durch das Sakrament vermittelte sie zwischen den eigentlich unvermittelbaren Extremen des Himmlischen und des Irdischen. Indem sie das Heil dem Heillosen spendete, hob sie den Menschen aus dem Dunkel zum Licht empor.

Doch statt dem Papst für diese unvergleichliche Gunst zu danken, redete Luther dem Gläubigen ein, *nicht deshalb hast du etwas, weil es der Papst dir gibt, sondern nur insofern du glaubst, dass du es empfängst, hast du es*. Das hieß für Cajetan, die Wahrheit auf den Kopf stellen. Wäre dem so, dann hinge der Wert des Heilsinstituts, an dem Gottes Schöpfung und auch dieser selbst hing, vom Innenleben eines Sachsenschädels vom Rande der Welt ab. Das, so meinte er, konnte nicht Luthers Ernst sein.

Der Sachsenschädel blieb bockig, Cajetan schäumte. Schließlich wusste jeder Kleriker, dass der Heiland persönlich es gewesen war, der durch seine »Verdienste« der Kirche einen »Schatz«

erworben hatte. Um die Großtaten der duldenden Heiligen vermehrt, durfte der Papst das göttliche Gut an die Gläubigen verteilen. An Nachschub würde es nie fehlen. Denn da Christus und die Märtyrer weit mehr erlitten hatten, als für ihr eigenes Seelenheil nötig gewesen wäre, ließ sich dieser Überschuss bei jenen, die von Rechts wegen Leiden verdient hatten, gegen einen finanziellen Aufschlag in Abschlag bringen.

Wie in der wirklichen Welt war durch die Mehrarbeit, die der »Menschensohn« geleistet hatte, Mehrwert erzeugt worden. Den Schatz verwaltete der Papst, um das allgemeine Erlösungswerk voranzutreiben. Mit jeder kostenpflichtigen Privatmesse und jedem Tetzelschen Ablasszettel ließ sich, dank Christi Blut, eine verlorene Seele dem Himmelreich zurückgewinnen. Das System funktionierte: Wie der Heiland für die Sünden der Welt mit seinem Blut bezahlte, so der Sünder für das Blut des Heilands mit seinem Geld.

Als man Luther endlich ins hochherrschaftliche Fuggerhaus vorließ, wo der Legat logierte, wurde er sogleich an den Abgrund erinnert, der sich zwischen ihm und der Majestät auftat. Erst nachdem er seine Devotion kniefällig bewiesen hatte, sprach der Kardinal, ihn gnädig aufrichtend, einige salbungsvolle Worte zu ihm. Luther bemerkte sehr wohl, dass der Würdenträger *ihn verachtete*. Dessen Vortrag war kurz und ließ keinen Zweifel, dass der »schäbige Bettelmönch« nicht, wie er glaubte, zum Diskutieren, sondern zum Befehlsempfang angetreten war. Cajetans Vortrag bestand im Wesentlichen aus einem einzigen Wort, das er ständig wiederholte: »revoca!«, »widerrufe!«

Der dachte nicht daran. Der genervte Kardinal, der zwischendurch vor Hohn *laut auflachte*, brach das Verhör ab. Später schickte er einen Vertrauten namens Urbano de Serralonga zu Luther, um ihm das erwünschte Wörtchen abzupressen. Der Mönch blieb hart. *Auf jedes »revoca!« antwortete ich mit einem »nolo!«, »ich will nicht!«. Auf seine Frage, wo willst du bleiben, wenn du gegen den Papst bist, antwortete ich: Unterm Himmel.*[185] Als der Besucher ihn mit der Frage in die Enge treiben wollte, ob er allen Ernstes glaube, der Kurfürst würde um seinetwillen Krieg gegen den Papst führen, antwortete Luther nur: *Das muss er gar nicht.* Im Bewusstsein seiner Sendung ging er davon aus, dass Gott selbst diesen Krieg für ihn führen würde. Edelmann Serralonga verlor die Geduld. Bevor er aus Luthers Stube verschwand, zeigte er ihm eine obszöne Geste. Wie Luther reagierte, ist nicht überliefert.

3. Der verzagte Retter

Über mehrere Tage zog sich das Hinundher von Wort und Widerwort hin, womit geschah, was der Großtheologe aus der Welthauptstadt unbedingt hatte vermeiden wollen: Streit mit einem untergeordneten Deutschen, den er instinktiv nicht mochte. Die »tiefliegenden Augen im Kopf« legten dem Römer die Vermutung nahe, dass sich dahinter ein höllisches Ungeheuer verbarg. »Mit der Bestie will ich nicht mehr reden«, schrieb der Kardinal. Der Wittenberger wiederum durchschaute dessen wahre Absichten. *Mein Cajetan,* so scherzte er später, *hatte mich so lieb, dass er sogar Blut für mich vergießen wollte, nämlich meines.*

Den pompösen Römer, der ihm nach dem Leben trachtete, durchschaute Luther als intellektuelles Leichtgewicht. Für die komplizierte Materie brachte er so viel Geschick mit wie ein *Esel zum Harfenspielen*[186]. Der Dominikaner hat ihn auch nicht verstanden. Als der Mönch seine inkriminierten Thesen zu erklären begann, erschien der Kardinal *plötzlich verwirrt*[187]. Aus der Perspektive seines Schutzpatrons Thomas von Aquin war Luthers Revolution einfach nicht zu verstehen.

Was Cajetan für unantastbare Dogmen hielt, zog Luther lächelnd in Zweifel. Als Ockhamist glaubte er nicht an einen Gott, der sich beweisen ließ. Ebenso wenig an kirchliche Glaubenssätze, die man nicht aus der Bibel ableiten konnte. Luther durchschaute das System, in dem der Glaube, wie Paulus und Augustinus ihn verstanden, keine Rolle spielte. Entweder, so wusste er, war die Kirche die Kirche Christi, oder sie war, auch wenn es ihm zuerst nur schwer über die Lippen kam, deren Gegenteil: die Kirche des *Antichrist*. Dann war er auch dem harfeschlagenden Esel Cajetan keine Rechenschaft schuldig.

Luthers Entgegnung, die dem Römer einfach nicht in den Kopf wollte, ging von einem anderen Gottesbild als dem der Scholastiker aus: Gott hatte nicht irgendwann die Welt erschaffen, um aus der Höhe wie in einen Sandkasten hinabzusehen und mit Hilfe seines Sohnes und dessen irdischen Helfershelfern die Figuren zurechtzurücken. Die Schöpfung geschah, das wusste Luther, in jedem Augenblick. Und Gott saß nicht irgendwo »in der Höhe«, wie die Metapher lautete, sondern war jederzeit überall gegenwärtig, im Großen wie im Kleinen.

Gott lag zugleich in der Krippe und starb am Kreuz und erstand am dritten Tage von den Toten. Auch Tod und Auferstehung Christi geschahen in jedem Augenblick. An jedem Ort. Und in jedem Menschen, ob er's begriff oder nicht. Denn wenn Christus nicht immer und überall gegenwärtig war, dann war er kein Erlöser. Dann konnte er allenfalls der unsichtbare Vorgesetzte des sichtbaren Papstes sein.

Da Luther auf die Verständnisbereitschaft seines Gegenübers angewiesen war, fand er keine Gelegenheit, seine umwälzenden Gedanken voll zu entfalten. Ohnehin war für Cajetan nur dann etwas bewiesen, wenn es sich aus päpstlichen Bullen und Extravaganten ableiten ließ. Gerade deren Gültigkeit aber zweifelte Luther an. Hauptstreitpunkt blieb der »Schatz« der Kirche, wie er von Papst Clemens VI. verkündet und von seinen Nachfolgern beansprucht worden war. Von ihm, so Luther, konnte keine Rede sein.

Wenn es überhaupt etwas dergleichen gab, dann war niemand anderes als Jesus Christus *wahrhaftig und allein der einzige Schatz der Kirche*[188]. Und der konnte nicht, wie Cajetan behauptete, zur Erlösung in Wertpapierform transfiguriert werden. Das musste er auch nicht. Denn durch den Gottessohn, so erwiderte Luther, war die Erlösung bereits geschehen. Man musste nicht dafür zahlen, denn er hatte für alle Schuld schon gezahlt. Eine Gleichsetzung von Schuld mit *Schulden*, wie die Kirche sie stillschweigend vorgenommen hatte, war für ihn nicht hinnehmbar.

Beim Streit um den Schatz wurde offenbar, dass in Augsburg zwei Glaubensformen aufeinander prallten, die beim besten Willen nicht zu versöhnen waren. In Rom blickte man auf die prall gefüllte Schatztruhe, deren Gnadenreichtum sich in ästhetisch anspruchsvolle Kirchenbauten, goldbrokatene Messgewänder und juwelenfunkelnde Kruzifixe verwandeln ließ. Dass Christus dadurch zur Ware der Papstkirche wurde, schien im Vatikan niemandem aufzufallen. Man benannte sich nach Christus, aber war nicht bereit, ihn beim Wort zu nehmen. Das Kirchenschiff segelte unter falscher Flagge. Oder, wie Luther gesagt hätte, die Flagge war richtig, nur das Schiff war falsch.

Kontrahent Cajetan war es mit Sicherheit. Seine pragmatische Sichtweise ähnelte der des Jakob Fugger, in dessen Stadtvilla er nächtigte: Jede Ware hatte ihren Preis. Dieses Prinzip, das sich auf Aktien wie auf Kartoffeln anwenden ließ, versagte, wo es um ideelle Werte ging. Ein Kunstwerk hatte zwar seinen Preis, aber sein wahrer Wert lag woanders, nämlich in ihm selbst. Für den geistlichen Bereich galt dies ebenso. Man konnte zum Gekreuzigten von Golgatha beten, aber kein Preisschild an ihn heften. Wer das Grundprinzip der Bankenwelt in ein Glaubensdogma ummünzte, verriet den Schöpfer, der sich dem Menschen schenkte.

So sah es der Mann, der *der Katze die Schelle angehängt* hatte. Ihm zufolge war die Rechnung, die dem Sünder durch den Ablasshändler präsentiert wurde, längst bezahlt. Der vermeintlich arme, sündhafte Mensch war, wie der Hirt auf dem Feld bei Konstanz, reicher als alle Kardinäle, Päpste und Potentaten zusammen. Er hatte nichts, und damit alles. Denn nur wo Nichts war, konnte Gott alles neu erschaffen.

Tage später kam Luthers Mentor Staupitz nach. Um ihm gegen Cajetan beizustehen, wie Luther hoffte, oder wohl eher, wie kolportiert wurde, um den Rebellen in den weichen Schoß der Kirche zurückzuholen. Staupitz selbst fühlte sich nicht wohl in seiner Haut. Sein Naturell war auf Versöhnung angelegt, aber dazu waren die Parteien schon zu weit auseinandergedriftet. Nun musste er sich für eine von ihnen entscheiden. Schon bald nach seiner Ankunft kam das Gerücht auf, sie sollten beide von den Augustinern gefangen gesetzt und nach Rom verschleppt werden. Wer mit Luther in einem Boot saß, das war ihm klar, würde mit ihm auch untergehen.

In einem überraschenden, vielleicht auch verzweifelten Schritt befreite Staupitz seinen Schützling vom Ordensgelübde. Zum ersten Mal seit dreizehn Jahren war Luther wieder frei, aber in Augsburg war das gleichbedeutend mit vogelfrei. Zwar war er der Gehorsamspflicht gegenüber seinem Oberen enthoben, doch zeichnete dieser auch nicht mehr für dessen Umtriebe verantwortlich. Dem einstigen Mentor war es schlicht darum gegangen, so Luther später, sich *mit dem Verweis zu entlasten, dass ich nicht unter seinem Gehorsam stünde.* Staupitz packte seine Sachen, empfahl ihn dem Heiland, und ward nicht mehr gesehen. Luthers geistiger Vater, den er als seinen *allervertrautesten Freund* bezeichnete, hatte ihn *verlassen.*[189] Man konnte auch sagen, im Stich gelassen.

Er tat es nicht aus freien Stücken. »Unter kirchlichem Druck«, so Biograph Martin Brecht, »endete die für Luther so wertvolle Weggemeinschaft«.[190] Zwar hatte Staupitz sich »von der Kirche, der er äußerlich angehörte, innerlich fast ganz los-gelöst«. Doch war der Ordensgehorsam so tief in ihm verwur-zelt, dass er den Repressalien keinen Widerstand entgegenset-zen konnte. Zudem beklagte sein Orden, man sei durch Luthers Anmaßung so verhasst geworden, »dass man mit Fingern auf ihn zeige.« Nur Staupitz konnte die Brüdergemeinschaft »aus einer so großen, unseligen Schmach erretten«. Das Argument, von Augustinergeneral Gabriele Veneto vorgetragen, zeigte Wirkung. Staupitz distanzierte sich von seinem Freund wie der Orden von seinem ehemaligen Spitzenfunktionär. Auf seine alten Tage trug Staupitz Benediktinerhabit.

Luther war tief enttäuscht. Der Mann, der ihn wie einen blinden Gaul gegen den Papst ins Feld geführt hatte, war auf dessen Seite übergewechselt. Obwohl er Luther brieflich ver-sicherte, nach wie vor sei ihm »die babylonische Gefangen-schaft der Kirche verhasst«, hatte er sich doch freiwillig in sie zurückbegeben. Dank seines vornehm-konzilianten Naturells war ihm das traurige Kunststück gelungen, »seinen Witten-berger Schützling verletzt zu haben, ohne doch dessen römi-schen Gegner zu befriedigen«[191]. Verletzt in der Tat. Den Ver-lust seines väterlichen Freundes hat Luther nie ganz verwun-den. Staupitz' Kniefall vor dem Papst traf ihn umso mehr, als er sich seit Augsburg im Krieg mit dem römischen *Ungeheuer* befand.

Nachdem Staupitz sich von dem Rebellen zurückgezogen hatte, beantwortete er auch dessen Briefe nicht mehr. Im Jahr nach ihrer letzten Begegnung schrieb ihm Luther, er habe *diese Nacht von dir geträumt, du wolltest mich verlassen. Da weinte und litt ich bitterlich.*[192] Vermutlich hat auch sein abtrünniger Freund gelitten. Da man ihm misstraute, wurde seine Bewegungsfreiheit eingeschränkt. Eine Einladung sei-ner Nürnberger Verehrer musste er ausschlagen. Statt in der gefüllten Sebalduskirche hatte er vor Nonnen im klösterlichen Speisesaal zu predigen.

Der Mann, dem man vorwarf, Luther von der Leine gelassen zu haben, war kaltgestellt. In seinem Todesjahr sandte der gebrochene Mann seinem einstigen Schützling eine letzte Botschaft. Sie erreichte Luther aus Staupitz' Salzburger Exil, das dieser »Herberge zum finsteren Stern« nannte. Es war ein Abschiedsgruß über den Abgrund hinweg.

»Die Liebe zu Dir«, schrieb ihm der entfernte Mentor, »steht felsenfest und ist mir wertvoller als die Liebe einer Frau«.[193] Natürlich erkannte Luther das Bibelzitat. Es stammte aus der großen Totenklage im zweiten Buch Samuel, wo David um seinen im Kampf gefallenen Bruder Jonathan trauert. Für Staupitz war es offenbar nur eine Frage der Zeit, bis sein rebellischer Freund auf dem Scheiterhaufen landete. Er selbst, de facto entmündigt, erlag nach langem Leiden 1524 einem Schlaganfall. Seine der Liebe zu Christus gewidmeten Bücher wurden im Innenhof seines Klosters verbrannt.

4. »Gott ist hier, und Gott ist überall«

Die Freundschaft, die das Christentum verändern sollte, war im Herbst 1518 in Augsburg zerbrochen. Der Birnbaum trug fortan keine Früchte mehr. Nachdem Staupitz seinen Schützling ohne Schutz zurückgelassen hatte, war auch Luther aus der Fuggerstadt verschwunden, »fluchtartig«, wie es hieß. In einer Nacht-und-Nebel-Aktion hatte der Mönch ein von Staupitz angemietetes Pferd bestiegen und die Stadt, *notdürftig* bekleidet und *ohne Waffe*, durch ein verstecktes Pförtchen verlassen.

Nach Zwischenaufenthalten bei Freunden traf er drei Tage später in Nürnberg ein, wo er vom Staupitzschen Freundeskreis, darunter auch Albrecht Dürer, wie ein Sieger willkommen geheißen wurde. Ob die Humanistengruppe vom wenig ehrenvollen Abgang ihres Namensgebers gehört hatte, blieb unbekannt. Sicher aber ist, dass sie sich nach Luthers Besuch in »Sodalitas Martiniana« umbenannte.

Der päpstliche Kardinallegat, der eigentlich wenig Grund zum Jubeln hatte, genoss dennoch Luthers Flucht wie einen Triumph. An Kurfürst Friedrich berichtete er süffisant, Luther und Konsorten hätten ihn durch ihre Flucht »betrogen, ja sogar sich selbst sehr hübsch«. Diese schlaue List werde Bruder Martin aber nichts nützen, so fuhr Cajetan fort, denn in Rom würde die Sache selbstverständlich weiterverfolgt. Er selbst dagegen wasche seine »Hände in Unschuld«. Tradition verpflichtet.

Cajetans Anbiederung an den Kurfürsten hinderte Rom nicht, bald darauf gegen den störrischen Lutherpatron zu intrigieren. Man plante, diesen unter Androhung des Bannes vorzuladen, andernfalls man zu einer kriegerischen Lösung schreiten müsse. Als diplomatischer Gesandter wurde eben jener Urbano de Serralonga berufen, der Luther in Augsburg die unhöfliche Geste gezeigt hatte. Unter dem Vorwand, ihm kostbare Reliquien zu beschaffen, hatte der unedle Edelmann sich dem Kurfürsten genähert. Aus heiterem Himmel kündigte Serralonga ihm dann an, falls er in Sachen Luther nicht kooperiere, würde man ihm »als Feind der Religion« den Prozess machen. Der Sachse blieb unbeeindruckt. Um sich einschüchtern zu lassen, war er für Rom eine Nummer zu groß.

Unter Friedrichs schützender Hand ging Luther seinen Weg. Mit den großen »Auftritten« jener Zeit, im Oktober 1518 in Augsburg und acht Monate später in Leipzig, zog er sich endgültig den Hass der Papstkirche zu. Für ihn selbst waren beide Veranstaltungen unergiebig. Man nötigte ihn zur öffentlichen Auseinandersetzung, um ihn auf fremdem Terrain, das hieß, auf dem Boden der Kirchenlehre, zu schlagen. Aber Luther hatte diesen Boden längst hinter sich gelassen. Wenn seine Wortgefechte mit den Scholastikern überhaupt ein Ergebnis für ihn brachten, dann die Unumkehrbarkeit seiner Glaubenswende. Man verstand ihn einfach nicht, und dies nicht deshalb, weil er ihre Grundlage gegen eine andere ausgetauscht hätte, sondern weil sein Glaube ohne eine solche Grundlage auskam. Während seine Gegner mit beiden Beinen auf dem Boden ihres dogmatischen Grundgesetzes standen, hatte Luther sich »in Gottes Hand« begeben.

Entsprechend hörte er nur noch auf Gottes Wort. Den scholastischen Spitzfindigkeiten, mit denen man ihn auf den Scheiterhaufen diskutieren wollte, setzte er die Frohe Botschaft entgegen. Mit ihr konnte das macht- und geldversessene Rom wenig anfangen. Als Luther dem Legaten während des Augsburger Verhörs ein Schriftstück übergab, in dem er von der Wahrheit als dem eigentlichen Sinn der Heiligen Schrift sprach, meinte Cajetan *verächtlich, das seien bloße Worte*[194]. Was konnten Worte, so gab er ihm zu verstehen, gegen die reale Macht des Papstes ausrichten. Später notierte sich Luther ein altes Sprichwort, das ihn an den Scholastikerfürsten erinnert haben mochte: »*Es sind Worte*«, *sagte der Teufel*, »*und warf den Psalter die Stiege hinab*«.[195]

Vom traditionellen Boden aus, auf den man Luther mit Gewalt zurückholen wollte, ließ sich seine Entdeckung gar nicht verstehen. Während man sich um Nuancen in der Interpretation päpstlicher Extravaganzen stritt, war es dem Augustiner um Gottes Unbegreiflichkeit gegangen. Zu ihr gehörte, dass Christus, der dem Erdentreiben so fern schien, dem Menschen näher war als dieser sich selbst. In der traditionellen Vorstellung von der Erde hier und dem Himmel dort oben sah Luther ein Missverständnis, mit dem man die Gläubigen in Unmündigkeit hielt.

Ach, kindisch und albern reden sie vom Himmel, sagte er mit Blick auf seine scholastischen Kontrahenten, *auf dass sie Christo einen Ort droben im Himmel machen, wie der Storch ein Nest auf einem Baum.*[196] In Wahrheit *ist Gott im Himmel und bleibt im Himmel, ist aber auch auf Erden und bleibt auf Erden.* Kurz gesagt, *was bedarf es viel Redens? Ist doch das Himmelreich auf Erden.* Und deshalb sind auch *die Christen zugleich im Reich Gottes und auf Erden.*[197]

Wie schon Paulus gelehrt hatte, war der Maßstab der Alltagsvernunft zur Erkenntnis Gottes ungeeignet. Als wahrer Weise konnte nur der gelten, der die Weisheit auf den Kopf stellte. Jeden normal Denkenden musste die Vorstellung ratlos lassen, Gott sei Mensch geworden oder in jedem Sandkorn gegenwärtig. Oder Christus in Brot und Wein. Das schien widersinnig, und deshalb wies Augustinus darauf hin, dass die Seele von Gott nur insofern weiß, »als sie von ihm nichts weiß«[198].

Und das tat sie, weil er nur dort war, wo er nicht war. Nach der Alltagslogik war etwas hier *oder* dort. Im Himmel *oder* auf Erden. War Schöpfer *oder* Geschöpf. War Vater *oder* Sohn. Nicht für den Glauben. Gegensätze gab es nur im normalen Denken, in Gottes Wirklichkeit fielen sie zusammen. Ein Nachfolger Meister Eckharts, der aus dem Moselstädtchen Kues stammende Nicolaus Cusanus, sprach deshalb vom »Zusammenfall der Gegensätze«.

Wie Augustinus im Garten und Luther im Turm, war dem 1401 geborenen Theologen und Universalgelehrten aus Kues seine Erleuchtung zu Schiff gekommen. 1438 ging ihm während einer Seereise nach Venedig auf, dass man, um Gott zu erkennen, den festen Boden der Kirchenlehre und des Alltagsverstandes hinter sich lassen musste. Erst wenn man die »unzerstörbaren Wahrheiten, wie sie auf menschliche Weise gewusst werden«, überwunden hatte, so schrieb er, öffnete sich einem ein neuer, unendlicher Horizont. Auf hoher See also, ohne Grund unter den Füßen, schenkte ihm der »Vater des Lichtes« die Kraft, »dass ich das Unbegreifliche auf unbegreifliche Weise auffasse«, und zwar »in dem Wissen des Nichtwissens«.[199]

Wenn Luther von Gott sprach, dann ebenfalls nur in Paradoxien. Gott war das wahre Sein, das zugleich war und nicht war. Das überall und nirgends war. Über Christus sagte Luther, dass *er bald in den Schulen, bald in Schiffen, bald am Ufer, bald auf den Bergen lehrte, und schließlich als ein und derselbe an allen Orten und zu jeder Stunde allen alles war.*[200] Das schien absurd, aber ließ sich erklären: Es gab zwar Orte in der Welt, aber diese selbst hatte keinen Ort. Es gab in ihr Dinge, aber sie selbst war kein Ding. In ihr herrschten Raum und Zeit, aber sie selbst war nicht in Raum und Zeit. Dasselbe galt für den, der die Welt geschaffen hatte. *Gott ist an keinen Ort gebunden*, so Luther, *er ist auch von keinem ausgeschlossen. Er ist an allen Orten, auch in der geringsten Kreatur, in einem Baumblatt ebenso wie in einem Grashalm, und ist doch nirgends, wo man ihn ergreifen könnte. An allen Orten aber ist er, denn er erschafft, wirkt und erhält alle Dinge.*[201]

Nach einer alte Legende ging ein Schüler des ägyptischen Wüstenheiligen Bessarion mit seinem Lehrer einmal am salzigen Roten Meer entlang. Von Durst gequält, sagte er zum Meister: »Vater, ich leide Durst.« Der Greis betete und sagte dann: »Schöpfe aus dem Meer und trinke.« Als der Schüler schöpfte, war das Wasser süß geworden, und er trank gierig. Daraufhin füllte er sein Gefäß, um auch später nicht dursten zu müssen. Als der Greis das sah, fragte er: »Warum tatest du das?« Der Schüler antwortete: »Damit ich auch künftig zu trinken habe.« Der Alte schüttelte den Kopf und sagte: »Gott ist hier, und Gott ist überall.«

1 Der Mönch Luther 1520. Der Kupferstich Lucas Cranachs, des Hofmalers von Friedrich dem Weisen, bildete den Auftakt zu einer lebenslangen Beschäftigung des Künstlers mit seinem Lieblingsmodell. Luthers ausgemergeltes Gesicht mit dem offenen, festen Blick, aus dem eine neue Glaubensgewissheit sprach, wurde zum Markenzeichen der Reformation.

Das meister Hanns Huß, der Ketzer au dem ~
concilio zu costentz mit ürteil Creutwart.

2 Hus auf dem Scheiterhaufen. Seine Verbrennung 1415 wurde zum europäischen Aufbruchssignal gegen die Papstkirche.

3 Friedrich der Weise. Der Silbertaler mit Luthers Beschützer trägt die Umschrift »Friedrich Herzog von Sachsen, des Heiligen Römischen Reichs Kurfürst«.

4 Johann von Staupitz war für Luther der Mann, *durch den zuerst das Licht des Evangeliums in meinem Herzen aus der Dunkelheit aufzuleuchten anfing.* Der Generalvikar der Augustinereremiten war Vertrauter Friedrichs des Weisen, der ihn zum Aufbau des Klosters und der Universität nach Wittenberg holte. Hier wurde er zum Seelsorger, Förderer und Hauptanreger Luthers, der ihn seinen wahren Vater nannte. Wegen dessen Rebellion gegen den Papst musste Staupitz den Orden der Augustinereremiten verlassen. 1524 starb er als Benediktinerabt verbittert im Salzburger Kloster St. Peter.

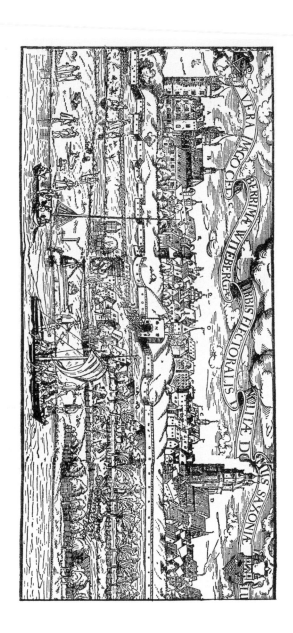

5 An der Grenze der Zivilisation: Wittenberg an der Elbe mit Schloss, Allerheiligenstift und Stadtkirche auf einem Holzschnitt von 1611. Nach Staupitz' Willen siedelte der sprachgewaltige Erfurter Mönch Luther 1508 ins Schwarze Kloster um, wo er Staupitz begegnete und seine theologische Laufbahn begann.

6 Ein Bußprediger bei der Arbeit. Der Holzschnitt von 1520 zeigt ihn inmitten seiner Requisiten, zu denen das blutrote Kreuz und der Geldkasten
gehörten, den seine schuldbewussten Kunden füllten. So kann man sich
Johann Tetzel vorstellen. Der hatte seinem Hauptfeind Luther prophezeit,
er »soll mir in drei Wochen ins Feuer geworfen werden«. Statt dessen beendete dessen Thesenanschlag den frommen Spuk und Tetzels Karriere.

7   Luthers Antichrist unterm Baldachin. Auf dem Holzschnitt von Lutherverehrer Hans Baldung Grien wird Gottes Generalbevollmächtigter mit
seinem Herrschaftssymbol, der dreireifigen Krone, von vier Männern auf
der Sella Gestatoria getragen. Vor Luther hatte es keiner gewagt, den
Papst mit solcher Schärfe anzugreifen, seinen Machtanspruch mit ähnlicher Überzeugungskraft zu widerlegen. Roms Vernichtungsplan lief ins
Leere, weil Friedrich der Weise die Hand über Luther hielt.

8   Luther und Hus spenden gemeinsam das Abendmahl. Was historisch
nicht möglich war, zeigt der idealisierte Holzschnitt des 16. Jahrhunderts.
Zu Füßen des überfließenden Christusbrunnens, den ein Weinstock trägt,
erhält Kurfürst Johann Friedrich aus der Hand Luthers und Friedrich der
Weise vom böhmischen Reformator das Abendmahl »in beiderlei Gestalt«.

9 Das *Ruhmtierchen* Johannes Eck, der streitbare Theologieprofessor
aus Ingolstadt, war Luthers Intimfeind. Seine List bei der Leipziger Disputation brachte Luther die lebenslange Feindschaft Herzog Georgs ein. Die
Umschrift dieses Holzschnitts von Peter Weinher aus der zweiten Hälfte
des 16. Jahrhunderts nennt ihn »den glänzendsten Theologen seiner
Zeit«, was Ecks Selbsteinschätzung entsprach.

10 Herzog Georg von Sachsen sah seine »wichtigste Lebensaufgabe im Kampf gegen Luther«. Der Vetter und Konkurrent Friedrichs des Weisen verteidigte die Papstkirche erbittert gegen dessen Schützling. Sein Hass auf die Reformation hing auch damit zusammen, dass er sich seiner Abkunft von Hussitenkönig Georg Podiebrad schämte. Der Holzschnitt von Lucas Cranach zeigt, warum ihm der Beiname »der Bärtige« beigelegt wurde.

11 Luther übersetzt das Neue Testament. Der Holzschnitt von 1530 zeigt ihn als Evangelisten, von einem Engel beraten und durch den heiligen Geist inspiriert.

12 »Die Gottlosen haben kein Recht zu leben«. Thomas Müntzer spricht
vom Predigtstuhl herab zu seinen Anhängern, die aus allen Gesellschaftsschichten stammen. Der einstige Lutherverehrer wollte den Bauernkrieg
zum Gotteskrieg umfunktionieren und den Reformator sozusagen »vom
Kopf auf die Beine stellen«. Dieser hielt ihm entgegen, *Predigen und
Leiden ist unser Amt, nicht aber mit Fäusten schlagen* . Müntzers Versuch,
das Gottesreich auf Erden mit Waffengewalt durchzusetzen, endete 1525
in einem Blutbad. Den gescheiterten Revolutionär ließ Herzog Georg ent-
haupten.

13 Huldreich Zwingli, von Luther *Herr Zwingel* genannt, trotzte diesem in Marburg 1529, und wurde zwei Jahre später im Glaubenskrieg erschlagen.

14 Erasmus von Rotterdam, auf einem Medaillon nach Hans Holbein. Da der Humanistenfürst zu Kompromissen neigte, irritierte ihn Luthers Unbeugsamkeit. Er trat zu ihm in offene Feindschaft.

15 Landgraf Philipp von Hessen, Vorkämpfer der Reformation und Gastgeber des Marburger Religionsgeprächs. In Edelrüstung und mit Straußenfedern am Barett zeigt er sich, die Hand am Schwertknauf, zum Äußersten bereit. Holzschneider Hans Brosamer zeigt ihn siegesgewiss, was leider ein Irrum war. Nachdem Karl V. die Protestanten besiegt hatte, geriet »der Großmütige« 1547 in die demütigende Gefangenschaft des katholischen Kaisers.

Des lutters gestalt mag wol verderbenn
Sein crischliß gemiet wirt nymer sterben
A·D·XXIII·D·H

16 Luther mit Doktorhut. Die Radierung seines Anhängers Daniel Hopfer von 1523 folgt dem Vorbild Lucas Cranachs, der das inoffizielle Monopol am Lutherporträt besaß. Das energische Profil des Reformators ist in Hopfers Wiedergabe von einem diskreten Heiligenschein umgeben. »Des Lutters Gestalt mag wohl verderben«, so lautet die Inschrift, »sein christlich Gemüt wird nimmer sterben.«

17 Katharina von Bora, die resolute Frau Luther, von ihrem Mann halb anerkennend, halb spöttisch *Herr Käthe* genannt. Ihr Blick auf Cranachs Charakterporträt verrät die Frau, die nichts dem Zufall überlässt. Kaum war 1525 ihre *Küssewoche* vorüber, als die Ex-Nonne die Ärmel hochkrempelte und entschied, »ich muss mir den Doktor anders gewöhnen, auf dass er's macht, wie ich will«.

18 Der Mythos Luther: Wormser Zuversicht in den Augen und mit beiden Beinen fest auf Gottes Erde. In seinem Todesjahr 1546 gezeichnet von Freund Cranach, wem sonst.

5. Der Drachentöter aus Ingolstadt

Paradoxien waren dem Papst suspekt. Er hatte es gern berechenbar. Deshalb bekam Luther, der »Narr«, die Zähne des *Minotaurus* Kirche zu spüren. Was ihm als persönliche Bedrohung widerfuhr, war in Rom Routine. Wer Christus ohne päpstlichen Segen predigte, handelte sich dafür das Kreuz ein. Der Klerus wiederum konnte sich, wie Cajetan in Augsburg, nach seinen inquisitorischen Grausamkeiten »die Hände in Unschuld« waschen. Das blutige Geschäft des Mordens wurde ihm ohnehin abgenommen. Das Brennbare schafften die Dominikaner herbei, die Fackel legte die weltliche Obrigkeit an.

Im Gegenzug mischte sich diese, wie Luther bald erfahren sollte, zunehmend in geistliche Angelegenheiten ein. Während Kurfürst Friedrich die Strippen im Verborgenen zog, legte es dessen sächsischer Vetter Georg auf Publizität und große Gesten an. Gern demonstrierte er dem anderen seine Überlegenheit, zu der ganz wesentlich die renommierte Leipziger Universität beitrug. Friedrichs Antwort, die Wittenberger Neugründung, hatte bei ihm Verstimmung hervorgerufen.

Noch mehr irritierte den Herzog das Auftreten jenes wortgewaltigen Theologen, der mit kühnen Thesen die Leipziger Theologenschaft blamierte. Zwar hatte Georg auch in seinem Land die Ablassthesen veröffentlicht, doch hauptsächlich, um die Kontroverse anzuheizen. Für ihn war Luther Friedrichs Mann. Schlug er ihn, traf er den Vetter. Und seine Universität gleich mit. Zwar störte auch Georg sich an den »Missbräuchen in der Kirche«, aber dass »ein einzelner Mönch aus einem Loch solche Reformation sollte vornehmen, sei nicht zu dulden«.[202] Das Loch war Wittenberg.

Zur ersten in einer langen Reihe von Konfrontationen kam es, als der Augustiner im Juli 1518 auf dem Dresdener Schloss eine Predigt hielt. Vor Georgs versammeltem Hof nahm er kein Blatt vor den Mund, sprach vom *wahren Verständnis des Wortes Gottes*, das der Papstkirche abhanden gekommen war, und einem Glauben, für den es *keinen Schrecken vor Gott* mehr gab. Das Publikum zeigte sich beeindruckt. Eine Hofdame schwärmte vor dem Herzog, sie danke Gott, dass sie diese Rede habe hören dürfen. Worauf Georg finster entgegnete, er seinerseits »würde viel Geld darum geben, wenn er die Predigt nicht gehört hätte«[203].

Luthers Auftritt löste bei der Papstpartei höchste Betriebsamkeit aus. Um ihn endgültig der Ketzerei zu überführen, stellte man ihm noch am selben Abend eine Falle. Von Georgs Hoftheologen Hieronymus Emser zum freundschaftlichen »Nachttrünklein« eingeladen, sollte Luther noch einmal zwanglos über seine Predigt und alles, was ihm sonst am Herzen lag, referieren. Leipzigs Scholastikerelite stellte Fragen, auf die der Wittenberger, wie es seine Art war, freimütig antwortete. Was er nicht wissen konnte: Hinter der Tür lauschte ein Dominikaner, der jedes Wort Luthers für die fällige Anklageerhebung mitnotierte. Ein Satz sollte besonderes Aufsehen erregen. Luther, so hieß es, »frage nicht nach des Papstes Bann, er habe bereits für sich beschlossen, darin zu sterben«[204]. Dem Manne konnte geholfen werden.

Eine Gelegenheit, ihn endgültig der Häresie zu überführen, wurde von einem seiner akademischen Widersacher herbeigeführt. Der berühmte Theologieprofessor Johann Eck aus Ingolstadt, von Luther als *Ruhmtierchen*[205] verspottet, fragte bei der Leipziger Universität an, ob sie als Austragungsort für ein Wortduell zur Verfügung stünde. Weder die dortigen Professoren noch die zuständige Geistlichkeit zeigten sich geneigt, hauptsächlich, weil dies »Unfrieden zwischen Georg und Luthers Landesherrn erregen möchte«.

Den Leipziger Herzog störte das nicht, zumal Professor Eck, engagierter Befürworter der modernen Zinswirtschaft, ein Empfehlungsschreiben der Fuggerbank vorweisen konnte.

Auch der Herzog wollte das Duell und stellte dafür seine Pleißenburg zur Verfügung. Als der zuständige Bischof dies an den Dresdener Kirchentüren per Anschlag verbieten wollte, ließ Georg die Zettel abreißen.

Keine akademische Diskussion wurde anberaumt, sondern ein Turnier mit Worten, bei dem ein gewisser Kontrahent möglichst zertrampelt auf der Walstatt bleiben sollte. Im Festaufzug mit flatternden Fahnen und gerührten Trommeln war die wehrhafte Bürgerschaft angetreten. Im großen Schlosssaal, den Georg mit kostbaren Teppichen hatte behängen lassen, wurden zwei Katheder aufgestellt, von denen aus die Gegner einander beharken sollten. Das Ecksche Pult hatte man vielsagend mit dem Bild des Drachentöters Georg geschmückt, das andere, an dem Luthers Vorkämpfer Karlstadt platziert wurde, mit dem des heiligen Martinus. Nachdem die Versammlung nach dreimaliger Anrufung des heiligen Geistes niedergekniet war, lud man zum Essen.

Da Andreas Karlstadt sich dem Anrennen des Bayern nicht gewachsen zeigte, musste Luther nach einer Woche selbst antreten. Der Gegensatz zwischen dem Wittenberger und dem Ingolstädter hätte kaum größer sein können: Am Martinus-Katheder stand ein Mönch, dem die Askese ins Gesicht geschrieben stand. Wirklich war er so mager, dass man, wie in seiner Fegefeuervision, »fast alle seine Knochen zählen« konnte. Ansonsten gab er sich »umgänglich und freundlich«, ein »heiterer und scherzhafter Unterhalter, der überall munter und sorglos und mit immer fröhlichem Gesicht erstrahlt«.[206] »Wer ihn einmal gehört hat«, sagte einer seiner Studenten, »möchte ihn, wenn er kein Stein ist, wieder und wieder hören, so fest senkt er haftende Stachel in den Geist seiner Zuhörer«. Allenfalls wurde bemängelt, dass Luther »im Schelten etwas zu heftig und beißend sei«.

Auch Eck konnte beißen. Hinter dem Drachentöterpult hatte sich der schwergewichtige Professor aufgebaut, der nach

Haltung und Mimik seinen Sieg schon im Voraus auszukosten schien. »Sein Mund, seine Augen und sein ganzes Gesicht«, bemerkte ein Augenzeuge, »lassen eher auf einen Fleischer oder barbarischen Söldner als auf einen Theologen schließen«. Mit seiner dröhnenden Stimme, »mehr rau als deutlich«, überdeckte er leicht Luthers »hohes, klares« Organ. Auch wegen seiner raumfüllenden Lautstärke, so der Beobachter, wäre Eck für »einen tragischen Schauspieler, ja einen öffentlichen Ausrufer« bestens geeignet gewesen.

Während des in lateinischer Sprache abgehaltenen Wortwechsels, bei dem es um nichts Geringeres ging als das Schicksal der Kirche, brach im Publikum plötzlich Gelächter aus. Herzog Georgs einäugiger Hofnarr hatte, des Lateinischen unkundig, die Umstehenden gefragt, worum es bei dem Gezänk eigentlich gehe. Augenzwinkernd antwortete man, die beiden stritten um das Für und Wider von des Narren Hochzeit. Der mächtige Eck sei strikt dagegen, dass er sich verheirate, während der magere Luther die Eheschließung gutheiße. Als der Hofnarr, wütend über die Einmischung, dem Hochzeitsfeind eine »scheele« Grimasse schnitt, äffte Eck sie nach und hielt sich auch noch mit seinem Zeigefinger das rechte Auge zu. Worauf der Narr, den man zum Narren hielt, seinen Beleidiger »mit großem Geschrei bitterlich und schmählich« beschimpft habe, »darüber die Versammlung ziemlich gelachet«.[207]

6. Eine alte Wunde wird aufgerissen

Das Lachen blieb Ausnahme. Der Schlagabtausch selbst wurde erbittert geführt. Zur Einstimmung entzog Luther seinem Kontrahenten erst einmal den Boden. In einem vorab veröffentlichten Text behauptete er, die Vorrangstellung des Papstes, für Eck unerschütterliches Dogma, sei bloßes Menschenwerk. Wenn die Kirche ein Haupt hatte, dann war es Jesus Christus. Sie fand auch nicht dort statt, wo der Papst bestimmte, sondern *wo das Wort Gottes gepredigt und geglaubt* wurde. Kein Reich irgendwelcher Schätze sei die Kirche, sondern einzig *Reich des Glaubens*. Doch *Eck und Genossen machen aus ihr, indem sie ihr ein sichtbares Oberhaupt geben, ein Reich der sichtbaren Dinge.*[208] Durch diese Unterscheidung zweier Welten war der Disputation schon im Vorfeld die gemeinsame Grundlage entzogen.

Aber auf diese hatte Eck es auch nicht abgesehen. Von Anfang an verfolgte er eine Strategie, mit der er den selbstbewussten Mönch als Ketzer entlarven konnte. Obwohl er angeblich gar nicht mit ihm, sondern dessen Parteigänger Andreas Karlstadt diskutieren wollte, schlug er als Streitthema Luthersche Thesen vor. Als dieser selbst dafür gerade stehen wollte, zögerte man mit seiner Zulassung und erteilte sie fast widerwillig. Luther war in Leipzig nicht willkommen. *Die Leipziger*, schrieb er später an Spalatin, haben uns *wie die verhasstesten Feinde behandelt.*[209]

Dies gehörte zu Ecks Strategie. Auch den Ort hatte der Ingolstädter nicht zufällig gewählt. Hier konnte er nicht nur die beiden sächsischen Cousins Friedrich und Georg gegeneinander ausspielen, sondern auch alte Ressentiments mobilisieren. Gut hundert Jahre zuvor war Georgs Universität von Prager Emigranten gegründet worden, die wegen ihrer deutschen Herkunft an der dortigen Hochschule diskriminiert worden waren. Den Auslöser zu dieser indirekten Vertreibung hatte Jan Hus geliefert. Da Eck dieses Thema erfolgversprechend schien, legte er keinerlei Gewicht auf den Ablass. Zu Luthers größtem Erstaunen stimmte er *mit mir fast in allem überein, und die Verteidigung des Ablasses wurde verlacht und verspottet.*[210]

Lange schien Eck seinen Kontrahenten in Sicherheit gewiegt zu haben. Der diskutierfreudige Luther fühlte sich in seinem

Element. Er sei so gelehrsam gewesen, bemerkte der Leipziger Theologiestudent Petrus Mosellanus, »dass er gleichsam alles an den Fingern herzählen konnte«. Auch demonstrierte der Augustiner Taulersche Gelassenheit, als er während Ecks Redeauftritten wie geistesabwesend an einem Nelkensträußchen schnupperte. Seinem Ärger über Luthers vermeintliche Unbekümmertheit machte Eck Luft, indem er dem Kontrahenten vorwarf, er sei offenbar der Gottgegebenheit seiner Weisheit allzu sicher. Luther konterte mit dem ironischen Hinweis, dass Gott einst sogar *durch den Mund eines Esels sprach.*

Als es um den Primat des Papstes ging, wurde es ungemütlich. Mit Lehrsätzen und Bibelstellen in die Defensive gebracht, übersah Luther im Eifer des Wortgefechts, welche Richtung das Gespräch nahm. »Auf diese gefährliche Wendung«, so Luther-Biograph Köstlin, sei Luther »nicht gefasst gewesen«.[211] Vielleicht hatte er den pompösen Professor auch unterschätzt. Denn im Unterschied zu hochnäsigen Gegnern wie Cajetan, die von Luther freiwillige Unterwerfung erwarteten, war Eck entschlossen, diese im Zweikampf zu erzwingen. Er ging auf Sieg, und dies, wie ein Biograph es ausdrückte, »mit tückischer Beflissenheit«[212].

Ecks List ging auf, als er den arglosen Luther an die Ereignisse beim Konstanzer Konzil erinnerte. Damals hatte Jan Hus die göttliche Begründung des Papsttums genauso zurückgewiesen wie Luther hundert Jahre später. Prompt hatte Eck diesen auf dem falschen Fuß erwischt. Bei Nennung des verhassten Namens, den Eck als Trumpfkarte einsetzte, kippte die Stimmung. Luther erinnerte sich später, gerade *diese Beschuldigungen,* er fahre im Kielwasser des Tschechen, hätten im Saal *die Leipziger mehr gereizt als die Disputation selbst.*

Nachdem der Vorzeigeprofessor den Gegner in der gewünschten Ecke hatte, ging er *aufs Äußerste.* Er denunzierte Luther *öffentlich als einen Ketzer und Schutzherrn der ketzerischen Böhmen.*[213] Seit Hus' Anhänger nach dessen Hinrichtung auch das an Böhmen angrenzende Sachsen verwüstet hatten, waren Hus und die Hussiten in Deutschland synonym für Glaubensabfall, Tod und Zerstörung. So sollte es nach Ecks Plan auch dem Wittenberger Papstfeind ergehen. Er musste ihn dazu lediglich zu einer bestimmten Aussage zwingen, die Luther sonst nicht so leicht über die Lippen gekommen wäre.

Kaum hatte Eck seinen Kontrahenten »triumphierend festgenagelt«, als dieser sich mit dem Gegenangriff zu befreien suchte. Wahrheitsgemäß erwiderte er: *Nicht alle hussitischen Artikel sind ketzerisch.*[214] Das sprach für Luthers Ehrlichkeit, denn zweifellos hatte er Recht. Es legte aber auch seine Schwäche offen: Diplomatisch war es nämlich nicht. Aber vielleicht glaubte er auch die Zeit gekommen, den verbrannten Prager zu rechtfertigen. Natürlich ahnte er nicht, dass er mit diesem Thema auf der Pleißenburg vermintes Gelände betreten hatte. Wenn er einen Fehler gemacht habe, sagte Luther später, dann nicht geahnt zu haben, dass er dort *inmitten von Wölfen* war.

Kaum hatte Luther die Hussiten freigesprochen, kam es zum Eklat. Wie elektrisiert sprang Gastgeber Herzog Georg auf, stemmte die Arme in die Seiten und stieß, ohne Rücksicht auf die geistliche Versammlung, den blasphemischen Fluch aus: »Das walt die Sucht!«, oder nach anderer, weniger blasphemischer Version: »Dass ihn die Sucht zerstoße!«[215]

In seiner Abwandlung des Segenswortes »Das walte Gott« wünschte der Sachsenherzog dem Wittenberger die Pest an den Hals. Und das nicht von ungefähr. Denn Luthers Äußerung hatte ihn persönlich getroffen. Der bärtige Mann litt nämlich unter einem Hussiten-Komplex. Der tschechische Glaube bildete für ihn die Schwachstelle, die zugleich seine Herkunft und seine Rechtgläubigkeit in Zweifel zog.

Wie der belesene Eck natürlich wusste, war Georgs Mutter Sidonie, eigentlich Zdenka, die Tochter des berüchtigten »Ketzerkönigs« Podiebrad von Böhmen. Sie hatte eine hussitische Erziehung genossen, sich aber nach ihrer Heirat vom väterlichen Glauben distanziert. »Durch innige Hingabe an die römische Kirche«, so ein Biograph des Herzogs, »hatte sie vergessen gemacht, dass sie ketzerischer Abstammung war«.[216] Einer hatte es nicht vergessen. Ihr Sohn Georg, erklärter Hussitenfeind, durfte sich selbst als halben Tschechen, ja Nachkommen der verfeindeten Glaubensrichtung ansehen. Mit Georg Podiebrad, dessen Vornamen er trug, verbanden rechtgläubige Deutsche die doppelten Gräuel von Ketzertum und Brandschatzung. Indem Luther ungewollt zum Verteidiger der Hussiten avancierte, hatte er Georgs alte Wunde aufgerissen.

Genau das war Ecks Absicht gewesen. Wie ein Schachspieler hatte er die Partie auf diesen Punkt hin angelegt und seinen Gegner, zumindest vorläufig, matt gesetzt. Der Ingolstädter wusste genau, dass der Herzog sich, nicht anders als seine Mutter, durch übertriebene Rechtgläubigkeit vom Makel seiner Abkunft zu befreien suchte. Wohl auch deshalb hatte Georg Geistlicher werden wollen und später den Sekretär des päpstlichen Ablasspredigers Raimund Peraudi als Hofkaplan angestellt. Für das Papsttum, das sein Großvater Podiebrad in Frage gestellt hatte, wollte der Herzog den Mann bekämpfen, der seinerseits das Papsttum in Frage stellte.

Georgs Fluch bildete den Auftakt zu seiner folgenreichen Fehde mit dem Reformator. »Von diesem Zeitpunkt an«, so der Autor einer Doppelbiographie der beiden, »wurde Georg Luther abgeneigt«.[217] Es sei »die Erklärung Luthers über Hus« gewesen, meinte ein anderer Biograph, die »aus Georg einen entschiedenen Widersacher des Wittenbergers«[218] machte.

Nachdem dieser ihm als wiedergeborener Hus erschienen war, sah Herzog Georg, wie es ein modernes katholisches Kirchenlexikon ausdrückt, seine »wichtigste Lebensaufgabe im Kampf gegen Luther«. Dieser selbst ahnte, dass sich hinter Georgs religiösem Fanatismus etwas Anderes verbarg. Tatsächlich sollte sich der Leipziger im Lauf der Jahre in einen pathologischen Hass hineinsteigern, der sich ohne seinen familiären Komplex kaum verstehen lässt.

Bei einem hysterischen Ausbruch 1524 schrie Georg einen evangelischen Pfarrer an, er wolle Luther »brennen lassen, mit Zangen reißen und braten« und »alle, die seiner Lehre nachfolgten, in Kutten hängen lassen«. Dabei, so berichtete ein Anwesender, sei ihm »der Schaum vor den Mund getreten«, worauf es ihm die Sprache verschlug, als hätte ihn »der Schlag gerührt«.[219] Was im Bärtigen vorging, ahnte Luther wohl. Dass man ihn dank Friedrich nicht als Ketzer umbringen konnte, so sagte er, bereite Georg solche Qualen, *er werde allein schon durch diesen innerlichen Kummer aufgerieben.*[220]

7. Das Murmeltier verkriecht sich

Mit dem Streitgespräch auf der Pleißenburg war ihre Feindschaft besiegelt. Allerdings wurde der genealogisch bedingte Skandal außerhalb Leipzigs kaum bemerkt. Denn in jenen Junitagen 1519 konzentrierte sich die Aufmerksamkeit des Reiches auf Frankfurt, wo der vakante Kaiserthron neu zu besetzen war. Europas Könige hatten ihre Bewerbungsunterlagen in Form von Bestechungsgeldern eingereicht, und die deutschen Kurfürsten, die die Hand aufhielten, zerbrachen sich zugleich die Köpfe, vom welchem Bewerber sie den geringsten Schaden zu erwarten hatten.

Neben dem jungen Habsburger Karl hatten sich auch Franz I. von Frankreich und Heinrich VIII. von England Chancen ausgerechnet. Dass die beiden ebenso wenig wie der Habsburger Kandidat Deutsch sprachen, schien für ihre Qualifikation ohne Belang. Nachdem der Engländer zurückgesteckt hatte, weil ihm die Krone als »zu teure Ware« erschien, war

Karl gezwungen gewesen, das Angebot des Franzosen zu überbieten. Wie Kurfürst Albrecht von Mainz hatte er sich bei den Fuggern die nötige Million Goldgulden vorstrecken lassen. Mit der Summe, die dem fünftausendfachen Jahresgehalt eines Hofrats entsprach, wurde allen Betroffenen die Entscheidung erleichtert.

Als die fürstlich bedienten Fürsten in Frankfurt zusammenkamen, war die Wahl praktisch entschieden. Dennoch stellten sich Zweifel ein, ob man statt des jungen Königs von Spanien nicht doch lieber einen erfahrenen Mann nehmen sollte, der auch aus dem Reich kam, das er beherrschen sollte. Die Blicke richteten sich auf Friedrich den Weisen. Zwar ohne nennenswerte Hausmacht, trug er doch seit Maximilians Tod den Titel des Reichsvikars und genoss den Respekt von Kollegen und Kurialen. Auch Leo X. bot Unterstützung an, wohl weil von dem Kursachsen »die geringste politische Bedrohung ausging«[221]. Tatsächlich, so berichtete Luther, sei er *zu Frankfurt von den Kurfürsten einträchtig zum Kaiser erwählt* worden, *und wäre auch wahrhaftig Kaiser geworden, wenn er gewollt hätte.*

Wenn man seinen Landesherrn zum Kaiser gewählt hätte, wäre Luther wohl zufrieden gewesen. Eine entsprechende Weissagung hatte es gegeben. Schon als Kind, so erzählte Luther, habe er die sagenhafte *Prophezeiung gehört, Kaiser Friedrich werde das heilige Grab erlösen.* Erst als Erwachsenem sei ihm verständlich geworden, dass dies nicht auf Friedrich Barbarossa gemünzt war, sondern auf seinen Beschützer, den sächsischen Kurfürsten. Und mit dem heiligen Grab, das er befreien werde, sei nichts anderes als *die heilige Schrift gemeint* gewesen, *in der die Wahrheit Christi, durch die Papisten getötet, begraben lag.* Was das echte Grab in Jerusalem betraf, so spottete er, *frage der liebe Gott gerade so viel danach, als nach allen Kühen in der Schweiz.*[222]

Bei der Frankfurter Kaiserwahl hätte die Geschichte, auch die seines Schützlings Martin Luther, eine andere Wendung nehmen können. Aber Friedrichs Weisheit siegte über seinen Ehrgeiz. Das Murmeltier verkroch sich. Als am 28. Juni 1519 die Kurfürsten, angetan mit scharlachroten Amtsroben und schneeweißem Hermelinumhang, in einer engen Kapelle zusammenkamen, um über die Zukunft Europas zu entscheiden, trat auch der Wittenberger für den Spanier ein. Doch nicht, ohne ihm zuvor eine Reihe von Zugeständnissen abgerungen zu haben, mit denen die kaiserlichen Vollmachten deutlich eingeschränkt wurden. Laut Friedrich selbst hatte er damit »Deutschlands Freiheit gesichert«[223]. Nachdem der Kaiser diese »Wahlkapitulation« unterzeichnet hatte, waren alle Seiten zufrieden. Karl V. wurde einstimmig gewählt.

Da der Brandenburger Kurfürst Joachim I. auf der Rückreise von Frankfurt in Leipzig Station einlegen wollte, ließ Herzog Georg die Pleißenburg für den Ehrengast räumen. Sollten die Streithähne an anderer Stelle weiterdiskutieren. Eck allerdings erhielt noch Gelegenheit, den Brandenburger Kurfürsten gegen den »Hussiten« Luther aufzuhetzen. Bei Joachim traf er auf offene Ohren. Für ihn war der Mann, der seinem Bruder, Albrecht von Mainz, das Ablassgeschäft verhagelt hatte, der »Satan von Wittenberg«.

Friedrich der Weise mochte geahnt haben, dass sich eine gefährliche Allianz zwischen seinem Vetter und den Brandenburgern bildete. Auch hatte der milchgesichtige Habsburger Karl durchaus nicht die Absicht, der schwache Kaiser zu sein, für den man ihn hielt. Und warum sollte er allzu viel auf die deutschen Kurfürsten geben, wo er doch vom spanischen Hof und der römischen Kirche bestens beraten war?

Nicht zufällig erkrankte Friedrich nach seiner Rückkehr von der Kaiserwahl schwer. Und Luther, der mit zu den Auslösern dieses Leidens zählen mochte, verfasste für ihn das Büchlein »Vierzehn Trostgründe für die Mühseligen und Beladenen«. An die vakante Stelle der vierzehn kirchlichen Nothelfer, die Luther abgeschafft hatte, trat nun der eine und einzig wahre Nothelfer, Christus. In diesem Trostbüchlein konnte der Fürst, der nicht zu Luther überwechseln wollte, einige Gründe dafür finden, warum der Rest seines Landes und bald auch des Reiches eben dies tat.

In Luthers Text begegnete der kranke Friedrich einem neuen Christus. Der vom Tod Auferstandene forderte keine Gerechtigkeit, sondern brachte sie. Jedem Menschen »schenkte« er die Mühe, sich aus eigener Kraft, durch fromme Werke und großzügige Geldgaben, nach oben zu strampeln. Die Gerechtigkeit Christi glich einem Wagen, der jeden dazu einlud, mit ihm in Gottes Reich zu fahren. Ein Priester auf dem Kutschbock war nicht mehr vorgesehen.

KAPITEL ACHT

POSAUNENSTÖSSE

Es geht dich an und gilt dir, dass
du in Christus auferstanden seiest
und Christus in dir.[224]

1. Die Ikone der Reformation

Jede Revolution schafft sich ihre Ikonen. Wer Luthers theologische Schriften, hunderttausendfach durch die Druckerpressen verbreitet, nicht lesen konnte, der las in den Zügen seiner Porträts, die von Lucas Cranachs Werkstatt in zahllosen Einblattdrucken vervielfältigt wurden. Die lebenslange künstlerische Beschäftigung des Renaissancemalers mit Luther war ohne Beteiligung und Finanzierung durch das Schloss nicht vorstellbar.

Erstmals 1520 hatte der aus dem fränkischen Kronach stammende Porträtist den Augustiner in Kupfer gestochen. Ohne Beschönigung zeigte er ein ausgemergeltes Gesicht, dessen tief liegende Augen fest geradeaus blickten. Der ganze Ausdruck des nach Mönchsart geschorenen Mannes sagte nur eines: Hier stehe ich, ich kann nicht anders. Und ich will auch nicht anders. Das Bild wurde zur Botschaft. Vielfach nachgestochen und ebenso oft raubgedruckt wie Luthers Bücher, hing es bald im ganzen Reich.

Es stand für einen neuen Glauben, aber auch gegen den alten. Die Lutherikone wurde zum Heiligenbild, in dessen Zeichen die Heiligenverehrung abgeschafft wurde. Zugleich wurde es zum Inbegriff des Hasses auf das Papsttum. Hass war auch Luther selbst nicht fremd. Seit er bemerkt hatte, dass sein neuer Glaube gerade durch die vermeintlichen Vertreter des Guten angefochten wurde, fühlte er sich von Gott selbst zum Kampf »auf den Plan« gerufen.

Rückblickend dankte er *den Papisten, dass sie mich durch Teufels Toben so zerschlagen, zerdrängt und geängstet* hätten. Denn damit, so fügte er ironisch hinzu, sei aus ihm ein *ziemlich guter Theologe*[225] geworden. Auch seinen plötzlichen Ruhm als Papstfeind verdankte er den Papstfreunden. Der Versuch, ihn niederzuschreien, war nicht zu überhören gewesen. Statt ihn kleinzukriegen, baute man ihn auf. Im ganzen Reich stand Luthers Name für Rebellion. *Gott gebe uns der Posaunen eine,* schrieb er, der auf Gewaltfreiheit pochte, *womit die Mauern Jerichos umgeworfen wurden.*[226]

Bald blies ein ganzer Posaunenchor, rührten sich Heerscharen von Handwerkern in seiner Sache. Die Industrie schloss den Wittenberger ins Herz. Buchdrucker, die sich sonst mit Bibeln und Folianten für die Ewigkeit abmühten, entdeckten Luthers Texte als eilig produzierte Ware, die sich reichsweit absetzen ließ.

Seine in atemberaubender Folge herausgeschleuderten Thesen, Pamphlete und Predigten, die Zeitfragen auf den Punkt brachten, nahmen die Aktualität moderner Zeitschriften vorweg. Vom Berufszweig der Grafiker liebevoll ausgeschmückt, bildeten die sogenannten »Flugschriften« die Vorläufer der Illustrierten, die selbst Analphabeten etwas zu bieten hatten. Entsprechend führte schneller Absatz zu schnellem Umsatz, und die Rendite war hoch, weil man Luther für das, was ihm der heilige Geist eingab, kein Autorenhonorar zahlen musste. Die ersten Gewinner der Reformation waren die Drucker.

Schon zu den Leipziger und Frankfurter Buchmessen 1518 lag eine Gesamtausgabe seiner lateinischen Schriften vor. Dank nie erlahmender Produktivität wurde der Reformator Deutschlands erster Bestsellerautor. Da andere Schriftsteller nachzogen, schnellte die Veröffentlichungskurve deutscher Bücher zwischen 1518 und 1519 von zweihundert auf neunhundert Titel. Als der Wormser Reichstag im Frühjahr 1521 befahl, die Schriften des Geächteten zu verbrennen, war man sich offenbar nicht im Klaren, dass diese bereits in über einer halben Million Exemplaren verbreitet waren.[227] Als Medienereignis ließ Luther sich nicht mehr verbieten.

Den Kommunikationsvorsprung baute er lebenslang aus. Der Öffentlichkeitsform der Papstkirche mit ihren Messen, Wallfahrten und Wohltätigkeitsveranstaltungen in eigener Sache setzte er die Veröffentlichung des Gottesworts entgegen. Seine *Büchlein und Resolutionen,* so sagte er nicht ohne Stolz, *flogen in wenigen Tagen durch ganz Europa.*[228] Luthers Botschaft fand sich bald überall, wo zuvor nur die des Papstes gegolten hatte. Aber während die Kirche immer die gleiche blieb und sich sogar darauf versteifte, alles beim Alten zu lassen, entwickelte sich der neue Glaube mit der Geschwindigkeit der Literatur, die aus ihm hervorging. Die Reformation war auch eine Reformation der Lesegewohnheiten.

Nicht zufällig hatte Gutenberg sich zuerst die Bibel vorgenommen. Bei seiner neuen Technik hatte weniger das zeit- und kostensparende Druckverfahren im Vordergrund gestanden, als die Möglichkeit einer vorlagengetreuen Reproduktion, die auch bei großer Auflage identische Wiedergabe garantierte. Es war der wissenschaftlich interessierte Kardinal Cusanus gewesen, der den Niedergang der Kirche auch auf das fehlerhafte Abschreiben des Gotteswortes in den Klöstern zurückführte. Mit der neuen Satztechnik würde sich dies vermeiden lassen. Möglicherweise nahm der deutsche Kardinal deshalb, wie ein moderner Gutenbergkenner meinte, 1451 Kontakt zum Mainzer Meisterdrucker auf.[229] Gottes Wort sollte nicht länger der Willkür der Abschreiber ausgeliefert sein.

Nachdem Cusanus das neue Medium erfolgreich in Rom propagiert hatte, lieferte Gutenberg neben mustergültigen Bibeln auch die begehrten Ablasszettel in jeder gewünschten Auflage. Nutzte die Papstkirche die epochale Erfindung nur zur Vervielfältigung, fand zwischen dem Reformator und seinen Druckern ein Synergieeffekt statt: Je größer der Bedarf an seinen Werken, umso schneller flogen ihm die Gedanken zu. Was er in seiner Zelle niederschrieb, verkaufte man im ganzen Land. Lesen wurde zum alternativen Gottesdienst.

2. Die Gelassenheit der Gottesmutter

Den Kampf gegen Rom, das sein Monopol am Gottesdienst verteidigte, führte Luther mit Hilfe der allgegenwärtigen Presse. Jede seiner Schriften löste wütende Gegenschriften aus, auf die wiederum er und seine Anhänger mit noch heftigeren Ausfällen reagierten. Nicht nur mit Worten. Als der päpstliche Nuntius Aleander im Dezember 1520 die deutschen Fürsten gegen Luther aufzuwiegeln suchte, belegte er dessen Gefährlichkeit unter anderem mit einem neuen, besonders anstößigen Bild, das in Worms vertrieben wurde.

Zwar handelte es sich um Cranachs vertrautes Lutherbild vom selben Jahr, doch war es in einem wesentlichen Punkt verändert worden. Aus dem Abbild konzentrierter Glaubensfestigkeit war endgültig eine strahlende Ikone geworden: Über Luthers Haupt, das von einem Heiligenschein umleuchtet war, schwebte das Symbol des Heiligen Geistes. Durch simple Abwandlung des Kupferstichs, so schien es, war der aufsässige Augustiner heiliggesprochen worden.

Kein Propagandakünstler war es gewesen, der Cranachs Porträt ins neue Licht gerückt hatte, sondern Dürers Meisterschüler Hans Baldung Grien. Bei genauerem Hinsehen erkannte man, dass er auch Luthers Gesicht einen neuen Ausdruck verliehen hatte. Mehr noch als die Taube und das strahlenwerfende Licht um seinen Kopf verrieten Luthers entspannte Züge und sanft lächelnder Mund, dass er Erleuchtung erfahren hatte. Die Sonne Christi, so signalisierte Baldung Grien, war aus der Nacht der Glaubensverirrung wieder aufgegangen. Die Augen nach oben gerichtet, wies Luther mit der Rechten in die aufgeschlagene Bibel, als wollte er sagen: »Von da hab' ich's.«

Für den Papstgesandten Hieronymus Aleander stellte dies nicht nur eine Geschmacklosigkeit, sondern geradezu eine Majestätsbeleidigung dar. Wenn die Taube irgendwo schwebte, dann über dem Papst in Rom. Bitter beklagte er sich auf dem Reichstag in Worms, Luthers Anhänger seien so weit gegangen, ihr ketzerisches Idol als »Mann voll des heiligen Geistes« darzustellen. Hätte er geahnt, dass sich hinter dem Porträt auch eine geheime Botschaft verbarg, wäre er vermutlich noch aufgebrachter gewesen.

Fünf Jahre vor seinem Porträt Luthers, ungefähr gleichzeitig mit dessen Turmerlebnis, hatte Baldung Grien für das Freiburger Münster »Unserer Lieben Frau« den monumentalen Hochaltar, sein künstlerisches Hauptwerk, fertiggestellt. Im innersten Heiligtum des hoch aufragenden Pfeilergebirges, aus dem die Überlegenheit der scholastischen Weltsicht sprach, hatte der Maler unbemerkt das Nahen der Reformation im Zeichen der Mystik verkündigt.

Seit Langem wurde die Jungfrau Maria, nach der nicht nur die Freiburger ihren Dom benannt hatten, als hoch erhabene Himmelskönigin verehrt. Der Dreieinigkeit hatte sie an Popularität den Rang abgelaufen. Von der Scholastik gefördert, war das Glaubensleben auf Marienfeste, Marienwallfahrten und Marienerscheinungen verfallen. Gerade in den Klöstern herrschte eine fast fiebrige Verehrung der Gottesmutter.

Als wahre Erlöserin hatte sie, wie Luther sagte, Christus aus dem *Amt* verdrängt. Galt er als *zorniger Richter*, ja als *Stockmeister*, der Gottes Strafen vollstreckte, so war sie der Mönche *Trost und Zuflucht*.[230] Wohl auch, weil sie Frau war. *Ach!* seufzte Luther über seine Mönchszeit, *was haben wir der Maria Küsse gegeben*[231] und sind *ihr unter den Mantel gekrochen*[232]. Dieser Liebes- und Wunderkult um die »Gottesmutter« bot zwar Seelenfrieden und Spektakel, kam im Wesentlichen aber ohne die Evangelien aus, von Paulus zu schweigen, der nie ein Wort über sie verlor.

Im Gegensatz zu dieser Überheiligen, der man einen Platz in der obersten Himmelsloge eingeräumt hatte, präsentierte Baldung Grien sie als einfaches Mädchen. Aus den gesenkten Augen und dem lauschend geneigten Kopf sprach nicht das Bewusstsein der eigenen Göttlichkeit oder gar die Majestät der Heilandsmutter. Seine Maria verkörperte die Gottgelassenheit der Mystik.

Auf Baldungs Bild setzten Gottvater und Gottessohn ihr nicht deshalb die Krone auf, weil sie sozusagen von Rechts wegen Himmelskönigin war, sondern weil sie schlicht ohne Ichbezogenheit auskam. Die Sanftmut ihres Gott-wirken-Lassens hob sie über alles hinaus. Von der Mystik her betrachtet, war die Abgebildete auch keine bestimmte Frau, die wegen ihres frommen Lebenswandels von Gott erwählt wurde, sondern der Mensch selbst, *jeder* Mensch. Soweit Gott in ihm gegenwärtig war.

Sie war auch nicht deshalb Jungfrau, weil sie von keinem Mann berührt worden war, sondern weil sie, gelassen darauf verzichtend, »ein Jemand zu sein«, von jeder Anfechtung frei war. Deshalb konnte sie auch, wie Meister Eckhart es ausdrückte, »Gott in sich gebären«. Nach Überzeugung des Mystikers traf das sogar auf alle Menschen zu. Maria, die Christus auf die Welt brachte, war das, was alle Menschen sein konnten, wenn sie Gott in sich gewähren ließen. »Dass die ewige Geburt *in mir* geschehe«, predigte Eckhart, »darauf kommt alles an«.

Der Erleuchtete aus Wittenberg, auf den die göttliche Taube Baldung Griens herabsank, sah das genau wie der Meister vom Münster. Auch der Reformator liebte Maria, aber nicht als Kultobjekt mit Heilungskräften, sondern als Idealbild eines von Gott getragenen menschlichen Daseins. Luthers Maria kam ohne die spektakulären Wunder aus, die ihr von der Kirche angedichtet wurden. Sie *war* das Wunder.

Von Baldung Griens bescheidener Maria wäre Luther gewiss angetan gewesen. Schon immer hatte ihn gestört, so schrieb er im Büchlein über das »Magnificat«, dass auf den Altären *die Meister uns die selige Jungfrau so abmalen, dass nur große, hohe Dinge an ihr zu sehen sind.*[233] Für ihn widersprach die Madonna in ihrer himmlischen Glorie dem nüchternen Bild, das die Evangelien von ihr zeichneten. Und gegenüber ihrer majestätischen Darstellung in den Kirchen wirkte ihr Dankgebet an Gott, das »Magnificat«, sympathisch schnörkellos. Darin wurde deutlich, so Luther, dass ihr gerade nicht *darum zu tun* war, dass man sie *ehrt* und der Gläubige vor ihr die Knie beugte, sondern er solle durch sie zu Gott kommen. Denn sie selbst *tut nichts, Gott tut alle Dinge*[234].

Als Luther Ende 1520 mit seiner Auslegung dieses Mariengebetes aus dem Lukasevangelium begann, war sein Streit mit der Papstkirche weiter eskaliert. Drohungen und Hasstiraden wurden ausgetauscht. Die *Geister*, wie Luther einmal plastisch ausdrückte, *platzten aufeinander*[235], und nicht nur sie. Revolutionsstimmung breitete sich aus, romfeindliche Ritter sammelten Truppen für den nationalen Befreiungskampf. Gerade in dieser Zeit, wo es nicht nur um die Zukunft des Glaubens, sondern für Luther persönlich um Leben und Tod ging, fand er auf der Wartburg die Ruhe, sein Hohelied auf Maria zu singen. Es wurde auch sein Hohelied auf die Mystik.

Die Jungfrau, die für ihn im Mittelpunkt stand, war nicht jene *Abgöttin*[236], die ihren Sohn überflüssig und Gottvater vergessen machte. »Göttlichkeit« besaß sie nicht deshalb, weil der Herr ihr diese besondere Gabe verliehen hätte, sondern weil sie, wie Luther in anderem Zusammenhang sagte, ein *wahrhaft menschlicher Mensch*[237] war. Sie war nicht anders geworden, seit sein Geist sie erfüllte, sondern dasselbe *einfältige, reine Herz* geblieben. Sie verhielt sich ganz *wie vorher, schafft im Haus wie vorher, melkt die Kühe, kocht, wäscht Schüsseln, kehrt, tut wie eine Hausmagd oder Hausmutter.* Nur in einem wesentlichen Punkt unterschied sie sich von anderen Menschen: Sie war *gelassen.*

Luthers Maria wusste sehr wohl, dass sie *als Gottesmutter über alle Menschen erhoben* war, und blieb doch *so einfältig und gelassen, dass sie deshalb nicht einmal eine geringe Dienstmagd* für geringer hielt als sich selbst. Im Gegensatz zu anderen Menschen war sie sich ihrer *Nichtigkeit* bewusst. Ansehen und Besitz waren ihr gleichgültig. *Sie drängt dich* aber *auch nicht,* betonte Luther, *dass du sagen sollst, sie seien nicht gut.* Von Maria konnte man lernen, dass man an *den Gütern Gottes nicht kleben,* sondern *sie mit Gelassenheit gebrauchen*[238] sollte. Gehören sollte man ihm allein.

Mehr als Nichts, so Luther, wollte Maria gar nicht sein. Sie *zeigt nicht mehr als ihre Nichtigkeit, darin sie gern gelebt hat,* auch hat sie *nie an Ehre oder Höhe gedacht, ist auch nicht inne geworden, dass sie demütig gewesen sei.*[239] Das war ohnehin nicht nötig, denn Gott bedurfte keiner Nachhilfe. Man musste nur, wie Luther über das Vaterunser sagte, *mit dem göttlichen Willen gleichförmig sein, so lange, bis der Mensch ganz gelassen, frei, willenlos wird, und nichts mehr weiß, als dass er Gottes Willens gewärtig sei.*[240]

Von der Demut, die in Klerus und Klöstern kultiviert wurde, hielt Luther nichts. Denn auch die *Jungfrau Maria hat niemals ihre Demut angeführt und sich deren gerühmt.*

Wenn der Mensch wirklich demütig ist, sagte Luther in der »Magnificat«-Deutung, dann weiß er gar nichts davon. Deshalb, so erklärte er, *habe ich das Wörtlein humilitas, Demut, mit Nichtigkeit verdeutscht*[241].

Wer aber die eigene Nichtigkeit fand, dem konnte von Gott geholfen werden. Denn es war *ein solcher Gott, der denen hilft, die gar nichts sind*. Wer dies wie die Jungfrau Maria bemerkte, konnte gar nicht anders, als Gott »zu erheben«, wie es zu Anfang ihres »Magnificat« hieß: »Meine Seele erhebt Gott, den Herrn.« Luther drückte es modern aus: »*Ich halte viel von ihm.*«[242] Und deshalb, so der Reformator, lobte sie Gott *mit fröhlichem, springendem Geist,* ohne dass man wirklich sagen konnte, sie sei es selbst, die seinen Lobgesang anstimmte. *Denn es ist kein Menschenwerk, Gott mit Freuden zu loben. Es ist mehr ein fröhliches Leiden und allein ein Gotteswerk.*

3. »Du machst uns singen, wenn du uns weinen lässt«

Unter »fröhlichem Leiden« konnte ein Renaissancepapst sich vermutlich wenig vorstellen, und eine Gottesmutter, deren Herz wie bei einem Kind *vor Freude hüpft und springt*[243], musste ihn geradezu befremden. Schließlich war es kein Geheimnis, dass der Papst, wenn er vom Himmel sprach, dabei seine Einkünfte meinte. »Die ganze Welt weiß es ja«, soll der Medici in einer Anwandlung von Ehrlichkeit gesagt haben, »wie einträglich uns diese Fabel von Christus«[244] ist. Und an die *Unsterblichkeit der Seele,* so Luther, hat Leo X. und sein Hof ohnehin nie geglaubt, *glaubt es auch nicht, sondern halten für Narren und Toren und ,brave Christen' alle, die es bekennen und glauben.*[245]

Solange ihr Unternehmen funktionierte, würden sich weder Papst noch Kurie noch sonst ein Kirchenfunktionär zur Gottgelassenheit bekehren lassen. Da sich auch Luthers alttestamentliche Vorstellung, *unsere Hände in ihrem Blute* zu *waschen*[246], als nicht praktikabel erwies, unternahm er 1520 drei Versuche, die römische Kirche gewaltfrei umzustürzen. Er tat es durch das Wort, das sich, auf Druckerpressen multipliziert, nicht nur an die Theologen, sondern an die breite Öffentlichkeit wandte.

Schon der erste seiner Posaunenstöße, adressiert an die herrschende Schicht, aber für alle gemeint, wurde überall gehört. Das Büchlein, an dem er noch schrieb, während schon die ersten Bogen gedruckt wurden, hieß *An den christlichen Adel deutscher Nation von des christlichen Standes Besserung*. Trotz des umständlichen Titels wurde die revolutionäre Schrift zum Bestseller, auch weil mehrere Verleger gleichzeitig Raubdrucke auf den Markt warfen. Luther, so schrieb ein modernes Literaturlexikon, war »über Nacht der Held des Volkes«. Und das weniger aus theologischen Gründen. Es ging um das Reich. Und das hatte allen Grund zur bitteren Klage gegen Rom.

Schon die deutschen *Kaiser Friedrich der Erste und Zweite*, so schrieb Luther im historischen Rückblick, waren *von den Päpsten jämmerlich mit Füßen getreten* worden. Ihr Volk wurde nach wie vor von Rom an *Gut, Ehre, Leib, Leben, Seele und allem, was wir haben*, beraubt. Endlich sollten den Deutschen auch die Augen darüber geöffnet werden, dass die Päpste sie zwar umschmeichelten, in Wahrheit aber für Dummköpfe hielten, *die sich äffen und narren lassen, wie sie wollen*.

Luther drehte den Spieß um. Wir mögen Narren sein, sagte er, aber vielleicht waren die Narren am Ende doch die Klügeren. Und jene, die sich für klug hielten, die wahren Narren. Die *Torheit*, dies öffentlich zu verkünden, war er *Gott und der Welt schuldig*. So trat er als *Hofnarr* vor die gekrönten Häupter, und es war sehr die Frage, schrieb er, wer am Ende *dem anderen die*

Schelle anknüpft! Denn dieser theologische Eulenspiegel aus Wittenberg war zugleich *Doktor der Heiligen Schrift.*

Von Gott sagte Luther einmal, *du machst uns singen, wenn du uns weinen lässest; du machst uns stark, wenn wir leiden; du machst uns weise, wenn du uns zu Narren machst.*[247] Zwischen einem Narren und einem Weisen, so gab Luther in der Vorrede an seinen Freund Amsdorf zu verstehen, würde es in Zukunft keinen Unterschied mehr geben. Daran eben erkannte man den echten Christen, *dass er in seiner größten Schwachheit am stärksten und in seiner größten Torheit am weisesten ist*[248]. Und nichts anderes wollte er in seinem Buch beweisen. »*Wer da weise will sein*«, zitierte er Paulus, »*der muss ein Narr werden*«.[249] Wer dies nicht wollte, wusste vielleicht alles, begriff aber nichts.

Wer sich nicht schlau machte, so Luther weiter, lief Gefahr, zum Narren gehalten zu werden. Eben dies war das Schicksal jedes Deutschen guten Willens, gleich ob es nun *Schuster, Schmied* oder *Bauer* war. Die Kirche hatte sie alle zum Besten gehalten. Im großen Welttheater hatte sie ihren eigenen Vertretern die oberen Ränge reserviert, während sich das Volk unten im Staub abmühen durfte. Oben schien die Gnadensonne, unten herrschte Sündennacht.

So hatte es die Scholastik bestimmt, aber so stimmte es nicht. Die *Täuschung* bestand darin, dass diese Einteilung in Gottesnähe und Gottesferne, also in angenehme und weniger angenehme, heilige und weniger heilige Stufen, keinerlei Begründung in der Bibel fand. Dem Wort Gottes und den Lehren Christi stand sie geradezu entgegen.

4. Wie Gott einen Heiligen enttäuschte

Luther bewies dies mit der ersten Systemanalyse der Kirche. Bekanntlich unterschied sie sich von einer weltlichen Machthierarchie dadurch, dass sie sich als »lebendiger Leib Christi« verstand. Schon Paulus hatte in seinen Briefen bemerkt, dass die Einheit zwischen Gottessohn und Gläubigen unauflöslich war. Die Christen, so stellte er fest, sind »ein Leib in Christus, aber untereinander ist einer des anderen Glied«.[250] Christus war das Haupt, und den Körper bildete die Gemeinde.

So verstanden, funktionierte das Christentum wie ein Organismus, in dem jeder Teil notwendig war, weil er zum Leben des Ganzen beitrug. Die Gläubigen waren keine vergänglichen Lebewesen wie die anderen Menschen, sondern produktive Organe einer Gemeinschaft, die in Wirklichkeit die lebendige Gegenwart des Gottessohnes war. Jeder Christ, und sei er noch so gering, nahm eine Stelle ein, jeder erwies sich dem Ganzen als gleich nützlich und wurde entsprechend von Gott geliebt.

An diesem paulinischen Modell nahm die Scholastik eine wesentliche Veränderung vor, mit erheblichen Folgen für die ganze Christenheit. Denn an die Stelle, die Christus auf Erden eingenommen hatte, schob sich der Papst. Er war nun, stellvertretend für ihn, das Haupt, und damit sozusagen der Kopf, der den anderen das Denken abnahm. Seine Überlegenheit bewies er, indem er nicht nur über die geistliche Welt herrschte, sondern auch über den Rest. War er zornig, zitterten die Mächtigen.

Nach Luther widersprach diese Konstruktion der Schrift. *Stellvertreter ist nämlich einer dann,* schrieb er an Papst Leo X., *wenn der wahre Herr abwesend ist.*[251] Dies von Christus behaupten, hieß aber, ihn leugnen. Dabei basierte die gesamte Papstkirche auf dieser Anmaßung. Jener Sylvester Prierias, der

1518 den Ablass gegen Luther verteidigt hatte, bekräftigte in seiner Schrift »Dialog über die Macht des Papstes«, dass der oberste Christ »Inhaber aller Gewalt auf Erden« sei. Für den Reformator stand dies in Widerspruch zum Gotteswort. Nicht minder empörte ihn, dass dieser Machthaber Rom zur Festung ausgebaut hatte. Von deren Zinnen herab ließ sich keine Frohe Botschaft verkünden.

In seiner Schrift an den christlichen Adel führte Luther das Bild der Papstfestung weiter aus. Leo X. hatte sie nämlich, wie Vergil vom unterirdischen Tartarus berichtete, mit drei Mauern umgeben lassen. Die erste war sein Machtanspruch, die zweite sein arrogantes Dogma, er sei der Einzige, der Gottes Wort auslegen durfte, und die dritte, dass ihm allein das Recht zukam, ein Konzil einzuberufen. Dies bedeutete in der Praxis, dass ein Mitspracherecht des Klerus von seiner Gnade abhängig war. Dadurch gab es wohl noch eine Mitsprache, aber kein Recht darauf.

Der heilige Vater war der absolute Herrscher, für den die Gemeinde der Gleichen, von der Paulus ausgegangen war, zur streng gestuften Hierarchie wurde, deren in den Himmel reichende Spitze er allein besetzt hielt. Für Luther war dies inakzeptabel. Als Schüler von Augustinus, der ebenfalls die Christenheit als *einen* Leib sah, verstand er den Gedanken so, wie er ursprünglich gemeint war. Christsein hieß Gleichsein. Wo ein Körperteil litt, so Luther 1519, *da leiden die anderen alle mit. Tut jemandem der Fuß weh, ja das kleinste Zehlein, so sieht das Auge danach, greifen die Finger, verzieht sich das Gesicht, und der ganze Körper beugt sich dahin, und alle haben zu tun mit dem winzigsten Gliedmaßlein.*[252] Alle sind für einander da, denn alle sind eins.

Wer dagegen eine Rangordnung einführte, der dachte mit Aristoteles, nicht mit der Bibel. *Ein Haupt ist er*, sagte Luther von Christus in der Adelsschrift, *und einen Körper hat er*. War die Christenheit sein Leib, so repräsentierte ihn jedes Organ und jede Faser gleichermaßen. Christus war zwar das Haupt, aber er war nicht im Haupt mehr Christus als im Fuß, im großen Zeh mehr als in der kleinsten Zelle. Da die Körperteile *alle eines dem anderen dienen*[253], war in jedem Körperteil der ganze Körper, in jedem Christen Christus ganz gegenwärtig. Nicht in diesem mehr, in jenem weniger. Sondern, wie Paulus es ausdrückte, er war alles in allem.

Der guten Nachricht für seine Leser entsprach eine schlechte für die Kirchenmänner: Ab sofort waren *ein Schuster, ein Schmied* und *ein Bauer* gleichberechtigt mit ihnen. Auch ohne Tonsur und Hirtenstab konnten sie sich als *geweihte Priester und Bischöfe* betrachten. Sie waren es nicht dadurch, dass sie salbten und segneten, so Luthers überraschende Neudeutung, sondern dass *jeder seines Handwerks Amt und Werk ausübte*.

Nicht länger musste, wie die Kirche es forderte, jedes Organ sich selbst zurücknehmen, um dem Haupt dienen zu können. Damit war dem Haupt in Wahrheit gar nicht gedient, denn so büßte es seine Lebendigkeit ein. Statt dessen sorgte, wie im wahren Organismus, jedes Organ, gerade indem es für sich selbst sorgte, gleichzeitig für alle anderen mit.

Genauso stand in Luthers neuer Kirche jeder Gläubige, der für sich selbst Verantwortung übernahm, eben damit für alle anderen ein. Wer seine Arbeit gut versah, betete damit besser, als wer gut betete, um anderen die Arbeit zu überlassen. Der lebendige Gott saß nicht auf einem himmelhoch entfernten Thron, sondern war schlicht da. Im Schuster war Christus Schuster, in der Magd war Christus Magd.

Damit hatte Luther das Fundament der alten Kirche, den Unterschied von »weltlich« und »geistlich«, aufgehoben. Dass zwischen beiden kein Unterschied mehr bestand, veranschaulichte er mit der Legende von Antonius, dem Wüstenheiligen, *der das Klosterleben zuerst angefangen* hatte. Stolz auf sein gottgefälliges Leben, fragte sich der Vater aller Einsiedler einmal, ob es überhaupt jemanden geben könne, der ihm an

Frömmigkeit und Anwartschaft auf den Himmel gleichkam. Der Herr hörte seine Frage und ließ ihm im Traum ausrichten, in Alexandria lebe ein Schuster, *welcher sein Geselle in derselben Herrlichkeit sein würde.* Verwundert und wohl auch enttäuscht, dass er doch nicht der Einzige war, begab sich Antonius auf den Weg in die Hafenstadt.

Im bezeichneten Haus angekommen, traf er keinen vergeistigten Gottesmann, sondern nur einen gewöhnlichen Schuhmacher an. Der saß *an seiner Arbeit, damit er sich und sein Weib und seine Kinder ernährte.* Antonius staunte. *»Pflegst du auch die ganze Nacht über zu wachen und zu beten?«* fragte er. *»Wahrlich nicht«,* antwortete der Handwerker. Er bitte nur Christus, dass er ihn mit seinem heiligen Geist regieren möge. *»Und wenn ich solches Gebet getan habe, so gehe ich mit meinem Leder um und sehe, wie ich mich und die Meinen ernähren möge.«*[254]

5. Eine »neue Gestalt des Geistes«

Jeder ist in irgend einen Beruf berufen[255], so brachte Luther es in seiner »Kirchenpostille« auf den Punkt. Und weil sich im Beruf der Glaube selbst ausdrückte, war der Mensch auch »mit Leib und Seele« dabei. Deshalb war Arbeit vor Gott so heilig, wie die Priester es mit ihren Zeremonien gern gewesen wären. *Diese Werke* der einfachen Menschen, schrieb der Reformator, *leuchten und scheinen vor Gottes Angesicht. Denn sie sind bekleidet mit dem himmlischen Licht.* Den Heiligenschein, der bisher den Kirchen reserviert war, sah Luther nun in den dunklen Handwerksstuben leuchten.

Aus Luthers Systemanalyse ergab sich erwartungsgemäß, dass »des christlichen Standes Besserung« erst dann erfolgen würde, wenn mit Papst und Priestern, die *nichts von Christus als den Namen haben*[256], endlich Schluss gemacht würde. Kurz gesagt, die Kirche des Antichrist musste weg, und darin bestand die vornehmste Aufgabe des »christlichen Adels deutscher Nation«.

Luthers Appell kam an, wenn auch anders als erhofft. Dem Klang seiner *Kriegstrompete* entnahm man, der Mann aus Wittenberg wolle Kaiser und Reich gegen den Klerus mobilisieren. Papstfeindlicher Adel und deutschnationale Humanisten fühlten sich angesprochen. Vorsichtige Zustimmung signalisierte sogar Sachsenherzog Georg, der in Luthers Buch seine persönliche Abneigung gegen »Roms Geldgier, zu deren Kumpanen sich die Fürsten machen ließen«[257], bestätigt fand. Und der schweigsame Kurfürst von Sachsen übersandte seinem Professor »als Zeichen fürstlicher Gnade eine reiche Gabe Wildbrets«.

Erwartungsgemäß kam aus Rom ein Schuss vor den Bug. Während Luther noch an den letzten Sätzen feilte, erließ der Papst eine Bulle, in der seine Lehre als »häretisch, falsch und skandalös« verdammt und der Bann gegen deren Urheber angedroht wurde. War er tatsächlich verhängt, bedeutete das normalerweise seinen Tod. Die Hinrichtung wurde schon einmal geprobt. Im Juni 1519 ließ der Papst auf der Piazza Navona in Rom »ein hölzernes Standbild Luthers«[258] verbrennen.

Dabei hatte der Reformator die eigentliche Attacke noch nicht einmal begonnen. Seine Schrift an den Adel war nicht deren Vorspiel, sie war nur das Vorspiel zum *Vorspiel*. Dieser Begriff, der sich im Titel seiner nächsten Schrift wiederfand, traf den Ton, den Luther anschlug. Den schwerfälligen Erörterungen der alten Theologie setzte er, fast spielerisch, eine Sprache entgegen, die den Leser nicht in die Knie zwang, sondern zum Vergnügen des Zuhörens verlockte.

Seinen Stil, den er dem neuen Medium der Presse anpasste, könnte man beschwingt nennen, wenn es darin nicht um Leben und Tod gegangen wäre. Für ihn konkret, und für seine

Leser, da er sie aus dem Tod ihres Unglaubens zum ewigen Leben führen, ja verführen wollte. Seinen zweiten Angriff auf die Papstkirche nannte Luther *Vorspiel von der Babylonischen Gefangenschaft der Kirche*. Am besten, schrieb er seinen Lesern, solle man den Text als *Liedlein* verstehen, das er ihnen über den wahren Gottessohn und dessen Feind, den römischen Antichrist, vorsang. Entsprechend endete Luthers Prosalied mit einem Vers auf jenen Christus, *der zu uns bringt sein Himmelreich*[259]. Nicht irgendwann, sondern jetzt.

Trotz der heiteren Gelassenheit war schon das Vorspiel ernst genug. Jene Menschen, die Luther gerade zu gleichberechtigten Gliedmaßen am Leib Christi erhoben hatte, erfuhren nun, dass sie in Gefangenschaft lebten. Und dass man Christus selbst als Geisel hielt. Er leidet um euretwillen, so rief die Priesterschaft den Menschen zu, also leidet auch um seinetwillen. Wenn *sie predigen, du musst opfern*, sagte Luther, *da steht's übel. Denn das heißt gekauft und verkauft.*[260]

Die Botschaft des Evangeliums lautete anders. Seine *gute neue Mär* bestand nicht in Gefangenschaft, sondern in Befreiung. Nur dafür war Christus am Kreuz gestorben. Er hatte gelitten, damit die Menschen nicht mehr leiden sollten. Und er war auferstanden, um ihnen das ewige Leben, mehr noch, die ewige Lebendigkeit zu schenken. Um in ihnen, in jedem einzelnen von ihnen aufzuerstehen. Eben dies verkündete Luther. Da Christus bereits gegenwärtig war, hatten die »sieben Sakramente«, die seine Gegenwart beschworen, ausgedient.

War Christus die Geisel der Kirche, so dienten ihr die Sakramente als Pfand. Ob in Firmung, Ehe, Priesterweihe oder Letzter Ölung, in Buße, Taufe oder Abendmahl, in allen war das Heilige eingeschlossen wie der Geist in der Flasche. Nur der Priester konnte den Korken ziehen. Aber da nach Luther der Geist von den Menschen so wenig unterschieden war wie diese von den Priestern, bestand für derlei Transaktionen von oben nach unten keine Notwendigkeit mehr.

Nur drei Sakramente, nämlich Buße, Taufe und Abendmahl, ließen sich in Luthers Deutung auf Christi Worte selbst zurückführen. Aber auch dies hatte sie nicht vor dem kirchlichen Missverständnis bewahren können. Statt sie als Geschenke anzunehmen, so Luther, sah man in ihnen den Auftrag, Leistung zu bringen und sich dabei den Kommissionären des Heilands zu unterwerfen.

Wie er aufzeigte, hatte das Modell der Kirche einen Fehler: Wer etwas tat, und sei es noch so fromm, konnte nicht gleichzeitig das Ergebnis seines Tuns als Geschenk annehmen. Wer etwas tat, wollte sich eine Gegenleistung verdienen. Das war das Geschäft, bei dem der Gläubige durch *Tauschen getäuscht* wurde. Denn weder Leistung noch Tausch waren nötig. Christus schenkte sich. Man musste ihn nur annehmen.

Deshalb nahm die Taufe für Luther einen völlig anderen Charakter an. Sie war nicht länger das fromme Ritual, das vom Priester an einem Menschenkind vorgenommen wurde, um es von Sünden reinzuwaschen und in die Glaubensgemeinschaft zu initiieren. Es war, *als wenn uns Christus, ja Gott selbst mit seinen eigenen Händen taufte.*[261] Womit er den Menschen zeigte, dass seine Geschöpfe von ihm aus dem Tod, dem absoluten Nichts, emporgehoben wurden ins Sein und ans Licht des Lebens. Oder, in seinen Worten: *dass der alte Mensch ersäuft wird und ein neuer Mensch aufersteht.*[262]

Wie Christus war das Neugeborene aus dem Grab seiner Nichtexistenz auferstanden, um nie wieder zu sterben. *So bedeutet nun die Taufe zwei Dinge, den Tod und die Auferstehung.*[263] Und es bedeutete dies unabhängig davon, ob die Anwesenden dies begriffen. Dass und wie ein Lebewesen entstand, das mochten sie halbwegs verstehen. Aber dass es gerade dieses eine unvergleichliche Kind war, das bereits mit eigenen Augen in die Welt sah, das konnte keiner erklären. Einen Menschen konnte man auch nicht erklären. Man konnte nur an ihn glauben.

In diesem Morgenlicht der Schöpfung verlor auch die Buße, diese Folterkammer der Leistungsreligion, ihre Schrecken. Für Luther wurde sie zur Heimkehr in den Ursprung. Die *neue Gestalt des Geistes*, die man in der »metanoia« gewann, war einem bereits in der Taufe geschenkt worden. Zu begreifen, dass man von Gott aus dem Nichts ins Sein gerufen wurde, hieß nämlich auch, dass man von ihm geliebt war, trotz allem, wegen allem. Er liebte ja nicht das anonyme Lebewesen, sondern gerade diese eine lebendige Persönlichkeit mit all ihren Fehlern, ja gerade ihren Fehlern und Schwächen.

Christus, so sagte Luther, *wohnt nur in den Sündern*.[264] Geschah in der Taufe die wahre Geburt des Menschen aus Gott, so im Abendmahl die wahre Geburt Christi im Menschen. Christus schenkte sich ihm ganz, mit Fleisch und Blut. Und wo in der Bibel stand, dass dazu ein geweihter Geburtshelfer in reich gezierter Kasel nötig war? Es hatte aber auch niemand behauptet, dass der Papst sich nach der Bibel zu richten habe.

6. »Wildschwein aus dem Walde«

Luther behauptete es. Im Jahr der *Kriegstrompete* 1520 schrieb er Leo X. einen Brief, der als Versöhnungsangebot deklariert war, diesen in Wahrheit aber zur Weißglut reizen musste. Mit gewagten Superlativen wie *die römische Kirche ist eine Mördergrube über alle Mördergruben geworden, ein Schurkenhaus über alle Schurkenhäuser*,[265] rückte er den heiligen Vater selbst, als deren Haupt, in trübes Licht. Da er den Papst für mehr oder weniger ahnungslos hielt, nannte er ihn wenig schmeichelhaft *ein Schaf unter Wölfen*.

Der Hirte als Schaf, das konnte einem stolzen Medici nicht gefallen. Kein Wunder, dass er seine Zurückhaltung aufgab, zumal er nach der Kaiserwahl auch keine übertriebene Rücksicht mehr auf Friedrich den Weisen nehmen musste. Die Machtfrage war geklärt, der junge Habsburger unter Kontrolle seines Beichtvaters Glapion, bei dem sich der Papst für sein verdecktes Wirken eigens bedanken sollte.

Um nicht in Vergessenheit zu geraten, sprach auch Matador Eck beim Papst vor. Der Ingolstädter, der, in Luthers Bild, *wie ein geiles Ross nach dem Ruhm wiehert*,[266] musste im päpstlichen Jagdschloss Magliana warten, bis der heilige Vater zwischen seinen Wildschweinjagden Zeit für ihn fand. Das Waidwerk war nämlich seine wahre Leidenschaft. »Eine misslungene Jagd«, so hieß es von Leo X., »war das Schlimmste, was ihm begegnen konnte«.[267] Brühwarm berichtete Eck dem heiligen Vater über den Lutherskandal, und nebenbei bat er um eine heimische Pfründe.

Gleichzeitig mühten sich die alten Recken Prierias und Cajetan um Papst wie Bulle. Sie gedachten, einen Schlussstrich zu ziehen. Als Feingeister ließen sie in den Verdammungstext das Ambiente einfließen, und nahmen mit Luther eine Transsubstantiation zum »Wildschwein aus dem Walde« vor, das ihren ertragreichen Garten zerwühle. Nach Ablauf der Widerrufsfrist war das Wittenberger Wildschwein gefangenzunehmen, um anschließend in Rom, folgte man ihrem Bild, gebraten zu werden. Im Juli 1520 hing die »Bannandrohung« in der päpstlichen Kanzlei am Campo de' Fiori aus, dem Schauplatz der Autodafés.

Als Vorspiel begann man mit dem Verbrennen von Büchern. Der neue Kaiser Karl bewies eifrig Loyalität mit Rom, indem er Luthers Bestseller in den Niederlanden einäschern ließ. Die Anregung dazu hatte ihm der päpstliche Nuntius Aleander geliefert, der Karl die Bulle überbracht, die ersten Brände entzündet und anschließend die Fackel nach Köln und Mainz weitergetragen hatte. Auch hier ließ er Bücher in Rauch aufgehen, doch viel Sympathie gewann er sich nicht damit. Im

Lande Luthers fühlte sich der Anstifter nicht willkommen. Man drohte ihm sogar mit Steinigung.

Der zweite Nuntius, kein anderer als Pfründenjäger Eck, bemerkte ebenfalls die veränderte Großwetterlage. Zwar überreichte Herzog Georg ihm für die Überbringung der lutherfeindlichen Bulle einen Kelch voll Goldgulden, doch wurde ihm in Leipzig schon bald der Boden zu heiß. Angeblich von Wittenberger Studenten bedroht, flüchtete er ins sichere Ingolstadt zurück.

Im Lutherland goss man Öl ins Feuer. Des Reformators gelehrter Freund Melanchthon hämmerte im Dezember 1520 in Wittenberg eine ungewöhnliche Einladung an die Kirchentüre. Vor den Mauern der Stadt wollte man im großen Kreis die »Wildschwein«-Bulle verbrennen. Das war höchst gefährlich, denn feierlich gesiegelte Papsturkunden verbrannte man nicht. Da man aber schon beim Tabubrechen war, warf Luther der Bulle auch noch päpstliche Dekrete und Extravaganten hinterher, außerdem Vermischtes von Eck, dem Oberzündler, und einschlägige Gesetzesbücher.

Ab ins Feuer, befand Luther, *damit die verbrennungslustigen Papisten sehen, dass nicht viel dazu gehört, Bücher zu verbrennen, welche sie nicht widerlegen können.*[268] Zu Gewaltakten war er ansonsten nicht aufgelegt. Als der revolutionäre Reichsritter Ulrich von Hutten ihm im selben Monat ein Kampfbündnis antrug, wurde Luther deutlich.

Huttens Freiheit war nicht *seine* Freiheit. *Ich wünsche nicht*, antwortete er dem populären Nationalisten, *dass der Kampf für das Evangelium mit Gewalt und Blutvergießen geführt wird.* Denn der Antichrist wird *ohne Gewalt zertreten werden durch das Wort*[269]. Womit er nicht den Wortschatz der Politiker meinte, sondern jenes *Wort*, das Himmel und Erde geschaffen und dem Menschen *mit seinem Geist und Gaben* die Freiheit geschenkt hatte.

7. Die Paradoxie der Freiheit

Luthers Freiheitsglaube, wie er ihn in den drei Reformations-schriften entwickelte, hatte mit dem politisch-moralischen Begriff von Freiheit, den Humanismus und Aufklärung propagierten, nichts gemeinsam. Dass man ihn von Anfang an missverstand, trug zwar zur Durchsetzung der Reformation, nicht aber zu deren Verständnis bei. Er war auch nicht leicht zu verstehen. Die Paradoxie, die Luther nicht nur durchdacht, sondern auch durchlebt hatte, bestand darin, dass es nicht eigentlich um die Freiheit des Menschen, sondern um die Freiheit Christi im Menschen ging.

Nicht das Selbst des Menschen musste befreit werden, sondern der Mensch musste von seinem Selbst befreit werden. Menschsein an sich bedeutete Unfreiheit, da sein Ich sich einen Platz außerhalb Gottes zu schaffen suchte. Nur Gott aber war frei. Was man gemeinhin als Befreiung bezeichnete, stärkte nur das Selbst und verstrickte es damit noch tiefer in seine Unfreiheit. Erst durch das Ablegen des zwanghaften Selbstbezugs wurde Raum geschaffen für Christus. Wenn der Mensch damit sein gewohntes Ich verlor, hatte er in Wahrheit etwas unendlich Größeres gewonnen. Sagte er hinfort Ich, war es Christus, der dies für ihn tat.

Und nur wer Christus durch sich handeln ließ, war frei. Der dritte Text von Luthers reformatorischem Umbruch hieß *Von der Freiheit eines Christenmenschen.* Mit ihm fasste er, wie er an Papst Leo schrieb, *die ganze Summe eines christlichen Lebens* zusammen. Während die hochgeistigen »Summen« der Scholastiker ganze Bücherregale füllten, kam der Mönch mit dreißig Absätzen auf zwanzig Seiten aus.

Über diese Freiheit brauchte man nicht viele Worte zu verlieren. Sie leuchtete von selbst ein. Wer sie sah, der sah. Oder eben nicht. Luther sah, der Papst nicht. Gut ein halbes

Jahr später war Luther exkommuniziert und offiziell ein Ketzer, den nicht nur der Dominikanerorden, sondern jedermann straffrei ermorden durfte. Ihn focht das nicht weiter an. Er konnte nicht anders.

Die scharfe Reaktion des Papstes war immerhin nachvollziehbar. Wenn er den Deutschen überhaupt ernst nahm, musste er dessen Schreiben als ungeheuerlich empfinden. Der kleine Mönch bezeichnete ihn mehr oder weniger als Zuhälter und seine Kirche als *allerschamlosestes Bordell*[270], was Luther zuvor für die prüderen deutschen Ohren mit *Schurkenhaus* wiedergegeben hatte. Vermutlich hatte Luther doch Ersteres gemeint. Von seiner Romfahrt hatte er peinliche Erinnerung mit zurückgebracht. *In Rom, so erzählte Luther humorvoll, seien gewisse Kardinäle wie Heilige verehrt worden, weil sie sich am Umgang mit dem weiblichen Geschlecht hatten genügen lassen.*[271]

Zeitgenössischen Schätzungen zufolge wurden die dort versammelten Geistlichen zahlenmäßig nur von den Prostituierten übertroffen, die oft und gern mit ihnen im Verkehr standen. »Nichts ist diesen Leuten so heilig wie das Geld«, berichtete damals ein französischer Besucher, »ausgenommen das, was man nicht einmal aussprechen darf«. Das päpstliche Rom mit Luther ein Bordell zu nennen, war nicht Polemik, sondern Tatsachenbeschreibung.

Dennoch war diese unhöfliche Erwähnung eine Dreistigkeit, die für den Medicipapst schwer hinzunehmen war. Schlimmer wog die Anmaßung, ihn über das Wesen des Glaubens belehren zu wollen. Ausgerechnet ihn, den obersten Glaubenslehrer, über das Wesen des Glaubens! Aber genauso war es. Zu keinem anderen Zweck hatte Luther ihm das Büchlein dediziert.

Der Papst sollte endlich wissen, was es mit der Freiheit auf sich hatte, die ihm selbst wie allen Christen zum Geschenk gegeben war. In einem paradoxen Satzpaar, das seitdem zum geflügelten Wort wurde, hat Luther festgehalten, worin genau es bestand. Es lautete: *Ein Christenmensch ist ein freier Herr über alle Dinge und niemandem untertan. Ein Christenmensch ist ein dienstbarer Knecht aller Dinge und jedermann untertan.* Dass beide Sätze sich schroff widersprachen, war Absicht. Besser ließ sich nicht verdeutlichen, dass Christsein hieß, mit einem Widerspruch leben zu müssen.

Der wahre Christ war zugleich geknechtet und frei, das heißt, er war frei gerade dadurch, dass er Knecht war. Dagegen war jeder, der sich kraft Selbstbewusstseins für frei hielt, in Wahrheit ein Knecht. »Ihr nennt den Willen frei«, hatte schon Augustinus den Ungläubigen gesagt, »aber er ist geknechtet.« Man glaubte dem eigenen Willen zu folgen, handelte aber unter fremdem Einfluss, den man für den eigenen Willen hielt. Wer behauptete, ihm habe *Gott einen freien Willen gegeben,* dem hielt Luther entgegen: *Ja, freilich hat er Dir einen freien Willen gegeben. Warum willst Du ihn dann zu einem Eigenwillen machen und lässt ihn nicht frei bleiben?*[272]

Die Tragik der Menschen, die Christus nicht glaubten, bestand für Luther darin, dass sie sich zwar frei fühlten, aber nur aus Unwissenheit über ihre naturgegebene Bedingtheit. Es war ja nicht nur das Gehirn, das sie manipulierte. Wie der Mensch von der Schaltzentrale im Kopf, wurde diese selbst von einer unendlichen Zahl an Faktoren gelenkt, auf deren jeden dasselbe zutraf. Alles war Folge einer Ursache, die selbst durch eine andere verursacht war.

Das wahre Problem des Menschen aber lag nicht einmal in der kausalen Abhängigkeit seines Seins. Das wahre Problem war er selbst: Sein Ich krallte sich an sich selbst und der Illusion seiner Freiheit fest. Das mochte einem ein Leben lang die Zeit vertreiben. Doch am Ende begriff man, dass es von Anfang an nur ein lange hinausgezögertes Sterben war. Dass man dort, wo man sich von der eigenen Herrlichkeit hatte berauschen lassen, nur der eigenen Selbsttäuschung aufgesessen war. Den

Herrn, für den man sich hielt, hatte es nie gegeben. *Wer nicht an Christus glaubt,* so die Freiheitsschrift, *dem dient kein Ding zum Guten, er ist ein Knecht aller Dinge.*

8. Wie Braut und Bräutigam

Für Luther gehörten die Menschen zu diesen unbewussten Knechten, die sich selbst das Etikett »frei« anhefteten. Wie Marionetten torkelten sie durchs Leben, bis ihnen irgendwann die Fäden abgeschnitten wurden. Da sie nicht wussten, was sie taten, und nur taten, was sie mussten, blieben sie dem Zufall unterworfen, auf den mit Notwendigkeit ihr eigener Untergang folgte.

Dazu kam, dass sich Selbstbehauptung und Nächstenliebe nicht aufeinander reimten. Bei nüchterner Betrachtung musste der Mensch einräumen, dass er aus Eigensucht zur Einhaltung der göttlichen Gebote unfähig war. Keiner, so meinte er selbstbewusst, sollte *ihm* Vorschriften machen. Mit der Ausgestaltung und Absicherung des eigenen Ich beschäftigt, blieb für die anderen, die nun einmal »anders« waren als er selbst, wenig übrig. Damit einem dieses Defizit keine Nachteile brachte, bediente man sich der »guten Taten« und der Heuchelei. Keiner war gut, und doch gab jeder sich dafür aus.

Sobald der Mensch auf diese unbequemen Wahrheiten gestoßen wurde, begann das eingebildete Ideal seiner selbst zu bröckeln. Man war einer Selbsttäuschung aufgesessen. Man hielt sich für »etwas« und war doch nichts. Der Fall Mensch war *hoffnungslos.* Vergebens sah sich der Verzweifelte nach einer Möglichkeit um, damit er aus seinem *Verderben herauskommen* konnte. *In sich selbst,* so sagte Luther, fand der Mensch *nichts, wodurch er gerechtfertigt und gerettet würde.*

Aus dieser *unerträglichen Gefangenschaft der menschlichen Werke und Gesetze* gab es für ihn keinen Ausweg. Außer den, dass er sich die eigene Schwäche eingestand. Er war nicht stark, sondern schwach, nicht Herr seines Schicksals, sondern Knecht der Umstände. Der Umschlag zur Befreiung kam erst, wenn der eitle Mensch *durch die Angst vor dem göttlichen Gesetz* zunichte geworden war. Wenn er begriff, dass er Sünder war und aus eigener Kraft unfähig, zu Gott zu finden. Begriff er es aber, so ging ihm auf, dass dies gar nicht nötig war: Gott hatte ja bereits *ihn* gefunden, und er schenkte ihm seine Liebe ganz, bedingungslos, ohne zeitliche Beschränkung.

Wer akzeptierte, dass es mit ihm selbst nichts war, der war bereits in Gottes Sein, in die Liebe Christi, aufgenommen. Durch seine Gegenwart wurde der Mensch *getröstet und erhöht.* Getröstet über sein tatsächliches Knechtsein, erhöht zur Herrschaft über alle Dinge. Der Glaubende, so Luther bereits in seiner Römerbriefvorlesung 1515, war ein lebendes Paradox: *Gerechter und Sünder zugleich.*

Aber er konnte dies nur sein, weil der Gekreuzigte und Auferstandene in ihm war. Dies wollte Luther nicht metaphorisch, sondern ganz real verstanden wissen. Es sei *nicht genug und auch nicht angemessen christlich,* schrieb er, *wenn Christi Werke, Leben und Worte* als *Muster für die Gestaltung des Lebens* gepredigt würden. Dass Christus gelebt und gelehrt und Wunder getan hat, war für den Christen wichtig, aber nicht das Entscheidende. Sondern *dass er für dich und für mich lebte und starb, sich kreuzigen ließ und auferstand, und dass er in uns das wirkt, was von ihm gesagt wird und was sein Name sagt.*[273] Sein Name sagte, er war der, der das Heil bringt. Wer an ihn glaubte, wurde selig. Mit anderen Worten: *Glaubst du, so hast du. Glaubst du nicht, so hast du nicht.*[274]

Für Luther konnte man sich die Einheit zwischen Christus und Gläubigem gar nicht eng genug vorstellen. Nach dem Vorbild Bernhards von Clairvaux hatte sein Mentor Staupitz ihn gelehrt, »in der Ehe Christi sind Christus und die Christen ein Fleisch und ein Geist«[275]. Nur so ließ sich für Luther das Unbegreifliche des Glaubens begreifen. Er vereinigte *die Seele mit Christus wie eine Braut mit ihrem Bräutigam*. Der gewagte Vergleich schien dem Reformator nicht einmal stark genug. Die Seele, *dieses arme, verachtete, böse Hürlein*, so erklärte er, wurde *vom reichen, edlen, frommen Bräutigam Christus von allen Sünden befreit und mit allen Gütern* beschenkt. Für den Menschen war dies wahrlich ein guter Tausch und *fröhlicher Wechsel*.

Der Verkünder der neuen Freiheit ging noch einen Schritt weiter, allerdings nur in seiner lateinischen Vorrede: Wenn der Bräutigam *den Leib der Frau empfängt*, so veranschaulichte er für den Renaissancepapst, *nimmt er alles an sich, was die Braut hat*. Damit beginnt *nun das allersüßeste Schauspiel, und zwar nicht nur der Vereinigung, sondern auch des heilbringenden Krieges und Sieges und Heils und der Erlösung*.[276] Mit diesen Vergleichen aus der mittelalterlichen Liebesmystik erläuterte Luther, was der Mensch in jenem jähen Augenblick der Erleuchtung erlebte, der ihm als *Öffnung der Pforten des Paradieses* oder als *Hineingerissenwerden in die klare Erkenntnis des Glaubens*[277] erschienen war.

Natürlich lässt sich seine Schilderung des Glaubens, wenn mit dem Auge des Tiefenpsychologen betrachtet, als kaum verhüllte Metapher der sexuellen Vereinigung verstehen. So kann man es deuten, aber ebenso gut kann man es durch Luthers Auge sehen. Dann erscheint der Liebesakt zwischen zwei Menschen als kaum verhüllte Metapher dessen, was im Glauben geschieht, nämlich die Vereinigung von Gott und Mensch oder genauer, die Erkenntnis der schon immer bestehenden liebenden Einheit zwischen Schöpfer und Geschöpf.

Erst jetzt wurde auch der doppelte Paukenschlag verständlich, mit dem Luthers Traktat begonnen hatte. Vom normalen Menschen mit seinem armseligen Ich ließ sich kaum aussagen, er sei zugleich *freier Herr über alles* und *dienstbarer Knecht von allem.* Gegen Letzteres sträubte er sich, Ersteres bildete er sich nur ein. Sehr wohl aber wurde der Mensch zugleich zum Herrn und zum Knecht von allem, wenn an die Stelle seines Selbst Christus getreten war.

Gottes Freiheit war dann die Freiheit des Menschen, die grenzenlos und ohne Ende war. Sobald man sie ergriffen hatte, konnte man mit Christus freiwillig alle Knechtschaft auf sich nehmen. Mit dem Gottessohn stieg der befreite Mensch hinab in die Hölle der an sich selbst Verzweifelten. Er musste es nicht, er tat es, weil Christus es durch ihn tat. *Exakt zu sprechen*, so sagte der Theologe Dietrich Korsch, *handelt in diesem freien menschlichen Handeln Gott selbst.*[278] Deshalb ist der Christenmensch, das heißt, der von Christus erfüllte Mensch, frei wie Gott selbst, und nimmt zugleich, wie Christus, seine Nichtigkeit auf sich, um mit ihr allen dienen zu können: den Menschen wie der ganzen Schöpfung.

Luther beschrieb einmal Gottes Wesen mit den Worten: *Er ist allein selig*, aber *er will nicht allein selig sein, sondern mit uns zusammen.*[279] Das galt auch für jeden Christenmenschen. Man musste nicht auf die eigene Seligkeit verzichten, um andere daran teilhaben zu lassen. Zwar fiel es schwer, andere zu lieben, doch ihnen etwas zuliebe zu tun, war ein Leichtes. Denn Christus hatte den Menschen *zuliebe viel Größeres getan und gelitten.*[280] Sobald der Mensch auf sein Selbst verzichtete, geschah das Gute von selbst. Als dienstbarer Knecht wurde der Christenmensch so zum freien Herrn der Schöpfung. *Die Gnade Gottes*, so Luther, *macht ihn gottförmig und vergottet ihn.*[281]

DRITTER TEIL

BEWAHRUNG

KAPITEL NEUN

DIE ZWEI SEITEN DES GOTTESREICHS

> *Die weltliche Gewalt soll äußerlich*
> *zürnen und den Sünden wehren,*
> *innerlich aber soll sie einen feinen,*
> *linden, sanften, christlichen,*
> *lieblichen Mut tragen.*[1]

1. Der Narr und der Kaiser

Als Luther im Frühjahr 1521 in einem pferdegezogenen Planwagen zum Reichstag in Worms aufbrach, trug er das Brandmal des Ketzers. Sein Tod schien nur eine Frage der Zeit. Gefahrlos hätte er in Friedrichs Dachsbau sitzen und Pamphlete gegen den Papst in die Welt setzen können. Er fuhr trotzdem, auf eigenes Risiko. Jahrzehnte später meinte der alte Kaiser, er hätte sein Versprechen freien Geleits nicht einzuhalten brauchen. »Ich irrte«, sagte Karl V., »dass ich damals den Luther nicht umbrachte«.[2]

Am 17. April 1521 fand der Beklagte sich vor den dekorierten Schaufenstern des Heiligen Römischen Reichs Deutscher Nation wieder. Worms hatte sich für den ersten Reichstag des neuen Kaisers herausgeputzt. In den Straßen herrschte Jahrmarktsstimmung. Höflinge und Geistliche drängten sich nach den besten Plätzen im Bischofspalast, wo seit Wochen die hohen Herren tagten. Bei der Bevölkerung hatte Baldung Griens Heiligenikone bereits Wirkung gezeigt. Als der Neuankömmling aus dem Wagen stieg, hießen ihn Trompetenstöße vom Dom willkommen. Jubel brach aus. Dann »umarmte ihn ein Priester, berührte dreimal sein Gewand« und strahlte, »als hätte er eine Reliquie des größten Heiligen in der Hand gehabt«.[3]

Alle wollten an diesem Tag den erleuchteten Mönch aus Wittenberg sehen. Der Nuntius Aleander giftete, dank der »abscheulichen Einflüsterungen des Satans stecke er allen Deutschen im Kopfe«[4]. Eskortiert vom Reichsherold im Wappenrock trat er in seiner schäbigen Kutte vor die Versammlung, über deren Fürsten-, Herzogs- und Bischofsmützen der kaiserliche Thronbaldachin aufragte. Seine Majestät sprach nur, wenn seine Berater ihn aufforderten. Nicht erst im Kloster Yuste, wo er, umgeben von einer tickenden Uhrensammlung, sein Lebensende verbrachte, war Schweigen sein Markenzeichen. Später sollte Luther darüber scherzen, *er redet in einem Jahr nicht so viel wie ich an einem Tag*[5].

Auch sonst war ein schärferer Kontrast kaum vorstellbar: Über dem 37-jährigen Bibelprofessor thronte ein blässlicher, rothaariger, kaum 21-jähriger Mann, nach Habsburger Art mit offenem Mund atmend, der sich zurecht als Herrn der Welt bezeichnen durfte. Der Sohn Philipps des Schönen und Johannas von Kastilien, dazu Enkel des Kaisers Maximilian I., war römischer Kaiser und außerdem König der halben Welt.

Kein Wunder, dass Luther sich gegenüber ihm und der versammelten geistlichen und weltlichen Macht zu seinen Füßen *schwach und arm* vorkam. Da er auch keine himmlische Stimme hörte, die ihn getröstet hätte, fühlte er sich, angestarrt von Kaiser und Hof, recht einsam und verlassen. *Mein blöder und armer Geist,* sagte er später, *hat müssen frei stehen wie eine Feldblume.*[6]

Die scharfen Augen der Höflinge zerpflückten ihn auf der Stelle. Angesichts der reglosen Herrschaften, die sich mit verschlossenen Gesichtern dem spanischen Hofzeremoniell unterwarfen, benahm er sich, so flüsterte man, wie ein Tölpel. »Der Narr ist lächelnd eingetreten!« mokierte sich Aleander. Mit »fröhlichem Gesicht« und »blitzenden Augen« habe er sich dann im Raum respektlos umgesehen, hier und da jemandem zugenickt, wie einer, der sich nicht zu benehmen wusste. Ein deutscher Barbar.

Da stand der Beklagte also vor dem Kaiser und dessen Bruder, Erzherzog Ferdinand, sechs deutschen Kurfürsten und an die achtzig weiteren Fürsten, Herzögen, Markgrafen, außerdem dreißig Bischöfen, dazu rund zweihundert Ständevertretern. Und lächelte. Und wechselte »leichtfertig« seine Miene. Ein Mensch unter Marionetten, skandalös. »Der da soll mich nicht zum Ketzer machen«, sagte der Kaiser, und alles um ihn herum nickte. Ihn zu verbrennen, wäre überhaupt das Beste, schrieb Aleander an Eck. »Der Leib muss vernichtet werden, damit die Seele gerettet werde.«[7]

Wie vorgeschrieben, sagte Luther erst einmal nichts. Da er nur einen als seinen Herrn anerkannte, brachte er es kaum über sich, den Kaiser standesgemäß als »*meinen allergnädigsten Herrn*« anzusprechen. Hinterher habe ihn, da er es doch getan hatte, sein *Gewissen damit gequält*[8].

Schnell kam man zur Sache. Mit knappen Worten sagte man allerlei, im Kern aber nur das eine, er solle widerrufen. Schon in Augsburg hatte man ihn so zu überrumpeln gesucht. Stockend und mit belegter Stimme, die ihm zusätzliche Minuspunkte einbrachte, verlangte er Bedenkzeit. Das war ein starkes Stück: Der Narr in der Kutte zwang die Mächtigen der Welt, auf ihn zu warten. Unmut über Luther machte sich breit. Glaubte man Aleander, so hätte sich an diesem Abend sogar Kurfürst Friedrich von ihm distanziert. Er soll ihn einen ruchlosen Mönch genannt haben, der »alles verdorben hat und viel zu weit gegangen ist«[9]. Gut möglich, dass der Kurfürst das vor dem Kaiser sagte. Ob er es gemeint hat, ist eine andere Frage.

2. Das unerhörte Wort

Als der beklagte Mönch am nächsten Tag, dem 18. April 1521, vorgeführt wurde, bot sich dieselbe Szenerie. Wieder kicherten die Höflinge, der Klerus schüttelte das Haupt. Man übersah, dass dieser »törichte, liederliche, verrückte Mensch«, wie Aleander ihn nannte, ihnen allen etwas voraus hatte: Er konnte nicht anders, das hieß, er stand zu sich. Im Gegensatz zur Versammlung, die auch anders konnte, je nachdem, was von ihr verlangt wurde.

Er widerrief nicht. Er provozierte auch nicht. Bewusst folgte er der Empfehlung Spalatins zur freiwilligen Selbstkontrolle. Später beklagte er gegenüber diesem, er *empfinde Gewissensbisse, dass ich mich in Worms auf Deinen und der Freunde Rat mit meinem Geist, der mich treibt, zurückgehalten habe* und dass er *jenen Larven nicht ein zweiter Elias geworden* sei.[10] Will sagen, es wäre besser gewesen, keine Rücksicht auf die Umstände zu nehmen, und ihnen seinen Prophetenzorn ins Gesicht zu schmettern.

Nur einmal brach es aus ihm heraus. In wenigen Worten fasste er zusammen, was seinen theologischen Neuanfang und die Beschwerden der Deutschen einte: Der Groll auf die unbarmherzige Unterdrückung durch einen Glauben, der unter dem Banner der Barmherzigkeit auftrat. *Das kann niemand leugnen oder verbergen*, sagte er in einer für Reichstage ungewohnten Schärfe, *dass die Gesetze des Papstes die Gewissen der Gläubigen elend in Fesseln geschlagen, misshandelt und zu Tode gefoltert haben.* Gerade so, wie er es selbst in seinen Mönchstagen erlebt hatte. *Und dass vor allem in dieser ruhmreichen deutschen Nation,* so fuhr er mit Blick auf die Majestät fort, *Hab und Gut von unglaublicher Tyrannei ohne Ende und auf unwürdige Weise verschlungen worden sind und noch verschlungen werden.*[11] Das war gewagt, aber er wusste die Reichsstände hinter sich. Auch dürfte es niemanden überrascht haben, dass er gegen Ende seines Vortrags die Versammlung demütig darauf hinwies, dass ein Widerruf für ihn natürlich nicht in Frage kam. Da sein *Gewissen in Gottes Wort gefangen sei, so kann und will ich nichts widerrufen, weil es weder sicher noch geraten ist, etwas wider das Gewissen zu tun.*

Dann schloss er seine Ausführungen mit beeindruckenden Worten, die ungefähr lauteten: *Hier stehe ich, ich kann nicht anders, Gott helfe mir. Amen.* Unter den höhnischen »Ins Feuer!«-Rufen der Höflinge wurde er hinausgeleitet. Für die Papstpartei blieb er ein Skandal. Besonders Nuntius Aleander konnte sich nicht über seine Verworfenheit beruhigen. »Eigenhändig«, so berichtete der Priester pikiert, hätte der Mönch sich vor seiner Abreise »in Gegenwart vieler Personen Brotschnitten geröstet und viele Gläser Malvasierwein getrunken«. Dass er selbst wegen seines »epikureisch verfeinerten Wohllebens« samt illegitimer Kinder verrufen war, schien ihm entfallen.

In der Moderne entbrannte eine Debatte, ob Luthers Schlussworte wirklich gefallen waren. Sie schienen irgendwie zu schön, um wahr zu sein. Kurzerhand erklärte man diese Charta des neuen Glaubens zur Legende. Wie in den Fällen »Turmerlebnis« und »Thesenanschlag« wurden, gerade auch von katholischer Seite, Argumente zusammengetragen, mit denen sich die ungeliebte Tradition und damit der ungeliebte Mann entkräften ließen. Doch zeigte sich die Quellenlage durchaus nicht so klar, wie das heutige Geschichtsbild wahrhaben will.

Denn die fraglichen Worte waren, wie der Historiker Karl Diesch 1917 bemerkte, »in der Form, wie sie in unserer Quelle erscheinen, von Luther selbst in der Ausgabe seiner Werke gebilligt worden«[12]. Der lapidare Satz erschien nämlich in den Abdrucken der Wormser Rede, die bald darauf in Wittenberg veröffentlicht wurde. Tatsächlich handelte es sich dabei, wie der Historiker Volker Reinhardt bestätigte, um »die lutherische Version der Rede, die wahrscheinlich von Luther selbst zusammengestellt und auf jeden Fall von ihm genehmigt wurde«[13]. Danach lauteten seine Worte: *Ich kann nicht anders, hier stehe ich, Gott helfe mir, Amen.*[14]

Wenn der berühmte Satz aber von Luther stammte, warum tauchte er nicht in den Reichstagsakten auf? Vermutlich weil der Protokollant die Worte schlicht überhört hatte. »Man konnte ihn teilweise nur schlecht verstehen«[15], wurde notiert. Nach dem Bericht des Augsburger Stadtschreibers Konrad Peutinger war es einfach zu laut gewesen. In dem »großen, niedrigen Saal«, so berichtete auch ein Frankfurter Gesandter, hätte »ein so großes Gedränge und Gemurmel« geherrscht, »dass einer nicht alle Worte, auch zuweilen nicht einmal den Sinn und die Meinung verstehen«[16] konnte.

Auch dafür, dass der Satz nicht in Luthers lateinischem Redetext erschien, gab es eine einfache Erklärung. Luther war, so Reinhardt, »an dieser entscheidenden Stelle ins Deutsche übergewechselt«[17]. Nicht länger sprach er als Gelehrter, sondern als Bekenner. Seine unverblümte Absage an Kaiser und Papst, mit der er den Vortrag schloss, fasste er in diesem Bekenntnis zusammen. Eine Woche später würde er sich ähnlich ausdrücken. Vom Erzbischof von Trier gedrängt, seine Thesen zu widerrufen, erwiderte Luther: »*Da kann ich nicht weichen, es gehe mir, wie Gott will.*«[18]

Nichts anderes hatte er vor dem Reichstag ausdrücken wollen: Hier stand er, ganz gelassen, obwohl er wusste, wie er später schrieb, dass ihm *das freie Geleit gebrochen war* und alle *Tücke und List* sich auf ihn *gerichtet* hatten. *Wie schwach und arm ich da war*, schrieb er, *so stand doch mein Herz fest*.[19] Seine Angst, abgeurteilt und auf den Scheiterhaufen gebracht zu werden, hatte er überwunden, denn Gott war gegenwärtig.

Mit dem *Ich kann nicht anders* sagte er nur, was die Freiheit eines Christenmenschen ausmachte: Herr aller Dinge war der Mensch erst dann, wenn er sein Ich aufgab und Christus in sich handeln ließ. Dazu musste man stehen. Man konnte nicht anders. Dasselbe galt für das Gewissen. Kein Ich quälte ihn mehr mit Anfechtungen, sondern Gottes Wort sprach zu ihm aus seinem Inneren.

Wenn Luther der Versammlung mitteilte, sein Gewissen sei *in Gottes Worten gefangen*[20], meinte er damit nicht die alte Gewissensknechtschaft, sondern seine neu gewonnene Freiheit. Nicht länger war er ins Geschwätz der Welt verstrickt, sondern hatte sich dem *Wort* überlassen, das alles neu schafft. Er hörte auf nichts anderes mehr. Er war auf keine andere Hilfe mehr angewiesen. *Gott helfe mir. Amen.*

Gut möglich, dass diese abschließenden Worte, die die Summe eines christlichen Lebens zogen, von den meisten überhört wurden. Vermutlich waren sie in ihrer Schlichtheit auch gar nicht für die Allgemeinheit und ihre Geschichtsbücher bestimmt. Nicht auftrumpfen wollte er, sondern sich zurücknehmen. Demnach wäre es sein Gebet in äußerster Bedrängnis gewesen. Im Eingeständnis seiner Schwäche lag seine Stärke.

3. Versteckspiel mit Karl

Hätte es eines endgültigen Beweises für Friedrichs Weisheit bedurft, lieferte er ihn mit der Entführung Luthers am 4. Mai 1521. Modern gesagt, nahm er ihn in Gewahrsam. Den heillos zerstrittenen Parteien, die nur noch in extremen Kategorien von Sein oder Nichtsein dachten, bot es die ideale Lösung. Jedem war gedient: Der Mönch war in Sicherheit, die Papstkirche war ihren Todfeind und Friedrich alle los. Einschließlich seines Schützlings, den er endlich unter Kontrolle hatte.

Nur einer musste sich vor den Kopf gestoßen fühlen: Kaiser Karl V. Von Aleander gedrängt, hatte er über den Verschwundenen die Reichsacht verhängt. Der Nuntius hatte für ihn ein Edikt entworfen, das Luthers »in einer stinkenden Pfütze versammelte Bosheiten« verdammte und deren Drucker, Verleger, Illustratoren, ja selbst Leser mit schwerer Strafe bedrohte. Kraft kaiserlicher Autorität war dieser »böse Feind in Menschengestalt« für vogelfrei erklärt worden.

Dem Kurfürsten sollte das Versteckspiel, mit dem er den Habsburger düpierte, auch Genugtuung verschaffen. Um bei der Kaiserwahl 1519 seine Stimme zu gewinnen, hatte man seinem Neffen Johann Friedrich das zwölfjährige Schwesterchen Karls V. versprochen. Doch nach der Wahl zog der Kaiser die kleine Katharina zurück. »Einem Ketzer«, so erklärte einer seiner Granden, werde man »nicht die Hand der Infantin geben«. Dem alten Kurfürsten soll das »beschwerlich genug gewesen sein und wehe getan«[21] haben. Bei der Lutherentführung spielte auch der kleine Triumph über den Kaiser mit.

Das Beste an diesem taktischen Meisterstück war, dass keiner wusste, wer dahinterstand. In Worms zur Rede gestellt, versicherte das Murmeltier, keine Ahnung zu haben. Allerdings, so schrieb Papstfreund Aleander, konnte man »weder auf seinen stets zur Erde gerichteten Blick noch auf seine Worte etwas geben«. Friedrichs Schachzug, durch den Luther ebenso vor der Welt geschützt wurde, wie diese vor ihm, ließ sich risikolos durchführen.

Gerade hatte der unbequeme Rebell auf der Heimfahrt nach Wittenberg seine agrarische Verwandtschaft in Möhra, darunter den Onkel Heinz und die hochbetagte Großmutter, besucht, als vermummte Reiter, die Armbrust im Anschlag, den Reisewagen stoppten, den Mönch herauszogen und mit sich nahmen. Normalerweise bedeutete das, dass das Opfer zwecks Lösegeldforderung eingekerkert oder auf der Stelle ausgeraubt wurde. In diesem Fall war alles, samt Drohgebärden und wilden Flüchen, nur Komödie.

Aber nun war der Hoffnungsträger der deutschen Nation erst einmal von der Bildfläche verschwunden. Da man vom schlimmsten Fall ausging, herrschten Bestürzung, Trauer, Ratlosigkeit. »O Gott, ist der Luther tot«, klagte Lutherfreund Dürer, »wer wird uns hinfort das heilige Evangelium so klar vortragen!« Da sein Idol, das ihm »aus großen Ängsten geholfen hatte«, vermutlich ermordet worden war, rief der Malerfürst »alle frommen Christenmenschen«[22] auf, seinen Tod zu beweinen. Womöglich auch, ihn zu rächen. Die Wut, die sich in der Bevölkerung ausbreitete, dürfte ebenfalls in Friedrichs Kalkül gelegen haben: Da man hinter dem vermeintlichen Verbrechen an Luther dessen kuttentragende Verfolger vermutete, wurde die romfeindliche Stimmung weiter angeheizt.

Was genau man mit ihm vorhatte, wusste Luther wohl selbst nicht. In den Plan seiner Entführung war er durch Friedrichs Intimus Spalatin eingeweiht worden, nicht jedoch in deren Hintergründe. Das Spektakel hatte man hauptsächlich für den Fuhrmann und die beiden Begleiter aufgeführt, die es an die Öffentlichkeit bringen sollten. Der vermeintliche Gefangene wurde auf ein Pferd gesetzt und zur Wartburg geleitet, die man eine Stunde vor Mitternacht erreichte. Im dunklen Tal schlief Eisenach.

Luther war in seine Vergangenheit zurückgekehrt. Hier hatte er als Schüler vor den Türen *um Brot gesungen,* hier war der Mönch Johannes Hilten, der die Reformation vorausgesagt hatte, als *lebendig Toter* eingekerkert gewesen. Hätte der Kaiser Luthers habhaft werden können, wäre es ihm kaum besser ergangen. Statt dessen wurden ihm vom Burghauptmann, der in das Komplott eingeweiht war, zwei Knaben zur Bedienung und ein Zimmer mit Aussicht zugewiesen, das sonst als Arrestzelle für straffällige Ritter diente.

4. Hieronymus im Gehäuse

Luther war nicht nur in seiner eigenen Geschichte, sondern auch in der Deutschlands gelandet. Seit Jahrhunderten gehörte die Wartburg zu Deutschlands mythenträchtigen Orten. Wie der nicht allzu weit entfernte Kyffhäuser, in dessen Tiefen Barbarossa darauf wartete, den Antichrist zu vernichten, so erinnerte die Wartburghöhe an den Glanz des staufischen Kaisertums, dessen Wiederkehr nicht minder sehnlich erwartet wurde. Stand der sagenhafte »Sängerkrieg« für die hochmittelalterliche Kulturblüte, deren Minnelieder im Volk unvergessen waren, so erinnerte das »Rosenwunder« der Heiligen Elisabeth daran, dass der Glaube ohne Zutun des Menschen Wunder wirkte.

Mit Luther sollte eine weitere Sage hinzukommen, die vom Tintenfleck. Verglichen mit dem märchenhaften Minnesang und den Legenden um die Thüringer Landgräfin schien die Geschichte vom Teufel als Fliege, nach der ein gereizter Luther das Tintenfass warf, direkt aus einem Schwank seines Verehrers Hans Sachs zu stammen. Zwar war Luther, wie er sagte, *den Fliegen feind und gram, weil sie*, als ewige Quälgeister und Unruhestifter, *ein Abbild des Teufels*[23] waren. Doch in Wahrheit, so meint man heute, sei kein Tintenfass geflogen. Man habe nur metaphorisch ausdrücken wollen, dass der Reformator dem Bösen nicht mit scharfer Klinge, sondern mit spitzer Feder und schwarzer Tinte auf den Leib gerückt sei. Sein auf Erasmus gemünzter Ausspruch, *Den Satan will ich mit der Feder töten!*[24], passte, und ein Fleck an der Wand kam wie gerufen.

Nachdem Luther glücklich aus dem Verkehr gezogen war, verpasste man ihm eine neue Identität. Unter dem Pseudonym »Junker Jörg« ließ er sich Haare und Bart wachsen, trug Reiterwams und Schwert. Dank kerniger Ritterkost nahm er sichtbar zu, litt allerdings, wohl wegen allzu üppiger Portionen, unter Darmträgheit. Obgleich an das Leben in einer Zelle gewöhnt, bemerkte er bald, dass eine Burg für jeden, den sie schützen sollte, zugleich ein Gefängnis war.

Bald fiel ihm die Decke auf den Kopf. Direkter Kontakt zur Welt bestand nicht mehr. Besuche von außen waren untersagt. Als gelegentliche Gesprächspartner, denen er auch predigte, dienten ihm der Schlossverwalter und die Knaben, die ihn mit geistigen Getränken versorgten. Zum diskreten Aufpasser des Gefangenen hatte der Kurfürst ihren gemeinsamen Vertrauten bestellt: Durch Spalatins Hände lief Luthers gesamte Korrespondenz, und zwar in der Geschwindigkeit, die diesem angemessen schien. Er erfüllte dem Gefangenen auch sämtliche Wünsche, soweit sie denen des Kurfürsten nicht zuwiderliefen.

»Wo es das Interesse der kursächsischen Politik zu erfordern schien«, bemerkte Biograph Brecht, »hielt er kritische Briefe und Druckmanuskripte Luthers zurück«.[25] Wichtige Schriften, in denen er den Missbrauch der Messe, die Mönchsgelübde und Albrechts Reliquienfimmel kritisierte, ließ Spalatin in der Schublade verschwinden. Reformation war gut, Kontrolle besser. Erst nach Luthers Protest, *ich werde mir das nicht gefallen lassen,*[26] gab er die Manuskripte frei.

Der große Stillstand war eingetreten, der Vorhang gefallen, der Applaus verrauscht. Luther saß wie Hieronymus im Gehäuse, blickte ins Land hinaus, verfolgte im Spiegel das Wachsen seiner Haare und schrieb Spalatin, *dass Du mich schwerlich erkennen würdest, da ich selbst mich schon nicht mehr kenne.* Auch wenn er trotzig hinzufügte, *jetzt lebe ich in christlicher Freiheit,*[27] wusste er doch, dass es sich, juristisch betrachtet, um Vogelfreiheit handelte.

Nicht zufällig nannte er seinen neuen Aufenthaltsort auf der waldigen Höhe das *Reich der Vögel.* Ihre Schwärme glichen für ihn dem Gedankengewimmel, das in seinem Kopf herrschte. *Dass dir die Vögel in der Luft über dem Haupte hinfliegen,* sagte er einmal, *kannst du nicht wehren. Wohl aber, dass sie dir in den Haaren ein Nest machen.*[28] Ganz scheint ihm dies auf der Wartburg nicht gelungen zu sein.

Er musste ohnehin ein deprimierendes Fazit ziehen: Als bürgerliche Existenz war er gescheitert, seine Karriere als Universitätsprofessor beendet. Dreimal, so sagte er bitter, habe man ihn exkommuniziert. Erst wurde er vom väterlichen Freund Staupitz aus dem Orden gedrängt und *allein gelassen in Augsburg. Dann hat Papst Leo mich von seiner Kirche und schließlich der Kaiser von seinem Reich abgeschnitten.*[29] Nun endete Gottes weite Welt für ihn an den Mauern der Wartburg.

5. Als Luther nicht mehr beten konnte

»Wer nichts zu tun hat«, sagte der Thüringer Pastorensohn Nietzsche, »dem macht ein Nichts zu schaffen«. Luthers Name für diese quälende Nichtigkeit, die ihn bevorzugt des Nachts heimsuchte, war der Teufel. Wie zwei Jahrzehnte zuvor in seiner Mönchszelle wurde er, sobald er die Schreibfeder niederlegte, von Anfechtungen heimgesucht. Als ein Pfarrer ihm später beichtete, Satan hätte ihm einmal zugeflüstert, »erstich dich!«, antwortete Luther, so sei es ihm *auch ergangen. Wenn ich ein Messer in die Hand bekam, dann fielen genau solche Einbildungen über mich. Und auch ich vermochte nicht zu beten.*[30]

Es waren wieder die *rechten Knoten*, die ihm das Herz abschnürten: Zweifel an sich selbst, Zweifel an der Erlösung, Zweifel an Gott. Und Gewissensqualen darüber, dass er überhaupt zweifelte. Selbst der verzweifelte Wunsch stieg in ihm auf, *dass ich niemals als Mensch geschaffen worden wäre*[31]. Und es gab keinen Staupitz mehr, dem er beichten konnte. *Ich sitze hier apathisch*, klagte er Melanchthon, *tue nichts, bete leider wenig, kümmere mich nicht um Gottes Kirche*. Schon *acht Tage lang*, so sagte er, habe er *weder geschrieben, noch gebetet, noch studiert*.[32] Mit dem Sturz aus der Publikumswirksamkeit schien er auch aus Gottes Gnade gefallen.

Nachdem er *das selige Licht der christlichen Wahrheit*[33] verkündigt hatte, war das Dunkel des Zweifels zurückgekehrt. Gott war fern, dafür der Teufel nah. Nicht irgendwo draußen in der Welt, warnte Luther einmal, *sondern in deiner Kammer, Stube, Bett, Tisch*. Viel mehr stand ihm auf der Wartburg auch nicht zur Verfügung. Als ihm seine beiden Etagenkellner einen Sack mit Haselnüssen brachten, begannen die Nüsse nachts zu *rumpeln*, als sei der Gottseibeiuns in sie gefahren.

Auch tagsüber knisterten die Quälgeister in den Wänden, heulten im Gebälk und polterten auf der Treppe, als *würfe jemand ein Schock Fässer hinunter*. Natürlich waren das nur volkstümliche Bilder für depressive Zustände, bei denen einen schon der kleinste Reiz zum Wahnsinn treibt. Nicht die Geräusche waren teuflisch, sondern das außer Kontrolle geratene Ich, das sie zur fantastischen Bedrohung aufbauschte. Eine Fliege summte, und schon flog das Tintenfass. Wenn es denn so war. Nur eine Rettung gab es vor dem destruktiven Selbstgespräch des Gewissens: *die Kunst*, so Luther, die Gedanken *fallen zu lassen und nicht mit ihnen zu verhandeln*[34]. Gerade dies aber war dem menschlichen Ich aus eigener Kraft nicht möglich.

Das lag schlicht daran, dass das Gewissen das Wissen des Ich von sich selbst war. Es konnte nichts denken, sagen oder tun, ohne dass es von ihm wahrgenommen und zur späteren

Abrechnung registriert wurde. Zur inneren Hölle wurde es deshalb, weil dieses Wissen identisch war mit Gottes Wissen von diesem Ich. Und dass wiederum das Ich davon wusste. Im Lateinischen lautete der Name dafür *con-scientia*, das Wissen, das man gemeinsam hat.

Alles, was das Gewissen dachte und tat, kam »in Echtzeit« vor Gott. Da Gott jedoch für das Ich nur in dessen Geboten erkennbar war, kam es unvermeidlich zum Konflikt. Nicht dass der Mensch das Gesetz brach, war das Schlimme, sondern dass Gott davon wusste. Und dass er den Sünder *nach keinem anderen Zeugnis als dem unseres Gewissens*[35] bestrafte. Für die Durchführung der Strafe war der »Teufel« zuständig. Um dem Menschen die Hölle richtig einzuheizen, genügte es, *das Gewissen des Menschen und den Zorn Gottes in gegenseitige Beziehung*[36] zu bringen.

In seinem Gewissen erfuhr Luther aber nicht nur die Zerstörung, sondern auch die Auferstehung aus dem geistigen Tod. Denn, so Luther, *die Gewissen aufrichten ist nichts anderes, als Tote auferwecken*. Entsprechend zeigte das Gewissen für den Reformator zwei Gesichter. Das eine blickte auf Gottes Gesetz, durch das es scheitern und »zur Hölle fahren« musste. Wobei diese nichts anderes war als eben *ein böses Gewissen*[37]. Das andere blickte aus dieser Nacht in das erste Morgenlicht, in dem nicht länger der richtende, sondern der rettende Gott gegenwärtig war: Christus. Auch er wusste, was das Ich wusste, aber er nahm es auf seine Kappe. Denn *das Gewissen*, sagte Luther, *wird durch die Sünde getötet und durch das Wort Christi wieder lebendig gemacht*.[38] Zwar war es immer noch dasselbe Gewissen, das den Menschen zuvor in die Hölle geführt hatte, aber nun herrschte in ihm, wie Paulus sagte, »der heilige Geist«.

Der wahre Glaube war damit noch nicht erreicht, denn nach wie vor machte sich das Ich im Gewissen geltend. Was es tat, waren immer noch »seine« Werke. Nach Luther bildete das

Gewissen deshalb für den Glauben nur eine Vorstufe. Gott war bereits im Menschen gegenwärtig, aber nur in dessen Wissen von ihm. Erst wenn auch noch diese Selbstgewissheit schwand, wenn es kein »wissendes« Ich mehr gab, begann das Einssein mit Christus.

Wer den Glauben nicht durch plötzliche Erleuchtung erfuhr, musste behutsam zu ihm hingeführt werden. Zu haben oder gar zu kaufen war er nicht. Den Weg dorthin über die drei Stufen des Gewissens musste man schon selber gehen. Aber der Prediger, so Luther, konnte seinen Hörern diesen »Aufstieg aus der Hölle des Ich« vor Augen führen. *Zuerst ist das Gewissen niederzuwerfen*, sagte er, *zweitens aufzurichten, drittens zu befreien und hinauszutreiben von den Dingen*, die den Menschen in Zweifel und Anfechtung stürzten. Nur durch das, *was im Wort Gottes enthalten ist und was der Prediger selbst erfahren hat*,[39] war diese Befreiung zu erreichen. Der Glaubende, der dorthin gelangt war, hatte kein Gewissen mehr nötig. *Ich brauche mich nicht zu stützen auf mein Gewissen*, sagte Luther, sondern allein *auf die göttliche Verheißung und Wahrheit.*[40] Auf der Wartburg war er davon so weit entfernt wie zu Mönchszeiten. Auf sich selbst geworfen, war er sich in seinem Gefängnis unerträglich geworden.

Irgendwann schlug das Unwetter der Seele, dieses Grauen des Ich vor sich selbst, um. Der *Todmeister*[41], wie er den Teufel auch nannte, wich von ihm. Nach den schweren Angriffen des Gewissens kehrte seine schöpferische Kraft zurück. Luthers zehnmonatige Gefangenschaft wurde zu seiner schriftstellerisch fruchtbarsten Zeit. Hier vollendete er mit der Magnificat-Deutung sein Hohelied auf die Mystik, griff Mönchtum und Zölibat an und stellte die Kirchenpostille, seine Predigten für das ganze Kirchenjahr, zusammen. Zudem prangerte er den Missbrauch der Privatmessen an, wie sie, zu seinem Ärger, auch auf der Wartburg täglich von einem *Priesterlein* zelebriert wurden.

Als Luther im Dezember 1521 mit der Übersetzung des Neuen Testaments begann, folgte auf den seelischen Tod die Auferstehung, seine eigene und die des Neuen Testaments. Im Gefühl, Christus selbst habe ihm den Auftrag gegeben, rollte er den Stein vom Grab. Und als wäre er ein wiedergekehrter Apostel Paulus, schrieb er seinem Kurfürsten mit dessen Worten, *dass ich das Evangelium nicht von den Menschen, sondern allein vom Himmel durch unsern Herrn Jesus Christus habe.*[42]

6. »Man spreche frei den Sinn heraus«

Alles geschah wie durch höhere Eingebung. *Ich bin meiner nicht mächtig*, schrieb er einem Freund, *ich werde mit Gewalt getrieben und geführt, weiß schier nicht durch was für einen Geist.*[43] Er fühlte sich inspiriert wie ein alttestamentlicher Prophet. Wenn man ihm den Vergleich gestatte, bemerkte er ein andermal, *so habe ich den Geist des Elias bekommen, mit Wind, Sturm und Feuer, der die Berge zerreißt und die Felsen zerschmettert.*[44]

Die *Sache des Wortes*, Gottes Geschenk an die Menschen, hing für Luther untrennbar mit der eigenen Sprache zusammen. Wie Christus nicht hoch im Himmel herrschte, sondern im Alltagsleben gegenwärtig war, so redete er zu den Menschen nicht in übersetzten Fremdwörtern, sondern in deren vertrauter Sprache. Und die Luthers und seiner Hörer war Deutsch. Schon in seiner Vorrede zur Deutschen Theologie 1518 hatte er Gott gedankt, *dass ich in deutscher Zunge meinen Gott so höre und finde, wie man ihn weder in lateinischer, griechischer, noch hebräischer Zunge gefunden hat. Gott gebe, dass noch mehr solche Büchlein an den Tag kommen. Dann* wird man nämlich entdecken, *dass die deutschen Theologen ohne Zweifel die besten Theologen sind.*[45]

Die Übersetzung des Neuen Testaments, die üblicherweise Jahre in Anspruch nimmt, gelang Luther in elf Wochen. Bis heute gehört sie zu den herausragendsten Dokumenten unserer Sprache. Das moderne Deutsch hat seine Ausdruckskraft auch durch Luthers Begegnung mit dem Neuen Testament, seine Anschaulichkeit durch Luthers metaphorische Erfindungsgabe gewonnen. Die deutsche Sprache wurde in einer Gefängniszelle neu erfunden.

Damit seine Bibelübersetzung auch von ungeübten Ohren verstanden wurde, hatte Luther *der Mutter im Hause, den Kindern auf der Gasse, dem gemeinen Mann aufs Maul*[46] gesehen. Seine Worte entstanden nicht, wie bei Gebildeten üblich, durch gelehrte Nachahmung des Lateinischen, sondern aus der Alltagserfahrung heraus. Luther dozierte nicht den Menschen, sondern gab wieder, was er von ihnen hörte. Beim Übersetzen des Alten Testaments suchte er nicht die deutsche Entsprechung, sondern fragte sich: *Wie redet der deutsche Mann in einem solchen Fall? Wenn er nun die deutschen Worte hat, die dazu dienen, so lasse er die hebräischen Worte fahren, und spreche frei den Sinn heraus im besten Deutsch, das er kann.*[47]

Um in allem den rechten Ausdruck zu finden, wandte der Übersetzer sich in Detailfragen an Fachleute. Damit er die Edelsteine der Johannesoffenbarung korrekt beschreiben konnte, ließ er sich von Spalatin Smaragde, Chrysolithe und Amethyste aus der kurfürstlichen Schatzkammer herbeibringen. Ein Metzger musste für ihn mehrere Schafe schlachten, um ihm die Fleischstücke erklären zu können, die beim jüdischen Opferdienst verbrannt wurden. Und auf dem Schreibpult neben ihm lag, als Inspirationshilfe, das neueste, mit Anmerkungen versehene griechische Neue Testament des Erasmus von Rotterdam. Die Modernität von Luthers Übertragung verdankte sich auch der Vorarbeit des Humanisten.

Deutsche Bibeln hatte es schon vor Luther gegeben, aber sie boten nur grobe Verständnishilfen für das Original, das nun einmal auf Hebräisch (Altes Testament) und Griechisch (Neues Testament) geschrieben worden war. Das Scheitern der Übersetzer hatte daran gelegen, dass sie Wörter mechanisch übersetzt und dabei übersehen hatten, dass *nicht der Sinn den Worten, sondern die Worte dem Sinn dienen* sollen. Deshalb habe er selbst *oft den Sinn gegeben und die Worte fahren lassen*.[48] Die Hauptsache war für ihn, dass man in allen Wörtern das *eine* Wort wiederfinden musste. *In Christus*, sagte Luther, *sind alle Wörter ein Wort*.[49] Zum Christenmenschen aber wurde man dadurch, dass man dieses Wort nicht nur sagte, sondern es in der ganzen Schöpfung erblickte, ja dass man selbst *die Gestalt des Wortes annimmt*[50].

Den in zahlreiche Dialektbereiche zerstreuten Deutschen hat Luther mit seiner Bibel eine gemeinsame Sprache gegeben, und dies nicht nur zum Sprechen, sondern auch zum Singen. Der Vater der neuzeitlichen Musik, Johann Sebastian Bach, soll die Musik seiner Kantaten und Passionen unmittelbar aus Luthers Evangelienübersetzung herausgehört haben. Auch Luthers Kunst der Wortschöpfung bereicherte das Deutsche mit einem ganzen Schatz anschaulicher Wortbildungen und Redewendungen. Ohne Luther gäbe es keinen »Denkzettel« und keinen »Feuereifer«, und niemand wäre »friedfertig« oder seinem Nächsten ein »Dorn im Auge«.

Ganz Deutschland benutzte hinfort seine Bibel als verbale »Richtschnur«, ein Wort, das sich ebenfalls seinem Erfindungsgeist verdankt. Deutschlands »Dichter und Denker«, von denen die Welt bewundernd sprach, formulierten und reflektierten in Lutherschem Geist. Bis heute ist das gesprochene Deutsch Lutherdeutsch, und Deutschland, nolens volens, »Lutherland«[51]. Dessen Erneuerung durch die Reformation hat er im Jahr vor seinem Tod mit *diesen drei Worten* beschrieben: *frei, christlich, deutsch*[52].

Gottes Wort stand in keinem Wörterbuch. Nicht nur um die Mitteilung einer Information handelte es sich, sondern um die Dynamik und Kreativität des Sprechens selbst. Das Wort der Bibel, so meinte Luther, wollte nicht irgend etwas sagen, sondern das Entspringen des Seins aus dem Nichts, den Aufgang des Lichts aus dem Dunkel, den Hervorgang der Schöpfung aus dem Chaos begreifbar machen. *Bei Gott*, sagte Luther, *ist Sprechen und Erschaffen ein und dasselbe. Deshalb sind es auch keine Worte, die er spricht, sondern Fakten.*[53] Wohlgemerkt, handelte es sich dabei nicht um tote Gegenstände, wie die Naturwissenschaft sie registriert und der Handel sie als Waren feilbietet, sondern um Dinge, Geschöpfe und Menschen, die überquellen vor Lebendigkeit, weil aus ihnen ihr Geschaffensein spricht. *Was für eine köstliche Sache ist es*, so der Reformator, *Gottes Wort in allen Dingen zu haben.*[54]

Aus Liebe sprach Gott ins Nichts hinein, und *es war ein so kräftiges und mächtiges Wort, das aus nichts alles schaffen*[55] konnte. »Alles«, das besagte, dass in jedem Ding, ob tot oder lebendig, Gottes Wort gegenwärtig war. Und damit ein Gott, der zu seinem Wort stand. Der Wort hielt, weil er bei den Menschen im Wort war. *Wir sehen also*, so sagte der junge Luther schon vor dem Thesenanschlag, *wie aus jedem beliebigen Ding oder Geschöpf auf verschiedenartige Weise das Hervorgehen des Wortes aus dem Vater hervorleuchtet.*[56]

Dieser Sicht blieb der Reformator immer treu. Für ihn waren die Dinge nicht nur einfach da, erfüllten die Menschen nicht nur notgedrungen die ihnen zugewiesene Funktion, sondern alles leuchtete, weil sich in allem, in jedem Ding und jedem Menschen, das ganze Wort Gottes ausdrückte. Und weil es leuchtete, leuchtete es den Menschen auch ein. *Alles*, so predigte Luther noch zwei Jahre vor seinem Tod, *alles ist voll Bibel, da Gott durch seine Wunderwerke nicht allein predigt, sondern auch an unsere Augen klopft, unsere Sinne rührt und uns gleich ins Herz leuchtet.*[57]

Für den Reformator bestand das Wesen der Bibel nicht darin, dass sie der vergänglichen Welt ihre unvergänglichen Worte entgegensetzte, sondern dass sie die Augen dafür öffnete, dass alles, jedes Ding und jeder Mensch, Gottes unvergängliches Wort war. So wurde das Lesen der Bibel zur Einübung in das Lesen der Welt. *Würde einer die Sache des Wortes in seiner ganzen Tragweite erfassen,* so schrieb Luther 1520 an Spalatin, *wäre es kein Wunder, wenn er aufschrie und es ihn zerrisse.*[58] Wer die Sache des Wortes begriffe, der hörte auf, der zu sein, der er gewesen war, und dies, wie Paulus sagte, plötzlich, in einem Augenblick. Und er sähe mit Augen, die zuvor blind waren, die Welt als *das allerschönste Buch, in dem Gott sich selbst beschrieben und abgemalt hat*[59].

Nur der Gott des Wortes, so stand es im Johannesevangelium, war der lebendige Gott. Und *wo das Wort ist,* so Luther, *da ist die Dreieinigkeit.*[60] Anders als »dreieinig« ließ sich der Zusammenhang von Sprechen, Hören und Verstehen auch nicht begreifen. Derjenige, der das Wort sprach, war der Vater. Sein Sohn war dieses Wort. Als gesprochenes trat es außerhalb des Vaters, und blieb doch, weil es auch dann noch *sein* Wort war, in ihm. Die durch das Hinaussprechen dieses Wortes aufgerissene Distanz zwischen Gottvater und Gottsohn wiederholte sich in diesem. Christus war Gott und zugleich war er es nicht. Sein »Nicht« war sein Tod, sein Sein die Auferstehung. Dass beide, Vater und Sohn, ein und derselbe waren, offenbarte sich im Geist. Der war nichts anderes als die Identität der beiden. *Gleich wie der Vater ein ewiger Sprecher ist und der Sohn in Ewigkeit gesprochen,* so Luthers Bild dafür, *ist der Heilige Geist von Ewigkeit an der Zuhörer.*[61]

Der Reformator ging noch weiter. Die Dreieinigkeit beschränkte sich für ihn nicht auf Gott, sondern galt ebenso für dessen Geschöpf, den Menschen. *So sind auch wir in Gott,* schrieb er, *bewegen uns in ihm und leben in ihm. Wir sind wegen des Vaters, der die Substanz der Gottheit ist. Wir bewe-*

*gen uns, bewegt vom Bild des Sohnes, der aus dem Vater in
der göttlichen und ewigen Bewegung geboren wird. Und wir
leben nach dem Geist, in dem der Vater und der Sohn ruhen
und gemeinsam leben.*[62]

Dass der Alltagsverstand hier an seine Grenze stieß, war
schon Johannes aufgegangen, und auch Luther mühte sich
lebenslang mit der Vermittlung an die Gläubigen ab. *Denn
dieser Glaubensartikel,* so sagte er, *übertrifft aller Menschen
Vernunft und Verstand, nämlich dass eins drei und drei eins
seien.* Auch das Bild von der göttlichen Dreieinigkeit sei kein
Dogma, so fügte er hinzu, sondern lediglich der Versuch, das
Unanschauliche zu veranschaulichen. *So tut auch das Gleichnis vom leiblichen Vater und Sohn wenig zur Sache,* sagte er,
denn es ist ein sehr schwaches Bild oder Gleichnis.[63] Kaum ein
Christ hatte derlei je zu denken, geschweige denn zu sagen
gewagt. Aber es ging Luther nicht darum, eine altvertraute
Vorstellung zu demontieren, sondern »die Sache des Wortes in
seiner ganzen Tragweite zu erfassen«. Das Nichtzuerfassende
zu erfassen.

Wie schon Paulus sagte, waren die Menschen nicht »Narren« genug, um dies zu begreifen. Und sie begriffen nicht, weil
sie nicht glaubten. Für Luther war der dreieinige Schöpfer kein
unbewegter Beweger, sondern ein Gott, der sich von seinen
Geschöpfen bewegen ließ. Er war ein Gott, der mit sich reden
ließ. Kein rechnender Herrscher, der die Welt wie ein Architekt
konstruierte, sondern ein einfühlsamer *Dichter*[64], für den seine
Dichtung nichts Fremdes, ja nicht einmal von ihm Unterschie-
denes war. So sah es Luther, und nicht viele hatten es vor ihm
so gesehen.

Dass Gott sprach, bedeutete nichts Geringeres, als dass er
*sich uns allen selbst ganz und gar gegeben hat mit allem, was
er ist und hat*[65]. Er war in seinem Wort wie ein Liebender, der
seinem Gegenüber seine Liebe bekennt. Ein solches Bekenntnis
war nicht Information, sondern Geschenk, in das der Schen-

kende sich ganz hineinlegte, durch das er sich ganz hingab. Und sich damit offenen Auges in Abhängigkeit vom Beschenkten begab. Er wollte nichts anderes als geliebt werden.

Doch er wollte niemanden dazu zwingen. Gottes Liebe ging nämlich so weit, dass er sich nicht als Schenkender hervortat, sondern hinter sein Geschenk zurücktrat. Er gab sich, ohne sich zu erkennen zu geben. Denn ein Schenkender, der sich zeigte, setzte den Beschenkten unter Druck, eine Gegenleistung zu erbringen oder zumindest Dank abzustatten. Nicht so Gott. Aus Liebe schenkte er sich, war in seinem Wort, seiner Schöpfung, seinen Geschöpfen gegenwärtig, und blieb doch als der, der es sprach, verborgen. So war Gott auch im leidenden Christus verborgen. Wer ihn am Kreuz nicht als den erkannte, der sich selbst zurücknahm, ohne eine Gegenleistung zu fordern, der begriff weder den einen noch den anderen.

Nur im Glauben, so Luther, fand dies Begreifen statt. Und wenn man begriff, waren Werke überflüssig. Dann war alles Dasein nur noch Beschenktsein und Dank dafür, aus freien Stücken. Den schenkenden Gott nannte Luther auch den *verborgenen Gott*, dessen schöpferische Liebe nie endete. *So wenig Gottes Wesen aufhört*, sagte Luther, *so wenig hört sein Sprechen auf.*[66] Wer Luthers Bibel las oder seiner Predigt lauschte, konnte es hören. Auf gut Deutsch.

7. »Der Glaube will nicht an ein Werk gekettet sein«

Während sich Luthers subtile Lehre mit der Geschwindigkeit der Druckerpressen ausbreitete, begannen sich seine Anhänger deren Sinn nach eigenem Gutdünken zusammenzureimen. Vor allem die »Freiheit eines Christenmenschen«, deren

Bedeutung nicht leicht zu ergründen war, verleitete zu vor-
schnellen, meist handgreiflichen Schlüssen: Freiheit war das,
was man schon immer gewollt, nicht aber sich zu nehmen
gewagt hatte. Luthers Glaube, der Freiheit schenkte, wurde
im Handumdrehen zum Glauben an eine Freiheit, die es zu
erkämpfen galt.

So kam die größte Bedrohung, die der jungen Reformation
widerfuhr, aus ihr selbst. Luther hatte den Geist gerufen und
wurde die Geister nicht mehr los. An die Stelle des von ihm
erhofften freien Christenmenschen traten, nach seinen eigenen Ausdrücken, die *Schwärmer* und *Rottengeister*, die *Bilderstürmer*, *Kirchenbrecher* und *Mordpropheten*. Kaum einer
war unter den neuen Glaubenskriegern, der sich nicht auf
Luthers »Besserung des christlichen Standes«, seine »Babylonische Gefangenschaft der Kirche« oder die »Freiheit eines
Christenmenschen« berufen hätte. Während der Reformator
auf der Wartburg festsaß, wurde in seinem Namen kräftig an
den Fundamenten der Gesellschaft gerüttelt.

Zuerst aber räumte man die Machtsymbole der alten
Geistlichkeit aus dem Weg. Noch im Monat von Luthers Verschwinden hatte man in Erfurt mit reformatorischen Aktio-
nen begonnen. Studenten plünderten die Häuser der Kleriker
und setzten sie in Brand. Bald stießen Handwerksgesellen und
Bauern aus dem Umland dazu, die für Luther »auf die Straße
gingen«. Aus seiner Zölibatskritik zogen Priester die praktische Konsequenz und heirateten. Scharenweise verließen
Mönche, darunter auch Augustiner des Schwarzen Klosters,
ihre Konvente, nicht ohne zuvor Altäre und Heiligenbilder
demoliert und geweihtes Öl verbrannt zu haben.

Auch Luthers Doktorvater Andreas Karlstadt, der sich als
Professor gegen die Scholastik und für Augustinus entschieden hatte, legte die Priestergewänder ab und verlobte sich
demonstrativ an Weihnachten 1521 mit einer Fünfzehnjähri-
gen. Das von Luther begonnene Werk setzte er in die Tat um,

und zwar nach eigenen Vorstellungen. Als angesehener Prälat an Friedrichs Allerheiligenstift fühlte er sich vom heiligen Geist ermächtigt, mit der fälligen Entrümpelung von Kirchenordnung und -inventar zu beginnen. Sein Eifer löste auch in Wittenberg eine kleine Studentenrevolution aus, die bewusst auf Gewaltfreiheit verzichtete. Mit Messern im Gürtel randalierte man in der Stadtkirche, vertrieb die Priester vom Altar, riss ihnen die Messbücher aus den Händen.

In Friedrichs Schlosskirche, dem Schatzhaus der heiligen Knochen, feierte Karlstadt 1521 die Weihnachtsmesse nach Karlstadtschem Ritus. Er kam in Straßenkleidung. Talar und Kreuzeszeichen waren nicht mehr nötig. Die Besucher ermutigte er, neben der Hostie auch den Kelch, traditionell Privileg der Priester, selbst in die Hände zu nehmen. Als eine Hostie zu Boden fiel, beruhigte er die Menge, »es liege, wo es wolle. Dass man nur mit Füßen nicht darauf trete«[67].

Da Karlstadt nicht an die reale Gegenwart von Christi Leib und Blut glaubte, hielt er das auch für ganz in Ordnung. Der Reformator, dem diese Gegenwart unantastbarer Glaubenssatz war, fühlte sich *getroffen*. Tatsächlich kündigte sich in seinem Abendmahlsstreit mit Karlstadt, der den Schweizer Reformator Huldreich Zwingli inspirierte, das Auseinanderbrechen der Reformation an.

Für Luther war es keine Frage, welcher Geist da herrschte. Das Vorgehen seines einstigen Parteigängers missfiel ihm auch, weil dieser, im *grauen Rock und Filzhut* des kleinen Mannes, seine *neue geistliche Demut* nur markierte. Karlstadts abrupte Wende zur Volkstümlichkeit schien ihm überstürzt, die Änderungen zu radikal, um für Gläubige nachvollziehbar zu sein. Karlstadt schüttete sozusagen das Christkind mit dem Bade aus. Luther warnte davor, die Gläubigen zu verunsichern, indem man ohne Sanftmut vor ihnen und Respekt vor der Sache zu Werke ging. Nicht Nächstenliebe stand für Luther hinter diesem Umsturz, sondern Menschenverachtung. Während er selbst *die Gewissen und Seelen los und frei haben will von Sünden*, so klagte er, wolle Karlstadt sie *mit Gesetzen fangen und mit Sünden beladen*.[68]

Die Vorstellung, man könnte den neuen Glauben wecken, indem man an Äußerlichkeiten Änderungen vornahm, schien Luther abwegig. Mit Formeln und Dogmen war nichts gewonnen. *Aus der Freiheit ein ›Müssen‹ machen*, so warnte er die Rebellen, *das kann Gott nicht leiden*.[69] Denn im Glauben ging es nicht um einen Eingriff in die Wirklichkeit, sondern um eine andere Art von Wirklichkeit. Nicht um neue Dinge und Denkzwänge ging es, sondern um die vollständige *Verwandlung* des Menschen, der keiner Dinge und Zwänge mehr bedurfte. Vor allem keiner Werke. Denn Gottes Reich war bereits da, man musste nichts mehr hinzutun. Man musste nur begreifen, *dass* es da war. Dass Christus selbst da war. Luthers Wort dafür war *Glauben*.

Ob man die Messe so oder so hielt, vor einem Kruzifix betete oder nicht, war für den Christen ohne Belang. *Der Glaube*, sagte der Reformator, *will nicht gefangen noch gebunden noch durch Ordnungen an ein Werk gekettet sein*.[70] Und wenn man, so meinte ein humorvoller Luther 1539, nicht an *einem* Chorrock genug hatte, *ziehe man deren drei an* und möge darin *springen und tanzen mit Harfen, Pauken, Zimbeln und Schellen, wie David vor der Lade des Herrn tat. Ich bin damit sehr wohl zufrieden.*

Erlaubt war, was dem Glauben diente. Und wenn der Papst endlich begriffe, dass an zwanghaften Zeremonien nichts gelegen war, dann würde er, Luther, sich ihm zuliebe sogar, *mit Verlaub, eine Unterhose umhängen*. Denn derlei Äußerlichkeiten *geben oder nehmen dem Evangelium gar nichts*[71]. Das galt sogar für den Empfang des Sakraments. *Ja, wenn es einen Christen machte*, das Abendmahl zu nehmen, so scherzte Luther ein andermal, *dann wäre die Maus*, die eine Hostie gegessen hat, *auch ein Christ*.[72]

Nicht am Werk, am Glaubens lag's. Da er alles verwandelte, brauchte er nichts zu ändern. Knecht konnte Knecht und Herrscher Herrscher bleiben. Solange der Herrscher begriff, dass er in Christus Knecht war, und der Knecht, dass er mit Christus die Herrschaft innehatte. Nicht man selbst tut, sagte Luther, sondern er tut durch uns. Und was er vermag, vermögen wir durch ihn. Denn der Glaube an ihn ist keine Illusion, sondern *ein göttliches Werk in uns, das uns wandelt und neu gebiert aus Gott.* Er ist *ein lebendiges, wirkendes, tätiges, mächtiges Ding, so dass es unmöglich ist, dass er nicht ohne Unterlass Gutes wirken sollte.*[73]

Karlstadt und seine Anhänger wollten dies *göttliche Werk* in die eigene Hand nehmen. Auf Luther war keine Rücksicht mehr nötig, der schien von der Bildfläche verschwunden, vielleicht für immer. Von dessen Lehre angelockt, stellten sich in Wittenberg skurrile Vertreter der neuen Richtung ein, darunter drei Glaubensverkündiger aus Zwickau, die Luther ironisch als *himmlische Propheten* titulierte. Die Tuchmacher Storch und Drechsel sowie der Student Thomae gaben sich als Empfänger von Botschaften aus, die der heilige Geist ihnen zur Weitergabe an die Menschheit eingeflößt habe. Man stand mit Gott sozusagen auf Gesprächsfuß. Dank des persönlichen Kontakts war die Bibel und mit ihr auch Luther überflüssig geworden.

Als Melanchthon, beeindruckt von ihrem selbstbewussten Auftreten, den Reformator auf der Wartburg um seine Einschätzung bat, antwortete dieser mit einer deutlichen Warnung. Echte Propheten seien weder selbstherrlich, noch brüsteten sie sich damit, Unterredungen mit der Majestät Gottes zu führen. Gott spreche nicht zum Menschen, mahnte Luther den Freund, *ohne ihn zuvor zu töten.* Und Christus konnte man nur hören, wenn man ihn *zuvor gekreuzigt gesehen* hatte. Probeweise, so empfahl Luther, sollte Melanchthon die drei Propheten fragen, ob sie *die geistlichen Wehen und die göttliche Geburt, Tod und Hölle erfahren haben. Wenn du hören solltest, dass alles lieb-*

lich, ruhig, andächtig (wie sie es nennen) und geistlich sei, so sollst du sie nicht gut heißen, wenn sie auch sagen sollten, dass sie in den dritten Himmel entrückt worden sind.[74]

Bei einem Gespräch, das Luther mit dem ekstatischen Trio führte, richtete Drechsel ihm vom heiligen Geist aus, dass die Welt demnächst Gottes Zorn zu spüren bekomme: Das Ende sei nahe herbeigekommen. Ironisch fragte der Reformator zurück, ob er sonst nichts Neues zu berichten hätte. *Unwillig gingen sie fort*, schrieb Luther. *Einer von ihnen war so wütend, dass ich niemals einen wütenderen Menschen gesehen habe.*[75] Er war vom *Satan* besessen, das stand für ihn außer Zweifel. Von Gewalt gegen die Gottesfreunde wollte er aber nichts wissen. Spalatin bat er, *dass unser Fürst nicht seine Hände beflecke mit dem Blute jener neuen Zwickauer Propheten.*[76]

Zwei Monate darauf war das Wams des Ritter Jörg abgelegt, die Haarpracht geschoren, die Mönchstracht wieder angelegt. Acht Predigten in der Wittenberger Stadtkirche genügten, um dem Spuk der Schwärmer und Bilderstürmer ein Ende zu bereiten. Grimmig zogen die Propheten ab. Der flexible Karlstadt dagegen kehrte, als wäre nichts gewesen, auf seinen Lehrstuhl von Friedrichs Gnaden zurück. Wittenberg blieb Lutherstadt. Dankbar verehrte der Rat dem wiedergekehrten Reformator neben einem Fässchen heimischen Biers auch das Tuch für eine neue Kutte.

8. Georgs scharfes Mandat

Ärger kam, wieder einmal, aus Leipzig. Hatten die Wittenberger Übergriffe den Sachsenherzog voraussehbar in Wut versetzt, löste eine andere Neuerung geradezu seinen Hass aus. Luthers Übersetzung des Neuen Testaments, die für jedermann die Tür zu Christus öffnete, war einfach zu gut, um sie ihm durchgehen zu lassen. Zu gut, das hieß für Georg den Bärtigen, dass der Wittenberger die steife Erhabenheit des Originaltextes respektlos durch ein rhythmisches, bilderreiches Deutsch ersetzt hatte, wie es sehr wohl überall gesprochen, nie jedoch geschrieben worden war.

Luther hatte sich die Freiheit genommen, anstelle der gestelzten, oft unverständlichen Ausdrücke, mit denen Übersetzer bislang hantierten, deren modernes Äquivalent zu setzen. Das seltsam verdeutschte Jesuswort »Aus dem Überfluss des Herzens redet der Mund«, wurde bei Luther zum geflügelten »Wes das Herz voll ist, des geht der Mund über.«[77] Wenn der Verräter Judas die Jünger fragte, »Warum ist diese Verlierung der Salben geschehen?«, hieß es bei Luther schlicht »Schade um die Salbe«. Und die umständliche Verkündigung des Engels, »Gegrüßet seist du, Maria, voll Gnaden, der Herr mit dir«, löste im Deutschen, so witzelte Luther, unwillkürlich die Vorstellung von *einem Fass voll Bier oder Beutel voll Geldes* aus. Deshalb zog er das unverkrampfte »Gott grüße dich, du liebe Maria« vor. Dem Herzog aus Leipzig ging das entschieden zu weit. Dass sich Christus und die Apostel der deutschen Umgangssprache bedienten wie Hinz und Kunz, erschien ihm als Angriff auf die römische Kirche.

In großzügiger Auslegung des Wormser Edikts erließ Georg im November 1522 gegen Luther ein scharfes Mandat. Dessen im wahrsten Sinn Neues Testament, das auch im albertinischen Sachsen trotz hohen Preises eine wachsende Käuferschar fand, wurde ab sofort verboten. Kauf wie Verkauf standen unter Strafe, bereits erworbene Exemplare waren, gegen Rückerstattung des Kaufpreises, bei der Behörde abzugeben. Damit diese auch etwas zu tun bekam, mussten die Bibelleser »anzeigen, wo, von wem und wie teuer sie die selbige bekommen« hatten.

Der Aufruf zu Spitzeldiensten in Sachen Glauben wurde befolgt. Noch im selben Jahr eröffnete die Kirche ein Inquisitionsverfahren gegen einen Leipziger Bürger, der die Bergpredigt auf Lutherdeutsch gelesen hatte. Sein Besitz wurde konfisziert und er selbst als »Ketzer mit Schimpf aus Stadt und Land unbarmherzig vertrieben«. Nachdem im Folgejahr weitere Lutheraner ins Exil geschickt worden waren, kam es 1524 zum ersten Todesurteil: Der Buchhändler Johann Hergott, der heimlich Luthersche Schriften verkauft hatte, wurde unter reger Anteilnahme der Bevölkerung auf dem Leipziger Rathausmarkt geköpft. Sein Schicksal teilten 1525 zwei Männer, die unvorsichtig genug gewesen waren, in Georgs Stadt Lutherbücher »an sich« zu tragen.

In Luthers Augen hatte der Bärtige mit seinem Verbot des Neuen Testaments eine rote Linie überschritten. Die Vorstellung, dass ein Machtmensch die *gute neue Mär* einfach einstampfen und jene, die sie lasen, drangsalieren konnte, war dem Reformator unerträglich. Die evangelischen Gläubigen in Leipzig rief er zum Widerstand auf. *Wenn nun dein Fürst dir gebietet, Bücher von dir zu tun, sollst du so sagen: Es gebührt Luzifer nicht, neben Gott zu sitzen.*[78] Der Leipziger Luzifer rächte sich, indem er die Inquisition forcierte, weitere Todesurteile unterschrieb und in der Folge tausend evangelische Christen unter Zurücklassung ihres Eigentums aus der Stadt vertrieb.

In Luthers Augen war Georgs Angriff auf ihn ein Angriff auf Christus selbst. Denn wer dessen Wort verkündigte, so der Reformator, mag *frei sich rühmen, dass sein Mund Christi Mund*[79] sei. *Ich bin mir gewiss,* schrieb er bei anderer Gelegenheit, *dass mein Wort nicht mein, sondern Christi Wort sei, so muss mein Mund auch dessen sein, dessen Wort er redet.* Luther den Mund verbieten, hieß also, Christus den Mund verbieten. Nicht um seiner selbst willen trat der Reformator dem Sachsenherzog entgegen, sondern um dessen willen, dem damit erneut der Maulkorb der Papstkirche angelegt wurde.

9. »Unter Tausenden kaum ein rechter Christ«

Luther ging zum Gegenangriff über. Natürlich nicht mit dem Schwert, sondern mit der Feder. Die Schrift *Von weltlicher Obrigkeit, wie weit man ihr Gehorsam schuldig sei*, mit der Luther 1523 gegen Georgs Diktat und Karls Edikt aufbegehrte, hätte ebenso gut »Von weltlicher Obrigkeit, wie weit sie Gott Gehorsam schuldig sei« heißen können. Denn darin ermahnte er nicht nur die Untertanen, sich mit Gottvertrauen in ihre Lage zu schicken, sondern zeigte auch den Landesherren die Grenzen auf, die ihrer Machtausübung durch den Glauben gezogen waren.

Man wird nicht, man kann nicht, man will nicht eure Tyrannei und Mutwillen noch länger leiden, so zürnte er. Wer andere beherrschen wollte, musste auch Selbstbeherrschung üben können. Für Luther war die Zeit gekommen, dass die Fürsten endlich einsahen, *was für Narren sie sind, wenn sie die Leute mit ihren Gesetzen und Geboten zwingen wollen, so oder so zu glauben*[80] und *in Teufels Namen immer Christum lehren und meistern*[81] wollen.

Schon zuvor hatte Luther einen dringenden Appell an die Gegenseite gerichtet. *Eine treue Vermahnung zu allen Christen, sich zu hüten vor Aufruhr und Empörung* war hauptsächlich an jene Kirchenstürmer adressiert, die sich vom Geist autorisiert glaubten, die öffentliche Ordnung durch eine andere, ihnen passendere zu ersetzen. Indem sie, nicht anders als die Fürsten, sich über alles und jeden erhoben, betrieben auch sie unbemerkt das Werk des Teufels. Denn *er* war es, der in Wahrheit *das Rädlein treibt*. Gewaltsames Aufbegehren, warnte Luther, setzte sich über Gottes Gebote hinweg, um statt dessen dem eigenen Willen zu folgen. Jeder *Aufruhr*, so Luther, *ist nichts anderes, als selbst richten und rächen*. Deshalb wolle er es *allzeit halten mit dem Teil, der Aufruhr leidet,*

wie unrechte Sache es immer habe, und widerstehen dem Teil,
das Aufruhr macht, wie rechte Sache es immer habe.[82]

Von der Wartburg zurückgekehrt, fand Luther sich auf eben
jenem politischen Parkett wieder, von dem Friedrich ihn hatte
fernhalten wollen. Von zwei Seiten herausgefordert, musste er
»auf den Plan treten« und eine offene Frage beantworten: Wie
verhielten sich weltliche und geistliche Macht zueinander, und
dies in Einklang mit biblischer Lehre? Zur Antwort konnte er
auf seine Schrift »Von der Freiheit eines Christenmenschen«
verweisen.

Was man als »weltliches« und »geistliches« Reich, traditionell vertreten durch Kaiser und Papst, bezeichnete, hatte
allerdings nichts gemein mit seiner »Lehre von den zwei Reichen«. Die Welt war für ihn nicht geprägt durch gesellschaftliche Rangordnung und Machtverhältnisse, sondern durch
die tatsächliche Unfreiheit eines jeden Menschen, sei er Fürst
oder Knecht. Eine Unfreiheit, die sich selbst paradoxerweise
für Freiheit hielt. Im Reich der Welt waren die Menschen alle
gleich in ihrer Knechtschaft ohne Hoffnung. Sie wussten es
nur nicht.

Das Gottesreich, das Freiheit schenkte, unterschied sich
äußerlich in nichts von der Alltagswelt. *Gleich wie Chris-*
tus in der Welt unsichtbar ist, sagte Luther, *so sind auch wir*
Christen darin unsichtbar, und dies so, *dass die Welt weder uns*
noch Christus in uns sieht.[83] Zwar waren auch die Gläubigen
»Knechte aller Dinge«, doch hatte sich für sie die Nebelwand
des Ich aufgelöst. Sie sahen die Welt durch »Gottes Augen«.
Sie waren durch *ihren Glauben wieder ins Paradies versetzt*
und von neuem geschaffen.[84] Ohne ihr Zutun waren sie,
obwohl Knechte des Weltlaufs, zugleich »Herren über alles«.
Himmel und Erde, Tod und Leben sind große Sachen, sagte er,
aber der Glaube an Christus ist viel größer.[85]

Wenn Luther vom Gottesreich sprach, meinte er damit
nicht die Gemeinschaft der Getauften. Obwohl sich zu sei-

ner Zeit fast alle zum neuen Glauben bekannten, waren die meisten dem Gottesreich so fern wie jene, die nie von Christus gehört hatten. *Unter Tausenden,* so hielt er in der Obrigkeitsschrift fest, fand sich *kaum ein rechter Christ.* Sie alle blieben *Unchristen, ob sie gleich getauft sind und Christen heißen.*[86] Selbst in Wittenberg, so klagte er, fand sich oft *kein einziger.*

Auch Luthers Sicht des irdischen Reichs war, gelinde gesagt, tief pessimistisch. Für diese Welt sah er schwarz. Sie erschien ihm wie ein Vorgeschmack der Hölle, wenn nicht wie diese selbst. Blind prallten Interessen aufeinander, würgte einer den anderen, rannte ein Wille den anderen um. Und keiner ahnte, wie nichtig der eigene Wille war und das Ich, dem er diente. Die Menschen lebten *mitten in Sodom und Gomorrha* und waren *des Teufels Gefangene,* die *tun müssen, was er will.*[87]

Die moderne Überzeugung vom »Guten im Menschen« teilte Luther nicht. Für ihn galt das Jesuswort, »Nur Gott ist gut«. Im Menschen dagegen saß, wenn auch meist verschleiert, die Selbstsucht. Das von Karlstadt, Müntzer und anderen erhoffte »Gottesreich auf Erden«, in dem freie Menschen ihre Politik nach der Bergpredigt gestalteten, schien ihm eine gefährliche Utopie. Nur *wenn alle Welt rechte Christen wären,* so mahnte er, könnte man eine Gesellschaft am Liebesgebot ausrichten. Wenn die Menschen von der Idolisierung ihres Ich abließen, wären weder *Schwert noch Recht*[88] nötig und sie könnten, aller Fesseln ledig, in der Freiheit des Glaubens leben. Nur waren die Verhältnisse nicht so. Vor lauter humanistischem Sendungsbewusstsein vergaß man, dass Christenmenschen in der Welt zur Mangelware gehörten, selbst wenn die Kirchen voll waren. Aber das waren sie schon zu seiner Zeit nicht mehr.

10. »Ein jeglicher hüte seines Stalles«

Dringend warnte Luther davor, Jesu Lehren direkt in die Wirklichkeit zu übersetzen. Mit dem Evangelium ließ sich keine Politik machen. *Denn der Bösen,* so Luther in der Schrift über die Obrigkeit, *sind immer viel mehr als der Frommen. Darum ein ganzes Land oder die Welt mit dem Evangelium regieren zu wollen, das ist ebenso, als wenn ein Hirte in einem Stall Wölfe, Löwen, Adler und Schafe zusammentäte und ließe ein jedes frei unter den anderen gehen und spräche: Da weidet und seid rechtschaffen und friedlich untereinander, der Stall steht offen.*

Wer alle im irdischen Paradies willkommen hieß, der ließe unbemerkt auch jenen herein, dem es schon immer ein Dorn im Auge war. Zwar *würden die Schafe,* so Luther, *wohl Frieden halten und sich friedlich weiden und regieren lassen; aber sie würden nicht lange leben.*[89] Deshalb riet Luther den Regierenden: *Ein jeglicher hüte seines Stalles.*[90] Man konnte dies mit gutem Gewissen tun. Denn es war *das höchste Recht, dass man den Wolf aus dem Stall jage und nicht berücksichtige, ob seinem Bauch dabei Abbruch geschehe.*[91]

Deshalb waren, zum Schutz der Rechtschaffenen, Gesetze nötig. Nur wenn man um die Gläubigen und jene, die sich auf dem Weg zum Glauben befanden, eine unüberschreitbare Grenze zog, konnte sich überhaupt so etwas wie eine christliche Gesellschaft bilden. Sonst scheiterten die meisten schon auf dem Weg dorthin.

Wodurch aber entdeckte der Mensch die Misere, die sein Ich nicht bemerken konnte, weil es selbst diese Misere war? Nach Luthers Lehre waren es auch die Gesetze, die dieses Wunder vollbrachten. Ihre Hauptaufgabe bestand nämlich nicht darin, den Menschen zu politischer und moralischer Botmäßigkeit zu zwingen, sondern ihn *zu Selbsterkenntnis und Buße zu führen*[92]. Unwiderleglich bewiesen sie ihm, dass er, der sich für den Nabel der Welt hielt, in Wahrheit ein Nichts war und *allem untertan*.

Durch die Gesetze und Gebote entdeckte der Mensch *sein Unvermögen zum Guten und lernte an sich selbst zu verzweifeln*. Betrachtete er sich im Spiegel seiner Eitelkeit mit Wohlgefallen, so hielten ihm die Gesetze *den Spiegel* vor, *in dem wir unsere Bosheit sehen*. Wurde ihm dies bewusst, so war *er recht gedemütigt und zunichte geworden in seinen Augen*[93].

Die Verzweiflung, in die man durch die Angst vor Gottes Zorn getrieben wurde, manifestierte sich also nicht nur in der *bösen Bestie* des Gewissens. Wer sich der inneren Bestrafung entzog, weil er sich ohne Skrupel durchs Leben schlug, dem wurden die Grenzen seiner Selbstherrlichkeit auf andere, nicht minder schmerzhafte Weise in Erinnerung gebracht. Diese Instanz, die noch den Empfindungslosesten in die Knie zwang, war die Justiz. Sie diente den Menschen, weil sie alle menschliche *Vermessenheit zunichte mache, damit sie sich erkennen*[94].

Dass Luther die Todesstrafe für unverzichtbar hielt, brachte ihm in der Moderne wenig Sympathie ein. Noch weniger, dass er in ihr eine Ausübung praktischer Nächstenliebe sah. Als Begründung dafür zog Luther in einer späten Vorlesung das erste Buch Mose heran. Nach seiner Auslegung sei jenes Gesetz Gottes, »wer Menschenblut vergießt, dessen Blut soll auch durch Menschen vergossen werden«, sogar ein humaner Fortschritt gewesen. Denn vor Noahs Zeiten habe es keinen Schutz für den Einzelnen gegeben, weil ihm an sich kein Wert beigemessen wurde.

Der Gott des Moses sah das anders. Für ihn war der Mensch kein gewöhnliches Geschöpf, das man bedarfsweise töten konnte wie ein Tier, sondern *die alleredelste Kreatur*, die er *zu seinem Bilde gemacht* hatte. Wer sich an ihr vergriff, der vergriff sich auch an ihm. Und deshalb wollte Gott, so der späte Luther, *dass dieses Bild ein Mensch an dem anderen ehre, und will nicht, dass wir untereinander tyrannisch seien und Blut vergießen.*

Damit also die *Grausamkeit*, mit der Menschen ihresgleichen behandelten, *nicht überhand nehme*, habe der Herr der Obrigkeit *das Schwert in die Hand gegeben*. Was nichts anderes hieß, so erklärte Luther, als dass Gott *damit unser Leben und Gut gleichsam mit Schranken versehen und mit Mauern verwahrt*. Wer aber diese Schranken und Mauern, die Gott errichtet hatte, willkürlich einriss, der wurde von Gott selbst *gestraft und getötet, ob er wohl durch des Menschen Schwert getötet wird*.

Denn *Gottes Wille und Lust*, so zitierte Luther den Psalmisten, *ist das Leben und nicht der Tod.*[95]

KAPITEL ZEHN

IM HARNISCH

Wir sind nicht Herrn unserer
Handlungen von Anfang bis Ende,
sondern Knechte.[96]

1. Vom Bauernkrieg zum Gotteskrieg

Ein Gegner ganz anderen Kalibers als Karlstadt erwuchs
Luther in seinem einstigen Schüler Thomas Müntzer, der den
»spiritus rector« des Zwickauer Aufbruchs bildete. Im Gegensatz zu Professor Karlstadt, der vor der letzten Konsequenz
einer kriegerischen Auseinandersetzung zurückschreckte,
steuerte Müntzer zielstrebig darauf zu. Auch er hatte sich, wie
jener, zuerst für Augustinus und die Mystik begeistert, war
dann aber, beeindruckt von Joachim von Fiores Weissagun-
gen, zur apokalyptischen Fraktion übergewechselt. Da er mit
dem italienischen Franziskaner überzeugt war, dass sich mit
etwas Nachhilfe das Gottesreich auf Erden verwirklichen ließ,
wollte er den Bauernkrieg zum Gotteskrieg umfunktionieren
und sein einstiges Vorbild Luther sozusagen »vom Kopf auf
die Füße stellen«.

Das bedeutete zum einen, dass er, obwohl Lutheraner,
Luther mit derselben Heftigkeit angriff, wie bislang nur die
gegnerischen Eiferer, und zum anderen, dass er für den End-

kampf Mitstreiter versammelte, denen Luther zu lau war. Sie wollten nicht wie der Reformator mit der Schreibfeder, sondern mit der Waffe in der Hand die Herrschaft Christi erzwingen. Dass es bei der Errichtung des Tausendjährigen Reichs nicht ohne Blutvergießen abgehen konnte, wurde mit dem Hinweis auf alttestamentliche Vorbilder gerechtfertigt. Stolz trug Müntzer »Gideons Schwert« im Gürtel.

Ohnehin wusste er sich, wie seine hellsehenden Freunde Storch, Drechsel und Thomae, auf der sicheren Seite. Gott wollte es so, und das bestätigte ihm zweifelsfrei der junge Storch, der über einen direkten Draht verfügte. Was Müntzer wiederum autorisierte, mit Schärfe gegen die »Feinde Gottes« vorzugehen. Anstelle der Predigt des Evangeliums und der Gegenwart Christi im Glauben zählte für ihn nur der Kampf gegen die »Ungläubigen«, um das »Gericht Gottes« an ihnen zu vollstrecken. Denn »die Gottlosen«, so dekretierte Müntzer, »haben kein Recht zu leben«.[97]

Beschränkte Karlstadt seine Rebellion auf die Kirche, so wirkte sein fanatischer Glaubensbruder unmittelbar in die Gesellschaft hinein. Da der Tag des Jüngsten Gerichts nahe herbeigekommen war, durfte nicht länger gezögert werden. Müntzer, der in Böhmen von der hussitischen Bewegung gelernt hatte, gründete einen Geheimbund zur Bekämpfung des Mönchswesens. Entschlossen setzte er ein erstes Fanal, indem er eine beliebte, der Muttergottes geweihte Wallfahrtskapelle niederbrennen ließ. Als Luther ihn ermahnte, *Predigen und Leiden ist unser Amt, nicht aber mit Fäusten schlagen und sich wehren,*[98] verhöhnte Müntzer ihn als »Bruder Mastschwein«. Er selbst gab sich, wie ein Vorläufer Nietzsches, als »Prophet mit dem Hammer« zu erkennen.

Für Müntzer erschien es als Wink der Vorsehung, dass sich die Befreiungsbewegung, die er in seinen Predigten beschworen hatte, tatsächlich zu formieren begann. Der Bauernkrieg, der sich seit Jahrzehnten angekündigt hatte, brach 1524 in verschiedenen Landesteilen los und entwickelte sich zum Flächenbrand. Gegen den Antichrist, wie Müntzer sich einbildete, war diese Bewegung freilich nicht gerichtet, und ebenso wenig stand das erhoffte Gottesreich auf dem Programm.

Zwar galt der Aufstand allgemein als »evangelisch«, da sich der populäre Forderungskatalog lutherischer Ausdrücke bediente. Doch der religiöse Aspekt der Rebellion blieb auf das Plündern und Abbrennen von Klöstern beschränkt. Für deren drangsalierte Insassen dürfte es kaum tröstlich gewesen sein, dass der Terror der kriegerischen Haufen sich ebenso an säkularen Zielen wie Burgen und unbefestigten Ortschaften ausließ. Das Ziel des Aufstands war denn auch kein christliches, sondern ein politisches, und sein Scheitern kein Sieg des Antichrist, sondern die Konsequenz daraus, dass man spontane Kriegführung mit Politik verwechselt hatte.

2. Altes Recht gegen neues Recht

Im Gegensatz zum romantisch-klassenkämpferischen Bild des Bauernkriegs, das sich im 19. Jahrhundert etablierte, zieht man heute eine eher nüchterne Bilanz. Zwar durften die Bauern sich wirklich als Opfer betrachten, doch hing dies weniger mit einer feudalen Ausbeuterklasse zusammen als mit dem Zeitenumbruch, der auch vor Ritterschaft und adligen Grundbesitzern nicht Halt machte.

Vor den Bauern hatten bereits die verarmten Reichsritter einen vergeblichen Krieg geführt, der sich offiziell gegen Fürsten und Bischöfe, in Wahrheit aber gegen ein zentralistisches Herrschaftssystem gerichtet hatte. Gerade damals begann sich der deutsche Flickenteppich zu größeren territorialen Einheiten zusammenzuschließen, was sich in zusätzlichen Verwaltungsapparaten und Steuerämtern niederschlug. Im neuzeitlichen Staat gab es zwar viel Platz für Handel, Behörden und Juristen, keinen aber für stolze Ritter eigenen Rechts.

Den Bauern, die drei Viertel der Gesamtbevölkerung stellten, brachte die Zentralisierung mehr Sicherheit, aber weniger Freiheit. Obwohl sie gerade zur Reformationszeit wegen wachsender Binnennachfrage und neuer Absatzmärkte »in größerem Wohlstand lebten als je zuvor«, blieb ihnen nicht verborgen, dass Grundbesitzer, Unternehmer und handeltreibende Städter ein ungleich größeres Stück vom Kuchen abbekamen.

»Gerade jene Bauern, die in den einzelnen Gegenden die Führung übernahmen«, so der Historiker Norman Cohn, »waren weit davon entfernt, von Not und Elend getrieben zu sein; vielmehr gehörten sie einer im Aufstieg befindlichen, selbstbewussten Klasse an«.[99] Grund zum Protest ergab sich dennoch. Denn zugleich mit einer Einschränkung ihrer Selbstverwaltung und ihres Gemeindebesitzes kam es zu einer beständigen Erhöhung der Abgabenlast.

Da man diese Eingriffe in Rechtstraditionen als Freiheitsberaubung empfand, bot sich Luthers »Freiheit eines Christenmenschen« als Kampfparole an. Nicht Hunger und Elend trieb die Bauern zu den Waffen, sondern die Selbstbehauptung gegen den steuereintreibenden Beamtenstaat und einen globalen Handel, von dessen Profiten der Landmann nur träumen konnte. Wie Hans Luder verließen damals immer mehr Bauern den Acker der Eltern, um in den Städten als Beamte, Handwerker oder Geschäftsleute ihre Chance zu suchen. Wer zurückblieb, fühlte sich »zurückgeblieben«.

So war der Bauernkrieg weniger ein Aufstand von Recht gegen Unrecht als von altem Recht gegen neues Recht. Auch führte die vernichtende Niederlage der Aufständischen keineswegs zu einem verzweifelten Rückfall in altes Bauernelend, sondern zur unmittelbaren Verbesserung ihrer Lage. Die Rechtssicherheit der Bauern wurde gestärkt, viele ihrer

Forderungen in den territorialstaatlichen Landesordnungen berücksichtigt. Ärgernisse, die zum Aufstand geführt hatten, wurden abgestellt. Konflikte, bei denen man zuvor zur Waffe gegriffen hatte, entschied man künftig vor Gericht.[100]

All dies passte nicht ins Bild, das die Moderne vom Bauernkrieg zeichnete. Als dessen Held schien sich besonders Thomas Müntzer anzubieten. Friedrich Engels pries ihn gar als ersten neuzeitlichen Revolutionär. Angesichts seines grausamen Todes sowie der Massaker, die an den Aufständischen begangen wurden, sah man darüber hinweg, dass seine Glaubensvorstellungen gar nicht zu den Auslösern des Aufstandes gezählt hatten. Müntzers Ende, das die Märtyrerlegende vervollständigte, bildete in Wahrheit nur die letzte Konsequenz seiner Verwechslung von Wahn und Wirklichkeit.

Luther sollte dieser Fehler nicht unterlaufen. Eine Gesellschaft, die gegen Gottes Wort verstieß, meinte er, ließ sich nicht durch Taten ändern, die selbst gegen Gottes Wort verstießen. So wurden die alten Tyrannen nur durch neue ersetzt. Wer, und sei es mit besten Absichten, raubte und mordete, würde schwerlich in ein Reich des Friedens und der Freiheit passen. Damit überhaupt ein gedeihliches Zusammenleben möglich war, bedurfte es der Gesetze. Und um diese durchzusetzen der Obrigkeit. Allmächtig war diese damit nicht, denn auch sie selbst war Gott verantwortlich und seinen Geboten untertan. Und wer sich als Untergebener durch die Vorgesetzten in seiner Freiheit eingeschränkt fühlte, übersah, dass er meist selbst die Freiheit jener einschränkte, die unter ihm waren. Ob er dies mit mehr christlichem Feingefühl tat als seine Obrigkeit, war eine andere Frage.

Warum unterstehst du dich denn, rief Luther dem aufständischen Bauern zu, *in deines Fürsten Hause zu schaffen und zu machen nach deinem Gefallen?* Wie würde er selbst wohl reagieren, wenn ihm auf seinem eigenen Hof dasselbe widerführe? Wenn der Bauer darauf erwiderte, dass der Herrscher ihm schließlich Unrecht getan habe, so konnte in seinem Fall dasselbe gelten. *Wenn ein Bauer in seinem Hause Unrecht tut*, so Luther, *kann er's dennoch nicht leiden, wenn ein Knecht des Bauern Weib und Kind gegen diesen in dessen Haus verteidige.*[101] Oder gar, nach dem Vorbild des aufständischen Bauern, eine Rebellion gegen diesen anstiftete und dessen Hof anzündete? *Unrecht*, so schrieb Luther 1534 jenem Aufrührer Michael Kohlhase, der bei Kleist zur Novellenfigur wurde, *Unrecht wird durch anderes Unrecht nicht zu Recht gebracht.*[102]

Jede Obrigkeit war selbst einem anderen Herrn untertan, ebenso wie jeder Untertan jemand anderem Gehorsam schuldete. Für Luther zeigte sich im Prinzip der Herrschaft, wie hoch oder niedrig diese auch angesiedelt war, dass die Welt nicht dem Menschen, sondern demjenigen gehörte, der sie erschaffen hat und immer neu erschuf. Einer Obrigkeit untertan sein, war nur Bild dafür, dass man Gott in allem untertan war. Und man gehorchte, *weil dies der Wille Gottes* war.

3. Die Handwerker des Todes

Die Aufständischen, die auf Müntzer schworen, folgten dessen Willen, weil er ihnen zusicherte, dass es Gottes Wille war. Luther ließen sie von Anfang an spüren, dass sie nichts auf seine spezielle »Freiheit eines Christenmenschen« gaben. Sie wussten selbst besser, was darunter zu verstehen war. Bei Gastpredigten in rebellierenden Dörfern wurde der »Wittenbergische Papst«, wie Müntzer ihn nannte, von den Kirchenbesuchern mit Steinen beworfen. Anderswo störte man seine Predigt mit penetrantem Glöckchengeklingel, dem Äquivalent zur modernen Trillerpfeife.

So hasserfüllt habe man ihn dort angeblickt, berichtete der Reformator, dass er in einem einzigen Gesicht *ungefähr hunderttausend Teufel* gesehen hätte. Offenbar war man es leid, mit der Freiheit des Glaubens abgespeist zu werden, wo der Prophet Müntzer die reale Freiheit versprach. Sollten sich die Fürsten nicht unterwerfen, so predigte er, »erwürge man sie ohne alle Gnade«[103]. Hatte man ihnen erst den Kopf abgeschlagen, würde das Gottesreich von selbst anheben.

Zu Beginn des Bauernkriegs sah sich Luther von beiden Seiten des Schlachtfelds bedroht. Während Müntzer mit Hasspredigten gegen den Reformator aufstachelte, den er als »sanftlebendes Fleisch von Wittenberg«, dessen Anhänger als »Martinischen Bauerndreck«[104] verhöhnte, bildete sich eine katholische Liga, die Luther anlastete, eben diese Erhebung verursacht zu haben. Rom war zur Überzeugung gelangt, dass der Flächenbrand, sollte er nicht weiter um sich greifen, nur noch durch Krieg aufzuhalten war.

Mit entsprechenden Weisungen traf der päpstliche Nuntius Lorenzo Campeggi auf dem Regensburger Konvent 1524 mit Vertretern Österreichs und Bayerns sowie einem Dutzend süddeutscher Bischöfe zusammen, um die nötigen Gewaltmaßnahmen zu beschließen. Über die eigentliche »Wurzel des Aufruhrs«, nämlich Luther, war man sich ebenso schnell einig wie über das Rezept. Es bestand in der »Ausrottung der verdammten lutherischen Sekte«[105]. Da das Wormser Edikt ohnehin nur unvollständig vollstreckt war, sah auch Georg der Bärtige die Zeit gekommen, dieser »Bestie« ein schnelles Ende zu bereiten. Er plane, so versprach auch er, »ihn bald auszurotten«[106].

Die schwerste Gefahr indes drohte der Reformation von ihren erklärten Freunden. Das populäre Programm des Aufstands, die »Zwölf Artikel der schwäbischen Bauernschaft«, war von einem begabten Kürschnergesellen verfasst worden, der sich zuvor als Autor evangelischer Flugschriften hervorgetan hatte. Sämtliche Forderungen der Bauern begründete er mit Bibelworten, und entsprechend bezeichneten sich die schwäbischen Bauernbünde als »Christliche Vereinigung«. Luther, der sich durch den Missbrauch des Begriffs herausgefordert fühlte, veröffentlichte eine dringende »Ermahnung zum Frieden«, die an beide Seiten gerichtet war.

Sowohl Fürsten wie Bauern, so schrieb er, hätten sich gegeneinander versündigt, die einen *durch ihr tyrannisches und wütendes Regieren,* die anderen dadurch, dass sie *Räuber, Diebe und Schälke werden und sagen danach, sie sind evangelisch.* Traf also in diesem Krieg sprichwörtlich der grobe Klotz auf den groben Keil, so hätte man den Ausgang getrost »Gottes Zorn« überlassen können.

Vorausgesetzt freilich, es wäre da nicht die Gefahr gewesen, dass, in Luthers Worten, *ein Funke angehe und ganz Deutschland anzünde, dass niemand löschen könne*[107]. Das sinnlose Hauen und Stechen, zu dem jede Seite gleich viel Recht und Unrecht, keine aber die Zustimmung des christlichen Glaubens besaß, würde, so fürchtete er, das ganze Land verwüsten und Unglück über das Volk bringen.

Zur Abwendung der Katastrophe hatte Luther beide Parteien dringend aufgerufen, sich wie Christen zu benehmen. *Ihr Herren fechtet nicht wider Christen,* mahnte er, *denn Christen tun euch nichts. Wiederum, ihr Bauern, fechtet auch nicht wider Christen, sondern wider Tyrannen.*[108] Da jede Seite in der anderen Tyrannen sah, lief Luthers Aufruf ins Leere. Es wurde auch mit falschen Karten gespielt. Die katholischen Fürsten, die der Reformation nicht Herr wurden, schossen an ihrer Stelle die »evangelischen« Bauernhaufen zusammen. Die Aufständischen wiederum, denen es nicht etwa um ein neues Christentum, sondern um Besitzstandswahrung ging, schmückten ihre Raubzüge mit frommer Rhetorik. Zu diesem Doppelspiel, das auf das Konto ihrer oft theologisch gebildeten Anführer ging, kam ein weiteres, das sich als fatal erweisen sollte.

Die Kerntruppe der »christlichen« Heerhaufen bestand nämlich gar nicht aus Bauern, sondern aus arbeitslosen Söldnern, die, wie Luther schrieb, *im Lande irre laufen und Krieg suchen.* Für sie war der Krieg ein Handwerk, bei dem man seinen Lohn mit der Waffe in der Hand erwarb. »Die Rolle von Landsknechten in der Revolution von 1525«, so schrieb der Historiker Reinhard Baumann, »ist nach ihrer militärischen Bedeutung sehr hoch einzuschätzen«.[109] Diesen Landsknechten, die wie Paradiesvögel mit schwerer Bewaffnung aussahen, war die Sache, für die sie fochten, herzlich gleichgültig, solange der Sold stimmte. So heuerten die einen bei den Fürsten an, die anderen taten sich mit den Bauern zusammen. Morden, vergewaltigen, plündern und brandschatzen ließ sich auf beiden Seiten.

In seinem Großen Katechismus führt Luther denn auch als typisches Beispiel einer *Heimsuchung* einen *Haufen Landsknechte* an, *die uns in einer Stunde Kasten und Beutel räumen und nicht aufhören, solange wir einen Heller behalten, dazu zu Dank Haus und Hof verbrennen und verheeren, Weib und Kinder schänden und umbringen.*[110] Was die Landsknechte für ihr gutes Recht hielten, wurde den Bauern, die nicht auf deren Kriegserfahrung verzichten wollten, zum Verhängnis: Einmal, weil der Terror ihren Ruf ruinierte, und zum anderen, weil die Gegenseite ebenfalls über diese »Handwerker des Todes« verfügte, die den Gegner nicht nach dessen Glauben, sondern nur danach abschätzten, was es an seinem Leichnam zu fleddern gab.

4. »Es ist des Schwerts und Zorns Zeit hier«

Als im Frühjahr 1525 tausende arbeitslose Landsknechte, die für Kaiser Karl in Pavia siegreich gekämpft hatten, nach Deutschland zurückströmten, hofften sie auf einen neuen lukrativen Konflikt. Das Auftauchen der arbeitslosen Haudegen wiederum ermutigte die Bauern, die Auseinandersetzung mit der Obrigkeit militärisch zu entscheiden. Nur mochten die Leute vom Land unter »Krieg« etwas anderes verstanden haben als die Söldner, die in großzügigeren Dimensionen dachten. Auch in brutaleren: In Pavia hatten sie die übliche Gnade für die Besiegten nicht mehr gewährt und ein zukunftsweisendes Blutbad angerichtet.

Mit den Landsknechten kam dieser mörderische Brauch, den die Italiener »Bösen Krieg« nannten, nach Deutschland. Sowohl die systematische Brandschatzung von Burgen und Klöstern, die den mitlaufenden Bauern angelastet wurde, wie die nicht minder systematischen Massaker, die von Seiten der fürstlichen Sieger begangen wurden, dürften auf die spezifische Kriegführung der »Freiberufler« zurückzuführen sein.

Auch das im Feldlager beliebte »Spießrecht« fand im Bauernheer Nachahmer. Dabei handelte es sich um eine spektakuläre Hinrichtungsart, bei der der Delinquent durch eine Gasse von Landsknechten laufen musste, die mit ihren Piken auf ihn einstachen. Erreichte er die rettende Fahne am Gassenende, war er frei. Aber, so notierte ein Chronist, »es kommt selten einer so weit«.

Angesichts der zunehmenden Brutalisierung schrieb Luther eine Entgegnung auf die »Zwölf Artikel der Bauernschaft«, in der er versuchte, die Wogen zu glätten. In seiner »Ermahnung zum Frieden« zeigte er Verständnis für die Landleute, die ihre Unterdrückung nicht länger ertragen könnten. Da aber auch der unrecht Behandelte nicht zur Gewalt greifen durfte, rief er die Parteien erneut zur Zurückhaltung auf. Beide Seiten hätten sich gegen Gottes Gebote vergangen, und deshalb sollten sie aufeinander zugehen und Frieden schließen.

Das war allzu optimistisch gedacht. Als die »Ermahnung« im April 1525 erschien, bewegte sich gerade eines der größeren Bauernheere, der rund achttausend Mann starke Neckartaler-Odenwälder-Haufen, raubend und plündernd durch das Hohenloher Land, das mit seinen vielen Klöstern und Schlössern lohnende Ziele bot. Unter den Dörfern und Städten, die zur Brandschatzung einluden, stand Mitte des Monats die württembergische Amtsstadt Weinsberg auf dem Programm.

Wie es sich fügte, war gerade der habsburgische Vogt Ludwig von Helfenstein, Schwiegersohn des verstorbenen Kaisers Maximilian I., anwesend, zusammen mit Frau, Kind und sechzig Bewaffneten. Nach seiner Gefangennahme wurde vom Anführer des Bauernheers angeordnet, ihn auf gute Landsknechtsart zusammen mit zwei Dutzend seiner Begleiter »durch die Spieße zu jagen«. Vor den Augen seiner Frau mussten Graf Helfenstein und seine Ritter durch das Spalier taumeln, wo sie, während ein Pfeifer zum »letzten Tanz« aufspielte, von den Siegern totgestochen wurden. Dass gerade Ostersonntag war, störte die Täter nicht. Im Rausch gottgewollter Unbesiegbarkeit nannte sich das Neckartal-Odenwälder Bauernheer in »Die ganze christliche Vereinigung des hellen lichten Haufens«[111] um.

Deutschland war schockiert. Der Lutheranhänger Graf Albrecht von Mansfeld ließ es sich nicht entgehen, den um Ausgleich bemühten Reformator über das sinnlose Massaker ins Bild zu setzen. Gewiss nicht ohne Schadenfreude. Denn hiermit war Luthers gut gemeinte »Ermahnung« ad absurdum geführt. Als unmittelbare Reaktion auf Albrechts Hiobspost fügte der Reformator seinem Aufruf zur Gewaltlosigkeit einen Anhang bei, in dem er die Aufständischen, modern ausgedrückt, zu Terroristen erklärte und ihre umgehende Ausschaltung forderte. Bewusst hatte er seine Ergänzung »Wider die stürmenden Bauern« genannt, da er nur jene treffen wollte, die sich am »Stürmen«, also am Plündern und Morden, beteiligten. Der berüchtigte Titel »Wider die räuberischen und mörderischen Rotten der Bauern« stammte von Raubdruckern, die eine sensationelle Schlagzeile brauchten.

Es ist des Schwerts und Zorns Zeit hier, verkündete Luther in der Broschüre, *und nicht der Gnaden Zeit.*[112] Heilige Pflicht der Fürsten sei es jetzt, ihren durch den Aufstand bedrohten Bürgern beizustehen und den Rebellen ihre Grenzen aufzuzeigen. *Steche, schlage, würge hier, wer da kann,* forderte er, da dies die einzig angemessene Art sei, mit den vom Satan Besessenen umzugehen. *Da siehe, welch ein mächtiger Fürst der Teufel ist,* erklärte er, der *so viel tausend Bauern fangen, verführen, verblenden, verstocken und empören kann und mit ihnen machen, was sein allerwütigster Grimm vornimmt.*[113] Jeder, der sich diesem vieltausendfüßigen Satan entgegenstellte, vertrat nicht nur weltliches Recht, sondern konnte sich als *Gottes Amtmann und seines Zorns Diener* betrachten.

Nach dem Weinsberger Massaker sah Luther das Wesen des Bösen in neuem Licht. War der Teufel im Johannesevangelium als »ein Mörder und Lügner von Anfang an« bezeichnet worden, so erweiterte der Reformator diese Definition. *Der Teufel,* so sagte er im Mai 1525, *ist ein Mörder und hat Lust dazu.*[114] Ließ sich das Töten halbwegs rational erklären, kam durch die *Lust* ein grauenerregendes Element hinzu. Dass Luther dieses gespenstische, heute Sadismus genannte Phänomen im »Teufel« personifizierte, bot sich an. Er war nichts anderes als das entfesselte Ich, das sich im Horror heimisch fühlte.

Nach Luther traf dies exakt auf den selbsternannten Gotteskrieger aus Zwickau zu. *Wer den Müntzer gesehen hat,* so schrieb er, *der mag sagen, er habe den Teufel leibhaftig gesehen,*[115] der *nichts denn Raub, Mord, Blutvergießen anrichtet.*[116] Doch waren die Gräuel, zu denen der Hassprediger andere mitgerissen hatte, nicht einmal sein schlimmstes Vergehen. Für Luther war es unerträglich, *solche schreckliche, gräuliche Sünde mit dem Evangelium zu decken.* Denn Christus kreuzigte nicht andere, sondern ließ sich selbst für die anderen ans Kreuz schlagen.

Tatsächlich stachelte Müntzer die Massen mit dem Hinweis zur Gewalt auf, Christus selbst erwarte es von ihnen. Luthers Unterscheidung zwischen den beiden Reichen hielt er für Unfug. Im pelzbesetzten Herrenmantel verkündete er das reale Gottesreich, dessen Erscheinen mit der Absetzung des Stadtrats in Mühlhausen beginnen sollte.

Luther reagierte prompt. In einem Sendbrief warnte er die dortigen Räte vor dem *falschen Propheten, der in Schafskleidern daher geht und inwendig ein reißender Wolf ist*[117]. Nachdem Müntzer Geschütze aus Kirchenglocken gießen und Schießpulver aus Nürnberg hatte besorgen lassen, leitete er den apokalyptischen Endkrieg ein. An der Spitze von neuntausend Mann fiel er ins Eichsfeld ein, um in nur einer Woche achtzehn Klöster und Pfarreien zu verwüsten, fünf Schlösser und einundzwanzig Adelshäuser zu plündern und diese anschließend von einem ausgebildeten Brandmeister niederbrennen zu lassen.

5. »Alle dräuen mir den Tod«

Anfang Mai 1525 versammelten sich Müntzers Bauernhaufen in Frankenhausen beim Kyffhäuser. Nach Brandschatzung von Schloss und Nonnenkloster wurde der Stadtrat abgesetzt und das Tausendjährige Reich ausgerufen. Nach Müntzers Devise, dass »die Gottlosen kein Recht auf Leben« hatten, war auf dem Weg hierher auch guten Gewissens gemordet worden. »Dran, dran, ohne Erbarmen!« hatte der Gotteskrieger seinen Truppen eingeschärft. »Sehet nicht hin, wenn die Gottlosen jammern und flehen wie die Kinder«. Vor allem »lasst euer Schwert nicht kalt werden!« Ein Vertrauter warf ihm damals vor, er sei »blutgierig«[118] geworden.

Unmittelbar von den Rebellen bedroht sah sich Graf Ernst von Mansfeld, Bruder von Luthers Freund Albrecht und oberster Kriegshauptmann von Herzog Georg. Ernsts angeblich uneinnehmbare Festung Heldrungen galt als eigentliches Ziel der Aufständischen. Ihre Eroberung würde zum Fanal für das ganze Reich werden. In einem versöhnlichen Brief an die Frankenhäuser Bauern berief Albrecht von Mansfeld sich auf Luthers Obrigkeitstext. »Wenn ihr Christen sein wollt«, schrieb er wenige Tage vor der Schlacht, »müsst ihr wohl wissen, dass zweierlei Reiche sind. Gottes Reich wird durch den Geist regiert, das weltliche Reich aber wird durch die Obrigkeit nach Gottes Verordnung regiert, zum Frieden der Guten und zur Strafe der Bösen, gegen die sie auch als eine Rächerin das Schwert trägt«.

Weil aber die kriegerischen Bauern partout »der Ordnung Gottes widerstreben«, so der Graf prophetisch, würde über sie, wenn sie nicht umkehrten, »ein schreckliches Blutvergießen kommen«. Was zur Verhütung eines Massakers unternommen werden konnte, dafür wollte er sich »aus christlicher Pflicht«[119] einsetzen. Luthers Beschützer, der sächsische Kurfürst, sah das nicht anders: Noch auf dem Sterbebett bat Friedrich der Weise seinen Bruder Johann, er »sollte ja zuvor alle Wege mit der Güte suchen, ehe er's ließe zur Schlacht kommen«[120]. Doch das Friedensangebot ging ins Leere. Zu Verhandlungen, die ihnen als Preisgabe des Aufstandes erschienen, waren Müntzer und seine Hauptleute nicht bereit.

Am 15. Mai 1525 kam es zur Entscheidung. Eine fünfzehn Meter hohe Fahne, deren aufgenähter Regenbogen an Gottes Bund mit den Menschen erinnerte, ließ Müntzer seinen kriegerischen Haufen vorantragen. Zur Einstimmung hatte er vier Gefolgsleuten der Mansfelder Grafen, darunter einem Priester, öffentlich die Köpfe abschlagen lassen, nicht ohne den Grafen dieselbe Prozedur in Aussicht zu stellen. Ihr in der Nähe gelegenes »Nest« Heldrungen, so prophezeite er mit zum Himmel erhobener Faust, sollte »zerrissen und zerschmettert«, sie selbst »verfolgt und ausgerottet«[121] werden.

Nur wenige Tage nach Veröffentlichung von Luthers Aufruf »Wider die stürmenden Bauern« konnte sich der aufgestaute Zorn der Obrigkeit an Müntzers Bauernhaufen entladen. Auch wenn die Fürsten keine derartige Anfeuerung nötig gehabt hatten und wohl auch nichts von Luthers Memorandum wussten, blieb das, was kommen sollte, bis heute an ihm wie eine persönliche Schuld haften.

Der Aufmarsch der Obrigkeit war beeindruckend: Neben den Mansfelder Grafen waren mit ihren Heeren auch Philipp von Hessen, Heinrich von Braunschweig und Kurfürst Johann von Sachsen eingetroffen, der seinem verstorbenen Bruder Friedrich in der Herrschaft gefolgt war. Natürlich durfte auch Herzog Georg der Bärtige nicht fehlen, dessen Lutherhass auf Müntzer übergesprungen war. Der Reformator schien in Georgs Augen sogar »der größere, Müntzer der kleinere Verbrecher« zu sein.

Unter der Führung von Herzog Georg und seinem Vetter Johann stießen die kampferprobten Truppen, durch Landsknechte verstärkt, auf das rund sechstausend Mann starke Bauernheer, das sich aufs Brandschatzen, nicht aber auf eine offene Feldschlacht verstand. Für die Rebellen, zu denen auch Bürger, Adlige und einige Söldner gehörten, war die Lage von vornherein aussichtslos. Um das drohende Blutbad zu vermeiden, schickten die Fürsten den Bauern ein letztes Angebot, sie ungestraft abziehen zu lassen, wenn sie ihren Anführer auslieferten. Für Müntzer wäre es die Gelegenheit gewesen, um des Lebens tausender Bauern willen zum Märtyrer zu werden. Statt dessen wies er das Angebot hochmütig zurück.

Dank ihres kompromisslosen Anführers fühlten sich die Aufständischen unbesiegbar. Im Vertrauen auf Müntzers vom Größenwahn diktiertes Versprechen, alle Kugeln »mit dem Ärmel aufzufangen«, machten sie sich gegenseitig Mut. Da ohne jede taktische Erfahrung, harrten die Bauern in ihrer provisorischen Wagenburg auf Befehle. Doch außer frommen Sprüchen hatte ihr selbsternannter Feldherr wenig zu bieten. Als ein Regenbogen erschien, deutete er ihn begeistert als Gotteszeichen.

Der junge Landgraf Philipp von Hessen, evangelisch gesinnt, hielt noch eine kurze Rede an die Truppen. Dann begann die Kanonade. Mit routinierter Perfektion schoss die Artillerie der Fürstenheere in den unorganisierten Haufen hinein. »Die armen Leute«, schrieb Melanchthon, »aber standen da und sangen ‚Nun bitten wir den heiligen Geist', gleich als wären sie wahnsinnig, und schickten sich weder zur Wehr noch zur Flucht«.[122] Wer den Kugelhagel überlebte, wurde von der Reiterei niedergemacht. Den Rest besorgten die Landsknechte.

Mit dem Tod von fünftausend Irregeführten, der Deutschlands Obrigkeit und Untertanen gleichermaßen »mit Leid und Traurigkeit umgab«[123], endete der Bauernkrieg. Thomas Müntzer, der sich dem historischen Gemetzel kurzfristig durch Flucht entzogen hatte, wurde auf Burg Heldrungen tagelang gefoltert, um Namen seiner Anhänger preiszugeben. Zwölf Tage später wurde auf Anordnung Herzog Georgs sein abgetrennter Kopf auf einen Pfahl gesteckt und zur Abschreckung aufgestellt. Erschüttert über das *erbärmliche* Ende seines Widersachers, bekam Luther Gewissensbisse, die ihm seinen Einfluss auf das Geschehen in übertriebenem Licht erscheinen ließen. *Ich habe Müntzer getötet, der Tod liegt auf meinem Hals,* sagte er. *Ich habe es aber deswegen getan, weil er meinen Christus töten wollte.*[124]

Schon kurz nach der Katastrophe von Frankenhausen wurde auf Flugblättern »Luthers Doppelzüngigkeit« gegeißelt, wonach er mit der einen Zunge »die Bauern verführt, mit der anderen verdammt« hatte. Zugleich warf man ihm vor, die Liga der katholischen Fürsten gegen seine eigene Reformation mobilisiert zu haben. Tatsächlich forcierte Herzog Georg nach

seinem Sieg über die Bauern die Unterdrückung des Luther-
glaubens im Herzogtum Sachsen. Verständlich, dass sich der
Reformator herausgefordert fühlte. *Welch ein Zetergeschrei,
lieben Herren, habe ich angerichtet mit dem Büchlein wider
die Bauern,* schrieb er einen Monat später. *Da ist alles vergessen, was Gott der Welt durch mich getan hat. Nun sind Herren,
Pfaffen, Bauern, alles wider mich und dräuen mir den Tod.*[125]

Besonderen Eifer legte wieder der Bärtige aus Sachsen an
den Tag. »Du meineidiger, sakrilegischer, du, man entschuldige
mich, der ausgelaufenen Mönche und Nonnen, der abfälli-
gen Pfaffen und aller Abtrünnlinge Hurenwirt«[126], schäumte
er. In seinen Augen hatte Luther die heilige Kirche in den
Schmutz getreten und dabei das Heilige Römische Reich an
den Abgrund geführt. Zur Abwehr des Wittenberger Satans
mussten seine beiden Haustheologen Hieronymus Emser und
Johannes Cochläus jeden seiner Schritte verfolgen und seine
Schriften so giftig wie möglich zurückweisen.

Zwanzig Jahre lang, von der Leipziger Disputation bis zu
seinem Tod 1539, war der Herzog der Schatten des Reformators. Die Abneigung war gegenseitig. Später war Luther
überzeugt, er habe ihn *zu Tode gebetet*[127]. Für den Reformator
brachte der Tod des Herzogs die erfreuliche Konsequenz, dass
auf diesen in Gestalt seines Bruders Heinrich ein Lutheraner
folgte. Einen Monat später konnte Luther auf der Pleißenburg,
wo sein Disput mit Eck stattgefunden hatte, die Reformation
mit einer begeisterten Pfingstpredigt eröffnen.

6. Erasmus' Angriff

In den Jahren zuvor war es für Lutheraner gefährlich gewesen, sich überhaupt in Leipzig blicken zu lassen. Dank Karls Edikt und Georgs Gräuelpropaganda wurde die Hinrichtung von Anhängern Luthers seit 1524 reichsweit zur Routine. Man verbrannte sie als Ketzer in Wien ebenso wie in Budapest, in Dithmarschen wie im bayerischen Schärding, wo sich auch Johann Eck, der Streithahn aus Ingolstadt, an einem Inquisitionsverfahren beteiligte. Der evangelische Prediger Georg Winkler in Halle, der das Abendmahl »in beiderlei Gestalt« ausgeteilt hatte, wurde von Unbekannten ermordet. Luthers »Tröstung an die Christen zu Halle über Herrn Georgen ihres Predigers Tod« löste in seinem Leipziger Dauerfeind eine wütende Reaktion aus. Unter dem Alias eines Franziskaners veröffentlichte der gebildete Herzog eine Gegenschrift, in der er die alte Eucharistie pries und zur Verfolgung von deren Feinden aufrief.

Auch auf seinem eigenen Feld wollte Georg den Lieblingsfeind schlagen. Was seine Hoftheologen nicht vermocht hatten, erwartete er sich von der unbestrittenen Autorität in geistigen Angelegenheiten, dem Niederländer Erasmus von Rotterdam. Dem Feingeist war das Wunder gelungen, von Klerikern wie Humanisten gleichermaßen verehrt zu werden. Über den Wittenberger Professor, der auf der Wartburg sein Neues Testament benutzt hatte, dachte Erasmus eher gering. Mit »seinen Paradoxien«, so sagte er, habe Luther »die ganze Welt in Aufruhr gestürzt«.[128] In Erasmus schien Luther einen ebenbürtigen Gegner gefunden zu haben. Nur dieser Gelehrte, so dachte Georg, konnte Luther in Bedrängnis bringen.

Der Leipziger beschloss, den »Fürsten der Humanisten« schlicht zu erpressen. In einem Brief konfrontierte er Erasmus mit schweren Vorwürfen. Hätte der Niederländer rechtzeitig

den Glauben gegen den Abtrünnigen verteidigt, so schrieb
er, würde »die Flamme nicht so weit um sich gegriffen haben
und wir uns nicht in den betrüblichen Umständen befinden,
in denen wir jetzt sind.«[129] Auch wenn dies kaum zu belegen
war, ließ die Aufforderung an Deutlichkeit nichts zu wünschen
übrig. Da sich auch weitere Potentaten dem Plan anschlossen,
beugte sich der konziliante Weltweise. »Ich habe auf Anwei-
sung des Kaisers, des Papstes und anderer Fürsten«, so bestätigte er 1527, »den Kampf gegen Luther eröffnet«.[130]

Schon lange glaubte die Papstkirche in Luthers Denken
eine logische Schwachstelle ausgemacht zu haben: Den freien
Willen, der allein es dem Menschen ermöglichte, sich für Gott
und gegen den Teufel oder umgekehrt zu entscheiden, leug-
nete er geradewegs. Dass dies offensichtlich absurd war, ließ
sich schon an Jesu Geboten ablesen. Welchen Sinn sollte etwa
die Bergpredigt erfüllen, wenn es dem Menschen gar nicht
freistand, ihr zu gehorchen? Und war nicht das ganze Men-
schendasein sinnlos, wenn das Selbst ohnehin keinen Einfluss
darauf hatte?

Luther sah das anders: Bereits in der Deutschen Theologie, die er 1516 herausgab, fand sich der Gedanke, dass die
Eigenständigkeit des Ich und seines »Ich will« nur Illusion
sei, weil Gott allein im Menschen schlechthin »alle Dinge tue
und bewirke«. Doch da der eitle Erdenbürger dies nicht wahrhaben wollte, versteifte er sich darauf, über ein freies, selbst-
bestimmtes Selbst zu verfügen, mit dem er sein Schicksal
selbst in die Hand nehmen konnte. Welch fatale Fehleinschät-
zung, so Luther mit der Deutschen Theologie. Denn dieser
vielgepriesene *Eigenwille ist das allertiefste und größte Übel
in uns*[131]. Er war zwar ein Wille, aber in Wahrheit nicht der
eigene. In der entscheidenden Frage seines Heils, so Luther,
war man ganz auf Gottes Gnade angewiesen. Sie allein
schenkte die Freiheit, von der der Mensch irrtümlich annahm,
er besitze sie bereits.

Genau an diesem Punkt, an dem die Kirche Luthers Achillesferse ausgemacht zu haben glaubte, setzte Erasmus an. Von der erwünschten Schärfe, die sich seine Auftraggeber erhofft hatten, war in seiner Untersuchung freilich nichts zu spüren. Der Feingeist, Sohn eines Priesters und seiner Haushälterin, beschränkte sich auf Spott und Sticheleien, bei denen er hindurchblicken ließ, Luther sei mit seiner These nicht recht bei Trost.

Mit souveränem Gestus und nüchternen Argumenten verteidigte Erasmus in »Vom freien Willen« die Fähigkeit des Menschen, sich im Zweifel frei entscheiden zu können. Durchaus kirchenkonform sah er im freien Willen »die Kraft, durch die sich der Mensch dem zuwendet oder davon abwenden kann, was zum ewigen Heil führt«[132]. Dies erreichte er jedoch nur, wenn zu seiner eigenen Bemühung die Gnade Gottes hinzukam. Hand in Hand ging man dem Heil entgegen. Da man der himmlischen Hilfe aber nie ganz sicher sein konnte, ließ sich zwischen den Zeilen lesen, dass es für den Menschen nicht falsch war, zuallererst auf sich selbst zu bauen.

Dieser humanistische Ansatz prägte das Selbstverständnis der Moderne: Der Mensch musste verbessert werden, und er konnte dies, zumindest fast, aus eigener Kraft. Erst wenn er sich nicht mehr einem strengen Heilsplan unterwarf, sondern Selbstgestalter seines Schicksals war, konnte es humanen Fortschritt geben. Dann bedurfte er auch keiner Gnade von oben mehr. Denn es gab kein Oben mehr. Der Einzige, der den Menschen retten konnte, war der Mensch selbst.

7. Der Mensch als Esel

Luther widersprach entschieden. Für ihn war der Humanismus ein Missverständnis. Im Bauernkriegsjahr 1525 antwortete er auf Erasmus' Angriff mit einer umfangreichen, wissenschaftlich dokumentierten und in der Gelehrtensprache Latein verfassten Abhandlung. Luther hielt »Vom unfreien Willen« für sein wichtigstes Werk. Die Erkenntnis, dass der Mensch Knecht seines eigenen Willens war, hatte der Reformator von Augustinus übernommen.

Dieser Gedanke widersprach jeder menschlichen Selbsterfahrung. Für den Humanismus war man Herr im eigenen Haus. Für Augustinus und Luther nicht. Freiheit gab es, so meinte schon Paulus, nur »wo der Geist des Herrn ist«. Denn, so ergänzte Luther, *die göttliche Majestät kann und tut alles, was sie will, im Himmel und auf Erden.*[133] Und wenn sie wollte, könnte sie nicht nur eine Welt oder mehrere Paralleluniversen, sondern *unzählige Welten von neuem erschaffen*[134].

Für Luther hieß Freiheit, das Sein schöpferisch aus dem Nichts hervortreten zu lassen. Das konnte nur Gott. Der Mensch dagegen setzte das Sein bereits voraus. Da er also auf dem aufbaute, was bereits existierte, blieb er in Abhängigkeit von dem, der es erschaffen hatte. Der Mensch konnte tun, was er wollte, aber konnte nicht wollen, was er wollte. Darum wäre es besser gewesen, so Luther, *das Wörtlein »freier Wille« wäre nie erfunden* worden. Zutreffender fand er, man würde vom *»Eigenwillen«* sprechen. Der wollte scheinbar dies oder das, in Wahrheit aber nur sich selbst. Wenn der Mensch also sagte »Ich will etwas«, so hieß das eigentlich, »Ich will das Ich, das etwas will. Ich will mich«.

Damit aber wollte der Mensch das, was es nur insofern und solange gab, als er es wollte, oder besser: als es sich wollte. Sich selbst wollen aber hieß, Gott nicht wollen. Deshalb konnte der

Mensch Freiheit nur dadurch gewinnen, dass er seinen fremdgesteuerten »Eigenwillen« samt seiner blinden Begierde nach
»Eigentum« aufgab. Dazu musste er die Nichtigkeit seines
ewig wollenden und nie befriedigten Ich durchschauen, sich
sozusagen »nichts mehr aus sich selber machen«. Dann erst,
wenn der Mensch von sich und seinem Willen gelassen hatte,
wenn er »gelassen« geworden war, konnte Gott etwas Neues
aus dem Menschen schaffen. Konnte Gott sich selbst neu in
ihm erschaffen.

In der berühmtesten Stelle des »Geknechteten Willens«
verglich Luther den Menschen mit einem Lasttier, das entweder
vom Teufel oder von Gott geritten wurde. So plastisch das Bild
war, so leicht ließ es sich missverstehen. Luthers Ausgangspunkt war offenbar das berühmte Gleichnis von »Buridans
Esel«. Der musste verhungern, weil er sich zwischen zwei
gleich großen Heuhaufen nicht entscheiden konnte. Dahinter
verbarg sich die philosophische Frage, ob der Wille, vor zwei
vollständig identische Alternativen gestellt, überhaupt fähig
war, eine der anderen vorzuziehen. Er fand ja keinen zureichenden Grund dafür.

Luther wandte das Gleichnis auf den Menschen an. Der
stand nicht, wie der ratlose Esel, vor zwei identischen Heuhaufen, sondern vor zwei für das Auge nicht zu unterscheidenden Arten, die Welt zu sehen: Entweder als Schöpfung, in der
Gott gegenwärtig war, oder als Reich unersättlicher Begierden,
das vom Teufel regiert wurde. Da beide Welten, wie die Heuhaufen des Grautiers, äußerlich identisch waren, bestand das
Dilemma des Menschseins in der Unfähigkeit, die eine von der
anderen zu unterscheiden. Und folglich sich für das eine oder
andere zu entscheiden.

Der Mensch kannte zwar den Unterschied zwischen Gott
und Teufel. Aber konkret konnte er ihn nicht bestimmen.
Wenn ich nun könnte Gott und Teufel unterscheiden, sagte
Luther, *so wäre ich hochgelehrt*.[135] Ebenso wusste der Mensch

zwar abstrakt, was Gut und Böse war, aber er wusste nicht, wie es sich in einer gegebenen Situation unterscheiden ließ. *Keiner, so Luther, hat es in der Hand, etwas Böses oder Gutes auch nur zu denken.* Also konnte er es auch nicht tun. Ohne es zu wissen, tat er, was er musste. Denn seine Tat ergab sich keineswegs, wie er glaubte, aus seiner Willensfreiheit, sondern, so Luther, *alles entspringt absoluter Notwendigkeit*[136]. Zur Entscheidung gezwungen und doch unfähig dazu, musste es dem Menschen eigentlich gehen wie Buridans traurigem Esel.

Dennoch entschied sich der Mensch. Aber er tat es nicht selbst. Jemand entschied für ihn. Wohin der Mensch, symbolisiert in Buridans Grautier, seine Last trug, bestimmte derjenige, der die Zügel in der Hand hielt. *Wenn Gott darauf sitzt*, meinte Luther, *will und geht es, wohin Gott will. Wenn dagegen Satan darauf sitzt, will und geht es, wohin Satan will.* Die nötige Auseinandersetzung zwischen Gut und Böse, Gott und Teufel, konnte also nicht *vom* Menschen entschieden werden, sie wurde *im* Menschen entschieden. Denn *die Reiter*, so Luther, *streiten selbst darum, es in Besitz zu nehmen und in Besitz zu behalten.*[137]

Eine deprimierende Vorstellung: Wenn der Mensch keine Wahl hatte, von wem er getrieben und gegängelt wurde, gab es auch für Freiheit keinen Platz. Dann war das ganze Leben eine Last. Dem widersprach Luther. Eine sinnlose Last, meinte er, war das Leben nur solange, als der Mensch nichts Besseres war als ein Lasttier. Er war unfrei, egal, wer auf ihm saß. War es der Teufel, so spornte und peitschte er sein Opfer. Je mehr dieses litt, umso verzweifelter klammerte es sich an sein Ich, und je mehr es sich um sich selbst ängstigte, umso schneller ritt es der Teufel in den Abgrund.

Die Welt des Lasttiers war die Welt des Müssens. Aber kein Mensch musste müssen. Zwar konnte man sich nicht aussuchen, Lasttier zu sein, aber sehr wohl, nicht zu *sein*. Nicht *Ich* zu sein. Sobald man dies begriff, verwandelte sich das zur Last gewordene eigene Dasein, und schlagartig zeigte sich, dass der Mensch gar kein Lasttier war und auch nicht sein sollte.

Denn Gott war keine Last. Man trug nicht ihn, sondern wurde von ihm getragen. Man brauchte keine Zügelung, denn man ging den rechten Weg von selbst. *Wenn Gott in uns wirkt,* schrieb Luther im »Unfreien Willen«, *so ist der Wille, den Gott in die Herzen gibt und der heilige Geist uns einbläst, kein gezwungenes Ding, sondern eine Lust und herzliche Neigung.*[138] Man war frei, weil Gott es in einem war. In dieser glücklichen Knechtschaft lag Luthers »Freiheit eines Christenmenschen«.

Im Gegensatz zu Erasmus sah er das Christsein nicht als eine Form, sich zur Wirklichkeit zu verhalten, sondern als eine andere Wirklichkeit. Es ging ihm nicht darum, wie der Mensch handelte, sondern wer durch ihn handelte. Nicht wie er sich gab, zählte, sondern wie er *war*. Dagegen hing Erasmus' humanistisches Christentum davon ab, wie der Mensch die Wirklichkeit aktivistisch zum Guten veränderte. Leider änderte das nichts daran, dass er Lasttier war und jemand anderer die Zügel hielt. Anders als Luther, den man gern im finsteren Mittelalter ansiedelt, gilt der Freiheitslehrer Erasmus heute als leuchtender Wegbereiter der Aufklärung, der Eigenverantwortung und der Menschenrechte. Man nennt ihn auch den ersten Europäer.

8. »Ich gehöre in die heilige Schrift«

Leider hielt sein Humanismus ihn nicht davon ab, Antisemit zu sein. Während Luther die Thora hochschätzte, gab Erasmus 1517 zu wissen, er würde es »vorziehen, das ganze Alte Testament zu vernichten«[139]. Für ihn gab es »nichts Feindlicheres und Gefährlicheres für die Lehre Christi als diese Pest.«

Denn »die Juden lästern in ihren Synagogen unaufhörlich den Gottessohn, und Christ genannt zu werden ist in ihren Augen schlimmer, als Dieb und Mörder zu heißen«[140]. In einem Brief an den berüchtigten Inquisitor Jakob van Hoogstraten, der erst Luthers Schriften und dann zwei seiner Anhänger verbrennen half, behauptete er 1519, es sei geradezu ein christliches Werk, »die Juden zu hassen«.

Auch Luthers Feind von der anderen Seite des Meinungsspektrums, Johannes Eck, machte sich um den Judenhass verdient. Nicht zufällig auch er Freund des Dominikanerpriors Hoogstraten, unterzog er sich der Mühe, sämtliche den Juden verleumderisch angelasteten Kindermorde bis in die grausigsten Einzelheiten des Aberglaubens zu dokumentieren. Die Früchte seiner Arbeit präsentierte er 1541 in »Eines Judenbüchleins Widerlegung«[141]. Neben einer Litanei ermüdender Bibelzitate fand sich in seiner Streitschrift ein Hinweis, was hinter den hanebüchenen Anschuldigungen wirklich steckte. Der Ingolstädter beklagte sich nämlich, dass die Juden »mit Müßiggang in Reichtum leben«, während die Christen zum Beißen »kaum das trocken Brot« hatten. Kurz gesagt, nach Eck benahmen sie sich, »als wären sie unsere Herren«, wo es doch eigentlich umgekehrt hätte sein müssen.

Auch Luther gehörte zum unseligen Kreis, wenn auch mit anderer Motivation. Ihm ging es weder um eine psychologische noch soziologische oder politische, geschweige denn neidgetriebene Auseinandersetzung. Er kannte gar keine Juden. Da ihnen schon seit 1432 in Kursachsen die dauernde Niederlassung untersagt war, gab es sie in seiner Umgebung nicht oder nur verschwindend wenige. Es hat ihm auch keiner von ihnen je ein Leid getan. In Wittenberg kam es zu ein paar Begegnungen, die nicht sehr glücklich verlaufen sind. Dass drei jüdische Gelehrte Christus einen »Gehängten« nannten, verdross Luther sehr, doch hätte ihn das kaum zum Verfassen von sechs einschlägigen Büchern veranlassen können.

Er schrieb eifrig und eifernd, doch nicht wie Eck aus Hass und Missgunst oder wie Erasmus aus humanistisch-konfessioneller Antipathie. Für ihn stand die Theologie im Mittelpunkt, und das hieß für ihn, die Bewahrung des neuen Glaubens. Sein reformatorischer Durchbruch, der jedem Christenmenschen die Freiheit schenken sollte, war von allen Seiten bedroht. Die Gefahr, die er speziell von den Juden ausgehen sah, hing mit dem Gesetz zusammen. Schon im Alten Testament war zu lesen, dass viele Israeliten gegen Moses aufbegehrt und seine Gebote übertreten hatten. Ihr »Tanz ums goldene Kalb« war eine allgemein bekannte Szenerie.

Ob das freilich auch noch auf die Juden der Lutherzeit zutraf, konnte er aus eigener Erfahrung nicht sagen. Er ging einfach davon aus, dass es so war. Denn die Juden, die er zu kennen glaubte, lebten nicht in Kursachsen, sondern in fernster Vergangenheit. Seine Polemik setzte stillschweigend voraus, dass sich das Gottesvolk seit biblischen Zeiten nicht geändert hatte. Luther litt weder unter Neidgefühlen noch christlicher Überheblichkeit. Er saß stattdessen einem Anachronismus auf. Was ihn umtrieb, hatte nichts mit Antisemitismus im modernen Sinn zu tun. Denn das Problem, das für ihn dahintersteckte, existierte nicht in Wittenberg, sondern im Alten Testament.

Zwar gab es für Luther an der Erwählung der Juden durch Gott keinen Zweifel, sehr wohl aber am Glauben der biblischen Israeliten an ihn. Und darin bestand für ihn eine Kernbotschaft des Alten Testaments. Von den gläubigen Kindern Jahwes abgesehen, neigte die Mehrheit zum Undank gegenüber ihrem Schöpfer, der sich im Nichtbefolgen seiner Gesetze äußerte. Und eben dies war das Thema der Propheten gewesen. Die Menschen gehorchten Gott nicht, so klagten die Gottesmänner unablässig durch die Jahrhunderte. Doch ihr Ruf verhallte, keiner wollte auf sie hören. Nur lesen konnte man von ihnen. »Der Zorn des Herrn«, so verkündete schon Jesaja, »ist entbrannt über sein Volk«. Seit ihm, dem »Urpropheten«, wurde »zornig« zum Schmuckwort der Bußpredigerzunft. Bei allem Unsäglichen, was Luther gegen jene sagte, die er für »die Juden« hielt, glaubte auch er, nur »Gottes Zorn« zu artikulieren. Für die Betroffenen ein furchtbares Missverständnis.

Nicht nur die Juden lebten für Luther in der Bibel. Er selbst auch. *Ich gehöre in die Heilige Schrift*,[142] sagte er einmal. Wiederholt wies er darauf hin, dass er sich zum Propheten berufen fühlte, durch den Gott zu den Menschen sprach. Entsprechend sah er seine Aufgabe darin, *mit den Propheten die Kirche zu regieren*,[143] das heißt, den Menschen ihr Versagen gegenüber Gott, zugleich aber die unmittelbare Nähe seines Reichs vor Augen zu führen. Das galt für alle, Christen und Juden, gleichermaßen. Seit er die alten Propheten übersetzt hatte, waren ihm diese großen Warner vertraut wie Brüder. Denn sie *verkündigen und bezeugen Christi Königreich, in dem wir jetzt leben und alle Christgläubigen bisher gelebt haben und leben werden.*[144]

Luther identifizierte sich mit den Personen, die er aus einer idealen Vergangenheit in seine Sprache und sein Leben herüber holte. Auch das einstige Gottesvolk, das vor Jahrtausenden gelebt hatte, glaubte er in seiner Gegenwart wiederzufinden. Nicht alle, so meinte er, waren von Jahwe abgefallen. Unter ihnen gab es auch wahre Kinder Gottes, die schon im Alten Testament *denselben Geist und Glauben an Christus gehabt, den wir haben, und sind ebensowohl Christen gewesen wie wir*[145]. Doch diese Christen vor Christus, die an die Messiasprophezeiung glaubten, waren nach Luther in der Minderheit geblieben. Dagegen gehörte die Mehrzahl wie zu Moses Zeiten nur dem Namen nach zu Gott. Und der hatte ihnen längst seine Liebe entzogen. *Ihr seid nicht mein Volk*, so drohte der Prophet Hosea mit Gottes Stimme, *so bin ich nicht euer Gott.*[146]

Luther warf den Juden also nicht vor, dass sie Juden waren, sondern dass sie es nicht genug waren. Dass sie die Botschaft des Moses und der Propheten nicht verstanden. Und weil sie ihrer göttlichen Berufung nicht gerecht wurden, war zur Strafe Gottes Erwählung auf die Christen übergegangen. Damit waren sie die *neuen Juden*[147]. Das galt auch für Luther selbst. *Nun rühme ich mich,* sagte er in der Vorrede zum Propheten Hesekiel, *dass ich der Sohn des Paulus bin und damit ein Israel oder Benjamin.*

Die Lösung des christlich-jüdischen Problems schien ihm ganz einfach. Würden die Juden *anheben,* so Luther 1538, *Moses Gesetze zu halten und Juden werden (denn sie sind nicht mehr Juden, weil sie ihre Gesetze nicht halten),* dann gäbe es keinen Grund mehr für die Trennung der Religionen. Würden die Juden die Thora ernst nehmen und nach Jerusalem zurückkehren, um Jahwes Tempel und Moses Gesetz wieder aufzurichten, *sollten sie uns bald auf ihren Fersen nachkommen sehen und auch Juden werden.*[148] Ob er dies ernst gemeint hatte, war eine andere Frage.

Trotz dieses Gedankenspiels lassen sich Luthers Schwächen nirgendwo deutlicher demonstrieren als in seinen Judenschriften. Dass sie, angereichert mit hässlichen Stereotypen à la Erasmus und Eck, für moderne Ohren empörend ausfielen, war allerdings in einer Zeit konfessioneller Rivalität nicht ungewöhnlich. Wenn etwa der Reformator forderte, sie außer Landes zu treiben, so erging es den Lutheranern in Georgs Sachsen genauso. Das machte die Sache natürlich nicht besser. Aber das rückte die Repressalie in den historischen Rahmen: Spätestens mit dem Augsburger Religionsfrieden 1555 würde es jeden Bürger des Deutschen Reichs treffen. Wer nicht zufällig die Konfession seines Landesherrn teilte, wurde aus Haus und Heimat verjagt.

Zeit seines Lebens hat sich Luthers Einstellung zu den Juden nicht geändert, weil sich seine Vorstellung von den biblischen Juden nie geändert hat. Wenn er 1523 in seiner ersten Schrift zum Thema die Juden einlud, sich doch bitte taufen zu lassen und an den gemeinsamen Messias, ihren Bruder, zu

glauben, so wiederholte er dies noch 1546, als er ihnen versprach, wenn sie *Christus annehmen, so wollen wir sie gerne
als unsere Brüder halten. Anders wird nichts draus.* Auch dies
sprach er als biblischer Prophet, und seine eigentlichen Adressaten lebten nicht in seiner Nachbarschaft, sondern im Lande
Kanaan.

Zeitlebens bezog der Reformator sein Wissen und seine
Einstellung zur Welt aus beiden Testamenten. »Die Bibel«,
bestätigte der Theologe Albrecht Beutel, »war sein Zuhause«.
Wenn man heute meint, Luther stünde mit einem Bein im
Mittelalter, mit dem anderen in der Neuzeit, so träfe eher zu,
dass er mit einem in seiner Zeit stand, mit dem anderen in der
Bibel.

Nicht als Heiligen sah sich der späte Luther, sondern eher
noch als Hiob, krank und angefochten, mit allen Schwächen
und Mängeln der Sterblichen behaftet. Freilich mit dem
Unterschied, dass Gott ihn dennoch aus Gnade erwählt hatte.
In seinen eigenen Augen war Luther *der Deutschen Prophet*[149].

Zugleich sah er sich als Warner vor fremden Einflüssen wie
durch Kaiser und Papst. *Ich kann's ja nicht lassen,* so bekannte
er 1530 dem Mainzer Kardinal Albrecht, *ich muss auch sorgen
für das arme, elende, verlassene, verachtete, verratene und verkaufte Deutschland, dem ich alles Gute gönne, als ich schuldig
bin meinem Vaterland.*[150]

KAPITEL ELF

EXISTENZGRÜNDUNG

Unser Haus, Hof, Acker, Garten
und alles ist voll Bibel.[151]

1. »Verehelicht auf Vaters Begehren«

Durch die »Entmythologisierung« Luthers wird sein Bild
heute mehr geprägt als durch ihn selbst. Gelegentlich haben
die Lutherskeptiker sogar Recht. So wiesen sie nach, dass der
berühmte Lutherspruch, »Wenn ich wüsste, dass morgen die
Welt untergeht, würde ich heute noch ein Apfelbäumchen
pflanzen«, nicht authentisch ist.

Und doch ist er es. Zwar nicht der Formulierung, aber dem
Sinn nach. Den »Apfelbäumchen«-Gedanken, wonach der
Glaube an das Sein stärker ist als die Angst vor dem Nichtsein,
hat Luther gegenüber seinem Freund Justus Jonas so ausgedrückt: *Selbst wenn der Weltkreis zerbrochen zusammenstür-*
zen sollte, würden mich die Trümmer als einen Unverzagten
treffen. Von diesem meinen Satz, so Luther ausdrücklich,
werde ich nicht weichen.[152]

Es war aber gar nicht *sein* Satz. Wie er wohl wusste, zitierte
er damit den antiken Dichter Horaz. In einer Ode pries der
Römer den »gerechten und glaubenstreuen Mann«, der sich
auch von der »Wut der Bürger, die Falsches fordern«, nicht

einschüchtern ließ. Luther, der sich in diesem Spiegel wiedererkannte, ließ die »Trümmer des Weltuntergangs«[153], die für den furchtlosen Römer bestimmt waren, auf sich selbst herabregnen.

Das Bild traf genau die Lage, in der er sich zur Zeit des Bauernkriegs befand. Von beiden Seiten der blutigen Auseinandersetzung hatte er Schmähungen und Schuldzuweisungen zu ertragen. Dem Weltuntergangsszenario, das sich damals abzeichnete und das, gut hundert Jahre später, mit dem dreißigjährigen Glaubenskrieg Realität werden sollte, setzte er ein Zeichen entgegen: Dem Teufel *zum Trotz*, der ihn, den Propheten Gottes, *schlechterdings tot haben* wollte, entschied er sich, zu heiraten. *Ich will meine Käthe noch zur Ehe nehmen, ehe ich sterbe.*[154]

Mit dem Sterben hatte es noch Zeit. Doch für einen Mann Anfang vierzig, der seit zwei Jahrzehnten unbeweibt im Kloster lebte, schien es doch ein bisschen überraschend. Dass man sich das Maul darüber zerreißen würde, sah er humorvoll. *Wohlan, weil sie denn toll und töricht sind*, schrieb er über seine Widersacher, wollte er, *so viel ich kann, sie noch toller und törichter machen.*[155] Zum Trotz hinzu kam noch ein weiterer Grund. Nach wie vor lag das wachsame Auge Hans Luders auf ihm. So zufrieden er darüber war, dass Martin die »Möncherei« aufgegeben hatte, war doch ein Herzenswunsch offen geblieben.

Als der Reformator Ende April 1525 seine Eltern in Mansfeld besuchte, legte der Vater ihm einmal mehr ans Herz, ordentliche Familienverhältnisse zu schaffen. Der Sohn tat, wie geheißen. *So habe ich mich nun*, so schrieb er, *auch auf Begehren meines lieben Vaters verehelicht.* Das erste Kind, das ein Jahr später kam, sollte dessen Namen tragen.

Dass Luther in seiner Heiratsankündigung das *auch* betonte, lag an einer ganzen Reihe von Gründen. Elf Tage vor seiner Heirat, bei der er als eidbrüchiger Mönch eine durchgebrannte Nonne in einem aufgelassenen Kloster ehelichte, übersandte er dem Erzbischof Albrecht von Mainz, der einst die Ablassthesen provoziert hatte, einen dringenden Appell: Auch der Kardinal sollte sich nicht länger *aus der Schlinge ziehen*, sondern endlich in den christlichen Ehestand treten. Um es ihm zu erleichtern, wollte Luther *zum Exempel vorantraben*[156]. Der Angesprochene, der mit seiner Konkubinenwirtschaft vollauf zufrieden war, schickte dem einstigen Feind zu dessen Hochzeit ein beachtliches Geldgeschenk. Luther wies es zurück, seine Braut Käthe brachte es heimlich in Sicherheit.

Dass Luther nicht irgendeine, sondern gerade diese Frau und genau zu diesem Zeitpunkt heiratete, dürfte er auch als gute Tat empfunden haben. Die sechzehn Jahre jüngere Katharina von Bora, seit Kindheitstagen im Kloster, hatte sich als Nonne für Luthers Reformation begeistert. Zusammen mit Freundinnen war sie aus Zisterzienserorden und -tracht geflohen. Und zwar zu dem, der ihnen nicht nur zum neuen Glauben, sondern auch zur Flucht verholfen hatte. Es war gut gemeint, die Flüchtlinge aufzunehmen, aber schwer, sie zu versorgen. Dazu musste Luther sozusagen ehrenamtliche Männer finden, die dazu bereit waren. Nun waren gewesene Nonnen nicht gerade begehrt auf dem Heiratsmarkt, denn, so hieß es, »sie können zwar essen, aber nicht kochen«. Dank Luthers Bemühungen kamen alle unter die Haube.

Außer Katharina. Ihr Unglück wollte es, dass sie sich in einen hübschen, begüterten, klugen Patrizier aus Nürnberg verliebte, der schon Dürer Modell gesessen hatte. Aber Hieronymus Baumgartner, Student bei Luther, wurde von seiner frommen Familie, die eine Mesalliance befürchtete, eilig zurückgerufen. Katharina litt Liebeskummer, den sie vor ihrem Idol Luther nicht verschwieg.

Zufällig war dieser dafür die rechte Adresse, denn auch ihn hatte der Liebesschmerz gepackt: Die schöne Ex-Nonne Ave von Schönfeld, die er Eva nannte, hatte sich nicht von ihm,

sondern von Cranachs Apothekergehilfen Basilius Axt heim-
führen lassen. Vermutlich, um nicht selbst vom herben Fräu-
lein von Bora in die Pflicht genommen zu werden, versuchte
Luther, sie an einen Pastor Glatz aus Orlamünde zu verkup-
peln. Vergebens, denn die Ex-Nonne bestand darauf, dass der
Mann, der sie in solche Verlegenheit gebracht hatte, hier auch
selbst Abhilfe schaffen würde.

Nach Abwägung aller Umstände kam Luther zu dem
Schluss, dass geheiratet werden müsse. Er hätte sie *dazumal
nicht lieb* gehabt, gestand er später, sie sei ihm zu *stolz und
hoffärtig* gewesen. Aber *Gott gefiel es also wohl, der wollte,
dass ich mich ihrer erbarmte.*[157] Gründe zur Eheschließung gab
es also viele, Liebe war nicht darunter.

2. Ein Gott, der lacht

Da beide hinter Klostermauern gelebt hatten, fand die Trauung am 13. Juni 1525 passend im Schwarzen Kloster statt.
Unter Zeugen wie den Cranachs wurde die »Kopulation« voll-
zogen, bei der das Paar sich probeweise aufs künftige Ehebett
legte. Im großen, von den meisten Ordensbrüdern verlassenen
Gebäude dürfte die Zeremonie nicht allzu gemütlich gewesen
sein. Das förmliche Zusammensein endete früh.

Als die Gäste um elf gegangen waren, stellte sich heimlich,
ohne Wissen der Behörden, ein Überraschungsgast ein. Es war
Andreas Karlstadt, der sich nach dem Zusammenbruch des
Aufstands verfolgt fühlte und samt Frau und Kind um Unter-
schlupf bat. Ihn zu gewähren, fiel dem Hausherrn umso leichter,
als Karlstadt sich in der für ihn entscheidenden Abendmahls-
frage auf ihn zu bewegt hatte. Der unglückliche Pastor, von seiner Gemeinde »Bruder Andres« genannt, kam, um zu bleiben.

Über acht Wochen logierten die Flüchtlinge inkognito bei dem frisch getrauten Paar. Im Kloster gab es genügend Platz.

Ein kleines Essen für die Trauzeugen fand am nächsten Tag statt, wobei man den sechs Kannen Frankenweins zusprach, die die Stadt Wittenberg ihrem berühmtesten Bürger spendiert hatte. Das war insofern nicht ungewöhnlich, als Luther auf Ratskosten das ganze Jahr über, hauptsächlich für seine zahlreichen Besucher, im Stadtkeller Wein holen ließ.

Das eigentliche Hochzeitsfest mit feierlichem Kirchgang, zu dem auch Hans und Grete Luder im Pferdewagen aus Mansfeld kamen, folgte am 27. Juni. Vielleicht ergab sich dabei für den Sohn die Gelegenheit, das bei der Primiz versäumte Tänzchen mit der Mutter nachzuholen. Aus der kurfürstlichen Speisekammer hatte Freund Spalatin Wildbret besorgt, und die Stadt stiftete ein Fass Einbecker.

Martin und Käthe scheinen sich schnell aneinander gewöhnt zu haben. Auf die Hochzeit folgte ein veritabler Honigmond, von Luther anschaulich als *Küssewoche*[158] bezeichnet. Freunde bemerkten an ihm ein ungewohntes Behagen. Besonders beeindruckte ihn, dass er morgens beim Aufwachen auf dem Kissen neben sich *ein Paar Zöpfe* sah. Nicht allen gefiel Luthers mutiger Schritt. So wollte der unvermeidliche Herzog Georg erkannt haben, der Reformator sei »ins Fleisch gefallen«[159].

Ähnlich der Wittenberger Jurist Hieronymus Schurff, in Worms Luthers Berater, der fürchtete, dass bei einer Heirat des Reformators »die ganze Welt und der Teufel lachen« würden. Luther störte das nicht, im Gegenteil. Da ihm sein Ansehen herzlich gleichgültig war, reagierte er auf Schurffs Argwohn gelassen. *Ich habe mich durch meine Heirat so gering und verächtlich gemacht*, schrieb er an Spalatin, *dass ich hoffe, die Engel lachen und alle Teufel weinen.*[160]

Auch wenn er selbst sich zur Heirat durchringen musste, hatte er doch immer große Stücke auf die Ehe gehalten. Nicht so sehr weil sie den Menschen, sondern weil sie Gott gefiel.

Wenn ein Mann herginge, hatte er drei Jahre vorher in »Vom ehelichen Leben« geschrieben, *und wüsche die Windeln oder täte sonst am Kinde ein verachtetes Werk, und jedermann spottete sein und hielte ihn für einen Maulaffen und Frauenmann,* hätte er doch mehr Grund, die anderen zu verspotten. Denn *Gott lacht mit allen Engeln und Kreaturen, nicht weil er die Windeln wäscht, sondern weil er's im Glauben tut.*[161] Seinen lachenden Gott hatte Luther den meisten Christen voraus.

Philipp Melanchthon war nicht zum Lachen zumute. Einmal, weil Luther ihn nicht zur Trauung eingeladen hatte, und außerdem, weil er überzeugt war, sein Mentor sei bei dem Entschluss gar nicht Herr seiner selbst gewesen. Vielmehr hätten »die Nonnen all ihre Künste darauf verwandt, ihn an sich zu ziehen«, was ihn »bei all seiner edlen Natur und Seelengröße verweichlicht und entflammt« hätte. Entflammt wohl vom Höllenfeuer des Sexus. Am schlimmsten aber fand Melanchthon, dass ausgerechnet in dieser »unseligen Zeit, in der die Guten überall so schwer leiden, dieser Mann nicht mitleidet, sondern vielmehr, wie es scheint, schwelgt und seinen guten Ruf kompromittiert«[162].

Tatsache war, dass Luthers neue Freude, ja Lust am Glauben die Angst vor dem Tod und nebenbei auch den Bierernst der alten Theologie hinter sich ließ. Das war für einen sensiblen Gelehrten wie Melanchthon schwer nachvollziehbar. Doch so groß Luthers Freude am Ehestand war, erwies er sich auch für ihn als gewöhnungsbedürftig. Kaum war die Flitterwoche vorüber, als Käthe die Ärmel hochkrempelte und entschied, »ich muss mir den Doktor anders gewöhnen, auf dass er's macht, wie ich will«[163]. Schon bald sprach der Gatte sie halb liebevoll, halb ironisch mit *Herr Käthe* an. Während seines Aufenthalts in Coburg gab er einem Hochzeitspaar die ernüchternde Lehre mit auf den Weg, wonach in einer Ehe *Dreierlei zu finden* sei, *nämlich Mühe und Arbeit, Freude und Ergötzlichkeit, Verdruss und Widerwärtigkeit.*[164]

3. Im Gasthof Luther

Käthe räumte auf. Im Gegensatz zu ihm, den Äußerliches nicht
weiter kümmerte, missbilligte sie den vernachlässigten Zustand
des Klosters und seiner eigenen Haushaltung. Sie begann zu
putzen, nutzlosen Krempel wegzuwerfen und Nötiges anzu-
schaffen. Er hatte den Talar, sie die Hosen an, er war *der kleine,
sie der große Herr,* und Luther, als neuer *Aaron,* ernannte die
strenge Gesetzgeberin zärtlich zu *seinem Moses.*[165] Auf seine
einschlägigen Erfahrungen spielte er auch in einer Hochzeits-
rede an, wo er dem Bräutigam riet, unbedingt Herr im Haus zu
sein. Zumindest solange die Frau nicht im Haus war.[166]

Mit anderen Worten, eine ganz normale Ehe. Mehr wollte
Luther auch nicht. Es genügte ihm, denn es genügte Gott. Der
Mann, vor dem der scholastische Klerus zitterte, unterwarf
sich Käthes ökonomischem Verstand, und das mit grimmi-
gem Vergnügen. Es gab auch manche Ähnlichkeiten zwischen
beiden. So wenig wie er machte sie aus ihrem Herzen eine
Mördergrube. Was ihr durch den Kopf ging, ließ sie frischweg
heraus. Auch ihren Ärger. *Wenn ich dem Zorn des Teufels, der
Sünde und des Gewissens standhalten kann,* scherzte er, *dann
halte ich auch dem Zorn meiner Käthe von Bora stand.*[167]

Eine ganz normale Ehe also mit ganz normalen Necke-
reien, und doch völlig anders. Denn für Luther war sie ein
Gottesdienst, der aus dem Glauben kam. War bisher Heiligkeit
nur durch moralische Höchstleistungen zu erwerben, wusste
Luther jetzt, dass das gewöhnliche Leben geheiligt war wie
beim Schuster von Alexandria. Das schloss die irdischen Freuden ein, vorausgesetzt sie geschahen im Angesicht Gottes, im
Bewusstsein, dass seine Schöpferkraft auch da wirkte, wo der
Mensch nur Mensch war.

Ja, gerade da wirkte sie, wo der Mensch sich nicht mehr
an seinem Ich berauschte, sondern sich als der, den Gott aus

dem Nichts gerufen hatte, auf dessen Führung einließ. Luthers Gott genügte es nicht, einfach zu existieren und zuzusehen. In jedem Augenblick ging er aus sich heraus, um etwas zu schaffen, das er lieben konnte, damit dieses Etwas wiederum ihn lieben konnte. Im irdischen Maßstab erlebte dies der Mensch, der Kinder zeugte und in Liebe aufzog. Gewiss, Liebe war nicht »machbar«, aber nach Luther entstand sie von selbst, wenn man, was man tat, im Glauben tat. Und wer sich auf ihn einließ, der wurde auch wiedergeliebt.

Bei seinen sechs Kindern, von denen zwei jung starben, erwies der Reformator sich als eifrig lernender Vater. Um ihnen die Liebe zu schenken, die zugleich erzieherisch wirkte, nahm er sich den verzeihenden, wenn nötig auch strafenden Gott zum Vorbild. Im Gegenzug erkannte er auch seine eigenen väterlichen Erfahrungen in Gott wieder. *Wie könnte der Vater denn auf uns zornig sein?* fragte er einmal. Seines eigenen Sohnes wegen wollte Gott *in gewissem Maße (dass ich so reden mag) selbst zum Kind werden, um mit uns zu spielen, uns zu liebkosen.*[168] Und aus Liebe sah er, wie Luther bei seinen Kleinen üben konnte, über die Fehler der Menschenkinder hinweg, ja er deutete sie zum Guten. *Gott tut wie ein Vater gegen seinen Sohn*, sagte er. *Wenn man spricht: Siehe, dein Sohn schielet, so spricht der Vater: Er liebäugelt.*[169]

Doch niemals, das wusste Luther, reichte väterliche Zuwendung an weibliches Einfühlungsvermögen heran. Mit welch *feinen bequemen Gebärden spielen und scherzen die Mütter,* so beobachtete er einmal bei Käthe, *wenn sie ein weinendes Kind stillen oder in die Wiege legen! Lass nun solches einen Mann tun, so wirst du ja sagen müssen, er stelle sich dazu wie ein Kamel zum Tanz.*[170]

Katharina war zugleich Mutter ihrer Kinder und Mädchen für alles. Als moderne Frau stand sie selbstbewusst an der Spitze der Lutherschen Hauswirtschaft, die sie wie eine Firma führte. Sie braute Klosterbier, das sie auch verkaufte, reorgani-

sierte den Klostergarten, legte einen weiteren Garten am Sau-
markt an, mit Fischteich und Obstbäumen, den ihr Mann ihr
schenkte und für den er *Samen von den berühmten Erfurter
Riesenrettichen*[171] bestellte. Nebenbei widmete sich die emsige
Herrin erfolgreich der Viehzucht. Auf dem Hof liefen Hühner,
Enten und Gänse herum, im Stall standen einmal fünf Kühe,
neun Kälber, eine Ziege mit zwei Jungen, acht Schweine, zwei
Mutterschweine und drei Ferkel. Wenn Luther von Melancho-
lie befallen wurde, »setzte er sich gern zu dem Schweinehirten,
der Käthes Herde hütete«[172].

Der Löwenanteil ihrer Fleischproduktion wurde im Schwarzen Kloster verzehrt. Da das Gebäude über eine Menge leerste-
hender Zellen verfügte, wandelte Käthe es in eine Burse um, in
der bis zu zwanzig zahlende Studenten bei ihr in Kost und Logis
wohnten. Nachdem sich in ihrer beider Familien herumgesprochen hatte, dass für Gäste »open house« war, kamen seine
Eltern gerne zu Besuch, Käthes Tante Magdalene blieb gleich
ganz da, und mit den Lutherschen Kindern spielten die sechs
ebenfalls untergebrachten Kinder seiner verstorbenen Schwester, zu denen sich noch einige von einer anderen Schwester
gesellten. Nicht zu vergessen die zahlreichen Scholaren, Pasto-
ren und Autogrammjäger aus aller Herren Länder, die sich bei
Luthers einquartierten, um seinen Tischreden zu lauschen und
nebenbei eine Kleinigkeit zu essen und zu trinken.

4. Von »Landstreichern und Zungendreschern«

Der Reformator wusste sich auf der Höhe der Zeit. Ausgestat-
tet mit Brille und »Nürnberger Ei«, einer damals hochmoder-
nen Taschenuhr, empfing er seine Gäste wie ein jovialer Geis-
tesfürst, nach dessen Wort die Welt sich richtete. Allerdings

musste er schon bald erkennen, dass Gastfreiheit teuer zu stehen kam. Vom Professorengehalt allein, so rechnete ihm Käthe vor, konnte er den Haushalt nicht ernähren. Eine praktische Nebenbeschäftigung konnte da Abhilfe schaffen.

Vielleicht angeregt durch Kurfürst Friedrichs Steckenpferd, ließ Luther sich aus Nürnberg eine Drehbank kommen, um zusammen mit seinem Diener Wolf Sieberger Nützliches für den Haushalt zu drechseln. Da einem *die Welt allein um des Wortes willen* kein Auskommen garantierte, so erklärte er, *wollen wir lernen, mit Handarbeit unser Brot zu erwerben und Unwürdigen und Undankbaren,* seiner Gemeinde also, *nach dem Beispiel unseres Vaters im Himmel* gratis *zu dienen.*[173] Das Handwerk schien für den Theologen aber doch nicht das rechte zu sein, unter anderem bemängelte er scherzend, dass sich das Instrument nicht von selbst drehte.

Nicht nur Tanten und Theologen klopften an Luthers Klosterpforte. Auch Bettler und Bittsteller, die ihn um milde Gaben oder Empfehlungen angingen, reichten sich die Klinke in die Hand. Natürlich gab er, doch nicht immer mit gutem Gefühl. Die meisten kamen, weil sie wussten, dass sie bekamen. Auch war deren Absicht oft nicht ganz lauter, weshalb das Spenden nicht aus freiwilliger Nächstenliebe, sondern aus moralischem Zwang erfolgte. Aber *Gott gefallen nicht und er will auch nicht haben gezwungene unwillige Dienste,*[174] erkannte Luther. Seit er als Schüler in Eisenach vor den Türen um Brot gesungen und als Augustiner mit dem Bettelsack auf dem Rücken Erfurts Straßen durchstreift hatte, war er kein Freund der Bettelei.

Für ihn saßen Almosengeber und -nehmer gleichermaßen einem Missverständnis auf. Der Gebende hatte eine falsche Vorstellung vom Glauben und der Empfangende eine falsche von der Wirklichkeit. Der Gewohnheitsbettler, als Nutznießer fremder Freigiebigkeit, ließ andere für sich arbeiten und Gott einen guten Mann sein. Sein Ich, dessen Anspruch auf Gratisversorgung sich nicht von dem höherer Gesellschaftsschichten unterschied, dachte sich die Wirklichkeit nach eigenem Gutdünken zurecht. Für Luther selbst gab es ohnehin keine Klassenunterschiede. Hybris herrschte, gleich ob oben oder unten. Deshalb meinte er, dass *die Ungleichheit, die da im äußerlichen Leben ist, nichts schadet noch hindert.*[175] Auf den Glauben kam es an.

Diesen verfehlte auch der Spender, der aus Moralgründen an Schlechtergestellte austeilte. Bewusst oder unbewusst gab er, um sich Gottes Wohlgefallen oder die Anerkennung des Nächsten oder wenigstens ein gutes Gewissen zu verdienen. Aber wie die Hybris ging auch die Selbstzufriedenheit, die dem Ich schmeichelte, fehl. Dem allzu Freigiebigen, so der Reformator, wurde von den Bettlern nicht nur an Gütern *viel Schaden zugefügt,* sondern auch an der *Seele.*[176] Hatte er schon vom wahren Glauben keinen Begriff, so verlor er als Betrogener auch noch den Glauben an die Menschheit. Es kam nämlich nicht auf das Schenken an, das oft genug Missstände nicht aufhob, sondern finanzierte, sondern auf das *richtige* Schenken.

Wenn Jesus sagte, beim Schenken solle die Rechte nicht wissen, was die Linke tut, so bedeutete dies, dass das Gute nicht aus Berechnung, sondern allein aus dem Glauben erfolgen sollte. Wer nach eigenem Gutdünken gab, griff daneben. Denn nach Luther war es gar nicht das Ich, das hier handelte, sondern Christus, der es durch den Glaubenden tat. Äußerlich wahrnehmen ließ sich das nicht. Nach Jesu Lehre musste es sogar verborgen bleiben, sowohl den anderen wie dem Ich des Wohltäters selbst. Nur Gott, »dein Vater, der ins Verborgene sieht«, wusste es und »wird dir's vergelten«.

Bereits fünf Jahre zuvor, in seiner Schrift »An den christlichen Adel deutscher Nation« hatte Luther deutliche Worte gefunden, die schon damals mildtätige Herzen erschreckt haben dürften. *Es ist wohl eine der notwendigsten Maßnahmen,* schrieb er 1520, *dass in der ganzen Christenheit alle Bettelei abgeschafft würde.*[177] Denn eigentlich musste unter

Christen keiner betteln gehen. Wer der Hilfe bedurfte, sollte sie bekommen. Vorausgesetzt, man hatte *den Ernst und Mut dazu, dass jede Stadt ihre eigenen Armen versorgt und keinen fremden Bettler mehr einlässt.* Auch für Dörfer sollte diese Regelung gelten. Nicht wer sagte, dass er arm war, sollte unterstützt werden, sondern der, von dem man wusste, dass er es war. Und von dem man sicher sein konnte, dass bei ihm die gute Gabe auch in guten Händen war.

Die menschliche Neigung, sich lieber um Fremde zu kümmern als um die eigenen Nachbarn, selbst wenn diese im eigenen Haus wohnten, war auch Luther bekannt. Jahrhunderte später empfahl der Philosoph Jean-Jacques Rousseau, all jenen »zu misstrauen, die in ihren Büchern in der Ferne Pflichten suchen, die in der Nähe zu erfüllen sie nicht bereit sind.« Und er warnte er vor jenem Typ Edelmenschen, »der die Tataren liebt, damit ihm erlassen bleibt, seinen Nächsten zu lieben«.

Vor allem wollte Luther in den Gemeinden die organisierte Bettelei von außen beendet wissen. Systematisch wurden die Gutwilligen ausgebeutet, ohne dass die Nutznießer der mildtätigen Transaktionen sich um ein Deut gebessert hätten. Nirgends, sagte er, fänden sich *so viele Vortäuschungen und Betrügereien* wie hier, *die doch alle leicht abzustellen wären.* Statt wahren sozialen Engagements würden die Christen auch jene mit ernähren, die nur sich selbst Nutzen, den anderen aber Schaden brachten. Er wusste, wovon er sprach. Auch er selbst war von *undankbaren Schülern*[178] zum allzu großzügigen Geben verleitet und von *Landstreichern und Zungendreschern beschissen*[179] worden.

Da zu den Schnorrern auch noch *fünf oder sechs Bettelorden* sowie *Spendeneintreiber und Pilgergruppen* kamen, wurde nach Luthers Berechnung *in jeder Stadt pro Jahr sechzig Mal abkassiert.* Ganz zu schweigen von den *Steuern der Obrigkeit und dem, was von Rom mit seiner* heiligen *Ware geraubt wird.* Resümierend sagte er, es sei *eines der größten Gotteswunder, dass man sich überhaupt noch selbst erhalten und ernähren kann.* Ganz ernst war das wohl nicht gemeint.

5. »Wir sind Narren um Christi willen«

Um den Fortbestand der Gemeinden zu sichern, schlug Luther 1523 zuerst im kursächsischen Städtchen Leisnig die Einrichtung eines *gemeinen Kastens*, also einer gemeinschaftlichen Kasse, vor. Alle kirchlichen Einkünfte, vermehrt durch Spenden, Stiftungen und Vermächtnisse, sollten hier zusammengelegt werden, um die Ausgaben für Kirche, Schulen und auch die Stadtarmen zu bestreiten. Jeder Bedürftige sollte daraus das Nötige erhalten, aber nicht jeder sollte sich herausnehmen dürfen, was er für das Nötige hielt.

Gewohnheitsmäßige Spendensammler wie die Augustiner-Eremiten oder die »Bruderschaft der Schuhknechte« sollten nichts mehr bekommen.[180] Zur Sicherung der Einlagen wurde der Kasten mit vier verschiedenen Schlössern gesichert, deren Schlüssel von vier verschiedenen Ehrenmännern verwahrt wurden. Von Güter- oder Geldgemeinschaft hielt Luther nichts. Erstens war sie *nicht dem Naturrecht gemäß*, und außerdem war sie impraktikabel, *weil mehr da wären, welche die Güter verzehrten, als die sie herbeischafften.*[181]

Im Schwarzen Kloster, das jeden Besucher gastfrei aufnahm, zehrten alle von Luthers Gütern, die schneller schwanden, als sie hereinkamen. Wurde seine Gastfreundschaft überstrapaziert, erzählte er wohl auch seine Fabel von der schwangeren Hündin. Als der Wurf ihrer Welpen bevorstand, fragte sie bei einem Hund an, ob er ihr dafür seine Hütte leihen könnte. *Das,* sagte Luther, *tat der Hund gerne.* Kaum hatte die Hündin geboren, dachte sie nicht mehr daran, weiterzuziehen. *Da nun*

329

die jungen Hündchen heranwuchsen, begehrte der Hund seine Hütte zurück. Aber die Hündin wollte nicht. Als er ihr schließlich mit Räumung drohte, wurde sie zornig und sagte: *Bist du böse, so beiße uns hinaus.*[182]

Mit Eheschließung, Familiengründung und Einrichtung eines pensionsartigen Haushalts schien bei Luther eine Wandlung eingetreten. Vom asketischen Mönch, der über seinen Studien vergaß, die faulende Bettstreu zu erneuern, war er zum biederen Patron geworden, der sich allabendlich *ein reicheres Trünklein* genehmigte, da wir *manchmal unser Polster im Kännlein suchen* müssen.[183] Der Rebell gegen Papst und Kaiser, der Streiter gegen Tod und Teufel, schien es sich, hast du nicht gesehen, in Gottes schöner Welt bequem gemacht zu haben.

Aus dem Propheten war, wie die Legende sich ausmalte, der gemütlich sorgende Hausvater geworden, der den Seinen den Katechismus auslegte und ihren Psalmengesang mit der Laute begleitete. Wenn sein skeptischer Freund Melanchthon ihm vorwarf, er sei zum Gourmet herabgesunken, und sein fanatischer Gegner Müntzer ihn als lethargischen Fleischkloß karikierte, stimmten ihnen nicht wenige Gläubige zu.

Neben der Verspießbürgerung wurde ein weiterer Vorwurf gegen Luther laut, der bis heute selbst von denen wiederholt wird, die sich eigentlich zu ihm bekennen. Es geht um seinen Grobianismus, bei dem er gegen seine Feinde derb um sich schlug und sie mit mehr oder weniger originellen Zoten eindeckte. Selbst lutherische Geistliche wandten sich ab von seiner dann durchbrechenden »Fäkalsprache«, mit »Bildern aus dem Verdauungsvorgang, die nicht wiederzugeben sind«[184]. Scheinbar überschritt der Reformator die Grenze zwischen Freiheit und Freizügigkeit allzu leichtfertig. Noch heute lässt sich nur schwer nachvollziehen, wie das Unanständige zum Glauben passen und Gottes Wort sich in Kraftausdrücke kleiden konnte.

Und doch konnte es das. Der schockierenden Sprache, die auf kein Feingefühl Rücksicht nehmen musste, durfte einer sich von Berufs wegen bedienen, der Narr. Seine Aufgabe war es, den Menschen die Wahrheit zu sagen. Da sie sich davor verschlossen, bedurfte es der Paukenschläge, um sie aufzuwecken. Für den Reformator bestand die Hauptverfehlung der Menschen darin, dass sie nicht wahrhaben wollten, was ihnen von Gott geschenkt worden war. Es ist, so klagte er, *ein verdrießliches Ding um die verfluchte Undankbarkeit.* Obwohl Gott sie *mit so reichen, großen Wundertaten überschüttet* hatte, klagte er, wollten sie *derselbigen nicht eine ansehen noch dafür danken.*[185]

Dieses sture Auf-sich-selbst-Pochen der Menschen machte Luther schier närrisch. *Seht also zu,* schrieb er an Spalatin, *ob nicht die, welche an meiner Schärfe Anstoß nehmen, wenig auf die Sache des Evangeliums geben und irdische Gedanken hegen.*[186] Sein Zorn auf die menschliche Anmaßung, die nur dem Teufel zuarbeitete, ließ Luther die Regeln gegenseitiger Schonung beiseite werfen. Er verzichtete auf geheuchelte Wertschätzung und trat seinen Gegnern respektlos vors Schienbein. Auch dies ein Privileg des Narren.

Im Brief des gekränkten Melanchthon fand sich der Hinweis auf Luthers »Possenreisserei, die wir so oft getadelt haben«[187]. Was meinte er? Ein Possenreißer war ein Hanswurst, ein Clown, einer, der sich für andere zum Narren machte. Im strengen Tadel des Jüngeren verriet sich nicht nur die Humorlosigkeit des Fachgelehrten, sondern auch der Umstand, dass ihm die Bedeutung des »Narren« in Luthers Theologie entgangen war. Wohl auch in der des Paulus, der an die Römer schrieb, »wir sind Narren um Christi willen«.

6. Eulenspiegel als »Lutherscher Heiliger«

Für Luther war die ganze Welt ein Narrenhaus, dessen unwissende Bewohner jeden, der dies durchschaut hatte, zum Narren erklärten. Was die geistige Führung dieses Narrenhauses, die Papstkirche, betraf, sah er in ihr nicht die Verkünderin der Frohen Botschaft, sondern eine Agentur des tierischen Ernstes, deren prunkende Seidengewänder nur Unflat verbargen. Warum also nicht den Papst damit bewerfen? Nicht nur in Glaubenssachen war die Verblendung der Menschen so hartnäckig, dass nichts anderes half als Schockbehandlung. Solange sich Handgreiflichkeiten verboten, konnte nur der Tabubruch der Dreistigkeiten den Menschen aus seiner Selbsttäuschung wachrütteln. Aufklärung über die Nichtigkeit des Ich war der Weckruf, ohne den es auch nicht das Gottesgeschenk des Glaubens gab.

Der berühmteste Mann, der die in sich selbst vergafften Menschen mit dem Eiswasser seines praktischen Witzes übergoss, war nicht Martin Luther, sondern Till Eulenspiegel. Wenig bekannt ist, dass dieser nicht nur in die Tradition der Schelmenliteratur gehört, sondern auch in die Vorgeschichte der Reformation. Sein Volksbuch nahm alle Auswüchse der alten Kirche wie Pfaffentum, Ablass, Wunderglauben, Reliquienkult, ja selbst den Papst aufs Korn. Nicht wie einige Jahre später Luther, der dies aus dem Glauben begründete, sondern in Schwankform mit vieldeutiger Pointe, bei der die Priester als Scharlatane entlarvt wurden. Hätte der wahre Eulenspiegel im 13. Jahrhundert dergleichen wirklich gesagt, wäre er wohl als Häretiker verbrannt worden.

Luther hielt den antiklerikalen Schelm, den er aus dem Volksbuch kannte, wegen seiner *lächerlichen Possen* für die *beste Arznei wider die Anfechtung*[188]. Noch im 17. Jahrhundert wurde Eulenspiegel in einer Pfarrchronik als ein »der ganzen Welt bekannter Lutherscher Heiliger«[189] bezeichnet. Ein Eulenspiegelforscher bemerkte zudem, dass »die Jahrzehnte der größten Verbreitung des Volksbuches von Ulenspiegel, 1530 bis 1580, jene waren, in denen sich die neue protestantische Ordnung durchzusetzen begann«[190]. Auffällig auch, dass Hans Baldung Grien, der Luther mit der Taube des heiligen Geistes porträtiert hatte, zu den ersten Illustratoren des Volksbuches gehörte.

So boshaft der sagenhafte »Ulenspiegel« sich gab, war er doch frei vom Bösen, und dies ganz einfach, weil er frei vom Ich war. Er war nichts und er hatte nichts. Er hielt den anderen nur den Spiegel vor, will sagen, der menschlichen Wichtiguerei sein eigenes Nicht-Tun und der menschlichen Allwissenheit sein »wissendes Nichtwissen«. Auf die Selbstverherrlichung der eitlen Bürgergesellschaft setzte er ein empörendes Häufchen, das gewaltig zum Himmel stank. Indem diese Galionsfigur des paradoxen Witzes den Leuten ihre Schlechtigkeit demonstrierte, hielt er sie zum Besten. Zu ihrem Besten.

Hätte Eulenspiegel zu Gott, den er nicht kannte, beten wollen, dann wohl mit den Worten, *du machst uns fröhlich, wenn du uns heulen lässt; du machst uns singen, wenn du uns weinen lässt; du machst uns stark, wenn wir leiden; du machst uns weise, wenn du uns zu Narren machst.*[191] Doch nicht der weise Narr sagte das, der weinte, wenn die Sonne schien, und lachte, wenn es regnete, sondern der närrische Weise Martin Luther. Aber »närrisch«, so lehrte Meister Eckhart, war auch »Gottes Liebe zum Menschen«.

Wenn Eulenspiegel die Welt zum Zeugen seiner Verdauungsprozesse machte, so wollte er damit Anstoß erregen. Aber auch einen Anstoß geben. Der Mensch konnte schon damals nur schwer damit umgehen, dass er natürlichen Funktionen unterworfen war. Das Unaussprechliche passte einfach nicht in die Menschenwelt der gehobenen Umgangsformen. Erinnerte es den Menschen doch daran, dass er, aus Nichts gemacht, zu

Nichts werden musste. Und dass hinter dem Potemkinschen Dorf seiner Selbstverherrlichung die eigene Tiernatur lauerte, die sich, wie ein gewisser Geruch, vom Parfüm seiner Eitelkeit nicht überdecken ließ.

Ich weiß kein besseres Exempel gegen die menschlichen Satzungen, sagte Luther, *als den Arsch. Der lässt sich nicht einbinden, weil er geradewegs Herr sein und das Regiment haben will.*[192] Die Natur forderte ihr Recht und führte dem Menschen seine eigene Schwäche und Vergänglichkeit vor. Aber keiner wollte dieses Ausgeliefertsein wahrnehmen, keiner den eigenen Verfall wahrhaben. Schamhaft vergaß der Mensch, dass er, wie Augustinus sagte, »zwischen Urin und Kot geboren« wurde. Ebenso verdrängte er, dass er demnächst wieder als Kadaver oder, in Luthers Wort, »stinkender Madensack« in Zersetzung übergehen würde. Für den Reformator war das Grab nichts, von dem der Geist sich abwenden musste. Und während moderne Bibelübersetzungen den fortgeschrittenen Zustand des toten Lazarus mit »Herr, er riecht schon« beschreiben, heißt es bei Luther, »er stinkt schon«. Und das traf wohl eher den Sachverhalt.

Das traf den Sachverhalt des Menschseins überhaupt. Als Luther über seine Erleuchtung im Turm sprach, betonte er ja, es sei *in dieser Kloake* geschehen, womit er neben dem Kloster auch die Stadt und die ganze Welt meinte. Wer dies nicht wahrhaben wollte, hatte vergessen, dass Jesus, inmitten von Ochsen- und Eselmist geboren, am Ende durchbohrt, mit Blut, Schweiß und was sonst noch bedeckt, in einer Lazarushöhle der Verfaulung überlassen war.

Deshalb Eulenspiegels, deshalb Luthers Tabubrüche. Ohne sie kam der Mensch nicht zur Erkenntnis, dass er, im Wahn seines Ich befangen, die Chance verpasste, die eigene Nichtigkeit und zugleich das Gottesreich auf Erden zu entdecken. Wie Eulenspiegel demonstrierte und Staupitz einst seinem Schüler riet, half hier der Humor. *Wer überall und immer* über die Verächter des Gottesreichs *so lachen kann*, so sagte Luther, *der ist ein wahrer Doktor der Theologie.*[193]

7. »In der Morgenröte des künftigen Lebens«

Mit dem menschlichen Makel, der eigentlich zum Lachen war, hatte es aber noch eine andere, traurige Bewandtnis. Während man bei sich selbst darüber hinweg sah, kreidet man ihn anderen an. Wer seinem Nächsten schaden wollte, führte ihn auf seine Hinfälligkeit und auch auf die Schwächen seines Körpers zurück. Jeder hielt sich selbst für makellos, während er beim anderen die Nase rümpfte. Und welcher Triumph, wenn man bei ihm das Indiz der Vergänglichkeit, konkret oder im übertragenen Sinn, gefunden hatte und das, was er schamvoll verbarg, ausposaunte: »Du bist nur Dreck!«

Schon die zweite der Eulenspiegel-Historien führte die menschliche Neigung vor, nach der vermeintlichen Schwäche des anderen Ausschau zu halten. In dieser Geschichte war der Knabe Eulenspiegel dem Vorwurf der Nachbarn ausgesetzt, er sei ein Nichtsnutz und Tunichtgut. Vom Vater zur Rede gestellt, bot er ihm an, die Haltlosigkeit der Anschuldigung zu beweisen, indem er, hinter ihm auf dem Pferd sitzend, durch den Ort ritt. »Auch wenn ich nichts tue«, sagte er voraus, »werden sie mich wieder einen Schalk nennen!«

Kaum waren sie losgeritten, als die Nachbarn den Jungen tatsächlich wieder zu beschimpfen begannen, obwohl er gar nichts Schlimmes getan hatte. Oder so gut wie nichts. Er hatte nur das Üble hergezeigt, das die Menschen an sich selbst verbargen, aber offenbar an ihm zu sehen wünschten. Nur ein wenig hatte er sich nach vorne gebeugt, und »ließ die Leute in den Arsch sehen«[194]. Will sagen, er bot ihnen, was sie wollten. Ähnliches tat Luther, wenn der Teufel ihn nachts heim-suchte *und disputiert mit mir solange, bis ich sage: »Leck mich im Arsch«*. Das heißt, »wenn du auf das, was ich hinter mir lasse, Appetit hast, dann lass es dir schmecken!« Dass man den Teufel so derb verflucht, fügte Luther hinzu, *macht Gott nicht zornig.*[195]

Was ist es denn, so fragte Luther einmal, *dass man das Gute aus den Augen setzt und allein das in die Augen bildet und ansieht, wo der Mensch unrein ist, als hätte man Lust, einem anderen, mit Verlaub, nur in den Hintern zu sehen. Wir sind solche Unfläter, dass wir nur, was unflätig ist und stinkt, hervorsuchen und darin wühlen wie Säue.*[196] Mit dieser unap-petitlichen Neigung warf man sich nicht nur auf die Mitmen-schen, sondern auch auf die Schöpfung, ja auf Gott selbst. *Weil die Welt*, so sagte der Reformator in einem gewagten Bild, *Gott von Angesicht in seiner Herrlichkeit nicht sehen will, so muss sie ihn in Schande erkennen und ihm in den Hintern sehen.*[197]

Gott dagegen in seiner Herrlichkeit sehen, das hieß für Luther, die Schöpfung in ihrer Herrlichkeit sehen. Nicht län-ger war sie nur dunkle, triebgelenkte, ausbeutbare Materie, über der sich das strahlende Reich des Geistes erhob. Statt dessen war sie der Ort, an dem sich dieser Geist schöpferisch offenbarte. Da Gottes Wort von Anfang an Christus war, ließ sich jede Schöpfungsstufe als dessen schrittweise Enthüllung verstehen. »Nur weil die Natur von Anfang an ‚menschlich' ist, kann sie am Ende Menschen hervorbringen«[198].

Nirgendwo war nur tote Materie und kalter Raum, son-dern alles bewegte sich nach Gesetzen, in denen sich wie-derum das kommende Leben ankündigte, wie in diesem das Gottesreich. Gott lieben, das hieß für Luther, die Natur lieben. Wenn die Bibel das Paradies als Garten darstellte, so konnte der Gläubige in jedem Garten dieses Paradies entdecken. Wer *den neuen Himmel und die neue Erde* zu sehen vermochte, so Luther, für den waren *Blumen, Laub und Gras so schön, lustig und lieblich wie ein Smaragd. Ja, wenn wir nur Gottes Gnade haben, so lachen uns alle Kreaturen Gottes an.*[199]

Deshalb konnte jeder Gläubige in der Natur wie in einem aufgeschlagenen Buch lesen. Alles sprach ihn an, die um ihn sich breitende Welt so gut wie das über ihm sich wölbende All. Alles war auf seine Weise ansprechend. Und deshalb, so Luther, seien die Menschen *jetzt in der Morgenröte des künftigen Lebens* angekommen, weil sie *beginnen, durch Gottes Gnade seine herrlichen Werke und Wunder auch aus den Blümlein zu erkennen. Da Gott sprach, da stand es da, auch in einem Pfirsichkern.*[200]

Sie lachten die Menschen an, weil sie für sie geschaffen waren. *Wenn wir Augen und Ohren auftäten*, so Luther, *würde uns das Korn anreden: Sei fröhlich in Gott, iss, trink, brauche mich und diene deinem Nächsten!*[201] In allem schenkte Gott sich den Menschen, vorausgesetzt, sie starrten nicht länger begriffsstutzig auf die Welt als etwas Fremdes, das man in Besitz nehmen und ausbeuten musste. Auch *das Blümchen*, so nutzlos es erscheinen mochte, *steht da um unseretwillen, dass wir es sehen sollen.*[202] Aber die Menschen, die nach Verwertbarem Ausschau hielten, sahen darüber hinweg. Das aber hieß nicht weniger, als über Gott hinwegsehen. So blind waren die Menschen für das wahre Leben, dass sie in seinem Garten *die Rosen und Veilchen nicht achten, sondern ihren Rüssel nur in Unflat stecken*[203].

8. »Ein neues Lied wir heben an«

Die metaphorischen Rosen und Veilchen konnte Luther in Wirklichkeit in seinem eigenen Garten pflanzen und begießen. Denn um den berühmten Birnbaum, unter dem Staupitz ihn auf Kurs gebracht hatte, breitete sich nun Käthes Nutz- und Blumengarten. Luther liebte ihn über alles, legte auch eigene Beete an und schrieb stolz an einen Freund: *Ich habe den Garten bepflanzt, ich habe einen Brunnen gebaut, beides ganz glücklich. Komm und du wirst mit Lilien und Rosen gekrönt werden.*[204]

Inmitten von Blüten und Früchten erschien sogar die Arbeit, die eigentlich eine Strafe sein sollte, so *spielerisch und voll höchster Wollust*[205] wie vor dem Sündenfall. *Wie gern,* sagte er einmal, *arbeitet man noch heute in einem hübschen Garten.*[206] Und als Käthe ihren Mann fragte, wann genau das ewige Leben im Paradies beginne, antwortete er, es habe bereits begonnen. *Ja bist du doch auch schon im Himmel!* rief er aus. *Gott ist ein Gott der Lebenden.*[207]

Noch wichtiger als die Schöpfung, die man mit dem Auge bewunderte, war für Luther jene, die man hören konnte. *Der Glaube,* so wusste er schon als Mönch, *entsteht durch Hören, nicht durch Sehen.*[208] Die alte Metaphysik, dargestellt in den Kathedralen und Basiliken mit ihrer himmelstrebenden Architektur und Malerei und auch der prunkvollen Ausstattung der Messfeier gehörte dem Sehen an. Dem schauenden Gläubigen wollte man einen Abglanz überirdischer Schönheit bieten.

Das Problem war, dass es sich beim Sehen immer um das Ich und die von ihm erfassten Gegenstände handelte. Wo das Auge sah, bestand immer eine Distanz zwischen Subjekt und Objekt. Es war das Reich des Besitzes, der Monumentalität und des Unterschieds. Für Luthers Glauben gab es diesen Unterschied nicht. Beim Hören des Wortes war immer durch den Geist die Einheit zwischen Sprechendem und Hörendem, zwischen Gottes Wort und menschlichem Ohr, gegeben. Selbst wenn nur einer sprach, entstand immer ein Gespräch. Man konnte ja nicht zuhören, ohne zu verstehen, und nicht verstehen, ohne innerlich mitzusprechen. An die Stelle der Anbetung des Sichtbaren setzte Luther die Mitsprache im Glauben, das Gott-beim-Wort-Nehmen. Im Wort aber schlief das Lied, die Musik der Schöpfung.

Noch eingängiger als das gesprochene Wort war deshalb das von menschlichen Stimmen und Instrumenten gesungene. Von der Musik sagte Luther begeistert, *es wallet und siedet mein Herz mir über, wenn ich an sie nur denke*[209]. Luther liebte sie, man könnte auch sagen, er lebte sie. Nichts auf Erden, so formulierte er paradox wie Eulenspiegel, sei *kräftiger, die Traurigen fröhlich, die Fröhlichen traurig, die Verzagten mutig* und *die Stolzen demütig zu machen*.[210]

Vor allem aber band sie im Chorgesang die menschlichen Einzelwesen zu einer tönenden Gemeinschaft zusammen, wie sie so harmonisch in der Wirklichkeit nicht einmal zu erträumen war. *Zwei können auf einmal singen*, sagte Luther, *aber auf einmal reden können sie nicht.*[211] Wenn aber mehr als zwei miteinander sangen, und *andere Stimmen zwischen hinein wundersam herumspielen, jauchzend und mit reizender Bewegung sie schmückend, gleichsam um sie herum einen himmlischen Tanz aufführen*, dann erwies sich die Musik für Luther als ebenso unerklärliches wie *wunderbares Gottesgeschenk*.[212]

In der christlichen Metaphysik hatte man sich die Engel als Chöre vorgestellt, die angesichts der Schönheit Gottes in Lobgesang ausbrachen und, wie Dante in seiner Göttlichen Komödie erträumte, »das Hosianna aus drei Freudenchören, die sie bilden, in dreigestaltiger Melodie«[213] ertönen ließen. Für Luther waren es die Gläubigen, von denen die neuen Engelschöre gebildet wurden. Nicht länger musste man von himmlischen Harmonien träumen oder in der Kirche lauschen, wie aus dem Altarraum sphärischer Gesang aufstieg. Sondern nun war es die ganze Kirche, die sang und tönte, weil die Christen alle, als wären sie eins, *mit Lust und Liebe singen.*

Wie sich für den Mönch Martinus die »Pforten des Paradieses« nach den Anfechtungen geöffnet hatten, so hob Luthers Gesangsdichtung aus tiefer Trauer, ja Verzweiflung an. Am

1. Juli 1523 waren in Brüssel die lutherischen Augustiner-Eremiten Johann van Esch und Heinrich Voes auf dem Scheiterhaufen verbrannt worden. Während die Flammen hochzüngelten, hatte einer von ihnen halluziniert, es würden Rosen um sie aufblühen.

Als dem Reformator die Nachricht vom Mord an seinen Brüdern überbracht wurde, begann er *innerlich zu weinen*. Im Bewusstsein, dass man beide an seiner Stelle hingerichtet hatte, dichtete er die Ballade von den *zwei Märtyrern Christi*. Das Lied, das mit der Psalmenformel *Ein neues Lied wir heben an* begann, gipfelte in der Wiedergeburt des Glaubens aus dem Tod, den Luther mit dem Erwachen der Natur verglich: *Der Sommer ist hart vor der Tür, der Winter ist vergangen, die zarten Blumen gehen herfür, der das hat angefangen, der wird es wohl vollenden*. Die *zwei jungen Knaben* aber, so versicherte er, waren gar nicht tot, sondern sangen, ihren Mördern zum Trotz, *gar fröhlich* dieses Lied, mit aller Christen *Stimm und Zungen*.[214] Wie Recht er damit hatte, sollte sich bald zeigen: Luthers deutsche Kirchenlieder verbreiteten den Ruhm der Reformation schneller als seine Druckschriften.

9. »Gott ist der Dichter, wir die Lieder«

Für Luther gehörte die Musik eng mit der Theologie zusammen, ja war nahezu identisch mit ihr. Ich *scheue mich nicht, zu behaupten*, schrieb er 1530 an Ludwig Senfl, den Hofkomponisten der katholischen Herzöge von Bayern, *dass es nach der Theologie keine Kunst gibt, die der Musik gleichgestellt werden könnte. Sie allein bringt* wie die Theologie *ein ruhiges und fröhliches Herz. Dafür ist ein klarer Beweis, dass der Teufel, der Urheber trauriger Sorgen, beim Klang der Musik fast genauso flieht wie beim Wort der Theologie.* Und einmal mehr betonte der Musikliebhaber Luther hier seine Verwandtschaft mit den biblischen Propheten: *Daher kam es, dass die Propheten sich keiner Kunst so bedient haben wie der Musik. Sie haben eben ihre Theologie nicht in die Geometrie, nicht in die Arithmetik, nicht in die Astronomie, sondern in die Musik gefasst, damit sie Theologie und Musik in engster Verbindung hätten.*[215]

Auch im Fall der Kirchenmusik erwies sich Augustinus als großer Anreger. »Tief erschüttert« von den Hymnen des Mailänder Bischofs Ambrosius entdeckte er im Chorgesang den »Aufstieg« zur »Welt der Frömmigkeit«. Mit der sinnenfeindlichen Scholastik endete Augustins musizierende Messe. Thomas von Aquin schob ihr einen Riegel vor. »Für das Gotteslob«, so bestimmte er, »kennt die Kirche nicht den Gebrauch von Musikinstrumenten«. In seiner unrhythmischen Strenge blieb der gregorianische Gesang, durch das »Ordinarium Missae« festgeschrieben, jahrhundertelang Maßstab für die Messe. Er klang allerdings nicht wie die freundliche Einladung ins Reich Gottes, sondern wie eine durch das Kirchenschiff hallende Botschaft aus dem Jenseits. Da der Text zudem lateinisch war, blieb dem Kirchgänger nur das Anstaunen ihrer unverständlichen Erhabenheit.

Genau hier setzte Luther an. Schöne Musik allein genügte dem Gläubigen nicht. Er musste auch verstehen, *was* gesungen wurde. Und deshalb war für Luther Musik die *höchste der Künste,* weil bei ihr *die Noten die Worte lebendig machen.*[216] Da es im Gottesdienst um das Wort Gottes ging, so Luther, hatte sich die Musik dem auch anzupassen. *Der Dichter Vergil,* so sagte er einem Mitglied der sächsischen Hofkapelle, *hat mich solches gelehrt, der seine Worte der Geschichte, die er beschreibt, so kunstvoll anpassen kann. Genauso soll auch die Musik alle ihre Noten und Gesänge auf den Text richten.*[217]

Christentum hieß nicht länger, zu glauben, wozu man genötigt war, sondern im Glauben die Freiheit zu finden, die mit sich die Freude am Schöpferischen brachte. *Was Gesetz ist,* sagte der Reformator, *das geht nicht freiwillig von der Hand, sondern man tut's ungern und mit Unlust. Was aber Evangelium ist, das geht mit Lust und allem Willen von der Hand. Also hat Gott das Evangelium gepredigt auch durch die Musik.*[218]

Der neuzeitliche Niedergang der Scholastik fiel nicht zufällig mit dem Aufblühen der vielstimmigen Musik zusammen. Ohne sie hätte es auch keinen Durchbruch des reformatorischen Denkens gegeben. Da Luther nach Noten singen und musizieren konnte, fiel es ihm leicht, die sprudelnde Quelle der neuen Musik für die Reformation nutzbar zu machen. Und umgekehrt, durch das Wort, das er verkündigte, der Musik eine Richtung und, über die Lust am Wohlklang hinaus, einen Sinn zu geben.

Dieser Sinn war nach Luther immer da gewesen. Für ihn bot die Musik nicht das Abbild der Schöpfung, sondern umgekehrt, die Schöpfung bildete gleichsam die Musik ab, die Gott in sich hörte. Da *die Musik von Anfang an zur Schöpfung gehörte*, stimmte alles, was war, in die Schöpfungsklänge ein. *Denn nichts ist ohne Klang*, sagte er, *ja die Luft, die stumm ist und ohne Musik, wird klingend und hörbar, ein wunderbar tiefes Geheimnis.*[219] Und die von sich selbst so überzeugten, im Käfig ihres Ich eingesperrten Menschen, begriffen nichts, weder, wer sie selbst waren, noch dass Gott ihr Schöpfer war. *Er ist der Dichter*, sagte Luther in einem kühnen Bild, *und wir sind die Verse und Lieder, die er macht.*[220]

Der Liederdichter Luther konnte aus dem Vollen schöpfen. *Meine Liebe zur Musik*, schrieb er Ludwig Senfl, *ist über die Maßen groß und sprudelt nur so heraus.*[221] Jede Anregung, ob aus Volkslied, Gregorianik oder weltlicher Instrumentalmusik, nahm er auf, um sie den Bedürfnissen seines deutschsprachigen Gottesdienstes anzupassen. Mit seinem »wunderbaren künstlerischen Sprachempfinden«, so schrieb der Bachorganist Albert Schweitzer, gelang es ihm, »das alte Gut für die neue Kirche zu revidieren, um es nach Bedarf zu ändern und zu bessern. Zugleich dichtete er lateinische Hymnen, Psalmen, liturgische Gesänge und biblische Stücke zu Liedern für den deutschen Gottesdienst um.«[222]

Solcher Gottesdienst, so Luther, klingt heller, lautet besser, schallet weiter denn alle Trommeln, Posaunen, Orgeln, Glocken und was auf Erden lauten mag.[223] Um Gott zu loben, hatte er es gern laut. Um auch *die Einfältigen und das junge Volk* anzulocken, *wollt ich lassen mit allen Glocken dazu läuten und mit allen Orgeln pfeifen und alles klingen lassen, was klingen könnte.*[224] Denn Glaube war, wie die erste Schöpfung, Musik, und nichts ließ das Wort heller ertönen als sie.

Zwei professionelle Musiker, die 1524 über mehrere Wochen seine »Kantorei« im Schwarzen Kloster bildeten, assistierten ihm bei seinen Kompositionen. »Während Walther und Rupff am Tische saßen, über das Notenblatt gebeugt, mit der Feder in der Hand«, so schilderte sein Biograph Julius Köstlin die Zusammenarbeit, »ging Vater Luther im Zimmer auf und nieder und probierte auf der Querpfeife die Melodiengänge, welche ihm zu den von ihm gefundenen Textesworten aus der Erinnerung und aus der Phantasie zuströmten, so lange, bis die Versmelodie als ein rhythmisch abgeschlossenes und kraftvoll gedrungenes Ganzes feststand«.[225]

10. Bach

Entscheidend war für den Reformator immer das Gotteswort, das, solange es nicht verkündigt wurde, tot und nutzlos blieb. Um *in Schwang* zu kommen, musste es eingängig zum Tönen gebracht werden, und dies für alle begreifbar. Die Messe sollte die Menschen nicht länger zu Statisten degradieren, sondern sie mitnehmen und in den Mittelpunkt stellen. Das geschah am besten durch die Musik, die für alle verständlich war. *Ich wollte ja gerne, dass die Messe eine rechte deutsche Art hätte*, sagte der Reformator, denn *es muss beides, Text und Noten, Akzent, Weise und Gebärde aus rechter Muttersprache und -stimme kommen, sonst ist alles ein Nachahmen, wie die Affen tun.*[226]

Luthers Lied- und Psalmendichtungen, in zahlreichen Drucken verbreitet, wurden im ganzen Reich gesungen. Die neue Synthese aus Gotteswort und Gesang veränderte den Gottesdienst von Grund auf. Denn der Priester, sonst unangefochtener Solist, war im Chor nur eine Stimme unter vielen. Und jeder, der in die Musik einstimmte, durfte sich in gewisser Weise als Priester fühlen. Würde den Menschen dies bewusst, so Luther, dann würden sie auch ihren mühseligen Alltag wie einen Gottesdienst empfinden. Wenn *wir rechte Christen wären, so würden wir unser Leben lang nichts anderes singen können denn eitel Magnificat, eitel Confitemini, eitel Gloria in excelsis, eitel Sanctus.*[227] Auf Deutsch natürlich.

Nicht länger war die Kirche der Ort der Distanz des Menschen zu Gott, die von Priestern scheinbar überbrückt, in Wahrheit aber nur vergrößert worden war, sondern der Ort des Gesprächs zwischen Gott und Mensch. Dieses Gemeinschaftsgeschehen gerade im Gesang zu ermöglichen, so predigte Luther 1544, sei der eigentliche Sinn jeder Kirche, nämlich *dass nichts anderes darin geschehe, als dass unser lieber Herr selbst mit uns rede durch sein heiliges Wort und wir wiederum mit ihm reden durch Gebet und Lobgesang.*[228]

Die Erfahrung, dass die Besucher eines Gottesdienstes sich singend zum spirituellen *Gottesvolk* erhoben, führte zu einer kreativen Supernova in der Kirchenlieddichtung. War das erste Luthersche Gesangbüchlein von 1524 noch ein »Achtliederbuch« gewesen, wurde bald darauf das Repertoire durch das »Geistliche Gesangbüchlein« erweitert, für dessen Gestaltung

Luthers musikalischer Berater Johann Walther verantwortlich war. 1545, ein Jahr vor Luthers Tod, fand die Gemeinde im Babstschen Gesangbuch über hundert Lieder, und nach dem Dreißigjährigen Krieg fasste das Leipziger von 1697 unglaubliche fünftausend. Ein Exemplar dieser achtbändigen Leipziger Ausgabe befand sich im Besitz des Kirchenmusikers Johann Sebastian Bach.

Auch wenn die Musik in Luthers innerem Ohr jener, die Bach zweihundert Jahre später schrieb, kaum geähnelt haben dürfte, fand er im Jüngeren doch den kongenialen Komponisten: Auch für Bach war im Glauben Christus selbst gegenwärtig. Wie kein anderer hat dieser gläubige Lutheraner die europäische Musik geprägt, und zwar bis in die Gegenwart. In der Lutherstadt Eisenach 1685 geboren, ging er auf dieselbe Lateinschule wie der Reformator, verdiente sich, wie er, ein Zubrot mit Bettelgesang und verbrachte sein ganzes Leben in einem Umkreis, den man als Kerngebiet der Reformation bezeichnen könnte.

Luthers Hochschätzung der Musik, die er ebenso gegen die ängstliche Selbstbeschränkung der Papstkirche wie die Kunstfeindlichkeit der Schwärmer verteidigte, wurde für den jungen Bach zum Glaubensbekenntnis. Einer seiner Grundsätze war, so Bach-Biograph Martin Geck, »aus lutherischer Theologie gute Musik zu machen«[229]. Hatte der Reformator erklärt, dass jede Predigt in sich Gesang sei, so entwickelte Bach einen Gesang, der in sich Predigt war. Laut einer Randbemerkung in seiner Lutherbibel spürte er, »bei einer andächtigen Musik ist allezeit Gott mit seiner Gnade Gegenwart«[230].

Bach setzte Luther in Musik. Einen Mittelpunkt seines Schaffens bildeten deshalb die Kirchenkantaten, von denen sich drei komplette Jahrgänge erhalten haben. Diesen oratorienartigen Werken legte Bach auch Luthersche Kirchenlieder wie »Ein feste Burg ist unser Gott« zugrunde. Zusammen mit Bibelworten, eigens verfassten Texten und Choralsätzen

entstanden dramatische Predigten, die »Luthers Gottesdienst-
theologie«[231] eine nie gekannte Eindringlichkeit verliehen.
Von vielen Musikwissenschaftlern wurde auch die »deutliche
Nähe von Bachs Kantaten zur Bibel in der Übersetzung Martin Luthers« bemerkt. Selbst dessen mystische Glaubenser-
fahrung fand in der Bachschen Musik ihren Ausdruck. »Vor
allem die Arientexte aus den Passionen und Dialogkantaten«,
sagte der Theologe Peter Zimmerling, »stehen in der Tradition
lutherischer Mystik«. In Bachs Bücherschrank fanden sich
auch Taulers Predigten.

Fast alle Bachschen Kantaten enden mit einem großen
Choral. Dieser evangelische Gemeindegesang, von der Orgel
im Generalbass begleitet, bildete den anderen Mittelpunkt
von Bachs Schaffen, dem sich Hunderte vierstimmig gesetz-
ter Chorsätze verdankten. Die Funktion des würdig ausschrei-
tenden, die Stimmen gleichsam tragenden Generalbasses
sah Bach darin, dass er »das vollkommenste Fundament der
Musik«[232] bildete.

Für Luther wiederum bildete der Gemeindegesang das vollkommenste Fundament des Gottesdienstes. Und der musste,
nach Abschaffung der Priestermesse, von ihm erst einmal
erfunden werden. Ein neuer Glaube forderte einen neuen
Ausdruck, in umgewandelten Kirchen versammelten sich neu
erwachte Gemeinden, aus dem Priester der Kirche musste
der Pastor der Gemeinde werden, mit dem die Gläubigen auf
Augenhöhe blieben. Nach Luther sollte er *unser aller Mund*[233]
sein. Und alles musste tönen und klingen, wie man es nie zuvor
im Gottesdienst gehört hatte.

Die Organisation des Glaubens, mit der Luther sich seit
dem Wartburgaufenthalt beschäftigte, war keine Sache des
Glaubens, sondern der Tat. Luther erwies sich auch hier als
praktisches Genie. Da die Abschaffung der Papstkirche in den
evangelischen Ländern kein Vakuum hinterlassen durfte,
füllte Luther es sozusagen mit seiner eigenen Person und der

seiner Wittenberger Gesandten. Statt des frommen Theaters der katholischen Messe, bei dem den Menschen die Rolle des staunenden Publikums zugedacht war, stand bei Luthers Gottesdienst der Mensch im Mittelpunkt.

Der Rest, die Gemeindeordnung und die neuen Schulen für Jungen und Mädchen, ergaben sich daraus. Jeder, ob Mann oder Frau, sollte fähig sein, die Bibel zu lesen, die Predigten zu verstehen, den Noten im Gesangbuch zu folgen. Luthers Plan folgend, aus jedem Erdenbürger einen mündigen Christenmenschen zu schaffen, war ganz Deutschland bald mit einem dichten Netz von Schulen überzogen, wie es sie zuvor nie gegeben hatte. Die traumatischen Erfahrungen, die ihn in Mansfeld heimgesucht hatten, sollten den Jungen und Mädchen künftig erspart bleiben.

In einem Mahnschreiben von 1524 forderte er *die Ratsherren aller Städte im deutschen Land* auf, *dass sie christliche Schulen errichten und unterhalten sollen*.[234] Da es ihnen offensichtlich nicht schwer fiel, zur Sicherung des *irdischen Friedens* erhebliche Mittel für Festungsbau und Rüstungsgüter aufzubringen, sollten sie ebenso bereitwillig dem geistigen Frieden dienen, indem sie die Erziehung *der bedürftigen armen Jugend* finanzierten und genügend Lehrer dafür einstellten. Dass es heute eine allgemeine Schulpflicht gibt, ist auch auf den begeisterten Pädagogen Luther zurückzuführen. Vergessen hat man heute, dass es ihm dabei hauptsächlich um Gottes Wort gegangen war. Denn *Gottes Wort kann nicht ohne Gottes Volk sein*, sagte er, und *wiederum kann Gottes Volk nicht ohne Wort sein*. Wo aber dieses Wort gelehrt und gepredigt, gesprochen und gesungen wurde, da, so Luther 1539, *ist die rechte Ecclesia sancta Catholica*, das heißt, *ein christliches, heiliges Volk*.[235]

Das bedeutete nicht weniger, als dass für Luther die wahren Gläubigen nicht nur zugleich die wahren Juden waren, sondern auch die wahren Katholiken. Zwar gab es erst *sehr wenige,* aber auch das würde sich ändern. Denn das christliche Leben, so sagte er 1521, *ist kein Frommsein, sondern ein Frommwerden, kein Gesundsein, sondern ein Gesundwerden, kein Sein, sondern ein Werden.*[236] Christ war man nicht, Christ wurde man.

KAPITEL ZWÖLF

»DAS IST MEIN LEIB«

Weil nun Gott die Kunst kann, aus nichts alle Dinge zu machen, so wird er ja das auch können, dass er aus dem, das etwas gewesen ist, wieder etwas machen wird.[237]

1 »Lieber mit Christus fallen, als mit dem Kaiser stehen«

Zu Luthers frohem Gemeindegesang, der überall im Reich zu ertönen begann, bildete die katholische Bedrohung den dumpfen Generalbass. Beim Reichstag in Augsburg 1530 versuchte die evangelische Seite einmal mehr, ihre Glaubensfreiheit gegen den Kaiser durchzusetzen. Luther selbst hatte, aus Gründen der Selbsterhaltung, auf der sicheren Veste Coburg zurückbleiben müssen. Ironisch kommentierte er, hier *fehlt nichts, was zur Einsamkeit gehört*[238]. Für Beschäftigung musste in diesen langen Monaten er selbst sorgen. Er übersetzte die »kleinen« Propheten, lauschte den Nachtigallen und schoss vor Langeweile mit der Armbrust nach Fledermäusen. Der Urheber der Reformation war nicht länger Hauptakteur, sondern nur noch Zaungast. Er ließ sich auch wieder einen Bart wachsen.

Für Luther schien es wie ein Déjà-vu seines Wartburgaufenthalts. Hatte Spalatin damals verhindert, dass seine Werke aus der Burg nach Wittenberg kamen, wusste Melanchthon zu verhindern, dass Informationen aus Augsburg in die Burg kamen. Als Vogelfreier ins »Reich der Vögel« verbannt, litt Luther unter Depressionen. Dazu kam sein Tinnitus, jenes *Gesause und Donner* im Ohr, *gleichsam als bliese* ihm *ein Wind aus dem Kopf*[239].

Bruder Jacob, der die väterlichen Schmelzhütten übernommen hatte, kam zu Besuch, um ihm von der Krankheit des Vaters zu berichten. Hans Luder, mittlerweile aus dem Geschäftsleben zurückgezogen, blickte auf eine wechselhafte Karriere zurück. Nachdem er, wie die Mansfelder Grafen meldeten, in den ersten Jahrzehnten »solide Gewinne hatte verbuchen können«, war er bei einer Kreditgesellschaft in Schulden geraten, die er »seit etwa zwanzig Jahren nicht mehr in der Lage war, zurückzuzahlen«[240]. Als Hans Luder starb, schloss Martin sich weinend in seine Kammer ein.

Zu Luthers Missfallen war sein Verhandlungsgeschick nicht mehr gefragt. Ihm blieb nur, Melanchthons Entwürfe zu begutachten. Ursprünglich kein Theologe, sondern ein Wunderkind in den klassischen und biblischen Sprachen, bewies dieser ein Händchen dafür, wie man die mächtigere Gegenseite besänftigen konnte. Wenn Luther trotzig jeden Kompromiss ablehnte und schrieb, er wolle *lieber mit Christus fallen, als mit dem Kaiser stehen*[241], zog Melanchthon vor, sich mit allen Seiten gutzustellen.

Dessen »Augsburger Konfession«, von den protestantischen Reichsständen einem schläfrigen Kaiser vorgelegt, folgte dem Reformator zwar weitgehend, ging aber für diesen nicht weit genug. Seinem Mitstreiter warf er vor, *dass Ihr bloß Euch selbst glauben wollt und nicht mir*. Seine ernsten Einwände kleidete Luther in spöttischen Ton, etwa als er an Kurfürst Johann schrieb, so *sanft und leise* wie Melanchthon könne er

selbst *nicht treten*.[242] Gegen Kompromisse hatte er nichts ein-
zuwenden, aber dass man sich dabei kompromittierte, das tat
ihm weh.

»Dieser Reichstag«, schrieb der Theologe Hanns Lilje über
Augsburg, »gehört in die Biographie Luthers nur mittelbar
hinein«.[243] Mittelbar, also ohne direkte Zugehörigkeit, das galt
nun für Luthers Stellung zur Welt in jeder Hinsicht. Aus dem
Vorkämpfer war eine Legende geworden, die man nicht länger um Mitwirkung, sondern nur noch um Zustimmung bat.
Auch der Mythos, den er darstellte, erwies sich als Gefängnis. Unübersehbar war er »der alte Luther« geworden, der in
einer glorreichen Vergangenheit zuhause war. Seine Resigna-
tion, gegen die er in ungebrochener Produktivität fast wütend
anschrieb, drückte sich in körperlichen Leiden aus.

Kaum ein Zeitgenosse dürfte so viele und detaillierte Be-
schreibungen seiner Krankheiten hinterlassen haben wie er.
Er litt unter Herzbeklemmungen und Verdauungsstörungen,
Rheuma und Nierenkoliken, auch unter Schlaflosigkeit, dieser
altvertrauten Bühne seiner Anfechtungen. Des Nachts, sagte
er einmal, sei ihm *der Teufel näher als meine Käthe*. Zu allem
Überfluss hatte er ein Geschwür am Bein, das ihn am Gehen,
und den Star im Auge, der ihn am Sehen hinderte.

Wiederholt klagte er über Anfälle, bei denen auf seine
Ohrgeräusche schwere Schwindelgefühle und Schwerhörig-
keit folgten. Moderne Mediziner diagnostizierten dies als typische Symptome der Menièrschen Krankheit. Dabei führte
eine Fehlfunktion im Innenohr zu einer »massiven Störung
des Gehör- und Gleichgewichtsorgans«, die anfallsweise auftrat. Die eigentliche Ursache der Krankheit, bei der Luther sich
wie *im Tod und in der Hölle hin und her geschleudert*[244] fühlte,
blieb bis heute unbekannt.

Das vielleicht Bedrückendste für den späten Luther war der
Geburtsfehler, an dem die Reformation von Anfang an krankte.
Sie stand unter Aufsicht. Ohne Protektion der Landesherren,

das wusste er wohl, wäre sie sang- und klanglos untergegangen. Aber so marschierte sie munter mit im Tross der Politik. Immerhin verdankte sie den Fürsten, dass sie das Vakuum füllten, das nach dem Untergang der Priesterherrschaft entstanden war. Dass es ohne die Landesherren keine Kirche gegeben hätte, die statt römisch-katholisch nun evangelisch-lutherisch war, hatte er als einer der Ersten begriffen. Die Abhängigkeit, in die das Gottesreich dadurch geriet, nicht minder.

In vielem hatte sich durch ihn die Welt auch zum Guten gewandelt: Der Gottesdienst war vom Gottestheater zum Gottesgespräch geworden, das nicht endete, wenn die Kirche »aus« war, sondern *ein ewiges Gespräch zwischen Gott und Mensch*[245] blieb. Mit der deutschen Bibel wanderte das Wort von der Kanzel in die Wohnzimmer. Luthers Katechismus half, die Einübung in den Glauben aus den Kirchen in Schulen und Wohnungen zu bringen. Neue Musik belebte die Kirchen, und Kirchengesang ging in Hausgesang über. Zudem bedurfte man zur christlichen Wegweisung keines Priesters mehr: Für die Seinen wurde jeder »Hausvater« zum Glaubenslehrer.

Doch diese »Demokratisierung« des Glaubens hatte ihren Preis: Sie war ohne staatliche Autorität nicht durchzusetzen. Der Fürst wurde zum heimlichen Bischof, die Kirche leistete gutgläubig Gefolgschaft. Wie sie sich fürstlichen Wünschen zu beugen hatte, lieferte sie ihrerseits die christliche Rechtfertigung für alles, was sich irgend rechtfertigen ließ. Am Ende sogar die Bigamie des großmütigen Philipp von Hessen.

In seiner Zwei-Reiche-Lehre hatte Luther die freiwillige Selbstkontrolle des Staates gefordert. Weil die Gemeinde nun einmal *einem anderen Schutzherren*[246] gehorche, durfte die Obrigkeit nicht in Belange des Glaubens eingreifen. Dagegen betonte Melanchthon, dem Bündnis über Bekenntnis ging, die Autorität des Staates in Glaubenssachen. »Die Würde der weltlichen Obrigkeit«, so der Historiker Ranke, »hob er auf das nachdrücklichste hervor«.[247]

Unter ihren frommen Landesherren lernten die freien Christenmenschen auf das nachdrücklichste, sich zu ducken. Glauben mutierte zu Gefolgschaft. Vergessen war, was Luther von Obrigkeiten wie Kaisern und Königen gesagt hatte, dass sie keinesfalls *Beschirmer des Glaubens* seien, sondern *gemeinhin die ärgsten Feinde der Christenheit und des Glaubens.*[248] Überleben hatte seinen Preis.

2. »Nie wieder Wittenberg«

Luthers letzte Lebenswochen glichen einem absurden Theater, dessen Höhepunkt und Resultat sein Tod bildete. Dass er am 18. Februar 1546 in Eisleben starb, hatte viele Ursachen. Fast alle wären zu vermeiden gewesen. Aber jeder wollte sich vom großen Mann eine Scheibe abschneiden. Die Seite, die seine Anstrengungen beanspruchte, forderte zu viel von ihm, und er zu viel von sich.

Am Ende seines Lebens schloss sich für ihn der Kreis. War er einst von Eisleben und Mansfeld ausgezogen, kehrte er, 63 Jahre später, in umgekehrter Reihenfolge zurück. Als hätte er noch nachträglich einen Wunsch seines Vaters erfüllen wollen, begab er sich dabei auf juristisches Terrain. Sein Ärger darüber trug zu seinem Tod bei.

Und wie kam es zu dieser fatalen Konstellation? Ohne Not ließ er sich als Vermittler in einen erbitterten Zank um Rechte und Vollmachten hineinziehen. Statt des Abendmahlsstreits, bei dem es für ihn um alles gegangen war, stand hier für ihn selbst nichts auf dem Spiel als sein Leben.

Dagegen ging es für die Mansfelder Grafen, die auf Martin Luthers Anwesenheit Wert legten, um Familienstolz und Selbstbehauptung. Man stritt sich nicht um Gott, sondern

Geld. Dafür war man zu jedem Opfer bereit, zumal wenn es ein anderer bringen musste.

Ausgerechnet in den bitter kalten Weihnachtstagen 1545 arbeitete der Reformator sich, weit weg von Wittenberg, in die Querelen und Quisquilien der Grafenfamilien ein. Nicht als Mann Gottes war er gefragt, sondern als geduldiger Vermittler, mit dessen Versöhnungsversuchen man nach Gutdünken verfahren konnte. Meist wurden sie zurückgewiesen. Er selbst fühlte sich dabei *gemartert*, aber keiner wollte es bemerken. Mancher doch. Noch am Tag, an dem Luther starb, schrieb Kurfürst Johann Friedrich von Sachsen einen Brief an sämtliche Mansfelder Grafen. Mit kaum unterdrücktem Ärger wies er sie darauf hin, dass es besser gewesen wäre, »wenn Martinus als alter, abgearbeiteter Mann mit diesen Sachen verschont geblieben wäre«[249].

Die Beschreibung des Kurfürsten entsprach Luthers eigener Sicht. Entnervt von der Vergeblichkeit seiner Anstrengungen und der Untätigkeit, zu der ihn die verhandlungsfreien Tage zwangen, beschrieb er sich als *armer, abgelebter, fauler, müder, kalter und nun auch einäugiger Mann*[250]. Als sein Berater Melanchthon nach zwei Wochen erkrankte, konnte Luther zwischendurch in Wittenberg eine Pause einlegen.

Die Stadt, von der aus er *das Papsttum gestürmt* hatte, gab es schon lange nicht mehr. Das Kaff *am Rande der Zivilisation*, wo dreißig Jahre zuvor das Licht des neuen Glaubens aufgegangen war, hatte sich zu einem Zentrum der Zivilisation entwickelt. Aus dem Städtchen war eine Stadt mit europaweiter Berühmtheit geworden. Das lag hauptsächlich an Luther selbst, aber auch daran, dass man als Deutschlands führende Universitätsstadt galt. Wittenberg war Lutherstadt, aber war es auch noch Luthers Stadt?

In der rundum erneuerten Heimat fühlte sich der Prophet nicht mehr wohl. Denn mit dem Glauben, den man nach ihm benannt hatte, war es nicht mehr weit her. Nachdem man dem neu entdeckten Christus die Reverenz erwiesen hatte, legte man religiösen Schongang ein. Zwar betete man keine Heiligenfiguren und Bischöfe mehr an, doch da der Messebesuch im Himmel keine Fleißpunkte mehr brachte, blieb man immer öfter zuhause. *Ja, wenn Christus noch einmal in Menschengestalt einherging,* so sagte Luther lange vor Dostojewski, *würde man ihn abermals kreuzigen.*[251]

Oft fühlte der Reformator sich wie in ein menschliches Bestiarium versetzt. Hatte er schon früher über die Wittenberger gesagt, er wolle *solcher Säue nicht ein Hirt sein*[252], klagte er später über ihr *Brummen und Murren* im Gottesdienst und empfahl, *sie sollten unter die Kühe und Schweine gehen,*[253] wo man sie besser verstehen würde. Statt sich vom Pfingstfeuer mitreißen zu lassen, saßen sie da *wie die Klötze*[254]. Mehrmals verließ er aus Protest den Gottesdienst. Das Geschenk des Glaubens, um dessentwillen sie vor Freude hätten springen und Psalmen singen sollen, ließ die Gemeinde kalt.

Schon 1532 hatte er dem Kurfürsten versichert, *wenn ich ein Haus bauen wollte, so wollt ich es wahrscheinlich nicht in diesem Säustall bauen.*[255] Und im Jahr vor seinem Tod schrieb er seiner Frau, am liebsten würde er *nie wieder nach Wittenberg zurückkehren.* Da in seinen Augen auch die Sitten sichtbar verlotterten, die Mädchenmode in Entblößungen wetteiferte und die Studenten, statt die Bibel zu lesen, in den Speckwald zu den Huren liefen, fasste er seinen Überdruss in den Worten zusammen: *Nur weg aus diesem Sodom!*[256]

Vielleicht kam da die gräfliche Einladung gerade recht. Schon immer war Luther stolz gewesen auf Mansfeld, diese *edle und berühmte Grafschaft,* und nicht minder, dass *meinen Vater und mich persönlich fast alle meine gnädigen Herren*[257] kannten. Nun kehrte er also, aus aktuellem Anlass, in seine Vergangenheit zurück. Wie damals wurde die Ortschaft vom Schloss überragt, doch war die Anlage weit größer und eindrucksvoller geworden. Nach einer Erbteilung waren 1501 für drei Familien drei verschiedene Schlösser, eines prächtiger als das andere, errichtet worden. Ihre gegenseitigen Antipathien lebten sie in Rechtsstreitigkeiten aus.

Finanziert wurde die ganze Herrlichkeit mit dem Kupfer- und Silberreichtum der gräflichen Bergwerke. Von deren sogenannten »Herrenfeuern« hatte erst sein Vater, dann Bruder Jacob und drei Schwäger mehrere gepachtet. Sie alle lebten von der Gunst der Grafen, was sie Luthers Verwandtschaft auch empfindlich spüren ließen.

3. Letztes Logis beim Stadtschreiber

Seit Beginn der Reformation war für Luther der drei Jahre jüngere Graf Albrecht von Mansfeld der Ansprechpartner. Als kurfürstlicher Rat hatte er den neuen Glauben bereits 1525 eingeführt, wobei ein Teil seines Adelshauses schon aus Feindschaftsgründen beim alten Glauben geblieben war. Aus notorischem Geldmangel entschied er 1536, mehr Gewinn aus seinen Silberbergwerken zu ziehen. Das wiederum konnte nur gelingen, wenn man den der Pächter schmälerte und sie am besten gleich zu Angestellten degradierte.

Genau dies widerfuhr Bruder Jacob und Luthers drei Schwägern, den Herren Mackenrot, Kaufmann und Pollner. *Euer Gnaden fühlen selbst wohl*, schrieb daraufhin ein entrüsteter Reformator an Graf Albrecht, *wie Sie, bereits kalt und auf den Mammon geraten, gedenken sehr reich zu werden.*[258] Sein sarkastischer Unterton kam beim Adressaten nicht gut an. Wütend soll Albrecht den Brief zu Boden geworfen haben und darauf herumgetrampelt sein.

Statt von seiner kapitalistischen Geschäftspolitik zu lassen, inspirierte er seine Neffen Philipp und Johann Georg, mit ihren Schmelzhütten nach derselben rabiaten Methode zu verfahren. Auch sie erhielten zornige Post aus Wittenberg. Darin warnte Luther, wie die jungen Grafen ihren *Untertanen nehmen, was ihr eigen ist, so wird ein jeder Oberherr den Unterherren fressen, und wie der Edelmann den Bauern, genauso der Fürst den Edelmann.*[259] Menschliches Bestiarium überall.

Das Albrechtsche Geschäftsmodell erwies sich als so erfolgreich, dass die Mansfelder Sippschaft damit einen neuen Zankapfel gefunden hatten. Zur Schlichtung ihres Familienzwists begab sich Luther, begleitet von seinen Söhnen Hans, Martin und Paul, am 23. Januar 1546 auf seine letzte Reise. Als sie im Planwagen, durchgerüttelt und halb erfroren, Mansfelder Gebiet erreichten, war wie für einen Fürsten eine ganze Kompanie Berittener für sie angetreten.

Unter »Abfeuerung des Geschützes und Läutung der Glocken« wurde der Reformator, so ein späterer Biograph, in Eisleben »nicht als ein Prophet, sondern als ein Fürst«[260] empfangen. Zum Feiern war ihm nicht zumute. Kälte und eisiger Wind, der durch die Plane pfiff, hatten ihm zugesetzt. Da er zudem, aus *Torheit*, eine Strecke zu Fuß gegangen war, befiel ihn kurz vor Eisleben *eine Ohnmacht und auch ein Herzanfall.*[261] Leider war für den Ehrengast in Albrechts Stadtresidenz kein Zimmer frei, weshalb er im Haus des Stadtschreibers Johann Albrecht logieren musste.

In den nächsten Tagen gab es für Luther erwartungsgemäß neue Strapazen. Die Verhandlungen, statt zügig geführt zu werden, wurden immer wieder wegen anderweitiger Verpflichtungen der Grafen tagelang unterbrochen. Luther saß auf Abruf. Kam man endlich zusammen, fuhr nach jeder Einigung *der Satan dazwischen*, und zwar in Gestalt der Juristen, die, statt eine schnelle Einigung anzustreben, »den Streit hegten und pflegten«.

Seit Erfurter Studientagen hatte sich Luthers Abneigung gegen die Rechtspfleger nicht verändert. Er bezeichnete sie als

Pest des Menschengeschlechts[262]. Die Streitpunkte, mit denen Luther sich neunzehn Tage lang abquälen musste, waren vielfältig, und doch keiner so gravierend, dass man sie nicht mit weniger Aufwand und vor allem ohne ihn hätte bereinigen können. Statt dessen musste der Mann, der die Herren der Welt in die Schranken gewiesen hatte, den Streit über die Besetzung der Pfarrstelle an der Andreaskirche schlichten, im alten Zank um die Rechte der Eislebener Neustadt vermitteln, vor allem aber die unwahrscheinliche Versöhnung der feindlichen Brüder Albrecht und Gebhard vorantreiben. Nicht die Gegenstände des Streits schufen die Probleme, sondern die auf Streit programmierten Grafen mit ihren unsäglichen Anwälten. Eisleben, so klagte er, sei schlimmer als Babylon: *Dort konnte keiner den anderen verstehen, hier wollte keiner den anderen verstehen.*[263]

Der einzige Streitpunkt, der Luther selbst betraf, war die Enteignung seiner Verwandtschaft. Seit der fragwürdigen Umwandlung der verpachteten Schmelzöfen vor fünfzehn Jahren lagen ihm Bruder und Schwäger mit ihrem Leid in den Ohren. Dazu kam die Sorge, väterliche Schulden nicht zurückzahlen zu können, weil die Grafen zwar die profitablen Anlagen, nicht jedoch die Altlasten der ausgebooteten Pächter übernommen hatten. Luther prangerte das als *unchristlich und unmenschlich*[264] an.

Ich denke, so fasste er mit bitterem Humor die Tage zusammen, die seine letzten sein sollten, *die Hölle und die ganze Welt müsse jetzt leer sein von allen Teufeln,* da sie *vielleicht alle um meinetwillen hier zu Eisleben zusammengekommen sind.*[265] Immerhin schien seine Anwesenheit nützlich gewesen zu sein, da endlich die erhofften Vergleiche zustande gekommen schienen. Doch schon die folgenden Tage zeigten, dass fast alles für die Katz gewesen war.

4. »Das Sterben tötet nicht, sondern hilft zum Leben«

Zumindest war Luther in seinen letzten Tagen überzeugt, dass er die Streithähne versöhnt hatte. Erleichtert schrieb er an Käthe, er habe die jungen Grafen *fröhlich* mit Schlitten davonfahren sehen, an denen wie zum Abschiedsgruß *die Narrenglöcklein*[266] läuteten. Nach einem neuerlichen Schwächeanfall legte er sich endgültig zu Bett, doch die erwünschte Ruhe fand er nicht. Bald drängten sich im Haus des Stadtschreibers wohlmeinende Besucher wie Graf Albrecht und seine Frau, die nach Kräften bemüht waren, ihren unpässlichen Gast etwa mit »geschabtem Einhorn«, einem bewährten Wundermittel, wieder aufzubringen. Albrechts Gemahlin Anna, geborene Gräfin von Honstein-Klettenberg, rieb ihn persönlich mit Rosenessenz und Aquavit ein.

Alles was man mit ihm anstellte, trug mehr zu seiner Aufregung als Beruhigung bei. Medikamente, die ihm Erleichterung gebracht hätten, gab es noch nicht. Und der bei Ärzten beliebte Aderlass half nicht. Zu allem Überfluss bedrängte man ihn dann noch mit der befremdlichen Frage, ob er »auf Jesus Christus sterbe und die Lehre, so Ihr in seinem Namen getan, bekenne?« Was anderes hatte man denn erwartet als sein »Ja«?

Vielfach geschwächt durch Erkältung, Atemnot und den Stress, den die rastlos um ihn Bemühten verursachten, erlitt Luther einen Herzinfarkt[267]. Am 18. Februar 1546 gegen drei Uhr morgens war sein Sterbebett dicht umdrängt. Die Söhne Martin und Paul standen da, außerdem zwei Ärzte, mehrere seiner Theologenfreunde und auch sein treuer Diener Ambrosius. Vielleicht war er es, der dem Sterbenden, der sich zur Seite gerollt hatte, wiederholt »ins Gesicht leuchtete«, um Gewissheit über seinen Zustand zu erlangen.

Fast vollzählig hatten sich auch die an seinem Tod Mitschuldigen eingefunden, jene evangelischen Grafen vom Mansfelder Schloss, die sich für den Nabel der Welt hielten. Außerdem erwiesen ihm ein Fürst von Anhalt und ein Graf von Schwarzburg die Ehre, nicht zu vergessen sein Gastgeber, Stadtschreiber Albrecht mit Gemahlin. Auf einen letzten Gruß Luthers an Käthe wartete man vergeblich. Nachdem er noch einmal »einen tiefen, jedoch sanften Atem geholt« hatte, war er verschieden, »ohne dass er einen Finger oder ein Glied geregt«[268] hätte. Dann befühlte man seine Nase, und sie war kalt.

Für Luther kam der Tod weder überraschend noch unerwünscht. *Ei, Lieber, es ist nichts, das Sterben*, hatte er einmal geschrieben, *es ist allein eine väterliche Rute; es ist nicht Zorn, es ist eine milde Züchtigung; es ist nicht ernst, er züchtigt mich so wie ein lieber Vater sein liebes Kind. Es tut wohl ein wenig wehe und ist nicht lauter Zucker, sondern es ist eine Rute, aber sie tötet nicht, sondern hilft desto eher zum Leben.*[269]

Tatsächlich, so sagte er ein andermal, *ist die Angst vor dem Tod der Tod selbst und nichts anderes.*[270] Zwar hatte Gott den Menschen aus dem Nichts hervorgerufen, aber das hieß noch nicht, dass sein Geschöpf damit dem Nichts entronnen war. Denn das Nichtsein war immer gegenwärtig geblieben, im alles verschluckenden Raum, der alles verschlingenden Zeit und dem Ich, das sich aus Angst davor an die eigene Nichtigkeit klammerte. Stieß Gottes Liebe im Menschen nicht auf Gegenliebe, dann verhallte der Mensch wie das gesprochene Wort, das ohne Antwort blieb, im leeren Raum.

Spürte er dagegen die Gegenwart Gottes und antwortete mit seinem ganzen Dasein auf dieses Geschenk, dann wurde das, was wie der bittere und endgültige Untergang alles Lebendigen erschien, zur Neugeburt. Denn *der Weg, den man im Sterben geht*, so Luther, *ist wohl sehr eng, er ist aber nicht lang. Und es geht hier zu, wie wenn ein Kind aus der kleinen Woh-*

nung in seiner Mutter Leib mit Gefahr und Ängsten geboren wird in diesen weiten Himmel und Erde.[271]

Im Leben eines Christen geschah dies Wunder nicht nur einmal. Solange er es nicht erfahren hatte, war er für Luther auch kein rechter Christ. Christsein hieß für ihn, *die beständige Gegenwart des Todes empfinden* und doch immer *von neuem geboren werden.*[272] Seit Jugendtagen hatte er in seinen Anfechtungen verschiedene Weisen des seelischen Sterbens kennen gelernt, die ihm allesamt schlimmer schienen als die rein körperlichen. Und das galt für jeden Menschen. Ohne dass es einem bewusst war, starb man unzählige Male. Nicht das Ende des Lebens war der wahre Tod, sondern das Sterben während des Lebens.

Umgekehrt geschah nicht am Anfang des Lebens die wahre Geburt, sondern dann, wenn der Mensch aus dem Tod seines illusorischen Ich zum wahren Leben erwachte. Und dazu gehörte nicht nur die unsterbliche, das heißt, Raum und Zeit nicht mehr unterworfene, Seele, sondern auch der Leib, oder, wie Luther sagte, *den Körper will ich mit haben*[273]. Christsein bedeutete Wiedergeborenwerden in Leib und Blut. Das konnte immer geschehen. Im Glaubensbekenntnis hieß das »Auferstehung des Fleisches«.

Kaum war Luther gestorben, erhob sich ein Streit über seine letzte Ruhestätte. Die noch am selben Tag geäußerte Absicht der Mansfelder, ihren berühmten Sohn bei sich behalten zu dürfen, wies der Kurfürst zurück. Luther sollte liegen, wo er zu Luther geworden war. Seiner Anordnung entsprechend wurde der Zinnsarg des Verstorbenen, der unter einer schwarzen Samtdecke lag, nach Wittenberg überführt, wo er in der Schlosskirche Friedrichs des Weisen begraben wurde. Die Reliquien, die einst Luthers Zorn ausgelöst hatten, waren längst verschwunden. Nun war er die Reliquie.

Schon im Jahr darauf stand Karl V. an Luthers Grab. Nach der für den evangelischen »Schmalkaldischen Bund« desaströsen Schlacht von Mühlberg am 24. April 1547 musste sich Wittenberg, obwohl zur »festen Burg« ausgebaut, ergeben. Für die Protestanten bedeutete es, dass ihre politischen Führer, Kurfürst Johann und Landgraf Philipp, hinter Gitter kamen. Seiner Enthauptung konnte Luthers einstiger Patron nur dadurch entgehen, dass er die Kurwürde aufgab. Demütigend war sein Schicksal auch weiterhin. Zusammen mit Philipp blieb er bis 1552 persönlicher Gefangener des Kaisers, der die beiden Lutheraner wie Trophäen mit sich durchs Land führte.

Was der Sieg über den Schmalkaldischen Bund für Karl V. bedeutete, ließ sich an dem Gemälde ablesen, das er im Folgejahr beim Malerfürsten Tizian in Auftrag gab: Es zeigt den 47-jährigen »Verteidiger des Glaubens« geharnischt und hoch zu Ross, die Lanze des Drachentöters in der Hand. Warum Luthers großer Gegner in Wittenberg auf die übliche Prozedur der Papstkirche verzichtete, den Leichnam eines Ketzers zu exhumieren und auf dem Scheiterhaufen zu verbrennen, ist unbekannt.

Für Katharina blieb nach Luthers Tod nur die Erinnerung, samt der bitteren Erkenntnis, »dass sich jeder so fremd gegen mich stellt und niemand sich meiner annehmen will«[274]. Für ihre und ihrer Kinder gesicherte Existenz war nicht vorgesorgt. Seine herausragende Position hatte der Reformator nicht zur Vermögensbildung genutzt. Zwar hatte er sich von seiner Universitätszeit bis zum Mansfelder Streit für andere krank gearbeitet, aber als Mann Gottes niemals Honorar verlangt. So wenig wie er am Gewinn seiner Werke, die halbe Bibliotheken füllten, beteiligt war. Dank der Reformation prosperierten ganze Branchen, aber er selbst hinterließ seiner Frau Schulden.

Auch das Testament, das er selbst aufgesetzt hatte, *weil man ihm mehr als einem Notar glauben müsse*,[275] erwies sich als ungültig. Wenn er in seiner letzten Aufzeichnung schrieb, *Wir sind Bettler, das ist wahr*,[276] so konnte Käthe dem nur zustimmen. Allerdings hatte er das seltsame Wort anders gemeint. Denn seiner finanziellen Abstinenz lag kein Defizit an Geschäftssinn, sondern eine bewusste Einstellung zugrunde.

Reichtum, so sagte er, *ist das geringste Ding auf Erden und die allerkleinste Gabe, die Gott einem Menschen geben kann. Darum gibt unser Herrgott gewöhnlich Reichtum nur den groben Eseln, denen er sonst nichts gönnt.*[277] Und er dankte *Gott von Herzen, dass du gewollt hast, dass ich auf Erden sollte arm und ein Bettler sein.*[278]

5. Die ganze Welt in einer Nussschale

Vermutlich lässt sich im Leben eines jeden Menschen ein Wort oder eine Handlung finden, die es wie im Brennglas zusammenfassen. Wer dieses Detail kennt, kennt den ganzen Menschen. Offensichtlich wird dies meist erst nach dem Tod. Dann erkennt man im Überschreiten des Rubikon den ganzen Cäsar, im Wort »Ich habe einen Traum« den ganzen Martin Luther King. Dann kann *eine* Tat oder *ein* Wort mehr sagen als alle Taten und Worte dieses Menschen zusammen.

Auch im Leben Jesu findet sich ein solcher zeitloser Augenblick in Wort und in Tat. Fast unscheinbar kam in ihm sein ganzes Dasein zum Vorschein. Wie es die Paradoxie wollte, geschah es kurz vor dessen Ende. Christus nahm im Abendmahl sein Sterben vorweg, und damit seinen Tod in sein Leben hinein. Es war sozusagen die Kreuzigung vor der Kreuzigung, seine eigene, selbst gewollte und selbst vollzogene. Es war das Testament eines so gut wie Gestorbenen. Wer darum wusste, wusste, wer er war. Wer daran teilnahm, nahm ihn in sich auf.

Nach Luther geschah das Sich-Verschenken Christi nicht metaphorisch, sondern wirklich, was nach menschlichen Begriffen mit »in Fleisch und Blut« ausgedrückt wurde. Damit

war nicht der biologische Körper mit seinen einzelnen Bestand-
teilen gemeint, sondern dessen wirkliche, das heißt reale, konkrete Gegenwart. Deshalb, so erklärte Luther halb im Scherz,
sagte Jesus nicht, »*Peter, da friss du meinen Finger, Andreas,
friss du meine Nase, Johannes, friss du meine Ohren*«, sondern:
»*Es ist mein Leib, den nehmet und esset.*«[279] Denn ich bin's
ganz und gar. In diesem Vorgang, in dem er sein Leben den
anderen Menschen schenkte, lag Christi ganzes Leben. Dass sie
dadurch eins mit ihm und durch ihn mit Gott wurden, war für
Luther das Christentum in der Nussschale.

Auch im Leben des Reformators fand sich ein Ereignis, das
alle anderen wie im Brennglas zusammenfasste. Eingebettet in
eines der zahllosen Streitgespräche, in die er verwickelt war,
geschah es so beiläufig, dass es zwar notiert, aber nicht weiter kommentiert wurde. Man übersah, dass der Reformator,
indem er etwas verhüllte, alles enthüllt hatte. Dass es auch
dabei um das Abendmahl ging, war kein Zufall.

Das betreffende Ereignis fand 1529 statt, als die Existenz
des neuen Glaubens auf dem Spiel stand. Auch die Luthers persönlich. Denn Kaiser Karl V. war nicht länger gewillt, Abweichungen von der Einheitsreligion hinzunehmen. »Ich schwöre
zu Gott und seinem Sohne«, hatte er gesagt, »dass nichts in
der Welt mich so bedrückt wie die Häresie Luthers«.[280] Der
»Ausrottung der verdammten lutherischen Sekte«, wie sie
der Regensburger Konvent gefordert hatte, war er ein großes Stück näher gekommen. Vergeblich protestierten auf dem
Reichstag in Speyer die lutherischen Fürsten und Städte gegen
ihre Kriminalisierung. Eine militärische Entscheidung war nur
noch eine Frage der Zeit, und deren Ergebnis ließ sich vor-
aussehen. Karl V. hatte schon ganz andere Gegner zur Strecke
gebracht.

Zur äußeren Bedrohung der Reformation kam eine innere,
die schon seit Karlstadts und Müntzers Tagen nicht weniger gefährlich und ebenso folgenreich war. Hatten die beiden

gegen den vermeintlichen Übervater aufbegehrt, verweigerte ihm auch die nächste Generation der Rebellen die Gefolgschaft. Zum Stein des Anstoßes wählten sie ausgerechnet den Glaubenssatz, der für Luther im Mittelpunkt stand: das Abendmahl. Mit seiner Vorstellung, der Gottessohn sei in einer Oblate und einem Schluck Rotwein leibhaftig gegenwärtig, taten sich selbst seine Anhänger schwer.

Ohne Zögern war man Luther bei der Abschaffung der scholastischen »Transsubstantiation« gefolgt. Doch auch Christi höchstpersönliche Anwesenheit, die Luther predigte, schien jeder Vernunft zu widersprechen. Bei der Entrümpelung der alten Kirche hatte man deshalb das Geschenk Christi in seiner wörtlichen Form gleich mitentrümpelt. Nur noch als Sinnbild und Symbol konnte es vor dem Gerichtshof des gesunden Menschenverstandes bestehen. Wer die Abendmahlsworte zur Wirklichkeit erklärte, musste entweder Katholik oder von Sinnen sein.

Angeregt durch Andreas Karlstadt, profilierte sich der Schweizer Ex-Priester Huldreich Zwingli als Vordenker des allgemein verständlichen Abendmahls. Nachdem er die postlutherische Reformation in der Schweiz durchgesetzt hatte, griffen seine Lehren auch auf evangelisches Reichsgebiet über. Selbst Luthers engste Mitarbeiter wie Philipp Melanchthon zeigten sich von Zwingli »tief bewegt«[281] und bemühten sich, dessen strikte Position mit jener der Gegenseite zu versöhnen. Doch der Reformator wollte nicht.

6. Religionsstreit unter Quarantäne

Da zum innerevangelischen Streit noch die katholische Kriegsdrohung kam, ergriff der 25-jährige Landgraf Philipp von

Hessen die Initiative. Der Mann mit den großen Augen und dem spitz gezwirbelten Schnurrbart schätzte Luther schon, seit er 1521 in Worms wegen heikler Ehefragen bei ihm vorstellig geworden war. Sechs Jahre darauf finanzierte er in Marburg mit konfisziertem Klostervermögen die erste evangelische Universität. So sehr er die kaiserlichen Truppen fürchtete, glaubte er doch an einen Sieg der evangelischen Lager. Vorausgesetzt sie einigten sich. Doch davon waren sie weit entfernt. »Unsere Gelehrten«, so beklagte er sich gegenüber Kurfürst Johann von Sachsen, stritten sich »um leichter oder sonst diskutierbarer Sachen willen, daran doch unser Glauben und Seligkeit nicht gelegen«[282] waren.

Sowohl Luther wie seine Widersacher sahen das anders. Ihre Seligkeit stand durchaus auf dem Spiel. Die Marburger Auseinandersetzung um Christi konkrete Gegenwart ist Teil der Kontroverse, die als reformatorischer »Abendmahlsstreit« in die Geschichte eingegangen ist. Vor dem existenzbedrohenden Hintergrund der militärischen Fehde hatte der Landgraf den Aufbau einer schlagkräftigen Armee geplant. Bevor er die Truppen aller evangelischen Länder zusammentrommeln konnte, musste er allerdings die zerstrittenen Parteien versöhnen. Und zur Vorbereitung dieser Einheitsfront lud Philipp die Wittenberger, Schweizer und oberdeutschen Reformatoren auf sein Schloss in Marburg ein.

Anfang Oktober 1529 versammelten sich dort Theologen aus allen Landesteilen, darunter mit dem 45-jährigen Luther und dem gleich alten Zwingli die Wortführer der beiden Lager. Luther nannte ihn *Herr Zwingel*, dieser ihn »Herr Doktor«.[283] Besonders hervorgehoben wurden von Beobachtern die bäuerisch stolze, ansonsten »edelmütige« Art Zwinglis, der in seinem schwarzen Waffenrock mit Degen auftrat. Rückblickend war sein martialischer Auftritt ein schlechtes Omen, denn fast auf den Tag zwei Jahre darauf wurde er in der Schlacht bei Kappel von katholischen Soldaten erschlagen.

Mit ihm am Marburger Verhandlungstisch saßen der ebenso kämpferische wie »verschlagene« Straßburger Reformator Bucer, der beredte Melanchthon und Luther selbst, der, wie ein fürstlicher Hofmann gekleidet, als besonders »scharfsinnig« auffiel. Die Zwinglianer machten keinen Hehl daraus, dass sie ihn für »einen Diktator in Glaubenssachen«[284] hielten. Er wiederum betrachtete sie als irregeleitete »Schwarmgeister«. Beide Seiten waren voll gerüstet, trotz allem aber guten Willens. Ein vergleichbar prominent besetztes Reformatorentreffen sollte es nie wieder geben.

Philipps Gäste wurden auf dem fürstlichen Schloss »königlich bewirtet«. Da es wegen einer grassierenden Epidemie, »Englischer Schweiß« genannt, unter Quarantäne stand, blieben die Konferenzteilnehmer unter sich. Emotional wurde es gleich zu Anfang: Unter Tränen bat der Landgraf die Parteien um Einigung. Auch dem Züricher Herausforderer, der um Luthers Freundschaft warb, »gingen die Augen über«, weil für diesen beim Glauben die Freundschaft aufhörte. Denn den Glauben, wie er ihn verkündigte, sah Luther weniger durch Kaiser Karls Kanonen als durch Zwinglis Ablehnung seines Abendmahls bedroht.

7. »Christus ist kein Gedanke, sondern eine Wirklichkeit«

Ab sechs Uhr morgens ging es im Rittersaal zur Sache. Eigentlich hatte man sich kollegial auf ein »öffentliches, freundliches und undisputierliches Gespräch« geeinigt. Doch mit der Freundlichkeit war es schnell vorbei, und der Meinungsaustausch wuchs sich zu einer handfesten Disputation aus, bei der man sich gegenseitig die Bibelstellen um die Ohren schlug.

Zwischendurch unterstrich Philipp den militärischen Hintergedanken der Veranstaltung, indem er über eine in Marburg entwickelte neue Kanonenkugel berichtete, die dicke Mauern durchdringen und anschließend auch noch explodieren konnte. Vereint nahm man dann einen »Imbiss« ein.

Nicht nur Zwingli und die Straßburger Reformatoren, sondern selbst der junge Landgraf waren bestürzt, dass Luther in Sachen Abendmahl jeden Kompromiss kategorisch ablehnte. Er tat es unter anderem deshalb, weil Christus für ihn *kein Gedanke, sondern eine Wirklichkeit*[285] war, weshalb auch seinem Leib und Blut, in welcher Form immer, Wirklichkeit zukam. Das war schwer nachvollziehbar, aber hatte seine Logik. Das Besondere seiner Sichtweise lag darin, dass er das Abendmahl nicht nur als historisches Ereignis verstand, sondern als bleibenden Inbegriff und Höhepunkt von Christi Leben. Da dieser für ihn Schöpfer der Welt war, wurde dieses Ereignis zugleich Inbegriff und Höhepunkt der gesamten Schöpfungsgeschichte.

Die Stufen dieser Geschichte, wie Luther sie sah, könnte man mit einem Kreis aus konzentrischen Ringen vergleichen, deren äußerster die Erschaffung der Welt und deren Mittelpunkt das Abendmahl bildete. Im Gegensatz zur scholastischen Seinspyramide gab es keine Stufen, über denen Gott im ewigen Licht thronte. Statt dessen erstrahlte aus dem Zentrum das Schöpfungslicht, an Helligkeit von Kreis zu Kreis abnehmend, nach außen. Dass sein Leuchten sich nach innen verstärkte, begriff der Mensch erst, wenn er im Mittelpunkt, dem Herzen der Schöpfung, angekommen war. Dann fand er das wahre Licht gerade dort, wo er die tiefste Nacht des Todes vermutet hatte. Und hier entsprang Gottes Liebe.

Die erste Schöpfung, der äußerste Ring, wurde durch Gottes Wort ins Sein gerufen. Er war kein »Macher«, der, wie in der Scholastik, aus Machtvollkommenheit heraus das Ganze »auf die Beine stellte«, wobei dem Geschöpf die Aufgabe blieb, sich mit Hilfe der Kirche zu seiner Höhe emporzuarbeiten. Luthers Gott war das Wort der Liebe, das sich sprach, nicht um »etwas« zu sagen, sondern um eine Antwort zu erhalten. Er war die Liebe, die das Ganze schuf, weil es sich nach Gegenliebe sehnte. Weil er »nicht allein selig sein wollte«. Dieser Gott stand nicht über, sondern unter seinem Geschöpf. Er wollte es so. Denn er war aus Liebe auf dessen Gegenliebe angewiesen.

Gott sprach sein Wort der Liebe, Christus. Aber die Geschöpfe, mit sich selbst beschäftigt, hörten es nicht. Ins Dunkel ihrer allumfassenden Ahnungslosigkeit fiel, den nächsten Ring bildend, das Licht des Alten Testaments. In ihm ging den Menschen zwar auf, dass Gott bei ihnen im Wort war. Doch blieb wie unter einer Decke verborgen, dass Gott in dieses Wort seine ganze Liebe und damit sich selbst hineingelegt hatte. Gottes Wort erschien als unerbittliches Gesetz, man hörte den Donner vom Horeb und fürchtete die Blitze seiner Rache. Einzig die Propheten begriffen, *dass die ganze Schrift auf Christus allein gerichtet ist.*[286]

Erst mit der Frohen Botschaft des Evangeliums zeigte sich, dass das Wort immer schon *frohe* Botschaft gewesen war. Denn der Gott, der den Israeliten seine Liebe schenkte, ohne dass sie es begriffen hätten, der Gott, der sie *aus Ägypten und durch das Rote Meer geführt* hatte, *war kein anderer als Jesus von Nazareth, Sohn der Jungfrau Maria*[287] gewesen. Seine Geburt im Stall von Bethlehem kündigte den innersten Schöpfungsring an. Das Wort, das zuvor die Welt mit seiner Strenge überschattet hatte, erschien nun in seiner wahren Gestalt als Gottessohn, der den Sinn der Schöpfung, die Liebe Gottes, den Menschen durch Taten und Worte vor Augen führte.

Jenes Wort und jene Tat, die wiederum das ganze Sein des Gottessohnes in einem Augenblick zusammenfassten, war das Abendmahl. Es kam nicht nur im Evangelium vor, es *war* das Evangelium. Mit seiner Einladung, »Nehmet hin und esset«, zog Christus, so Luther, eine *Summe und einen kurzen*

Begriff[288] des ganzen Neuen Testaments. Es war die Eröffnung jener Liebe, die aus dem Nichts die Schöpfung hervorbrachte und dem nichtigen Geschöpf Mensch ewiges Leben schenkte.

Im Sakrament, in dem sich dies offenbarte, nahm Christus *durch seine Liebe unsere Gestalt an*, so wie jede Speise *ein Wesen wird mit dem, der sie in sich aufnimmt.* Wie umgekehrt die Menschen, *in Liebe entzündet, seine Gestalt annehmen, und sind ein Brot, ein Leib, ein Trank, und ist alles gemeinsam.*[289] Das bedeutete nicht weniger, als dass der Mensch *durch seinen Glauben* an dieses Geschenk *wiederum ins Paradies gesetzt und von neuem geschaffen*[290] wurde. Oder noch deutlicher: *Durch den Glauben ist der Mensch Gott.*[291]

Leider waren Erlösung und Erhöhung des Menschen diesem selbst nur schwer vermittelbar. Angesichts einer Welt, in der alles schief zu laufen schien, nahm man es Luther nicht ab, dass die neue Schöpfung und das neue Paradies schon begonnen hatten. Da *er* es aber wusste, konnte er in Marburg nicht nachgeben. Andernfalls hätte er nicht nur eine Lehrmeinung, sondern seine ganze Theologenexistenz, am Ende sogar das Heil der Menschheit riskiert.

Die murmelnde Versammlung im Schloss, die, neben dem theologischen Klärungsbedarf, auf die letzten Nachrichten von der Seuchenfront wartete, wäre kaum der rechte Ort gewesen, um seine Abendmahlstheologie zu erörtern. Im Mittelpunkt des Religionsgesprächs stand ohnehin nicht die Schöpfung, sondern das militärische Bündnis, das Philipp unter Einschluss der Schweizer und Straßburger schmieden wollte. Luthers geistige Errungenschaften waren da nur Hindernisse, die aus dem Weg geräumt werden mussten. Da der Reformator dies ahnte, fühlte er sich bald fehl am Platz.

Dazu kam, dass Zwingli sich als moderner Mensch präsentierte, seinen Gegner dagegen wie einen Mann der Vergangenheit aussehen ließ, der zum Aberglauben neigte. Über das Abendmahl dachte der Schweizer mit Erasmus und allen

Humanisten, dass es sich nur um ein Gleichnis für den Kreuzestod und eine Erinnerung an das Opfer Christi handelte. Ein geistiger Vorgang im Glauben, keine Wirklichkeit. Ein »Theater des Heils«[292], das im Kopf stattfand. Zwinglis Position in Marburg ließ sich in eine einzige Frage zusammenfassen: Wenn tatsächlich, wie Luther behauptete, der Gottessohn leibhaftig in Brot und Kelch anwesend war, wie konnte er dann gleichzeitig im Himmel zur Rechten Gottes, des Allmächtigen, sitzen, wie das Glaubensbekenntnis behauptete?

8. Die Schrift unter der Decke

Als Zwingli von ihm den Beweis forderte, dass Christus zur gleichen Zeit »an vielen Stellen« sein könne, hob Luther wortlos die samtene Decke, die über den gemeinsamen Tisch gebreitet war, und schrieb, bevor er sie wieder zurücklegte, mit Kreide einige Worte auf die Holzplatte. Vermutlich erklärte man sich den ungewöhnlichen Vorgang mit Luthers »exzentrischem Wesen«. Auch Zwingli zeigte keine Reaktion. Im Vorgefühl seines Triumphs prangerte er bei der folgenden Diskussion an, es sei eine »Schande, dass sich die Lutheraner ohne biblische Fundierung auf einen solchen Glaubensartikel versteiften«.

Als Antwort schlug Luther die samtene Tischdecke zurück. Zum Vorschein kam, in Kreide auf den Tisch geschrieben, das Wort Christi, »Das ist mein Leib«, in der lateinischen Form. Mit dieser schlichten Inschrift, von Christus zu den Jüngern und damit zur ganzen Welt gesprochen, hatte Luther eine Antwort auf Zwinglis Frage und zugleich seine Deutung des Abendmahls gegeben. Die Anwesenden konnten nichts damit anfangen. Ob Luther den Satz niederschrieb oder nicht, schien nichts an seinem schlichten Sinn zu ändern, und der war allen hinlänglich bekannt.

Am Niederschreiben aber hing alles. Man konnte den Satz nämlich auf zweierlei Arten lesen, je nachdem, wie man das »Das ist« verstand. Es konnte konkret auf die Tischplatte bezogen sein, die Christus zu seinem »Leib« erklärte, was ihm als Gott unbenommen war. Oder man abstrahierte den Satz von der Unterlage, dann bezog er sich auf nichts Konkretes, sondern schlechthin alles, was es gab. »Das ist« deutete, so verstanden, nicht auf diesen Gegenstand, sondern auf das Ganze.

Der springende Punkt lag darin, dass beide Lesarten, obwohl scheinbar widersprüchlich, in Christus zusammenfielen. Da er für Luther kein anderer war als der lebendige Gott selbst, war alles von ihm geschaffen. Als Schöpfer aber war er im kleinsten Ding nicht weniger gegenwärtig als im ungeheuren Ganzen. Nichts anderes meinten die Einsetzungsworte. Zum einen bezog sich »Das ist mein Leib« auf das Ganze der Schöpfung, in der Gott sich verwirklichte. Seine konkrete Gegenwart drückte Christus im menschlichen Begriff »Leib und Blut« aus, der nun einmal bedeutete, als Person sinnfällig anwesend zu sein.

Zum anderen bezog sich das Wort auf das, was gegenständlich »hier und jetzt« war. Da Gott jeden Teil seiner Schöpfung erfüllte, konnte er mit dem »Das ist« zugleich ein Stück Brot und einen Schluck Wein meinen, und dies nicht nur in Gedanken, sondern so real, wie er selbst es war. Im Abendmahl geschah also keine Substanzverwandlung, wie die Katholiken glaubten, sondern lediglich ein Offenlegen der Tatsache, dass in Christus Ganzes und Teil ununterschieden waren und »die Gegensätze zusammenfielen«[293].

Genau diesen Zusammenfall zweifelte Zwingli an. Wo Brot war, konnte nicht Leib sein. Denn wann, so fragte er Luther, hätte Gott jemals einen Körper geschaffen, ohne ihm zugleich eine bestimmte Stelle im Ganzen zuzuweisen? Zwei Dinge an derselben Stelle waren im Schöpfungsplan nicht vorgesehen.

Gewiss, antwortete Luther, konnten zwei verschiedene Dinge niemals eine einzige Stelle einnehmen. Aber Gott war kein Ding. Wohl gebe es in der Welt Stellen, sagte er, aber die Welt als das Schöpfungsganze selbst hat keine Stelle, darin sie sei.[294] Denn Gott stellte die Welt nicht irgendwo hin, sondern er war in ihr als der Sprechende in seinem Wort. So wenig er eine Stelle einnahm, so wenig tat es die Schöpfung. Sie hatte keine Stelle, aber sie bestand aus dem Raum, in dem Stellen möglich waren, und aus Dingen, die diese Stellen einnahmen. *Gott aber ist von keiner Stelle ausgeschlossen und in keine eingeschlossen*, erklärte Luther. Er ist im Ganzen und in jedem Ding. Gott ist, so Luther, *überall und nirgends*.[295] Er ist der Schöpfer, der keine Stelle braucht und doch mit seiner Liebe überall zur Stelle ist.

So einfach wie Zwingli glaubte, war weder Gott noch die Welt zu verstehen. Jedes Ding konnte man nämlich, wie Luther einmal sagte, in Bezug auf alle anderen Dinge, also *relativ* zu ihnen, sehen, so dass nur seine Eigenschaften wahrnehmbar waren. Es war dies oder das und da oder dort. Man konnte jedes Ding aber ebenso gut *absolut* betrachten. Denn in ihm, und war es noch so klein, war Gott ganz *gegenwärtig und wesentlich*. Er war *außer und über* allem, und wirkte doch zugleich *in allen Kreaturen*.[296] In jedem Ding und an jeder Stelle der Schöpfung war die Gottheit gegenwärtig. Noch jedes Atom war das lebendige Ganze in der Nussschale. Und Gott war das Lebendige in dieser Nussschale.

Entsprechend konnte das Wort, konnte Gott sich, wie die Kreideschrift besagte, auch in dieser Tischplatte manifestieren. Gottes Schöpfung war real, er war im Hier und Jetzt. Aber der Mensch begriff das nicht. Ebenso wenig begriff er, dass die ganze Schöpfung ein Geschenk an ihn war. Der Mensch begriff nur, dass etwas »war«, aber er begriff nicht, dass es aus Liebe »für ihn« geschaffen war. Der Mensch sah nur, dass es »alles gibt«. Aber dass Gott es war, der »alles gibt«, sah er nicht.

9. »Das lautere Genießen und Nehmen«

Er konnte es nicht, weil er, wie Paulus lehrte, von Geburt an eine Decke vor den Augen trug, die ihn für Gott und die eigene Unsterblichkeit blind machte. Durch seine Marburger Geste wollte Luther mit dem gelüfteten Tischtuch auch an den Apostel erinnern. Der erste Chronist des Abendmahls hatte darauf hingewiesen, dass Mose nach der Begegnung mit Gott auf dem Horeb sein Gesicht mit einer Decke verhüllt hatte.

Diese Decke, so Paulus, liege seitdem bei den Israeliten über Gottes Wort, so dass ihnen beim Lesen des Alten Testaments die eigentliche Offenbarung verborgen bliebe. Sie sähen zwar die Buchstaben, seien aber für deren Geist blind. Erst Christus hatte die Decke aufgehoben, damit das Wort lebendig wurde und sich sein von Anfang an menschliches, das heißt liebendes Wesen enthüllte. »Nun aber«, so der Apostel, »schauen wir alle mit aufgedecktem Angesicht die Herrlichkeit des Herrn wie in einem Spiegel.«[297]

Blieb nur noch die Frage, weshalb der Gottessohn ausgerechnet auf Brot und Wein gekommen war, um in ihnen seine Gegenwart zu offenbaren. Obwohl er *überall ist in allen Kreaturen*, so antwortete Luther, wollte Christus doch nicht in allen gleichermaßen erkannt werden. Gewiss konnte man ihn auch *im Stein, im Feuer, im Wasser oder auch im Strick finden*. Das bedeutete aber nicht, so Luther, dass man sich auf der Suche nach ihm *ins Feuer oder Wasser werfe oder an den Strick hänge. Überall ist er, er will aber nicht, dass du überall nach ihm tappst, sondern wo das Wort ist, da tappe nach, dann ergreifst du ihn recht.*[298]

Das wirkliche Wesen des Gottessohns, wie er ganz konkret »in Fleisch und Blut« war, nahm man nur dann in sich auf, wenn man auf ihn hörte, wenn man auf das Wort des Gottes hörte, der nicht einfach »war«, sondern der die Welt durch das

Wort schuf. Und sein Abendmahlswort besagte nichts anderes, als dass Christus wirklich in Brot und Wein gegenwärtig war, weil er selbst dieses Wort war. Dass er gerade sie zu seiner Gegenwart erwählt hatte, lag daran, dass er ein Liebender war, der dieses schwere Begreifen den Menschen so leicht wie möglich gestalten wollte.

Die Botschaft des Abendmahls lag darin, dass die Menschen Christus nicht mühsam begreifen mussten, sondern ihn unmittelbar und ohne Weiteres in sich aufnehmen konnten. Christus war nur deshalb Brot und Wein, weil die Menschen es zum Leben brauchten. Deshalb nahmen sie nichts leichter und lieber in sich auf als Ess- und Trinkbares. Christi Geschenk war auch nicht roh, sondern bereits mundgerecht zubereitet. Die Speisung ging ohne Mühe, erfrischte, sättigte und schmeckte sogar gut. Man brauchte auch keine theologische Ausbildung dazu. Denn diese *Wohltat*, sagte Luther, war *das lautere Genießen und Nehmen*.[299]

So behandelte Gott seine geliebten Menschen. Wer dieses Geschenk über alle Geschenke, diese *süße Wundertat*, begriff, der wurde nach Luther *von Tag zu Tag mehr hineingerissen in Christus, um ihn nicht nur entgegenzunehmen, sondern vollends in ihn verwandelt zu werden*.[300] Diese Einsicht hatte Luther allen anderen voraus. In Marburg wollte sie keiner in sich aufnehmen.

Luthers Entdeckung im Marburger Schloss Philipps von Hessen war der Augenblick, der sein Leben und seinen Glauben wie im Brennglas zusammenfasste. Es war seine ganze Theologie in einem Wort, das nicht einmal das Seine war. Denn Christus sprach es. Luther schlug von ihm nur die Decke zurück.

Für Luther war der Glaube nicht ein für allemal in einem System festgeschrieben. Er kam zu den Menschen immer neu als Offenbarung, Erleuchtung, Zurückschlagen der verfinsternden Decke. Als sein Freund Friedrich Myconius in Gotha an der Schwindsucht zu sterben drohte, machte Luther ihm klar, dass für ihn als Christen die Auferstehung bereits zur Wirklichkeit geworden sei: »Es musste nur der Vorhang weggezogen werden«[301].

Der Reformator wollte kein System errichten und kein Religionsgründer sein. Er bat sogar darum, *man wolle meines Namens schweigen und sich nicht lutherisch, sondern Christen nennen.*[302] Seine einzige Aufgabe erblickte er darin, die Menschen von der Decke ihrer Blindheit zu befreien und ihre Augen zu öffnen für Gottes liebende Gegenwart. In sich aufnehmen mussten die Menschen ihn schon selbst.

10. Die Wahrheit ist unverhandelbar

Wer Luther wirklich war, hat sich selten so unverhüllt gezeigt wie beim »Abendmahlsstreit« in Marburg. Den schon damals gängigen Vorwurf, er sei »Fürstenknecht«, widerlegte er, indem er, um Christi willen, dem evangelischen Hoffnungsträger Philipp von Hessen und seinem Landesherrn, Kurfürst Johann von Sachsen, die Stirn bot. Auch die Vorstellung, Luther hätte vor allem eine eigene Kirche angestrebt, der er alles andere unterordnen konnte, war mit Marburg widerlegt. Von einer starken und vereinten evangelischen Kirche in Deutschland, die ihn sozusagen als ihren »Präses« anerkannt hätte, war man damals nur eine Handbreit entfernt. Luther zog die Hand zurück.

Für ihn galt: Die Wahrheit ist unverhandelbar. *Und wenn wir gleich die Welt betrügen könnten*, begründete er sein Verhalten, *so würde man doch die Augen und Ohren des Herrn, der alle Dinge* sieht und *hört, nicht betrügen.*[303] Damit erledigte sich auch die Annahme, Luther sei ein Machtmensch gewesen, der aus Ehrgeiz die Deutschen gegen Papst und Kaiser aufwiegelte. Für ihn waren Papst und Kaiser und alle Mächte der Welt gegenüber dem Glauben bedeutungslos. Als Glaubender ist der *Christ größer als Himmel und Erde,* sagte er. Denn dieses *unsagbare und kleine Geschenk* ist *größer, weil ja Christus größer ist, der selbst dieses Geschenk ist.*[304]

Da der Mensch von Gott schon so groß geschaffen war, dass er gar nicht größer sein konnte, bedurfte er nach Luther keiner gewaltsamen Machtentfaltung. Deshalb kam zu seiner Entscheidung gegen die Glaubensgemeinschaft mit Zwingli auch seine Ablehnung von Philipps militärischem Masterplan. Dies blieb nicht ohne gravierende Konsequenzen.

Tatsächlich hätte eine evangelische Einigung, wie der Landgraf sie plante, den Lauf der Geschichte ändern können. Wären den protestantischen Kurfürsten die Eidgenossen zur Seite getreten, die seit Tells Tagen die Speerspitze gegen die Habsburger bildeten, hätten sie, vereint mit dem natürlichen Bündnispartner Frankreich, die Vormacht des Kaisers und damit auch diejenige Roms in Mitteleuropa brechen können.

Dergleichen hatte Luther nicht im Sinn. Denn den Glauben an den friedliebenden Gottessohn mit Krieg durchzusetzen, würde gerade das zerstören, wofür man den Krieg eigentlich führte. Da das neue Christentum niemanden fürchten musste, waren Burgen und Waffen, Bollwerke und Kanonen überflüssig. Gottes Wort schuf sich selbst seinen Raum.

Im Marburger Jahr 1529 hat Martin Luther die Reformationshymne »Ein feste Burg ist unser Gott« gedichtet. Der Sinn dieses »bedeutenden Dokuments des Abendmahlstreits«[305] erschloss sich aus dem Zusammenhang der Marburger Krise. In einer Zeit, in der die eingeschüchterten Protestanten nach *fester Burg* samt *guter Wehr und Waffen* riefen, erklärte Luther, dass all diese Maßnahmen überflüssig seien. Auch nutzlos. Allein Gott konnte den Menschen unüberwindlichen Schutz bieten. Mit ihrer eigenen *Macht* war *nichts getan*, denn es gab sie nicht.

Dagegen verkörperte der vermeintlich schwache Christus, der *kein anderer* war als *Gott* selbst, die wahre Macht. Sie lag im *Wort* des Abendmahls, mit dem er den Menschen zugleich *seinen Geist und Gaben* schenkte. Sich selbst in Wein und Brot. Das genügte. Ein militärischer Sieg war dann gar nicht nötig, da es für den Glaubenden keine Niederlage mehr gab. Selbst wenn man ihm alles, *Leib, Gut, Ehr, Kind und Weib,* nahm, würde ihm doch immer das *Reich* Gottes *bleiben,* hier und jetzt und in Ewigkeit.

Deshalb hatte Luther seine Hymne auch nicht, wie der zum Protestantismus übergetretene Dichter Heinrich Heine meinte, als »Marseillaise der Reformation«[306] verstanden. Sie war nicht kriegerisch, sondern die Absage an alles Kriegerische. Christus genügte. Wer sich auf ihn einließ, brauchte keine Waffen. Er hatte nichts zu verlieren, und alles zu gewinnen.

ANHANG

ANMERKUNGEN

Vorwort und Erster Teil: Bedrängnis

1 Gotthold Ephraim Lessing, Zweiter Brief an den Herrn P. 1753, in: Hanns Lilje, Luther, 131.
2 Thomas Mann, Deutschland und die Deutschen, in Gesammelte Werke XI, 1132 f.
3 Ludwig Feuerbach, Das Wesen des Glaubens im Sinne Luthers, Ein Beitrag zum »Wesen des Christentums« (1844) in Sämtliche Werke, hrsg. Erich Thies, Bd. 4, Frankfurt 1975, 450.
4 Georg Wilhelm Friedrich Hegel, Vorlesungen über die Geschichte der Philosophie III, Werke Band 20, hrsg. Eva Moldenhauer und Karl Markus Michel, Frankfurt 1971, 16.
5 Brief an Spalatin 15.10.1519.
6 Dr. Martin Luthers Werke, Kritische Gesamtausgabe, Weimar, 1883–2009. (WA)Tischreden 1, 243, 19 f.
7 WA, Briefwechsel 2; 211, 23 An Spalatin 4.11.1520.
8 Kurt Aland, Luther Deutsch, Stuttgart 1969, 7, 298 Vom ehelichen Leben 1522.
9 WA 40, II, 226, 14.
10 Martin Brecht, Martin Luther, Stuttgart 1981, 1, 431.
11 Deutsch-Deutsche Studienausgabe (DDStA) Bd. 3, Leipzig 2016, 157 Eine treue Vermahnung an alle Christen 1522.
12 WA 48, 241, 15.
13 Karl Jürgens, Luthers Leben, Leipzig 1846, 1, 157.
14 Dr. Martin Luthers Sämmtliche Werke, Frankfurt und Erlangen 1868, 10, 56f. Kirchenpostille.
15 Julius Leopold Pasig, Dr. Martin Luthers letzte Lebenstage, Tod und Begräbnis, Leipzig 1846, 77.
16 Ingetraut Ludolphy, Was Gott an uns gewendet hat, Berlin 1965, 52.
17 WA Tischreden 5, 95, 4.
18 WA T 5, 95, 4.
19 Martin Luther, Leben, Werk, Wirkung, hrsg. Günter Vogler, Siegfried Hoyer, Adolf Laube, Berlin (Ost), 1986, 21.
20 Martin Brecht, Martin Luther, Stuttgart 1981 1,16.
21 WA T 3, 416, 23.
22 K. Kraushaar, D. Martin Luthers Vaterhaus in Mansfeld, Eisleben 1859, 17.
23 Fundsache Luther – Archäologen auf den Spuren des Reformators, hrsg. v. Harald Meller, Halle 2008, 129.
24 Fundsache Luther, 84.
25 Heinrich Heine, Zur Geschichte der Religion und Philosophie in Deutschland, hrsg. Helmut Schanze, Frankfurt/M. 1968, 4, 72.
26 Martin Luther: Leben, Werk, Wirkung, hrsg. Günter Vogler, Siegfried Hoyer, Adolf Laube, Berlin (Ost) 1983, 13.

[27] Aland 6, 275.
[28] Dr. Martin Luthers Auslegung des ersten Buches Mosis, hrsg. Th. Stasny, Duisburg-Meiderich 1926, 1, 190 Kap. 9, 12–16.
[29] Karl Jürgens, Luthers Leben, Leipzig 1846, 1, 157.
[30] Jürgens, Luthers Leben 1, 157.
[31] WA T 3, 131, 9.
[32] Luthers Werke in Auswahl, hrsg. Otto Clemen, Tischreden, Berlin 1962, 8, 23.
[33] Aland 2, 325.
[34] Aland 3, 114.
[35] WA 15, 46 f. An die Ratsherren aller Städte deutschen Landes.
[36] Clemen, Luthers Werke in Auswahl 8, 23.
[37] Martin Brecht, Martin Luther, Stuttgart 1981, 1, 27.
[38] Rudolf van Dijk, Spiritualität der »innicheit«, in: Die Kirchenkritik der Mystiker, hrsg. M. Delgado und G. Fuchs, Stuttgart 2005, 15.
[39] WA Briefe 6, 254, 10.
[40] Brecht 1, 29.
[41] Jürgens, Luthers Leben 1, 299.
[42] WA 50, 300, 31.
[43] WA T 3, 621, 31.
[44] WA T 3, 620, 29.
[45] K. Krumhaar, Die Grafen von Mansfeld und ihre Besitzungen, Eisleben 1872, 49.
[46] WA 50, 300, 30.
[47] WA T 2, 613, 28.
[48] Mitteilungen des Vereins für die Geschichte und Altertumskunde von Erfurt, 19, 2011, 93.
[49] Th. Kolde, Das religiöse Leben in Erfurt beim Ausgange des Mittelalters, Halle 1898, 32.
[50] WA T 5, 412, 34.
[51] Brecht 1, 51.
[52] WA B 1, 610, 20.
[53] WA T 2, 74, 18.
[54] Huttens Schriften, hrsg. Ed. Boecking, Leipzig 1859, 1, 201f.
[55] Jürgens, Luthers Leben 1, 451f.
[56] Aland 10, 341.
[57] Martin Treu, »Von daher bin ich …« Martin Luther und der Bergbau im Mansfelder Land, Eisleben 2000, 6.
[58] WA T 3, 439, 2.
[59] Dietrich Emme, Martin Luthers Weg ins Kloster, Regensburg 1991, 84f.
[60] Martin Luther, Ausgewählte Werke, hrsg. Hans Heinrich Borcherdt und Walther Rehm, München 1925, 8, 7.
[61] WA T 2,6,9.
[62] WA T 1, 44, 17.
[63] WA 49, 322, 29.
[64] Aland 2, 324.
[65] WA 40 I, 582, 3f.
[66] WA 8, 573, 32.
[67] WA T 4, 440, 9.
[68] Sämmtliche Schriften 22, hrsg. K.E. Förstemann 1, 221.
[69] Hegel 3, 18 Phänomenologie des Geistes.

[70] Moritz Tutzschmann, Friedrich der Weise, Grimma 1848, 181.
[71] WA 49, 322, 12.
[72] Aland 2, 325 An Hans Luder 21.11.1521.
[73] WA 22, 305, 15.
[74] WA 8, 573, 31.
[75] WA T 4, 440, 9.
[76] WA B 2, 384 An Melanchthon 9.9.1521.
[77] Ausgewählte Werke 3, 71.
[78] Clemen, Luthers Werke in Auswahl 8, 22.
[79] Julius Köstlin, Luthers Theologie, Stuttgart 1863, 1, 5.
[80] Jürgens, Luthers Leben 1, 522.
[81] WA 40, II, 282, 12.
[82] WA T 2, 407, 28.
[83] Scheel, Dokumente, 151.
[84] Scheel, Dokumente, 133.
[85] WA T 4, 440, 17.
[86] Detlef Ignasiak, Luther in Thüringen, Weimar 1996, 56.
[87] Scheel, Dokumente, 53.
[88] Scheel, Dokumente, 206.
[89] WA T 5, 95, 8.
[90] WA 17, I, 31.
[91] WA 17, I, 309, 33.
[92] Jürgens, Luthers Leben 1, 572.
[93] Ernst Thiele, Luthers Sprichwörtersammlung, Weimar 1900, 282.
[94] WA 10, I, 2, 436, 38.
[95] WA 40, I, 134, 6.
[96] WA 45, 153, 23.
[97] WA 45, 152, 8.
[98] WA T 4, 261, 2.
[99] Julius Köstlin, Martin Luther, Elberfeld 1883, 1, 59.
[100] Jürgens, Luthers Leben 1, 589.
[101] WA T 4, 580, 15.
[102] WA T 2, 11, 7.
[103] WA T 3, 126, 24.
[104] Aland 3, 114.
[105] Friedrich Myconius, Ein Fragment aus der Reformationsgeschichte, Freiberg 1782, 23.
[106] Otto Scheel, Martin Luther, Vom Katholizismus zur Reformation, Tübingen 1916, 1, 19.
[107] Aland 1, 341.
[108] Hellmut Diwald, Luther, Bergisch Gladbach 1982, 38.
[109] Heinz Zahrnt, Martin Luther, Leipzig 2000, 66.
[110] WA 41, 198, 3.
[111] WA 22, 305, 13.
[112] Scheel, Dokumente, 201.
[113] Heinz Schilling, Martin Luther, München 2014, 85.
[114] Jürgens, Luthers Leben 1, 412.
[115] WA 44, 545, 16.
[116] Ausgewählte Werke 1, 142.
[117] WA T 1, 146, 12.
[118] Hellmut Diwald, Luther, 65.

[119] Martin Luther, Deutsch-Deutsche Studienausgabe, hrsg. Dietrich Korsch 1, 55. Ein Sermon von der Bereitung zum Sterben 1519.
[120] WA 47, 334, 31.
[121] WA 38, 148, 3.
[122] WA T 5, 439, 34.
[123] Clemen, Luthers Werke in Auswahl, 36.
[124] Ausgewählte Werke 8, 303.
[125] WA 16, 398, 8.
[126] Luther im Gespräch, hrsg. Reinhard Buchwald, Frankfurt/M. 1983, 178.
[127] Ausgewählte Werke 1, 141f. Resolutionen von der Kraft der Ablässe 1518.
[128] WA 44, 129, 22.
[129] Ausgewählte Werke 1, 141f.
[130] Scheel, Dokumente, 201.
[131] WA T 4, 180, 12.
[132] WA T 3, 410, 44.
[133] WA T 4, 180, 20.
[134] Jürgens, Luthers Leben 1, 698.
[135] WA 44, 712, 5.
[136] WA 49, 322, 16.
[137] Aland 2, 324.
[138] Richard Friedenthal, Luther, München 1982, 141.
[139] Dazu mit anderem Ergebnis Erik H. Erikson, Der junge Mann Luther: Eine psychoanalytische und historische Studie, Frankfurt/M. 1975.
[140] Aland 1, 391.
[141] WA 29, 50, 27.
[142] Norman Cohn, Das neue irdische Paradies, Reinbek 1988, 228.
[143] WA 50, 37, 31.
[144] Gottfried Schütze, Das Leben des Andreas Proles, eines Zeugen der Wahrheit vor Luthero, Leipzig 1744, 64.
[145] WA 6, 590, 20.
[146] Johannes von Staupitz, Luthers Vater und Schüler. Sein Leben, sein Verhältnis zu Luther und eine Auswahl aus seinen Schriften. Übertragen und herausgegeben von Alfred Jeremias, Berlin 1926, 378.
[147] Lateinisch-Deutsche Studienausgabe 2, 18.
[148] Theodor Kolde, Die deutsche Augustiner-Kongregation und Johann von Staupitz, Gotha 1879, 250.
[149] WA T 6, 106, 34f.
[150] WA 1, 225, 1.
[151] C. Ullmann, Reformatoren vor der Reformation, Gotha 1866, 2, 220 An Johann von Staupitz 17.9.1523.
[152] Ludwig Keller, Johann von Staupitz und die Anfänge der Reformation, Leipzig 1888, 58.
[153] WA 30, I, 136, 1.
[154] Johann von Staupitzens Sämmtliche Werke, hrsg. J.K.F. Knaake, Potsdam 1867, 47.
[155] Staupitzens Sämmtliche Werke 97.
[156] WA T 2, 112, 10.
[157] Aland 2, 111 Von den guten Werken 1520.
[158] WA 1, 29, 21.
[159] WA T 4, 563, 15.
[160] 1 Kor 3,2.

[161] WA T3, 310, 12.
[162] Augustinus Bekenntnisse VII, 10,16.
[163] Aland 1, 220.
[164] Aland 10, 83 An Johann von Staupitz 9.2.1521.
[165] Scheel, Dokumente, 204.
[166] WA T 5, 593, 3.
[167] WA T 1, 472, 22.
[168] WA 41, 582, 13.
[169] Brecht 1, 93.
[170] WA T 3, 598, 14.
[171] WA T 4, 261, 6.
[172] Aland 10, 330 An Kurfürst Johann Friedrich 27.3.1545.
[173] Johannes von Staupitz, Luthers Vater und Schüler, 353.
[174] Martin Luther, Lateinisch-Deutsche Studienausgabe, hrsg. Johannes Schilling, Leipzig 2006, 2, 19.
[175] WA T 1, 245, 12.
[176] WA T 1, 80, 7.
[177] WA T 1, 519, 13.
[178] Theodor Kolde, Friedrich der Weise und die Anfänge der Reformation, Erlangen 1881, 14.
[179] Sämmtliche Schriften 22, Tischreden 1, 239.
[180] Julius Köstlin, Friedrich der Weiße und die Schlosskirche in Wittenberg, Wittenberg 1892, 30.
[181] Aland 10, 117 An Friedrich den Weisen 5.3.1522.
[182] WAT 4, 168, 6.
[183] Heinrich Boehmer, Der junge Luther, Stuttgart 1971, 50.
[184] Elke Strauchenbruch, Luthers Wittenberg, Leipzig 2013, 51.
[185] Elke Strauchenbruch, Luthers Wittenberg, 46.
[186] WA 53, 404 Neue Zeitung vom Rhein 1542.
[187] Brecht 1, 121.
[188] »Luthers Romreise fand nicht in den Jahren 1510/11, sondern tatsächlich ein Jahr später statt.« In: Luthers Thesenanschlag – Faktum oder Fiktion, hrsg. Joachim Ott und Martin Treu, Leipzig 2008, darin: Helmar Junghans, Martin Luther, kirchliche Magnaten und Thesenanschlag, 34.
[189] Armin Kohnle, Martin Luther, Reformator, Ketzer, Ehemann, Leipzig 2015, 45.
[190] Jürgens, Luthers Leben 2, 332.
[191] Luther zum Vergnügen, hrsg. Johannes Schilling, Stuttgart 2008, 118.
[192] Philipp Melanchthons Erzählung vom Leben D. Martin Luthers, hrsg. Friedrich Theophil Zimmermann, Göttingen 1813, 14.
[193] WA 51, 89, 23.
[194] WA 2, 448, 2.
[195] Philipp Melanchthons Erzählung vom Leben D. Martin Luthers, Anm. 58.
[196] Heinrich Böhmer, Luthers Romfahrt, Leipzig 1914, 85.
[197] Karina Graf, Kunigunde, Erzherzogin von Österreich und Herzogin von Bayern, Mannheim 2000, 203f.
[198] Clemen, Luthers Werke in Auswahl 8, 18.
[199] WA T 1, 59, 11.
[200] WA 40, 205, 6.

Zweiter Teil: Befreiung

[1]   Sämmtliche Werke 31, 238.
[2]   WA T 5, 98, 26.
[3]   WA T 3, 439, 16.
[4]   WA T 2, 379, 19.
[5]   WA T 4, 130, 1.
[6]   Martin Luthers Briefe, hrsg. Reinhard Buchwald, Leipzig 1918, 1, 46 An Johann von Staupitz 31.3.1518.
[7]   WA 56, 172, 10f.
[8]   Brecht 1, 105.
[9]   WA 6, 239, 15 Von den guten Werken 1520.
[10] WA 11, 188, 17.
[11] Heinrich Rombach, Welt und Gegenwelt, Basel 1983, 89.
[12] WA T 5, 293, 33.
[13] WA 17, 2, 27, 35.
[14] WA T 1, 57, 44.
[15] WA 6, 600, 11.
[16] WA 39, II, 94, 20.
[17] Galater 2, 20.
[18] Volker Leppin, Die fremde Reformation: Luthers mystische Wurzeln, München 2016, 201.
[19] Archiv zur WA 2, 259, 12f.
[20] WA 1, 219, 30 Die sieben Bußpsalmen 1517.
[21] WA 10, I, 1, 114, 19.
[22] WA 40, I, 546, 7.
[23] Matthäus 16,25.
[24] Philipper 1,21.
[25] Dr. Martin Luthers Sämmtliche Werke, hrsg. Joh. Georg Plochmann, Erlangen 1828, 13, 59.
[26] D. Martin Luthers Sämmtliche Schriften, hrsg. Karl Eduard Förstemann, Leipzig 1846, 22, 3, 167.
[27] Luthers Briefe, hrsg. Reinhard Buchwald, Stuttgart 1956, 186 An Wenzeslaus Link 14.7.1528.
[28] WA 5, 550, 21.
[29] 2 Kor 13,5.
[30] Aurelius Augustinus, Bekenntnisse, übers. Wilhelm Thimme, München 1982, 94.
[31] Augustinus, Bekenntnisse, 401.
[32] Christoph Horn, Augustinus, München 1995, 150.
[33] WA T 4, 610, 24.
[34] WA T 4, 611, 6.
[35] WA T 1, 140, 5.
[36] Johann Tauler, Predigten, hrsg. Leopold Neumann, Leipzig 1923, 176.
[37] Tauler, Predigten, 144.
[38] WA 1 183, 39 Die sieben Bußpsalmen 1517.
[39] Martin Luther, Schriften, hrsg. Johannes Schilling, Frankfurt/M. 1999, 208 An Jonas, Bugenhagen, Cruciger und Melanchthon, 19. 3. 1540.
[40] WA 9, 95f.
[41] Ausgewählte Werke 1, 141.

[42] WA B 1, 79.
[43] Ausgewählte Werke 7, 285 »Nu freut euch, lieben Christen gmein«.
[44] WA 5, 165, 20.
[45] WA 5, 165, 18.
[46] Scheel, 276 Scholion zu Röm 5, 2.
[47] Johannes von Staupitz, Luthers Vater und Schüler, hrsg. Alfred Jeremias 222.
[48] WA 3, 93, 11.
[49] Brecht 1, 141.
[50] Aland 1, 395.
[51] Der Frankfurter, Eine deutsche Theologie, hrsg. Joseph Bernhart, Leipzig 1922, 106
[52] Der Frankfurter, 96.
[53] Eine deutsche Theologie, 146.
[54] Aland 2, 59 Die 50. These.
[55] Wolfgang Thönissen, Luthers Thesen gegen den Ablass, in: Meilensteine der Reformation, hrsg. Irene Dingel und Henning P. Jürgens, Gütersloh 2014, 98.
[56] Dokumente zum Ablaßstreit von 1517, hrsg. W. Köhler, Tübingen 1902, 32.
[57] Jürgens, Luthers Leben 2, 687.
[58] WA 44, 775, 14.
[59] Aland 2, 28 An Staupitz 30.5.1518.
[60] Valentin Gröne, Tetzel und Luther, Soest 1853, 20.
[61] WA T 3, 656, 26.
[62] Volker Reinhardt, Luther der Ketzer, Rom und die Reformation, München 2016, 56.
[63] Aland 2, 22 Wider Hans Worst 1541.
[64] Grisar 1, 329.
[65] Felician Gess, Klostervisitationen Herzog Georgs von Sachsen, Leipzig 1888, 1.
[66] Georg Spalatin, Friedrichs des Weisen Leben und Zeitgeschichte, Jena 1851, 24.
[67] Hellmut Diwald, Luther, Bergisch-Gladbach 1982, 199.
[68] Aland 2, 22.
[69] Volker Reinhardt, Luther der Ketzer, 36.
[70] Heinrich August Creutzberg, Karl von Miltitz, Freiburg 1907, 21.
[71] Georg Berbig, Georg Spalatin und sein Verhältnis zu Luther, Halle 1906, 112.
[72] Die Depeschen des Nuntius Aleander vom Wormser Reichstag 1521, hrsg. P. Kalkoff, Halle 1886, 34.
[73] Berbig, Spalatin und Luther, 117.
[74] Aland 2, 12.
[75] Ausgewählte Werke 8, 34.
[76] WA T 4, 440, 17.
[77] WA T 1, 80, 7.
[78] Ludwig Keller, Johann von Staupitz und die Anfänge der Reformation, Leipzig 1888, 171.
[79] Julius Köstlin, Martin Luther, Sein Leben und seine Schriften 1, 152.
[80] Brecht 1, 185.
[81] Jürgens, Luthers Leben 2, 443.
[82] Berbig, Spalatin und Luther, 20.
[83] Volker Reinhardt, Luther der Ketzer, 154.
[84] Buchwald Briefe 1918, 1, 45.

[85] Aland 2, 24.
[86] Ausgewählte Werke 1, 279.
[87] Ausgewählte Werke 1, 88.
[88] Buchwald Briefe 1918, 1, 45.
[89] Walther von Loewenich, Martin Luther, München 1982, 103.
[90] Ausgewählte Werke 1, 342.
[91] Aland 10, 32 An Hieronymus Scultetus 13.2.1518.
[92] Friedrich Myconius, Ein Fragment aus der Reformationsgeschichte, Freiberg 1782, 20.
[93] Aland 10, 25.
[94] Luthers Thesenanschlag – Faktum oder Fiktion, hrsg. Joachim Ott und Martin Treu, Leipzig 2008, 5.
[95] Deutsche Geschichte in Quellen und Darstellungen, hrsg. Ulrich Köpf, Stuttgart 2001, 3, 161.
[96] Die Welt, 1. 2. 2007 »Gab es Luthers Thesenanschlag wirklich?«
[97] Luthers Thesenanschlag – Faktum oder Fiktion, Volker Leppin 85.
[98] Aland 10, 29.
[99] Brecht 1, 199.
[100] Brecht 1, 198.
[101] J.G.Th. Gräße, Der Sagenschatz des Königreichs Sachsen, Dresden 1, 3f.
[102] Grisar 1, 299.
[103] Die Reformation in Augenzeugenberichten, 223 An Albrecht von Mainz 19. 10. 1519.
[104] Heinrich von Welck, Georg der Bärtige, Herzog von Sachsen, Braunschweig 1900, 80.
[105] Brecht 1, 200.
[106] Ausgewählte Werke 1, 82.
[107] Ausgewählte Werke 2, LXI.
[108] Diarmaid MacCulloch, Die Reformation 1490 – 1700, München 2008, 68.
[109] WA 18, 85,16.
[110] WA 42, 452.
[111] Johann Theodor Lingke, D. Martin Luthers merkwürdige Reisengeschichte, Leipzig 1769, 42.
[112] WA 1, 355, 2.
[113] Buchwald, Luthers Briefe 1918, 1, 53.
[114] Aland 10, 38.
[115] Grisar 1, 335.
[116] Aland 10, 42 An Spalatin 18. Mai 1518.
[117] Boehmer, Der junge Luther, 188.
[118] Ausgewählte Werke 1, 55.
[119] Iserloh, Luthers Thesenanschlag, 43.
[120] Die Reformation in Augenzeugenberichten, 54.
[121] Volker Reinhardt, Luther der Ketzer, 82.
[122] Boehmer, Der junge Luther, 191.
[123] Aland 10, 36.
[124] Boehmer, Der junge Luther, 180.
[125] Ronald Bainton, Martin Luther, Göttingen 1980, 83.
[126] Ausgewählte Werke 2, CVII.
[127] Berbig, Spalatin und Luther, 74.
[128] Aland 2, 15.
[129] Ausgewählte Werke 1, 55.
[130] WA 7, 567.

[131] Aland 2, 32f. Die Ablassthesen und die Resolutionen 1517/18.
[132] Karl Holl, Gesammelte Aufsätze zur Kirchengeschichte, Luther, Tübingen 1948, 130.
[133] Aland 5, 239 Deutsche Auslegung des Vaterunsers 1519.
[134] WA 56, 325, 8.
[135] WA 1, 358, 5.
[136] WA 56, 304, 22f.
[137] WA 26, 333, 6 Vom Abendmahl Christi.
[138] Ausgewählte Werke 1, 82.
[139] Ausgewählte Werke 1, 107.
[140] WA 11, 117, 35.
[141] Aland 6, 151.
[142] Dr. Martin Luthers Briefe, Sendschreiben usw. Berlin 1825, hrsg. de Wette 1, 73.
[143] Ausgewählte Werke 1, 210.
[144] Aland 2, 29 An Staupitz 30.5.1518.
[145] D. Martin Luther, Die gantze Heilige Schrift Deudsch, Wittenberg 1545, Nachdruck München o. J., 2, 2254.
[146] WA 8, 575, 24.
[147] WA 57, III, 144 und 185.
[148] Karl Holl, Gesammelte Aufsätze zur Kirchengeschichte 1, 84.
[149] WA 55, II, 756.
[150] Bernard McGinn, Die Mystik im Abendland, Freiburg 2008, 4, 477.
[151] WA 28, 185, 4.
[152] WA T 3, 228, 23.
[153] Grisar 3, 979f.
[154] Brecht 1, 220.
[155] Ausgewählte Werke 8, 11.
[156] WA 18, 633, 9 De servo arbitrio 1525.
[157] WA T 4, 191, 31.
[158] Aland 10, 236.
[159] Ausgewählte Werke 5, 29f. Vom unfreien Willen 1525.
[160] Ausgewählte Werke 8, 27.
[161] Aland 2, 20.
[162] Walch 2, 468 Genesis 27,38.
[163] WA T 4, 380, 22.
[164] Christian Danz, Einführung in die Theologie Martin Luthers, Darmstadt 2013, 49.
[165] WA 39, I, 205, 5.
[166] Lateinisch-Deutsche Studienausgabe 2, 507.
[167] WA 4, 265, 30f.
[168] Tischreden, hrsg. Kurt Aland, Stuttgart 1981, 56.
[169] WA 40, I, 229, 22.
[170] Staupitzens Sämmtliche Werke, 151.
[171] Zit. nach Ludwig Feuerbach, Das Wesen des Glaubens im Sinne Luthers. Ein Beitrag zum »Wesen des Christentums« (1844) in: Sämtliche Werke, hrsg. Erich Thies, Frankfurt/M. 1975, 4, 19.
[172] Aland 5, 198.
[173] Aland 1, 392.
[174] Aland 10, 306 An Nikolaus von Amsdorf, Februar 42.
[175] Tauler, Predigten, hrsg. Leopold Neumann, Leipzig 1923, 31.
[176] WA B 5, 415, 45 An Spalatin 30.6.1530.

[177] WA 23, 8, 36 Vorrede zu Lichtenbergers Weissagung 1527.
[178] Staupitzens Sämmtliche Werke, 81.
[179] Julius Köstlin, Martin Luther 1, 245.
[180] Buchwald Briefe 1918, 1, 72.
[181] WA T 2, 595, 30.
[182] WA T 2, 595, 32.
[183] Brecht 1, 238.
[184] Ausgewählte Werke 1, 116.
[185] WA T 2, 596, 11.
[186] Boehmer, Der junge Luther, 199.
[187] Aland 10, 49.
[188] Ausgewählte Werke 1, 237.
[189] WA T 1, 597, 31.
[190] Brecht 1, 408.
[191] Keller, Staupitz 169.
[192] WA B 1, 514.
[193] WA B 3, 726.
[194] Ausgewählte Werke 1, 296.
[195] Luthers Sprichwörtersammlung, 32.
[196] WA 26, 422, 8.
[197] WA 26, 421, 36.
[198] Christoph Horn, Augustinus, München 1995, 148.
[199] Karl Jaspers, Nikolaus Cusanus, München 1964, 21.
[200] Aland 10, 103 An Spalatin 9.9.1521.
[201] WA T 1, 101, 22.
[202] Walch 17, 1692.
[203] Jürgens, Luthers Leben 3, 300.
[204] Gustav Kawerau, Hieronymus Emser, Halle 1898, 29.
[205] Aland 10, 56.
[206] Die Reformation in Augenzeugenberichten, 81.
[207] Dr. Johann Eck, eine Monographie bearbeitet von Theodor Wiedemann, Regensburg 1865, 130.
[208] Boehmer, Der junge Luther, 226.
[209] Aland 10, 64 An Spalatin 20.7.1519.
[210] Aland 10, 63 An Spalatin 20.7.1519.
[211] Köstlin, Martin Luther 1, 248.
[212] Ausgewählte Werke 2, CXVIII Paul Kalkoff.
[213] Aland 10, 63.
[214] Die Reformation in Augenzeugenberichten, 70.
[215] Luthers Sprichwörtersammlung, 190.
[216] Felician Gess, Klostervisitationen Herzog Georgs von Sachsen, Leipzig 1888, 5.
[217] Adolf Moritz Schulze, Georg und Luther, Leipzig 1834, 14.
[218] Otto Nasemann, Friedrich der Weise, Halle 1889, 30.
[219] Die Reformation in Augenzeugenberichten, 142.
[220] Aland 10, 167 An Spalatin 27.3.1526.
[221] Ulrich Köpf, Martin Luther, Stuttgart 2015, 64.
[222] Sämmtliche Werke 28, 139 Vom Missbrauch der Messen.
[223] Moritz Tutzschmann, Friedrich der Weise, Grimma 1848, 257.
[224] WA 17, I, 184, 22.
[225] WA 50, 660, 12.
[226] Aland 2, 159.

227 Heinz Schilling, Aufbruch und Krise, 124.
228 WA T 3, 663, 21.
229 Albert Kapr, Johannes Gutenberg, München 1987, 59.
230 Sämmtliche Werke 24, 347.
231 WA 46, 663, 34.
232 WA 47, 310, 16.
233 Aland 5, 303 Das Magnificat verdeutscht 1521.
234 Aland 5, 308.
235 Die lutherischen Pamphlete 10 Ein Brief an den Fürsten zu Sachsen 1524.
236 Walch 3, 2553.
237 Sämmtliche Werke, Briefwechsel 2, 201 An Spalatin 15.10.1519.
238 WA 7, 582, 27.
239 Aland 5, 296.
240 Aland 5, 235.
241 Aland 5, 293.
242 Aland 5, 284.
243 Aland 5, 276.
244 Jürgens, Luthers Leben 2, 579.
245 Walch 19, 2246.
246 Boehmer, Der junge Luther, 262.
247 Aland 7, 350 Das schöne Confitemini 1530.
248 Sämmtliche Schriften 22, Tischreden 4, 20.
249 Ausgewählte Werke 2, 4.
250 Römer 12,4.
251 Martin Luther, Lateinisch-Deutsche Studienausgabe 2, 117.
252 Martin Luther, Deutsch-Deutsche Studienausgabe 2, 35.
253 Ausgewählte Werke 2, 10.
254 Dr. Martin Luthers Auslegung des ersten Buches Mosis 2, 96 Kap 21, 17.
255 Max Weber, Die protestantische Ethik und der »Geist« des Kapitalismus, Bodenheim 1993, 46.
256 Ausgewählte Werke 2, 17.
257 Brecht, 1, 359.
258 Ausgewählte Werke 2, CLVII.
259 Ausgewählte Werke 1, 206.
260 Aland 8, 445.
261 Ausgewählte Werke 2, 139.
262 WA 2, 727.
263 Ausgewählte Werke 2, 145.
264 Martin Luther, Schriften 6, 14 An Georg Spenlein 8. 4. 1516.
265 Martin Luther, Deutsch-Deutsche Studienausgabe 1, 263.
266 Martin Luther, Deutsch-Deutsche Studienausgabe 1, 271.
267 Wilhelm Roscoe, Leben und Regierung des Papstes Leo X., Leipzig 1808, 3, 496.
268 Aland 10, 81 An Spalatin 10.12.1520.
269 WA B 2, 249, 14 An Spalatin 16.1.1521.
270 Martin Luther, Lateinisch-Deutsche Studienausgabe 2, 107.
271 Köstlin, Martin Luther 1, 99.
272 Aland 5, 236 Deutsche Auslegung des Vaterunsers, 1519.
273 Martin Luther, Lateinisch-Deutsche Studienausgabe 2, 147.
274 Martin Luther, Deutsch-Deutsche Studienausgabe 1, 287.
275 Staupitz, Sämmtliche Werke, hrsg. Knaake 150.
276 Martin Luther, Lateinisch-Deutsche Studienausgabe 2, 135.

277 WA 4, 265, 30f.
278 Dietrich Korsch, Christliche Freiheit und Handeln in der Welt, in: Martin Luther, hrsg. Christian Danz, Darmstadt 2015, 200f.
279 Aland 2, 126 Von den guten Werken 1520.
280 Martin Luther, Deutsch-Deutsche Studienausgabe 1, 313.
281 Ausgewählte Werke 7, 24 Predigt am Peter-und-Paul-Tag 1519.

Dritter Teil: Bewahrung

1   Brecht 2, 119.
2   Richard Friedenthal, Sein Leben und seine Zeit, München 1982, 339.
3   Ausgewählte Werke 3, LVI.
4   Die Reformation in Augenzeugenberichten, 100.
5   WA T 3, 233, 7.
6   Die lutherischen Pamphlete gegen Thomas Müntzer, hrsg. Ludwig Fischer, Tübingen 1976, 6.
7   Paul Kalkoff, Briefe, Depeschen und Berichte über Luther vom Wormser Reichstag 1521, Halle 1898, 43.
8   WA T 1, 47, 10.
9   Die Depeschen des Nuntius Aleander vom Wormser Reichstag 1521, hrsg. P. Kalkoff, Halle 1886, 139.
10 Berbig, Spalatin und Luther, 165.
11 WA 7, 833, 10f.
12 Das Buch der Reformation, 518.
13 Volker Reinhardt, Luther der Ketzer, 183.
14 WA 7, 838, 9.
15 Brecht 1, 433.
16 H. Hennes, Martin Luthers Aufenthalt in Worms, Mainz 1868, 15.
17 Volker Reinhardt, Luther der Ketzer, 187.
18 Moritz Tutzschmann, Friedrich der Weise, Grimma 1848, 357.
19 Die lutherischen Pamphlete gegen Thomas Müntzer, 6.
20 Brecht 1, 439.
21 Spalatin, Friedrichs des Weisen Leben, 61.
22 Brecht 1, 450.
23 Luther zum Vergnügen, hrsg. Johannes Schilling, Stuttgart 2008, 93.
24 Ausgewählte Werke 8, 160.
25 Brecht 2, 15.
26 Aland 10, 104 An Spalatin 11.11.1521.
27 Aland 10, 91.
28 Aland 5, 265 Deutsche Auslegung des Vaterunsers 1519.
29 WA T 1, 442, 1.
30 WA T 2, 442, 6.
31 Martin Luther, Lateinisch-Deutsche Studienausgabe 1, 487.
32 Sämmtliche Werke, Briefwechsel 3, 189 An Melanchthon 13. 7. 1521.
33 Ausgewählte Werke 4,3.
34 WA 2, 688, 23 Sermon von der Bereitung zum Sterben, 1519.
35 Walch 12, 1430.
36 WA 1, 566, 7.
37 WA 10, III, 192, 23.

38 Walch 2, 2343.
39 WA T 4, 479, 1f.
40 Barbara Beuys, Und wenn die Welt voll Teufel wär, 137.
41 WA 36, 548, 11.
42 Aland 10, 115 An Friedrich den Weisen 5.3.1522.
43 Doktor Martin Luther auf der Wartburg, Jena 1867, 66.
44 Luther auf der Wartburg, 68.
45 WA 1, 379, 8.
46 Hellmut Diwald, Luther, 217.
47 WA 38, 11, 29.
48 WA 38, 11, 16f.
49 WA 4, 439, 20.
50 WA 56, 329, 29.
51 Christine Eichel, Deutschland-Lutherland. Warum uns die Reformation bis heute prägt, München 2015.
52 WA 54, 208, 11 Wider das Papsttum in Rom, vom Teufel gestiftet 1545.
53 WA 14, 306, 10f.
54 Martin Luther, Tischreden, hrsg. Kurt Aland, 9.
55 Dr. Martin Luthers Auslegung des ersten Buches Mosis 1, 4 Kapitel 1, 3.
56 WA 1, 27, 18.
57 WA 49, 434, 16.
58 WA B 2; 211, 23 An Spalatin 4.11.1520.
59 WA 48, 201, 5.
60 WA 20, 388, 24.
61 WA 46, 60, 4.
62 WA 2, 536, 28.
63 WA T 4, 217, 33f.
64 Walch 2, 2411.
65 WA 26, 505, 38.
66 WA 24, 37, 23.
67 Hermann Barge, Andreas Bodenstein von Karlstadt, Leipzig 1905, 1, 361.
68 Brecht 2, 166.
69 Aland 4, 74.
70 Aland 4, 68.
71 Aland 10, 282 An Georg Buchholzer, 5.12.1539.
72 Aland 4, 85.
73 Aland 5, 50 Vorrede zum Römerbrief.
74 Aland 10, 113 An Melanchthon 13.1.1522.
75 Aland 10, 120 An Lang 12.4.1522.
76 Aland 10, 114 An Spalatin 17.1.1522.
77 Aland 5, 85 Ein Sendbrief vom Dolmetschen 1530.
78 Aland 7, 35.
79 WA 8, 683, 14 Eine treue Vermahnung 1522.
80 Aland 7, 29 Von weltlicher Obrigkeit.
81 Barbara Beuys, Und wenn die Welt voll Teufel wär, Reinbek 1982, 273.
82 Ausgewählte Werke 3, 138 Treue Vermahnung zu allen Christen.
83 Martin Luther, Tischreden, hrsg. Kurt Aland, Stuttgart 1981, 119.
84 Ausgewählte Werke 2, 238 An den christlichen Adel deutscher Nation.
85 Martin Luther, Tischreden, 69.
86 Aland 7, 15f. Von weltlicher Obrigkeit.
87 Ausgewählte Werke 4, 323 Ein Sendbrief von dem harten Büchlein wider die Bauern 1525.

[88] Aland 7, 13; Von weltlicher Obrigkeit, wie weit man ihr gehorsam schuldig sei 1523.

[89] WA 11, 252, 3.

[90] WA B 8, 325.

[91] Sprichwörtersammlung, 282.

[92] Brecht 2, 434 Zweite Galaterbriefvorlesung 1531.

[93] Ausgewählte Werke 2, 228 Von der Freiheit eines Christenmenschen.

[94] WA 7, 658, 29.

[95] Dr. Martin Luthers Auslegung des ersten Buches Mosis 1, 188f. Kapitel 9, 6.

[96] Aland 1, 358 Disputation gegen die scholastische Theologie 1517.

[97] Brecht 2, 155.

[98] Die lutherischen Pamphlete gegen Thomas Müntzer, 10 Ein Brief an die Fürsten zu Sachsen von dem aufrührerischen Geist 1524.

[99] Norman Cohn, Das neue irdische Paradies, Reinbek 1988, 270.

[100] Heinz Schilling, Aufbruch und Krise: Das Reich und die Deutschen, Deutschland 1517–1648, Berlin 1988, 160.

[101] WA 28, 252, 13.

[102] Elke Strauchenbruch, Wittenberg, 200.

[103] Cohn, Das neue irdische Paradies, 264.

[104] Das Buch der Reformation, 376.

[105] Hermann, Martin Luther, 321.

[106] Die Reformation in Augenzeugenberichten, 142.

[107] Ausgewählte Werke 4, 265.

[108] Ausgewählte Werke 4, 288.

[109] Reinhard Baumann, Landsknechte, München 1994, 191.

[110] Aland 3, 62.

[111] Leo Sievers, Revolution in Deutschland, 287.

[112] Brecht 2, 181.

[113] Aland 7, 193.

[114] WA 17, I, 194, 29.

[115] Aland 10, 154 An Rühel 30.5.1525.

[116] Ausgewählte Werke 4, 294.

[117] Die lutherischen Pamphlete, 14.

[118] Walter Elliger, Außenseiter der Reformation: Thomas Müntzer, Göttingen 1975, 96.

[119] Die Schlacht unter dem Regenbogen, Frankenhausen, ein Lehrstück aus dem Bauernkrieg. Zusammengestellt von Ludwig Fischer, Berlin 1975, 77.

[120] Elke Strauchenbruch, Luthers Wittenberg, 149.

[121] Walter Elliger, Außenseiter der Reformation, 103.

[122] Das Buch der Reformation, 385.

[123] Deutsche Geschichte in Quellen und Darstellungen 3, 439 Zeugnis von Johann Cochlaeus.

[124] WA T 1, 195, 18.

[125] Ausgewählte Werke 4, LXXII.

[126] Grisar 2, 455.

[127] WA T 5, 135, 3.

[128] Barbara Beuys, Und wenn die Welt voll Teufel wär, 195.

[129] Adolf Schottmüller, Leben des Erasmus von Rotterdam, Hamburg 1828, 318.

[130] Leon Halkin, Erasmus, Zürich 1989, 241.

[131] Aland 5, 237.

[132] Brecht 2, 218.

[133] Ausgewählte Werke 7, 198.

134 Ausgewählte Werke 5, 36.
135 Ausgewählte Werke 8, 303.
136 WA 7, 146, 6.
137 Martin Luther, Lateinisch-Deutsche Studienausgabe 1, 291.
138 Ausgewählte Werke 5, 49.
139 Guido Kisch, Erasmus Stellung zu Juden und Judentum, Tübingen 1969, 35.
140 In: Die Reformation und die Juden, Eine Orientierung, erstellt im Auftrag des wissenschaftlichen Beirats für das Reformationsjubiläum 2017, Abschnitt 5.
141 Johannes Eck, Ains Juden büechlins verlegung darin ain Christ, ganzer Christenheit zu schmach, will, es geschehe den Juden unrecht in bezichtigung der Christen kinder mordt… hierin findst auch vil histori, was übels und bücherey die Juden in allem teutschen Land, und andern Künigreichen gestiftet haben, Ingolstadt 1541.
142 Hermann, Martin Luther, 89.
143 WA 48, 241, 6.
144 Walch 14, 38 Vorrede auf die Propheten.
145 Aland 7, 21 Von weltlicher Obrigkeit.
146 WA 53, 418, 23.
147 Walch 14, 58.
148 WA 50, 323, 26f. Wider die Sabbather an einen guten Freund 1538.
149 Aland 4, 241 Warnung an seine lieben Deutschen 1531.
150 Sämmtliche Werke 54, Deutsche Briefe 2, 159.
151 WA 49, 434, 16.
152 Aland 10, 243 An Justus Jonas 16.12.34.
153 Horaz, Oden 3, 3.
154 Aland 10, 150 An Rühel 4.5.1525.
155 Aland 10, 157 An Rühel 15.6.1525.
156 Brecht 2, 195.
157 WA T 4, 504, 21.
158 Schilling, Martin Luther, 314.
159 Brecht 2, 198.
160 Aland 10, 158 An Spalatin 16.6.1525.
161 Aland 7, 298 Vom ehelichen Leben 1522.
162 Horst Herrmann, Martin Luther, 341.
163 Brecht 2, 201.
164 Lingke, D. Martin Luthers merkwürdige Reise, 203.
165 WA T 4, 576, 17.
166 Adolf Hausrath, Luthers Leben, Berlin 1905, 440.
167 Manfred Wolf, Thesen und andere Anschläge, Leipzig 2008, 44.
168 Zit. nach Ludwig Feuerbach, Das Wesen des Glaubens im Sinne Luthers, Ein Beitrag zum »Wesen des Christentums« (1844) in: Sämtliche Werke, hrsg. Erich Thies, Frankfurt/M. 1975 4, 46.
169 Zit. nach Ludwig Feuerbach, Das Wesen des Glaubens im Sinne Luthers 4, 44.
170 Luthers Auslegung des ersten Buches Mosis 1, 75 Kap. 3,16.
171 Brecht 2, 201.
172 Hausrath, Luthers Leben 2, 439.
173 Aland 10, 174 Wenzeslaus Link 1.1.27.
174 WA 11, 397, 15.
175 Dr. Martin Luthers Auslegung des ersten Buches Mosis 1, 211 Kap. 11,1.
176 Martin Luther, Deutsch-Deutsche Studienausgabe 2, 415 Leisniger Kastenordnung 1523.

[177] WA 6, 450, 22 An den christlichen Adel 1520.
[178] Aland 10, 231 An Katharina 27.2.1532.
[179] WA 26, 639, 14 Vorrede zu Von der falschen Bettler Büberei.
[180] Ausgewählte Werke 6, 56 Ordnung eines gemeinen Kastens.
[181] Martin Luther, Tischreden, hrsg. Kurt Aland 210.
[182] Luthers Fabeln und Sprichwörter, hrsg. Reinhard Dithmar, Frankfurt/M. 1989, 48.
[183] Johann Mathesius, Das Leben Dr. Martin Luthers, Stuttgart 1846, 78.
[184] Ernst Bizer, zit. nach Hans-Martin Barth, Der Teufel und Jesus Christus in der Theologie Martin Luthers, Göttingen 1967, 118.
[185] WA 31, I, 408, 12 Der 111. Psalm ausgelegt 1530.
[186] WA B 2, 211, 22.
[187] Horst Herrmann, Martin Luther, 341.
[188] Herrmann, Martin Luther, 304.
[189] Eulenspiegel-Interpretationen, hrsg. Werner Wunderlich, München 1979, 127.
[190] Eulenspiegel-Interpretationen, 126.
[191] Aland 7, 351 Das schöne Confitemini 1530.
[192] WA T 1, 290, 40.
[193] WA 40, II, 226, 17.
[194] Hermann Bote, Ein kurzweiliges Buch von Till Eulenspiegel, hrsg. Siegfried H. Sichtermann, Frankfurt/M. 1978, 31.
[195] WA T 1, 64, 16.
[196] Ausgewählte Werke 7, 149.
[197] Martin Luther, Tischreden, hrsg. Kurt Aland, 35.
[198] Heinrich Rombach, Die sechs Schritte vom Einen zum Nicht-andern, Philosophisches Jahrbuch 1987, 238.
[199] Ausgewählte Werke 8, 329.
[200] Ausgewählte Werke 8, 158.
[201] WA 46, 494, 15f.
[202] WA 22, 271,14.
[203] Manfred Wolf, Thesen und andere Anschläge, 40.
[204] WA B 4, 89.
[205] W 42, 78, 4.
[206] Erich Seeberg, Studien zur Genesisvorlesung, Gütersloh 1932, 66.
[207] WA T 5, 219, 9.
[208] WA 3, 227, 28.
[209] Hans Preuß, Martin Luther, der Künstler, Gütersloh 1931, 120.
[210] WA 50, 371, 19.
[211] Aland 2, 347 Wider das Papsttum zu Rom 1545.
[212] Preuß, Martin Luther, der Künstler, 120.
[213] Dante, Paradiso 28. Gesang.
[214] Ausgewählte Werke 7, 280.
[215] Aland 10, 219 An Ludwig Senfl 1. 10. 1530.
[216] WA T 2, 518, 1.
[217] WA 19, 50 Deutsche Messe 1526.
[218] WA T 2, 12, 4.
[219] Preuß, Martin Luther, der Künstler, 120.
[220] Walch 2, 2411.
[221] Aland 10, 219 An Ludwig Senfl 1.10.30.
[222] Albert Schweitzer, J. S. Bach, Wiesbaden 1979, 5.
[223] Brecht 2, 369.

224 Ausgewählte Werke 5, 304 Deutsche Messe 1526.
225 Albert Schweitzer, J. S. Bach, 13.
226 WA 18, 123, 19 Wider die himmlischen Propheten.
227 Luthers Auslegung des ersten Buches Mosis 1, 353 Kap. 17, 18.
228 WA 49, 588, 16.
229 Zitiert nach Peter Zimmerling, Evangelische Mystik, Göttingen 2015, 84.
230 Johann Michael Schmidt, Theologie und Musik – Luther und Bach, in: Musik und Kirche, 56. Jg., Kassel 1986, 277.
231 Martin Petzoldt, Zur Musiktheologie Martin Luthers und ihrer Auswirkung auf Johann Sebastian Bach, in: Lutherische Kirche in der Welt, Jahrbuch des Martin-Luther-Bundes, Folge 47, Erlangen 2000, 57.
232 Walter Kolneder, Bach Lexikon, Bergisch Gladbach 1982, 127.
233 WA 38, 247, 28.
234 WA 15, 9f.
235 WA 50, 629, 30.
236 WA 7, 336, 31 Grund und Ursache aller Artikel, 1521.
237 Aland 8, 126.
238 WA B 5, 286.
239 Luthers Leiden, Die Krankheitsgeschichte des Reformators, Hans-Joachim Neumann, Berlin 1995, 107.
240 Martin Luther: Leben, Werk, Wirkung, hrsg. Günter Vogler, Siegfried Hoyer, Adolf Laube, Berlin (Ost), 1983, 21.
241 Buchwald Briefe 2, 89.
242 WA B 5, 319.
243 Hanns Lilje, Martin Luther, Rowohlt Monographie, Reinbek 1965, 100.
244 Walch 21, 999 An Melanchthon 2.8.1527.
245 WA 47, 758, 24.
246 WA 30, II, 130, 27 Vom Kriege wider die Türken.
247 Ranke 3, 251.
248 WA 30, II, 130, 29 Vom Kriege wider die Türken.
249 K. Krumhaar, Die Grafschaft Mansfeld und ihre Besitzungen, Eisleben 1855, 278.
250 Julius Leopold Pasig, Dr. Martin Luthers letzte Lebenstage, Tod und Begräbnis, Leipzig 1846, 6.
251 WA T 4, 287, 14.
252 WA 29, 83, 15.
253 Brecht 3, 251.
254 WA 20, 546, 18.
255 Schilling, Martin Luther, 339.
256 Aland 10, 334 An Käthe 28. Juli 1545.
257 Walch 19, 559.
258 WA B 9, 624.
259 K. Krumhaar, Die Grafschaft Mansfeld, 262.
260 Johann Theodor Lingke, D. Martin Luthers merkwürdige Reisegeschichte, 300.
261 Aland 10, 336 An Melanchthon 1.2.1546.
262 Brecht 3, 366.
263 Pasig, Dr. Martin Luthers letzte Lebenstage, 17.
264 Brecht 3, 363.
265 Buchwald Briefe 2, 205 An Käthe 7.2.1846.
266 Aland 10, 339 An Käthe 14.2.1546.
267 Hans-Joachim Neumann, Luthers Leiden, 147.

268 Walch 23, 225.
269 Aland 7, 344f. Das schöne Confitemini 1530.
270 WA T 5, 188, 14.
271 WA 2, 685 Ein Sermon von der Bereitung zum Sterben 1519.
272 Aland 1, 391 Heidelberger Disputation 1518.
273 Brecht 3, 143.
274 Hausrath 2, 497.
275 Walch 23, 215.
276 WA 48, 241, 15.
277 Sämmtliche Schriften, Tischreden 1, 275.
278 Walch 23, 216.
279 Hausrath 2, 477.
280 Ernst Schulin, Kaiser Karl V., Geschichte eines übergroßen Wirkungsbereiches, Stuttgart 1999, 79.
281 Hellmut Diwald, Luther, 328.
282 Alfred Erichson, Das Marburger Religionsgespräch über das Abendmahl, Straßburg 1880, 10.
283 Heinrich Bullingers Reformationsgeschichte, hrsg. J. J. Hottinger und H. H. Vögeli, Frauenfeld 1838 2, 228.
284 Salomon Hess, Biographien berühmter Schweizerscher Reformatoren Bd.1 Lebensgeschichte D. Johann Oekolampads, Zürich 1793, 232.
285 WA T 2, 206, 27.
286 Aland 4, 23 Von Menschenlehre zu meiden 1522.
287 WA 54, 67, 1f.
288 Ausgewählte Werke 2, 131 Von der babylonischen Gefangenschaft 1520.
289 WA 2, 748, 14.
290 Ausgewählte Werke 2, 238 Von der Freiheit eines Christenmenschen.
291 WA 40, I, 182, 4 »Fide homo deus«.
292 Ulrich Gäbler, Huldrych Zwingli, Zürich 2004, 123.
293 Siehe Nikolaus Cusanus' Schrift »Vom wissenden Nichtwissen«.
294 WA 30, III, 147.
295 WA T 1, 100, 28.
296 WA T 1, 101, 8.
297 2 Korinther 3, 18.
298 WA 19, 492, 19.
299 WA 6, 365, 13.
300 WA 8, 111, 33 Wider Latomus 1521.
301 Brecht 3, 272.
302 Aland 4, 57 Eine treue Vermahnung 1522.
303 Friedrich Myconius, Ein Fragment aus der Reformationsgeschichte, Freiberg 1782, 50.
304 WA 40, I, 235, 13f. Galaterkommentar 1535.
305 Brecht 2, 315.
306 Heinrich Heine, Zur Geschichte der Religion und Philosophie in Deutschland, in: Der Salon 2, Hamburg 1834, 80.

20

PERSONENREGISTER

Martin Luther
Deutsch-Deutsche Studienausgabe (DDStA)

Herausgegeben von Johannes Schilling mit Albrecht Beutel,
Dietrich Korsch, Notger Slenczka und Hellmut Zschoch

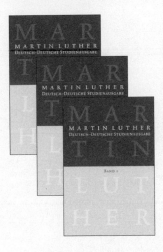

Band 1: Glaube und Leben
(Hrsg. u. eingel. von Dietrich Korsch)
704 Seiten, Hardcover
ISBN 978-3-374-02880-1
EUR 48,00 (D)

Band 2: Wort und Sakrament
(Hrsg. u. eingel. von Dietrich Korsch
und Johannes Schilling)
928 Seiten, Hardcover
ISBN 978-3-374-02881-8
EUR 68,00 (D)

Band 3: Christ und Welt
(Hrsg. u. eingel. von Hellmut Zschoch)

ca. 928 Seiten, Hardcover
ISBN 978-3-374-02882-5
ca. EUR 68,00 (D)
erscheint im November 2016

Die deutschsprachige Studienausgabe stellt die kraftvollen und rhetorisch eindringlichen frühneuhochdeutschen Originale Luthers neben Textfassungen in gegenwärtigem Deutsch.

Die Originaltexte folgen den Erstdrucken; Konkordanzen mit der großen kritischen Weimarer Ausgabe (WA) ermöglichen ein müheloses Auffinden der Texte in dieser Referenzausgabe und stellen sicher, dass die Diskussion in der wissenschaftlichen Literatur verfolgt und fortgeführt werden kann.

EVANGELISCHE VERLAGSANSTALT
Leipzig www.eva-leipzig.de